Der Fortfall so vieler Grenzen seit 1989 hat die Welt grundlegend verändert. In der Ökonomie sticht die forcierte Globalisierung ins Auge, und damit die Krise der Arbeitsgesellschaft: Arbeitsplätze und Gewinne werden exportiert, Arbeitskräfte und Kosten importiert. Keine günstigen Umstände für Solidarität und Verständigung, wenn einzelne oder Gruppen glauben, ihre Interessen nicht mehr mit denen anderer vermitteln zu müssen. Im Zangengriff dieser wirtschaftlichen und gesellschaftlichen Entwicklung verändert sich auch die Politik: Macht und Möglichkeiten des Nationalstaats sind erkennbar geschrumpft. Gefallene Grenzen wieder neu zu errichten, die protektionistische Lösung, ist bisher in Europa nicht ernsthaft vorgeschlagen worden. Ist also der globale Kapitalismus unser Schicksal? Läßt er sich zügeln, und wie? Oder ist die soziale Marktwirtschaft, »unser rheinischer Kapitalismus«, wie ihn mittlerweile sogar die Linke nostalgisch beschwört, gar nicht am Ende, sondern in einer Phase der Reform, und die Rede von der Globalisierung ist nur der neueste Versuch, den Klassenkampf ein bißchen anzuheizen, diesmal von oben?

In drei Durchgängen werden diese Fragen erörtert. Im ersten, dem theoretischen Teil geht es um die Alternative, das Jenseits des Kapitalismus, seine Transformation. Im zweiten, dem empirischen Teil wird der real existierende Kapitalismus analysiert. Im dritten, dem selbstreflexiven Teil wird das Sprachspiel des Kapitalismus untersucht: Was ist Mythos, was Realität bei Zentralbegriffen wie Globalisierung, Telematik, Internet?

Wer kann sich heute etwas anderes vorstellen als den globalen Markt? Nach zweihundert Jahren, in denen der Kapitalismus gedacht und kritisiert wurde, ist er, ein Sieger ohne Glanz, uns nun offenbar zu einer Art zweiten Natur geworden. Eine Alternative ist jedenfalls nicht in Sicht – es sei denn, so Claus Koch, der innere Antrieb des Kapitalismus, der Besitzindividualismus, würde an Bedeutung verlieren: Die sich rasch entwickelnde Biotechnologie biete bald die Möglichkeit, das eigene Genom zu lesen, sich seiner biologischen Voraussetzungen und Lebenschancen bewußt zu werden. Wer aber weiß, wie spät es für ihn ist, ist womöglich an vorschriftsmäßiger Besitzanhäufung nicht mehr interessiert, denn das letzte Hemd hat bekanntlich keine Taschen. Auch Friedrich Dieckmann kann mit keiner Systemalternative, keinem emphatischen Jenseits des Kapitalismus dienen. Sein düsteres Diesseits läßt jedoch eine Transformation als unumgänglich erscheinen: Unsere Energieressourcen seien in wenigen Jahrzehnten so geschmolzen, daß nur ein buchstäblicher Sonnenstaat, einer der Kollektoren und sanften Energien, eine weitere kapitalistische Überhitzung verhindern könnte; nicht Campanellas theokratische Utopie, sondern der sanfte Zwang von Vernunft und Askese, der den harten Zwang der Verhältnisse unterlaufen soll. Helmut Dubiel und Hans-Peter Müller schließen den theoretischen Teil ab, auch sie ohne utopischen oder apokalyptischen Überschwang. Dubiels Überlegungen zur Zukunft der Demokratie sind reformistisch-radikaldemokratisch; Müllers Kritik am globalen Kapitalismus geht vom Popperschen Konzept der »offenen Gesellschaft« aus: Es habe ein mangelhaftes Verständnis für Bedeutung und Funktionen von Grenzen, die Frage, wer drinnen, wer draußen sei, stelle sich immer, und daher könne es schon theoretisch kein »Spiel ohne Grenzen« geben – und praktisch nicht für die Verlierer und Überflüssigen.

Den empirischen Teil eröffnet Ralf Dahrendorf mit der Frage danach, wie Wohlstand, Solidarität und Freiheit in den drei Spielarten des Kapitalismus – des amerikanischen, des rheinischen, des asiatischen – realisiert werden. Franz Josef Radermachers Entwurf für die Zukunft der Arbeit verheißt wenig Gutes: Im nächsten Jahrzehnt werden 80 Prozent aller Arbeitsplätze in den westlichen Industrieländern auslagerungsfähig. Arbeitslosigkeit, so auch Meinhard Miegel, bleibt in absehbarer Zeit unser Hauptproblem, selbst dann, wenn deutsche Verkrustungen und Unflexibilitäten geringer würden. Einen sarkastischen Blick auf die Mahner in den Vorstandsetagen, die so eindrucksvoll die Arbeitnehmer beschwören, an den Standort Deutschland zu denken, richtet Eberhard Moths. Er erinnert daran, daß die Löhne in dem Zeitraum um 10 Prozent gestiegen sind, in dem die Nettogewinne um 100 Prozent zunahmen. Schließlich Heinz Budes Porträt des unternehmerischen Unternehmers, der als Revolutionär und Künstler, als Charismatiker und Parasit die Gesellschaft in Unruhe versetzt. Schöpferische Zerstörung ist seine Aufgabe, und das stößt auf tiefes Mißtrauen, auch und gerade im geregelten, korporatistischen Deutschland.

Den dritten Teil eröffnet Jörg Lau: »Globalisierung« sei mittlerweile die allgemeine Kausalformel für das Unbehagen am Weltzustand geworden. Ob bei nationalen Erweckungspredigten (»Ruck«) oder linken Kapitalismusverdammungen – für alle ist das G-Wort unverzichtbar. Daß Globalisierung mehr Mythos als Realität ist, bleibt in der Regel ausgeblendet: Es ist eine Selbstbeschreibung der Gesellschaft und insofern ein Faktum, auch wenn der Begriff nicht an Fakten orientiert ist. Allein die gut inszenierte Möglichkeit, den Standort zu wechseln, so Niels Werber, reiche völlig aus, um die Diskussion unter das Stichwort Globalisierung zu zwingen. Ähnlich verhalte es sich mit der »Telematik« – aber entwickelt sich, fragt Georg Franck, in den modernen Medien, zum Beispiel im Internet, nicht tatsächlich eine ökonomische Interdependenz von Raum und Zeit, deren Dimension noch gar nicht begriffen ist? Schließlich Michael Rutschkys Essay über die normale apokalyptische Rede, wie sie in den Medien gängig ist, gefräßig jedes Thema verschlingend, das sich zum öffentlichen Händeringen eignet: von Aids und Ozonloch über BSE und Kindesmißbrauch bis zu Ausländerkriminalität und Wertezerfall. Das Lieblingsthema dieser schwarzen Rede ist momentan die Frage, ob der Kapitalismus unser Schicksal sei, ob es denn keine Alternative, keine Visionen und Utopien gebe?! Leider nein, lautet der Tenor dieses Heftes.

»It's the economy, stupid«, war der Wahlslogan, mit dem Bill Clinton die Präsidentschaft eroberte. Also ist der Kapitalismus das Schicksal? Nicht unbedingt. Man sollte jedenfalls wieder daran arbeiten, einen Gedanken in sein Recht zu setzen, den vor fast zwei Jahrhunderten Napoleon gegenüber Goethe so ausgedrückt hat: »Die Politik ist das Schicksal.«

K. H. B. / K. S.

Claus Koch

Im Diesseits des Kapitalismus

Es müßte ebenso erhebend wie verstörend sein, den Kapitalismus gerade jetzt zu denken. Denn er ist auf seinem Zenit angelangt, ist das Ganze geworden. Das heißt, er herrscht nicht nur uneingeschränkt, sondern es läßt sich auch nicht erwarten, daß er sich überbieten oder daß ihm die Stunde des Niedergangs demnächst schlagen wird. Aus dem Kapitalismus als dem Ganzen dringt keine Verlockung und kein Versprechen, aber er weckt auch keine ernste Besorgnis. Nachdem man, wenigstens in Europa, rund hundertfünfzig Jahre lang über ihn nachgedacht hat und jede Erklärung der Welt in Zeit und Raum an ihn gebunden war, müßte es Angst oder doch Empörung hervorrufen, daß der Kapitalismus nunmehr der Erklärung nicht mehr bedürftig erscheint – und daß nur von den wenigsten seine Erklärung gesucht wird.

Das sollte für das Denken unerträglich sein. Denn wo immer man zum Handeln aufgefordert sein kann, überall hat man es mit kapitalistischem Kalkül, mit Marktrationalität zu tun; kein Plan, kein Handlungsmuster kann ausbrechen aus den Bewegungen des Marktes, die zu antizipieren man gezwungen ist. In der Spanne noch nicht einmal einer Generation ist dem Kapitalismus ein Zweifaches gelungen: Er überspannt auf einmal den gesamten Erdraum mit allen seinen Gesellschaften, und zugleich durchdringt er alle Lebenssphären ohne Rest. Es bleiben, was man sich noch vor einem Vierteljahrhundert nicht recht vorstellen konnte, keine Nischen, die nicht durch kapitalistische Rationalität organisiert und durchformt würden. Dies Aufscheinen der kapitalistischen Totalität ist so überwältigend, daß offensichtlich kaum jemand Zeit und Ort gefunden hat, sich darüber zu verwundern und sich eine Theorie daraus zu machen. Mit dem Zenit hat der Kapitalismus auch den Höhepunkt seiner Blendungskraft erreicht.

Freilich, den Kapitalismus in seiner heutigen Vollendung zu begreifen hieße auch, ihn in die Endlichkeit der Epoche zu zwingen und ihm dadurch Sterblichkeit zuzuweisen. Wer aber möchte sich das heute zutrauen? Noch vor wenigen Jahrzehnten konnte man dem Kapitalismus, auch wenn man ihm beträchtliche Vitalität zuerkannte, »Widersprüche« ablesen. Was bedeutet, daß man ihn nicht als Totalität sehen mochte und daß man ihm geschichtliche Offenheit zuschrieb, also auch sein mögliches Ende – das dem forschenden Geist zu erkennen aufgegeben war. Auch ein Kapitalismusbewunderer wie Joseph Schumpeter, der allem linken Determinismus abhold war, sah das so.

Obgleich er strapaziös ist wie seit siebzig Jahren nicht mehr, strahlt der nunmehr völlig internationalisierte Kapitalismus eine Vertrauenskraft aus, wie er sie allenfalls in den beiden Nachkriegsjahrzehnten genossen hatte. Nur in der Hochzeit der wohlfahrtsstaatlichen Ordnung in den USA und Westeuropa war er ebenso überzeugend. Aber da brauchte er auch kaum grausam zu sein. Und man brauchte ihn auch nicht genau zu verstehen. Heute ist der unerhört expandierende Kapitalismus zugleich grausam und ziemlich einfach in seiner Grausamkeitsmechanik zu begreifen. Doch ist es nicht nur aussichtslos, sein System zu kritisieren, es findet auch in Europa, das so lange mit den Zweifeln an seiner dauerhaften Gültigkeit zu ringen hatte, eine nahezu ungeteilte Zustimmung.

Der Kapitalismus in seiner unbedingten Sieghaftigkeit scheint kein Geheimnis mehr zu bergen, jedermann ist zuversichtlich, daß er heute ohne Rest erklärbar ist – und daher gehandhabt werden kann. Es wird nicht erwartet, daß an seinem Wirkungsmodus noch Neues zu entdecken ist, und seine gelegentlichen Fehlleistungen können leicht entschuldigt werden. Es sind eben ungeschickte Steuerleute daran schuld und veraltete Institutionen, die zur Zeit den Weg noch blockieren. Nicht einmal die ökonomische Wissenschaft, die doch schon aus Berufsgründen auf weiterhin bestehende weiße Flecken hoffen müßte, kann noch Neugier für den Kapitalismus aufbringen und beim Publikum erwecken. Indem er global geworden ist, funktioniert er im Prinzip immer und ewig. Deswegen wirken die Ökonomen auch mehr und mehr wie Priester, die sich in ständigen Wiederholungen ergehen.

Der Hunger nach Ungleichheit

Daß der Kapitalismus funktioniert, erweist der, global gesehen, nicht mehr zu brechende technische Fortschritt, der ein rasches Veralten von Produktionstechniken und Organisationsformen der Arbeit mit sich bringt. Wenn Rationalisierung und Erhöhung der Arbeitsproduktivität in der einen Region zeitweise erlahmen, weil sich Institutionen der Staaten nicht rasch genug angepaßt haben, werden sie an anderem Ort erst recht blühen und damit die Ermatteten in erneuten Wettbewerb zwingen. Und es ist vor allem die Erhöhung der Arbeitsproduktivität in der Herstellung von Gütern und Dienstleistungen, die in diesem Jahrzehnt als Fortschritt betrieben und begriffen wird, weniger dagegen die Schaffung von ganz Neuem. Das Vehikel Innovation bezieht sich heute vor allem auf Verfahren der Herstellung, nicht auf die Entdeckung, die der fälschlicherweise noch immer angerufene Schumpeter-Unternehmer durchsetzen sollte. Der technische Fortschritt verläuft also, hauptsächlich dank der Unwiderstehlichkeit der Kommunikationstechnik, zur Zeit in der Horizontalen, durch Globalisierung. Eben dafür taugt der von den Finanzmärkten gesteuerte Kapitalismus – für Fortschritte in der Vertikalen, die im eigentlichen Sinne Innovation wäre, kann er viel weniger leisten. Er muß daran auch nicht besonders interessiert sein. Die Konkurrenzenergie, die von den *global players* in ihren ständig umfangreicheren Konzentrationen und Marktvermachtungen aufgebracht werden muß, kann sich einstweilen vor allem in Verdichtungen austoben, sie bedarf keines großen Einfallsreichtums.

Der Kapitalismus drückt sich heute also als eine vornehmlich unschöpferische Zerstörungskraft aus, die Reichtumsvermehrung auf eine ziemlich simple Logik stützen kann und damit ja auch beträchtlichen Erfolg hat. Diese Art von Dynamik kann im Grunde jedermann verstehen, es genügt dafür das durchschnittliche Orientierungswissen der Mittelschichten des alten Westens. Der auf anspruchslose Weise dynamische Kapitalismus ist nun für die Massengesellschaften des Westens ein stimmiges und lückenlos greifendes System, dessen Verheerungen als notwendig akzeptiert werden. In seiner Konsistenz übt der Kapitalismus dieses Jahrzehnts der Globalisierung einen Zustimmungszwang aus, gegen den kein Zweifel gewachsen ist.

Ein nicht minder überzeugender Beweis für die anhaltende Funktionstüchtigkeit des globalen Kapitalismus als Peitsche des Rationalisierungsfortschritts ist die neue Ungleichheit, die eine dauerhafte zu werden verspricht. Sie hat in den reichen Ländern des Westens und des Nordens, wo ja vor allem der Beweis geführt werden muß, seit den frühen achtziger Jahren ständig zugenommen, voran in den Vereinigten Staaten und in Großbritannien. Erst in der neu hergestellten Ungleichheit, durch die die wohlfahrtsstaatlich integrierten alten Industriegesellschaften aufgerissen werden, demonstriert der Kapitalismus seine völlige Durchsetzung. Nur in dieser Globalisierung, die Ungleichheit ständig zu erneuern weiß und nunmehr alle Weltregionen auf gleiche Weise behandelt, ist der Kapitalismus ganz er selbst. Indem die saturierten, jahrzehntelang vollbeschäftigten Industrienationen ihre Gesellschaften dem Weltmarkt ausliefern müssen, verlieren sie ihre Hegemonialstellung, liefern sie die letzte notwendige Bestätigung für die kapitalistische Durchdringungskraft.

Dem Weltmarkt ausgeliefert sein, das heißt seinen beiden Hauptakteuren: zum einen den transnational operierenden, heimatlos gewordenen *global players,* den Multis; zum anderen den Finanzmärkten. Dabei intervenieren die transnationalen Unternehmen, die sich nicht mehr auf Güter- und Dienstleistungsproduktion beschränken, ihrerseits auf den Finanzmärkten zugunsten ihrer Anteilseigner. Die ständige Machtvermehrung dieser beiden Hauptakteure, die für die in der nationalen Sphäre verbleibenden Wirtschaften den Schritt angeben, besteht darin, daß sie in atemraubender Jagd weltweit komparative Vorteile aufspüren können – und somit aufspüren müssen. Sie sind einem Handlungszwang ausgesetzt, der prinzipiell nationale Interessen und Grenzen sprengt. Es kann der Hunger nach Ungleichheit, den die Globalisierung braucht, offenbar unaufhörlich stimuliert werden, es gibt keine beruhigten oder satten Zonen mehr.

Die Fähigkeit, immer wieder Ungleichheit zu erzeugen, vor allem in Form von Arbeitslosigkeit und Entwertung von Wissen und Erfahrung, scheint den meisten Mittelstandsangehörigen im Westen mehr denn je Respekt einzuflößen. Sie können die immer erneuten Kosten nicht als Verluste begreifen. Auch wenn in Unionseuropa die 57 Millionen Menschen, die dauerhaft oder vorübergehend unterhalb der Armutsgrenze leben, nichts anderes als Pauperisierung bedeuten, so bleibt doch dieser Begriff tonlos, er erweckt keine Reaktion. Und auch der Begriff Ungleichheit dringt heute nicht in die Gehörgänge, so gut der Tatbestand allseits bekannt ist.

Der wohlfahrtsstaatliche Kapitalismus war in seiner Epoche zwar genossen und akzeptiert worden, weil er im schrecklichen Jahrhundert der Extreme Sicherheit und Lebenserfüllung versprechen konnte, aber er wurde nicht als System geachtet. Immerhin hatte er die westliche Widerstandskraft in den Jahrzehnten des Kalten Krieges garantiert. Er war im übrigen ohne Ideologie ausgekommen, beanspruchte als eine bestimmte Organisationsform keine höhere Rechtfertigung und erzeugte Loyalität einfach als eine gelungene Sozialtechnik. Der globalisierte Kapitalismus dagegen, der noch nicht einmal einen Konkurrenten oder Gegner erblicken kann, betreibt einen weit höheren ideologischen Aufwand, zumal in Europa, das sich zum reinen Marktliberalismus befreit hat. Wie ein Dauerjogger steht er ständig unter Dampf, um immerwährende Konkurrenzleidenschaft zu zeugen. Und so öde die zigsten Auflagen der simplen harmonistischen Lehren von Friedrich von Hayek und Milton Friedman auch sind, sie haben einen Erfolg wie noch nie zuvor, nicht zuletzt in der schnell angewachsenen Medien- und kulturellen Designintelligenz.

Das ruhelose Nomadisieren der Investitionsinteressen, nicht einfach die Bedeckung des Erdballs mit Produktionsstätten, macht den globalisierten Kapitalismus zu einem Lusterlebnis für die Angehörigen der obersten ein oder zwei Zehntel der westlichen Industriegesellschaften, die an ihm aktiv, zum guten Teil auch als Aktienbesitzer, teilhaben. Doch reicht die Attraktion der Globalisierung weit darüber hinaus. Deregulierung zum Beispiel, einer ihrer wichtigsten Modi, gilt heute weithin als eine Fortschrittsnotwendigkeit und wird als solche begrüßt, auch wenn die Zwecke, die sie erreichen soll, längst vergessen, jedenfalls kaum noch überprüfbar sind. So findet die Auflösung der staatlichen oder parastaatlichen Organisationen der Post und der Eisenbahn, der Energie- und der Wasserversorgung, die in Europa eineinhalb Jahrhunderte lang eine großartige Zivilisationsverdichtung und eine beneidenswerte Integration der nationalen Gesellschaften bewirkt hatten, heute große Zustimmung, bis weit in die mittlere und untere Angestelltenschaft hinein.

Die sozialen Kosten dieser Entgrenzung und Verflüssigung langbewährter Institutionen für Produktion und Dienstleistungen, die ja immer von Massenentlassungen begleitet sind, werden durchaus zur Kenntnis genommen. Und auch der Zweifel, ob die privaten Nachfolgeunternehmen ebenso zuverlässig in der Erfüllung der Dienste sein werden wie unter der öffentlichen Eigentumsform, wird nicht unterdrückt. Man erwartet von der Entstaatlichung auch keine bemerkenswerten Qualitätssprünge des Angebots, aufregende Neuerungen oder Verringerung der Verbraucherpreise, doch man traut dem Akt der Deregulierung, der unvermeidlich Zerstörung von Ordnung und von Kohäsion mit sich bringt, eine gewissermaßen magische Kraft oder Überlegenheit zu, die sich durch keine entgegengesetzte Evidenz beirren läßt. Nicht von ungefähr sind es die Massenmedien, die dem Deregulierungskult huldigen und die Angestelltenkultur mit entsprechenden Hoffnungsbildern beliefern. Doppelt genußvoll, wenn der Deregulierungsschwips durch die Ausgabe von Kleinaktien verstärkt wird.

Das Ende der wohlfahrtsstaatlichen Episode

In den letzten beiden Jahrzehnten ist der sich globalisierende Kapitalismus immer mehr als zerstörerische Macht aufgetreten. Abgesehen von der Deregulierung der Staatsmärkte und Staatsunternehmen, traten die Marktkräfte ungleich härter und schonungsloser auf als in der wohlfahrtsstaatlichen Zeit. Damals ist der Unternehmergeist in Amerika und Westeuropa vor allem als ein gründender und inventiver erlebt worden. Seine erfolgreichste Gestalt hatte der, um es mit dem Begriff der Frankfurter auszudrücken, »organisierte« Kapitalismus in der deutschen Bundesrepublik gefunden. Es war der »rheinische Kapitalismus«, der übrigens erst in der Zeit seines Niedergangs als solcher bezeichnet und gerühmt worden ist (1991 durch Michel Albert in *Capitalisme contre capitalisme*). Gestützt auf eine überkommene und nochmals verstärkte korporatistische Ordnung, hatte er prinzipiell Kooperation aller organisierten Marktteilnehmer verlangt und damit sogar ein systemfremdes Klammerelement wie die bundesdeutsche Mitbestimmung erlaubt. Damals waren die westlichen Industriestaaten, unter der herrschenden Währung der Hegemonialmacht, auf gegenseitiges Interesse verpflichtet; sie mußten, auch wenn ihre nationalen Industrien auf den Weltmärkten konkurrierten, nicht als »Standorte« gegeneinander kämpfen und ihre politische Legitimität als gesamtunternehmerische Marktmaschinen erwerben. Es war gleichwohl Managerkapitalismus, der nationale Unternehmertyp war immer noch Industrialist.

Das blieb, in Nordamerika wie in Westeuropa, auch noch in den siebziger Jahren so, als das Ende von Bretton Woods und der Dollar-Leitwährung auch das Ende des wohlfahrtsstaatlich organisierten Kapitalismus eingeläutet hatte. Zwar wurden die sogenannten Multis, die nun mit ihren transnationalen Operationen ins öffentliche Bewußtsein traten, als gefährliche Machtkonzentrationen begriffen. Doch auch die Multis, die die Märkte durch (Unternehmens-)Größe und (Umsatz- beziehungsweise Marktanteil-)Masse zu beherrschen suchten, behielten weiterhin ein industrialistisches Profil. Es war Managerkapitalismus insofern, als die Aktionäre, wie schon in den wohlfahrtsstaatlichen Jahrzehnten, sich den Unternehmensinteressen, wie sie vom expansionssüchtigen und selber daran profitierenden Management formuliert wurden, unterzuordnen hatten. Die Parole lautete Diversifizierung: Die alten Industriekonzerne verleibten sich Unternehmen aus häufig ganz unterschiedlichen Branchen und Produktionssektoren ein, sofern sie nur fortschritts- und gewinnträchtig erschienen. Die synergetischen Effekte, mit denen die Großmanagements die Anhäufung in den Konglomeraten rechtfertigten, blieben freilich in den meisten Fällen aus. Die spezifischen Potenzen der zusammengereihten Unternehmen verdichteten sich nicht zu höherer Leistungsfähigkeit und zu beschleunigtem technischen Fortschritt im Gesamtkonzern. Im Gegenteil, viele dieser Multis wurden schwerfällig, konnten die zusammengestückte Kapitalkraft nicht unternehmerisch ballen. Damals zeigte sich bereits, daß der – noch ganz amerikanisch-europäisch verfaßte – Kapitalismus nicht recht auf der Höhe der Zeit war. Er fing an, steril zu werden, erfand wenig Neues und begnügte sich mit den gegebenen Konsumstandards. Ex post gesehen war die Schaffung der Multi-Konglomerate eine Verlegenheitslösung und wenig produktiv.

Ausgerechnet jene Industrie freilich, deren Technik Entscheidendes dazu leisten sollte, um den industrialistischen Managertyp zu schwächen, trat noch einmal im Gewand klassischen Unternehmertums auf: die Computerindustrie. Sie wurde, voran in Amerika, von zahlreichen Erfinder-Kleinunternehmen belebt und getragen. Man begriff sie, auch wenn sie erstes Schaudern vor der kommenden Automation auslöste, durchaus positiv als einen Fortschrittsmotor. Sie beschleunigte nicht nur durch ihr Rationalisierungstempo die Fortschrittszeit, sondern ergriff immer umfangreichere Beschäftigtenmassen. Der Computer, der einen machtvollen Sprung aus der industrialistischen Ordnung versprach, brachte auch einen massenhaften Sprung an beruflicher Spezialisierung und Qualifizierung, das heißt aktiver Teilnahme am Fortschritt. Er ließ sich verstehen als das Schlüsselinstrument einer produzierenden und produktiven Gesellschaft, also eben doch noch einmal als Werk-Zeug der Industriegesellschaft.

Die achtziger Jahre brachten dann die Umkehr, die »Rache der Aktionäre«. Zur musterbildenden Operationsform des aufblühenden Aktionärskapitalismus in den USA wurde die »feindliche Übernahme«: der Kauf eines Unternehmens auf Pump und seine anschließende Ausschlachtung, um aus dem Erlös für seine einzelnen Bestandteile die Schulden zu bezahlen. Mit der Liberalisierung der Kapitalmärkte war genügend Geld für solche Aktionen vorhanden. Alle Mittel waren recht, von der Einstellung wenig rentabler Aktivitäten bis zur Versilberung von Kern- und Prachtstücken, die das Profil eines Unternehmens gebildet hatten, vom drakonischen Umbau der Mitarbeiterqualifikation bis zum Verzicht auf nötige Investitionen, die für überflüssig erklärt wurden. Der Zweck war, den kurzfristigen Wert des Unternehmens zu erhöhen, auf Kosten der langfristigen Unternehmenszwecke und des erworbenen Vertrauens auf dem Markt. Mit den *leverage buyouts* wurden die Manager veranlaßt, einen Teil ihrer Vermögen in der Firma zu investieren, um so ihr Interesse auf deren Wertsteigerung zu lenken und nicht primär auf Produktions- und Umsatzziele. Zum Zweck der Wertsteigerung der abgemagerten Unternehmen mußten alle ihre Einzelbetriebe und -aktivitäten bestimmte Rentabilitätsstandards erfüllen, die nicht mehr von den Unternehmensleitungen, sondern von den Finanzierungsagenturen festgelegt wurden, im Interesse der Anleger.

Globalkapitalismus

Die Verwendung des eingesetzten Kapitals zielte also auf dessen schnell abrufbaren Verkaufswert, gegen den der langfristig gepflegte Wert der Kompetenz und der Firmenkultur wenig zählte. Dieser Typus des Aktionärskapitalismus, für den Zerstörung von differenzierter und vielschichtiger Organisation der Unternehmen ein zentraler Operationsmodus war, setzte Massenentlassungen von qualifizierten Arbeitnehmerschaften in gut ausgerüsteten

Betrieben wie selbstverständlich voraus. Hier wurde erprobt, was sich dann in den neunziger Jahren auf breiter Front mit den Großfusionen fortsetzen sollte: Schon die Ankündigung einer fundamentalen Neuorganisation eines Unternehmens, die von Ausgliederung oder Auflösung von Teilfunktionen und Massenentlassungen begleitet sein sollte, löste, noch ehe Erfolgschancen eines solchen Projekts geprüft werden konnten, hohe spekulative Wertsteigerungen auf den Aktienmärkten aus. So gab es in den achtziger und neunziger Jahren nur ganz wenige feindselige Übernahmen oder Großfusionen, bei denen nicht Zerstörung, hauptsächlich von Arbeitsplätzen, als Erweis der Rationalisierungspotenz zum Nutzen der Anleger zur Marktstrategie gehört hat. Freilich zerbrachen in der Krise um die Wende zu den neunziger Jahren viele der umorganisierten Unternehmen, die ihre eigenen Grundlagen hatten zerstören müssen.

Die feindseligen Übernahmen in der Ära des Reagan- und Thatcher-Liberalismus wurden zwar da und dort auch in Europa nachgeahmt, blieben aber hauptsächlich eine amerikanische Erscheinung. Die dabei angewandten Techniken der Zerteilung und der Ausgliederung aber wurden generell zur Methode auch im jetzigen Jahrzehnt der Unternehmensfusionen, aus denen *global players* entstehen sollten. Dabei muß, um die unrationellen Konsequenzen aus den Aufblähungen der frühen Multi-Konglomerate zu vermeiden, die Erzielung von *bigness* mit dem Erweis ständiger Flexibilität und Rentabilität in allen Einzelteilen verbunden werden. Das war dem Managementtyp der wohlfahrtsstaatlichen Zeit, oft noch von Ingenieuren beherrscht, nie zufriedenstellend gelungen. Den Kapitalwert selber, mit seinem unstillbaren Steigerungshunger, zum organisierenden Hebel der Rationalisierung zu machen, gelang erst den Agenturen der Aktionärsaggregate.

Die neuen Konzernriesen, die während der letzten Jahre durch Fusionen in fast allen Branchen entstanden sind, befinden sich daher in einem Dauerzustand der Verflüssigung, wechseln immer wieder ihre Produkt- und Leistungsprofile. Welches Unternehmen mit welcher Arbeitsbevölkerung zu einem bestimmten Zeitpunkt unter welchem Konzernlabel von welchem Konzernsitz aus organisiert wird, entzieht sich heute oft der Kenntnis der Öffentlichkeit und sogar vieler der dort Beschäftigten. Die noch in den achtziger Jahren mit großem Kosmetikaufwand hergestellte *corporate identity* wird zweitrangig; mächtige alte Firmennamen verschwinden von heute auf morgen durch Fusion in neuen Kunstnamen; Firmentraditionen lösen sich im neuen Verbund schnell auf und werden oft bewußt nicht mehr gepflegt oder sind den neuen Managements egal. Und die Unternehmen, die eine europäische Nation noch die ihren nennen darf, werden von Jahr zu Jahr weniger. Schließlich bezahlen Weltkonzerne, die wegen ihres Firmensitzes noch als britische oder deutsche geführt werden und als Besitzstücke nationalen Stolzes gelten, in ihrem Sitzland oft kaum noch Ertragssteuern – was die immer noch hergestellten Vergleichslisten der nationalen Unternehmenspotenz, die zur Anfeuerung im Kampf der Standorte dienen sollen, ziemlich wertlos macht.

Zerstörung von Identität und gegebener Organisationsstruktur, die gar nicht erst durch die beabsichtigte Schaffung von Neuem begründet werden muß, gilt nunmehr schon als verläßliches Signal von Leistungsfähigkeit, die sich am Anleger orientiert. Das kann sich der Kapitalismus freilich erst jetzt erlauben, da seine Globalisierung auf keine Grenzen mehr stößt und die Kapitalmassen beliebig wandern können. Die Globalisierung wirkt auch als unbarmherziges Druckmittel auf Regierungen und Zentralbanken, die Inflation klein und den Leitzins niedrig zu halten – und damit die nomadisierenden Kapitalmassen bei Anlegerlaune. Auf diese Weise wird der Aktionärskapitalismus auch unabhängiger von der Güternachfrage auf einzelnen nationalen und regionalen Märkten. Er kann es sich sogar leisten, auf die Nachfragekraft und die Konsumkompetenz ganzer Bevölkerungsteile zu verzichten. Mußte es in den wohlfahrtsstaatlichen Jahrzehnten unter keynesianischer Globalsteuerung das Ziel der Regierungen wie der Wirtschaft sein, alle Erwerbs- und Berufsbürger zu anspruchsvoller Konsumkompetenz zu erziehen und anzuhalten, damit die Wachstumsanreize wach blieben, so ist das dem frei schweifenden Aktionärskapitalismus ziemlich egal. Im vollbeschäftigten Wohlfahrtsstaat der Berufsmenschen sollte auch der Konsument tunlichst Fachmensch sein. Nur so konnte er auch sozialtauglicher und damit politischer Mitbürger sein. Um autonomer, entscheidungsmächtiger und sozial verantwortlicher Bürger zu sein, also im modernen Sinne Vollmitglied der Gesellschaft, mußte man nicht nur über voll ausgebildete Berufsfähigkeit verfügen, sondern auch über eine entsprechende Konsumkompetenz. Beides erst garantierte anhaltenden Fortschritt als Arbeitsteilung, in der die Nation ihren Zusammenhalt fand. Daraus bildete sich der wohlfahrtsstaatliche Kapitalismus, das war seine notwendige Bedingung, sein Geschichtsprogramm.

Damit räumt der globalisierte Aktionärskapitalismus, gelenkt durch seine Finanzierungsinstitute, immer kräftiger auf. Ob unter dem Regime *jobs without money,* wie in Amerika, oder unter der Devise *money without jobs,* wie in Europa: Die Angebotsökonomie kann blühen, ohne der kompetenten und fordernden Nachfrage durch ein Viertel oder ein Drittel der Bevölkerung zu bedürfen. Sie muß sich auch nicht mehr darum bemühen, diese großen Minderheiten in den Markt zu integrieren und sie zu tauglichen Konsumenten zu machen. In den alten, noch vor kurzem industriegesellschaftlich integrierten Regionen des Westens und des Nordens gesellt sich zur anhaltenden Schwächung der beruflichen Arbeitstüchtigkeit, die aus vielen Gründen weiter zunehmen wird, das Schwinden des Konsumverstands, wie ihn ein vorwärtsdrängender und Schumpeter folgender Kapitalismus nötig haben sollte. Das schwächt auch den Markt als Signalgeber von Ansprüchen an die Produzenten-Anbieter. In der Tat sind ja die reifen westlichen Marktgesellschaften, die des Hedonismus bezichtigt werden, ziemlich anspruchslos und fordern die Leistungskraft des Kapitalismus wenig heraus. Anders gedreht und in die richtige Perspektive gesetzt: Der Kapitalismus kann gut damit und sogar davon leben, daß er diese Gesellschaften und ihr gewaltiges Bildungsvermögen unterfordert, ihr Konsumvermögen verkommen läßt.

In der Globalisierung erst kann der Kapitalismus »ganz zu sich selber kommen«. Das heißt, daß er die Gesellschaften, die ihn schufen und die er schließlich in die Hand genommen hat, ebenso auch vernachlässigen und ausweiden darf – um seinem Bewegungsdrang folgen zu können. Dafür haben Amerika und Westeuropa in den beiden letzten Jahrzehnten entsprechende Proben geliefert. Es ist bis jetzt noch einigermaßen glimpflich abgelaufen, aber die Lehre daraus ist nunmehr zu ziehen. Zu demonstrieren war, daß der Kapitalismus im Prinzip mit allen Erdzonen gleich umgeht. Und daß er die mühevoll erworbenen Gleichheiten der Zugangsberechtigung zu Reichtum, Welterfahrung und Glückschancen in der privilegierten Ersten Welt mit derselben Rücksichtslosigkeit behandelt, die er dem großen Rest angedeihen ließ, als er noch nicht ganzer Kapitalismus war. Es zeigt sich nun, daß er nicht, wie die Privilegierten während des letzten halben Jahrhunderts hofften, ein Erfüller ist, sondern ein rastloser Experimentator. Der Geist des Kapitalismus, der sich nun in seiner vollen Schöpfermacht zeigt, ist zugleich auch, wenn die biblische Metapher erlaubt ist, der große Durcheinanderwerfer, der Diabolus, *ille iniquus.*

Im Vollgenuß seiner Kräfte entwertet der globalisierte Kapitalismus die Idee einer globalen Zivilisationsentwicklung, die das ganze 20. Jahrhundert beherrscht hat: daß die zurückgebliebenen, noch nicht »reifen« Weltregionen in Fortschritten der Industrialisierung und, wie zu hoffen, der Demokratisierung auf das Niveau der integrierten, ihre Energie voll ausschöpfenden Gesellschaftsmaschinen gehoben und gezogen werden könnten. Dies ist nach wie vor die Existenzbegründung und die Ideologie der Vereinten Nationen. Der nomadisierende Globalkapitalismus verwirft dieses Fortschrittsmodell, das in der technisierten, sich auf relative Bürgergleichheit zubewegenden Staatsnation seine Zielmarke gesetzt hat. Er führt vor, daß der global zunehmende Reichtum erfordert, allüberall Ungleichheiten zu erzeugen und erreichte Gleichgewichte zu stören. Globalität oder Weltgesellschaft kann nicht dadurch entstehen, daß das Chaos der ordnungslosen Armutssphären Schritt für Schritt vor dem Disziplinierungsgebot der Frühaufsteher, die sich zu integrierten politischen und Wirtschaftsgesellschaften erziehen konnten, zurückweicht. Wenn die Staatenbildung zunächst notwendige Bedingung für den industrialistischen Kapitalismus war, so kann dessen Nachfolger auf festgefügte Staatlichkeiten immer leichter verzichten. Der *wealth of nations* ist kein erstrangiges Anliegen eines Kapitalismus, der mit Hilfe der *global players* und der Finanzmärkte auf die Mehrung des Gesamtreichtums in der Welt ausgeht. »Entwicklung« als ein Aufrücken immer breiterer Kohorten von bisher Ausgeschlossenen und Armen in die Sphäre autonomer und sich universalistisch verpflichtender Bürgergesellschaften ist kein Ziel und keine Kategorie, nicht einmal mehr eine Ideologie für die heute bestimmenden Marktkräfte und ihre Sprecher.

Gewiß muß der Globalkapitalismus die spezifischen Mischungen von Produktionsfaktoren in den jeweiligen Staaten und Regionen ins Kalkül ziehen. Das demonstriert in diesem Jahrzehnt so deutlich wie nie zuvor die Spekulation der Finanzanalysten im Dienste des allmächtigen *shareholder value* mit dem raschen Wechsel ihrer Gunst. In fiebrigem Tempo folgt ein Bewertungs- und Perspektivwandel auf den anderen. Ein Land, dessen Potenz und dessen Wachstumsgarantien auf den zahllosen Vergleichslisten soeben noch als miserabel klassifiziert worden waren, kann schon morgen als Hoffnungsmagnet gelten. (Womit auch in den nationalen Öffentlichkeiten ein fortwährendes Hin und Her von Depression und Optimismus erzeugt wird, denn die Finanzmärkte verabscheuen Beständigkeit.) Solche Wechselbäder mußten fast alle europäischen Staaten in den vergangenen Jahren bisweilen mehrmals mitmachen. Aber so virtuos der Aktionärskapitalismus mit dieser Diversität spielt, ja sie in seinem Bewegungszwang bisweilen zu fingieren scheint, so wenig kommt es ihm darauf an, stabile Zonen von dauerhaftem Wohlstand zu bewahren, um sich auf starke Produktivkräfte und modernisierungseifrige Käufermärkte verlassen zu können. Seit sich der Fortschritt im Verständnis der westlichen Massengesellschaften restlos auf den technischen Fortschritt reduziert hat, der sich nur in der Horizontalen ausbreitet, hat sich »Entwicklung« zu einem hoffnungslos europäisch-bürgerlichen Hoffnungswort verdünnt, das für die Dislozierung von Investitionen allenfalls rhetorische Bedeutung hat.

Mehrere Kapitalismen?

Damit wird auch die Erwartung unergiebig, es würden sich im Zuge kapitalistischer Globalisierung mehrere Kapitalismen, die miteinander ringen oder kooperieren müßten, ausarbeiten. Diese Erwartung wird vor allem aus der Beobachtung des Konflikts hergeleitet, der in den neunziger Jahren den angelsächsischen Kapitalismus und seine Doktrin gegen einen kontinentaleuropäischen stellt und sich im Gefüge der europäischen Union verdoppelt. In diesem Konflikt geht es offensichtlich nicht nur um gegensätzliche Marktideologien und -praktiken, sondern auch um die politischen Formen oder Ordnungen der jeweiligen Gesellschaften. Vor einem Jahrzehnt noch kaum im öffentlichen Bewußtsein der westlichen Nationen, verschärft sich der Konflikt mit dem Nahen der europäischen Gemeinschaftswährung. Diese muß in Aussicht stellen, demnächst als zweite große Reservewährung mit dem Dollar zu konkurrieren und die amerikanische Dominanz herauszufordern. Der Euro, der die nationalen Wirtschafts- und Fiskalpolitiken auf eine Linie zu zwingen hat, wird das erste und heute wichtigste Souveränitätsmerkmal der Unionseuropäer sein. Gewiß wird die Union mit ihrer eigenartigen politischen Struktur zwischen Bürokratie-Imperium und Föderation vor allem mit Amerika in fortwährenden Wirtschaftskriegen liegen und sich gerade in diesem Konflikt ihrer besonderen Form bewußt werden. Aber das bedeutet noch nicht, daß sich hier eine eigene kapitalistische Kultur herausbildet, die sich von allen übrigen Kapitalismen, nicht nur von Amerika, als geschichtliche Gestalt unterschiede. Ja, wenn die Europäer sich gemeinsam zu einer institutionellen wie kulturellen Revolution aufmachten, die eine ganz neue Art von Markt erschüfe und eine andere Produktions- und Konsumtionsgesellschaft erschlösse! Das verlangte, die politische Form noch einmal der Marktform voranzusetzen – und nebenbei die *global players* und die Weltfinanzinstitute auf diesem Kontinent zu entmachten. Anders nämlich wäre ein europäischer Sozialstaat, wie ihn heute Pierre Bourdieu imaginiert, schwerlich zu bekommen.

Ein genuin europäischer Kapitalismus bedeutete zugleich den Anfang einer Revolutionierung aller übrigen Kapitalismen. Denn er eröffnete ihre Hinwendung zu einer jeweils eigenen politischen und kulturellen Form, die ihren besonderen Typ von Marktgesellschaft trüge. Das wäre, käme es dazu, ein erfreulicher Beweis für die Vitalität des Kapitalismus und eine Legitimierung seiner Herrschaft. Doch die Signale, die man derzeit lesen kann, stehen nicht danach. Sieht man vom Beispiel Japans ab, das zu den Frühaufstehern gehört und sich ein eigenes kapitalistisches Schicksal zu bereiten suchte: Alle die neuaufsteigenden Länder in Asien, von Singapur, Thailand und den Philippinen bis zu Indonesien, Süd-Korea und auch China haben bis jetzt nur einen ziemlich gleichförmigen Parvenükapitalismus hervorgebracht, der ohne jede kulturelle Idee ist und die Gleichförmigkeit der Marktbeziehungen nach herabgekommenen amerikanischen Mustern reproduziert. Wenn der Zentralstandort der *global players* auch einen Müllkapitalismus hervorgebracht hat – William Gaddis hat in seinem Roman *JR* dessen tiefe Kritik geliefert –, so verbreitet sich diese neue Unform mit der Globalisierung über die ehemalige Dritte und die Zweite Welt.

Als eine historische Figur, also in einmaliger und unverwechselbarer Form, vermag man sich heute weder einen russischen Kapitalismus vorzustellen noch einen nigerianischen, noch einen indischen. Die Hoffnung auf ein fruchtbares Wetteifern oder auch den Kampf verschiedener Regionalkapitalismen, die auf dem Schlachtfeld des Marktes ihre Andersheit behaupten und schärfen würden, bedeutet eine Unterschätzung der Globalisierung. Der asiatische Einheitskapitalismus, wie er sich heute dem europäischen Auge darstellt, hat ja sein Bedrohliches weniger in seinen neuen Machtkonzentrationen und Dominanzansprüchen als in seiner Auflösung von Differenz, seiner barbarischen Einförmigkeit. Was da in wenigen Jahrzehnten entsteht, erscheint Globalisierung in Vollendung, schicksalslos und daher ohne Zukunft und Versprechen.

Es ist gewissermaßen ein völlig bewußtloser Kapitalismus, der von niemandem gedacht und begriffen werden muß; eine Auseinandersetzung mit dem Epochenerbe, wie es für die Europäer ebenso notwendig wie belebend war, um es zu überwinden und in sich aufzunehmen, findet nicht statt. Auf einmal sind da Marktkräfte und entfalten sich in ihrem Zusammenspiel. Sie sind aufgestiegen aus ganz unterschiedlichen Bedingungen, die man »politische Formen« kaum nennen kann, in irgendwelchen Gemengelagen der Herrschaft und der Unterdrückung. Ungewiß, ob da vorher etwas war, was man als einen Zustand des Niedergangs oder der Neuentstehung von gesellschaftlicher Differenz bezeichnen kann. Ebenso fraglich ist, ob es mit der Ausbildung von Marktkräften vorangehende oder begleitende Säkularisierungsprozesse geben mußte, die Ersetzung von traditionalen Instanzen durch Formen moderner Herrschaft. Und man kann heute nicht mehr die

Frage stellen, ob eine kommunistische Revolution in China oder Vietnam dem Kapitalismus »den Boden bereitet« hat oder ob sie belanglos war. Man hätte ja auch auf kürzerem Weg vom Regime der Warlords in den Kapitalismus einsteigen können; neue Staats- und Nationszwingung war dafür, betrachtet man den bunten Teppich der vielen anderen Kapitalismusblüten, vielleicht gar nicht erforderlich. Fast überall, wo heute der Kapitalismus neu ist, tritt er plötzlich auf. Er braucht, weil er bereits in den Zustand der Globalisierung eintritt, keine Entwicklungen, die ihm den Weg bereiten, er muß sich nicht »durchsetzen« und auf Siege und Überwindungen stützen. Das gilt auch für Rußland. Markt geschieht einfach, er bedarf keiner Begründung und Rechtfertigung.

Die Spekulation auf mehrere Kapitalismen in je eigener Gestalt des Politischen, des Ökonomischen wie auch der »Kultur« will nicht anerkennen, daß die Globalisierung, die in den neuerschlossenen Zonen den Europäern und auch den Amerikanern voraus ist, das Ende der Möglichkeit von Modernität und damit von Modernisierung ausgerufen hat. Der Anblick der vielen Regionen, die im letzten Vierteljahrhundert vom Kapitalismus ergriffen worden sind, ist ja auch insofern beklemmend, als sie nichts Modernes an sich haben, nichts Vorbildhaftes ausstrahlen. Die neu erschlossenen Marktzonen wollen vom übrigen großen Ganzen nichts anderes als den Markt, wollen selber auch nichts bieten als den Markt. Allenfalls wollen sie, wie China, die schiere Macht. Der gelungene Markt braucht keine Modernität – wenn man darunter wenigstens den Hauch einer Beimischung jener Idee von der Vervollkommnung des Menschengeschlechts in seinen verschiedenen historischen Gestalten verstehen will; wie die Europäer es eben, fast als einzige und letzte, verstehen müssen. Modernisierung – wovon und worauf hinaus?, so konnte man noch vor drei Jahrzehnten ganz zuversichtlich fragen. Der globalisierte Kapitalismus erübrigt die Frage.

Kapitalismus ohne Kritik

Als Max Weber 1904 in die Herausgeberschaft des *Archivs für Sozialwissenschaft und Sozialpolitik* eintrat, formulierte er im Geleitwort als erneuertes Programm der Zeitschrift »die historische und theoretische Erkenntnis der allgemeinen Kulturbedeutung der kapitalistischen Entwicklung«. Die »durch das Vordringen des Kapitalismus gekennzeichnete Geschichtsepoche« war dann auch für sieben oder acht Jahrzehnte das bestimmende Thema einer Wissenschaft, die nach Bedeutung fragen und ihr immer auch reformerisch gezieltes Tun rechtfertigen wollte.

Seit etwa zwei Jahrzehnten, seit er also sichtbarlich seiner Vollendung zustrebt, scheint es kaum noch möglich zu sein, dem Kapitalismus in seinen jeweiligen Manifestationen oder Kulturformen noch Bedeutung abzugewinnen. Der Kapitalismus konnte offensichtlich nur erklärt werden, solange er noch »vordrang« und sich mit dem Heilsbegriff »Epoche« fassen ließ. Damit ist nun kein Interesse mehr zu erwecken, und die Sozialwissenschaften müssen sich mit der abgemagerten Formel von der Modernisierung begnügen, die im Hinblick auf die ehemals sozialistischen Länder gar auf den Begriffsstummel der »Transformation« reduziert worden ist. Es ist damit kaum mehr angedeutet als die leere, sozusagen naturnotwendige Bewegung von sozialen Aggregaten.

Damit spiegelt sich an einer hilflosen Wissenschaft, worauf der Kapitalismus immer schon aus war und was er in seiner Globalisierung zu erreichen scheint: sein unbezähmbarer Drang, jede Sozialform so lange zu kneten und umzuprägen, bis sie ganz marktförmig geworden ist und nicht ihrem eigenen Gesetz angehört; mehr noch, die prinzipielle Formfeindlichkeit des Kapitalismus, also auch seine Feindschaft gegen Geschichte, Theorie und eben Kulturbedeutung. Darüber läßt sich heute, da der Globalkapitalismus jeden Wert der Form, der sozialen ebenso wie der ästhetischen, ausgehöhlt hat, noch nicht einmal mehr Klage erheben.

Als er vor nahezu einem Jahrhundert sein Erkenntnisprogramm formulierte, konnte und mußte Max Weber voraussetzen, daß man den Kapitalismus begreifen, daß man Einsicht in die »sozialpolitische Situation« und Anleitungen zum politischen Handeln gewinnen könne. Dabei müsse es an erster Stelle um die Lage der arbeitenden Klasse und die Eingliederung des Proletariats gehen, da dieses nun einmal vom Kapitalismus geschaffen worden sei. Die Proletariate in den alten Industriegesellschaften sind seit Jahrzehnten integriert; die Arbeitsbevölkerungen, die in den neu vom Kapitalismus erschlossenen Regionen entstehen, lassen sich schwerlich als Proletariat und damit als Klasse unter anderen Klassen bezeichnen. Doch werden mit der kapitalistischen Weltdurchdringung überall Schichten und Schneisen der Pauperisierung hervorgerufen, soziale Müllhalden, aber eben keine Klassen mehr. Sie werden heute als funktionale Notwendigkeit, zumindest als temporär unvermeidliches und immer wiederkehrendes Produkt des ökonomischen Prozesses betrachtet. Diese vom Kapitalismus unaufhörlich hervorgerufenen Vernachlässigungen und Ausgliederungen bezeichnen nur die prinzipielle Formlosigkeit des Kapitalismus – und seine Unangreifbarkeit.

Wenn es müßig geworden ist, die sozialen, die moralischen und die ästhetischen Erscheinungen, die heute ohne Ausnahme und bis in die letzte Faser vom kapitalistischen Geist durchsetzt sind, auch als solche zu erklären, dann ist der Kapitalismus zirkulär, eine Quasi-Natur geworden, und an ihm ist nicht viel zu deuten. Um die zeitlosen Marktgesetze nach bestem Vermögen anzuwenden und den Markt immer erneut zur Blüte zu bringen, braucht man den Kapitalismus nicht zu verstehen. Jedenfalls verhalten sich die Sozialwissenschaften, als sei dieser Zustand eingetreten; eine Kritik des Kapitalismus wäre dann überflüssig oder unmöglich.

Kapitalistischer Geist und kapitalistische Organisationsmacht waren zu rühmen – wie es Marx getan hat –, solange sie noch etwas hinter sich zu bringen hatten. Das scheint zur Zeit nicht der Fall. Der Kapitalismus hat offensichtlich das Erreichbare erreicht, es breitet sich vor ihm nur das Meer der endlosen Wellenbewegung der Zyklen aus. Selbst diese fatalistische Erwartung wird ihm von Ökonomen im hybrid wachstumsverwöhnten Amerika bestritten: Das Ende der Zyklen sei gekommen. Alle Wirtschaftsfaktoren sprächen nunmehr dafür, daß des Anstiegs kein Ende, daß das rund hundertfünfzig Jahre alte Erfahrungsgesetz vom ewigen Auf und Ab gebrochen sei. Müßte man dieser Vision folgen, so würde dies den dem Kapitalismus innewohnenden Fatalismus bis zum Horror steigern. Scheinen doch schon die Öde und die Langeweile, die der vollendete Kapitalismus heute verbreitet, nicht mehr zu überbieten.

Der europäische Erkenntnisdrang, der sich immer mit seiner Verführbarkeit durch das Totale herumzuschlagen hatte, scheint zwar derzeit durch die Totalität des Kapitalismus lahmgelegt. Und diejenigen, die diese gleichförmig bewegte Langeweile genießen können, haben nicht nur in den Medien, sondern auch in den Geisteswissenschaften das lauteste Wort. Doch kann die Lust an der Leere – es sei denn, sie schlüge ins Faschistische um – nicht lange währen. Schließlich ist der Kapitalismus gezwungen, weiterzumachen, seinem Drang nach Krise, ja Katastrophe nachzugehen.

Wenn es nun so ist, daß keine Aussicht besteht, aus dem Kapitalismus hinauszudenken; daß die Erkundung jeder möglichen Zukunft in ihn gebannt bleibt; daß er nun sogar droht, die Erinnerung an das Menschengeschlecht zu tilgen – so bleibt immer noch eine Wahl. Entweder man versagt sich jede weitere Spekulation auf Welt und Gesellschaft, auf ihre Kritik und auf politisches Denken. Verscharrt endlich den Universalismus! – dazu raten nicht nur die Epigonen Poppers und Hayeks, die USA und die Medienindustrie, sondern auch die Mehrheit der Wissenschaftler und derer, die noch vor kurzem Intellektuelle sein wollten: Man könne auch ohne universalistische Ansprüche ein honettes moralisches Auskommen haben. Oder man läßt sich doch noch einmal ein auf die bewährte Kulturerfahrung, die nur eben zur Zeit im Siegestaumel außer Kraft gesetzt ist: daß im Kern jeder Epochengestalt der Code der selbstgeschaffenen Bedingungen ihrer finalen Krankheit, jedenfalls ihres Verwandlungszwanges bis zur Selbstentäußerung niedergelegt ist. Man muß nur danach suchen.

In dieser Phase der Berauschung der Finanzmärkte, denen ihre Selbstkontrolle entglitten scheint, geht die naheliegende Vermutung auf den großen Crash, den Gau, in dem der Kapitalismus sich blamieren und demonstrieren werde, daß das Ordnungsprinzip des Marktes in der Globalisierung versage. Das erwarten vor allem diejenigen, die die Zerstörung der politischen Gesellschaften und der Staatlichkeiten beklagen und auf die Rückkehr von Politik und der Ordnungsform Staat setzen.

Der Crash mag kommen und gewaltigen Schaden anrichten, mag sich sogar wiederholen. Damit kann er die Hypertrophie des nomadisierenden Finanzkapitalismus und die jetzt fast uneingeschränkt herrschende Ideologie vom reinen Markt bloßstellen. Das kann auch institutionelle Konsequenzen haben. Aber damit muß noch nicht der Kapitalismus als notwendiges Weltsystem widerlegt sein. Schlechtes Funktionieren eines Systems, selbst wenn es mittlere Katastrophen zeitigt, ist noch keine hinreichende Widerlegung seiner Logik. Jedenfalls ist dann die Widerlegung uninteressant – wie es ja mehr als hundert Jahre lang die Gegenbeweise und Voraussagen des Marxismus gewesen waren, selbst wenn sie zum guten Teil eintrafen.

Ergiebiger könnte eine Spur sein, die ins Zentrum führt und den kapitalistischen Geist selber aufsucht: im Marktindividuum, im kapitalistischen Menschen. Auf ihn konnte sich der Kapitalismus verlassen, wie er ihn geschaffen hatte: nämlich auf seinen Besitzindividualismus, der in all seiner Kraft des Kalküls doch blind gegenüber sich selbst bleiben durfte. Der Kapitalismus lebte davon, daß die Individuen sich selber nicht transparent sein mußten und daher auch geringe Ansprüche stellten. Jedenfalls sind die Ansprüche weit geringer, als es die enorme Mobilität und die Leistungskraft des Kapitalismus hergäben. Interesselosigkeit der Individuen für sich selber war notwendiger Erfolgsfaktor für Ausbreitung und Durchdringung des Kapitalismus.

Das könnte sich ändern. Markt und technischer Fortschritt schicken sich bereits an, selber die Instrumente zu liefern, die einen blinden Besitzindividualismus aufstören werden. Die Basis-Technologie, die den nächsten kapitalistischen Großzyklus zu beleben verspricht, trägt auch einen Zwang zum Wissen mit sich, zum Interesse der Individuen für sich selber. Im Dienst der rasch expandierenden Biotechnologie wird die prädiktive Medizin die Individuen demnächst auf unbarmherzige Weise mit sich konfrontieren, nämlich mit ihren je eigenen biologischen Voraussetzungen und Lebenschancen. Wenn sie erst ihr Genom ganz lesen können, was im Prinzip schon in einem Jahrzehnt der Fall sein wird, dann herrscht auch Lesezwang. Ihm zu entgehen wird schon deswegen nicht möglich sein, weil die Institutionen auf der biologischen Selbstkontrolle, auf der ökonomischen Verwaltung des biologischen Kapitals eines jeden dringen müssen. Wer Legasthenie vortäuscht, um der »Tyrannei der Gene« (Axel Kahn) zu entkommen, wird als asozial gelten und auch so behandelt werden; er kann nicht mehr versichert werden.

Die emblematische Figur, die im Zenit des Kapitalismus auftaucht, ist wohl nicht der im Internet zuckende Kommunikationshäftling, dem Erfahrung und Wahrnehmung seiner selbst in der Welt versagt sind, weil er im ewig pubertären Machtrausch der Virtualitäten nicht mehr zu sich kommen kann. Als nächste Endgestalt bedenkenswerter ist das in die Gesetzestafel seines Genoms vertiefte Individuum, das seiner Kontingenz und seiner Einmaligkeit gewahr werden und sich der Unwiederholbarkeit seines Lebensmusters stellen muß. Da ihm aufgegeben wäre, nun wissend seine Naturbedingtheit zu beherrschen und sich ihrer zu bedienen, könnte ihm klar werden, was dem Besitzindividualisten in seinem sterilen Konkurrenzzwang verwehrt ist: daß nun ganz neu die Chance der Vermenschlichung eröffnet ist. Dieser Anblick könnte so fesselnd sein, daß man darüber sogar die Lust am Haben und Halten leicht vergißt.

Friedrich Dieckmann

Der antiapokalyptische Punkt oder Zwei Wege zum Sonnenstaat

I

»Mit geradezu astrologischer Regelmäßigkeit«, sagte Niklas Luhmann 1989 in seiner Dankesrede zur Verleihung des Stuttgarter Hegelpreises, käme es, »mindestens seit der Verbreitung des Buchdrucks«, »in den achtziger Jahren eines jeden Jahrhunderts zu einer Ethikwelle«. Von wahren »Moralstürmen« sprach er im weiteren Verlauf seiner Rede und erklärte es für »die vielleicht vordringlichste Aufgabe der Ethik«, »vor Moral zu warnen«; das 18. Jahrhundert habe dazu, »gleichsam als Wellenbrecher«, »den Humor erfunden«. Zu dem wenigen, das er offenließ, gehörte der Grund für die merkwürdige Periodizität der angesichts nahender Jahrhundertenden aufbrausenden Moralstürme. Wer nicht einen realexistierenden Hundertjährigen Kalender der europäischen Geschichte voraussetzen will, wird ein unbewußt wirkendes eschatologisches Moment anzunehmen haben, das sich an die Rundungen der christlichen Zeitrechnung heftet, einen Chiliasmus der Jahrhundertenden, dessen exzentrische Verstärkung angesichts des nahen Jahrtausendendes, als der wahrhaft chiliastischen Ziffer, vorauszusetzen wäre, wenn denn Europa sich noch als ein christlicher Erdteil betrachten dürfte. Er ist es nur noch rudimentär. Die »Zivilreligion des Konsumismus« (Michael Rutschky) hat ihre weltliche Herrschaft längst in ihm angetreten.

Wenn die Sittlichkeit individuellen Handelns, die Wertegebundenheit von Tun und Lassen des einzelnen emphatisch-resigniert ins Zentrum von Erörterungen und Beschwörungen rückt, dann liegt die Annahme nahe, daß die Macht- und Reichtums- beziehungsweise die Ohnmachts- und Armutsverteilung in der Gesellschaft auf einen Punkt gekommen ist, der sich als ebenso unhaltbar wie unveränderbar darstellt. Die Hebung der individuellen Moral erscheint dann wie ein Wundermörtel, den es in die Fugen des rissig werdenden Turmbaus zu spritzen gilt; wie aber bekommt man ihn hinein? Francis Fukuyama weiß es, und mit ihm empfindet Joachim Fest das Dilemma, »daß ›eine liberale Demokratie, die alle zwanzig Jahre einen kurzen, entschlossenen Krieg zur Verteidigung ihrer Freiheit und Unabhängigkeit führen könnte, bei weitem gesünder und zufriedener (wäre) als eine Demokratie, die in dauerhaftem Frieden lebt‹.« (*Sinn und Form,* Nr. 3, 1997) Damit die Demokratie gesund bleibt, müßte sie Kriege führen können; das ergibt sich aus »der prekären Natur eines solchen Gemeinwesens, das gleichsam immer dicht am Rande des Abgrunds steht«.

Ein Circulus vitiosus zeigt sich, der von einem in sich ungeklärten Begriff des Utopischen umgetrieben wird: Alles, was die Fortdauer des Bestehenden gefährdet, ist »utopisch«, und alles Utopische gefährdet die Fortdauer einer strukturell idealisierten, dabei als abgründig erkannten Gesellschaftsorganisation. Zugleich regt sich wie tagtraumhaft und gewissermaßen utopisch die

Sehnsucht nach solcher Gefährdung; eine Ordnung, die offenbar außerstande ist, sich aus sich selbst heraus zu stabilisieren, ruft fast verzweifelt nach dem Feind, der sie anföchte, damit sie wieder tugendhaft werde. »Zum unverdienten Glück von uns allen zählt, daß seit dem Zusammenbruch der kommunistischen Verheißung weder eine gedankliche noch eine reale Alternative existiert, in deren Zeichen das freiheitliche System in Frage gestellt werden könnte. Aber manchmal fragt man sich auch, ob ein solcher Gegner uns allen nicht gut täte: gleichsam als die Feder, die unsere Ordnung in Spannung hält.«

Der »Mangel an festem Grund« in den »hochentwickelten demokratischen Ordnungen heute« gehe, so Fest, »auf die Gleichgültigkeit zurück, mit der die liberalen Ordnungen, ihrem Wesen entsprechend, die so leidenschaftlich erwarteten Antworten auf das Sinnproblem des modernen Menschen verweigern«. Das ist eine vornehme Umschreibung der Tatsache, daß Arbeitslosigkeit, auch bei Sicherstellung des Existenzminimums, die von ihr Betroffenen tatsächlich mit einer Sinnkrise von Ausmaßen überzieht und daß die Ressourcenwirtschaft der Industriegesellschaften längst als zukunftsblockierend erkannt ist, ohne daß der durchschaute Extremismus des Status quo ein Minimum politischer Handlungsfähigkeit bewirkte. Der Traum vom neuen ideologischen Feind, gegen den man, statt gegen die Fehler der gegebenen Ordnung, einen Tugendkrieg führen könnte, erwächst aus der Verdrängung jener Realprobleme, vor denen die dezentral-expansive Konsumgesellschaft wie vor einer unübersteigbaren Mauer steht, ähnlich wie vormals jene zentralgesteuerte, die sich im Namen realen Vorhandenseins des Sozialismus jeden Gedanken an die Utopie schon seit Jahrzehnten aus dem Sinn und den Lehrbüchern geschlagen hatte.

Dieser Traum hat mit Realitätsverkennung auch insofern zu tun, als er einen Tugendverlust konstatiert, der keineswegs eine allgemeine Erscheinung ist. Im Gegenteil: empirische Erhebungen bezeugen ein Anwachsen gemeinnütziger und -sinniger, die Hilfsbedürftigkeit des Nächsten (und manchmal des Fernsten) spendend und tätig ins Auge fassender Handlungsbereitschaft. Aufs Ganze gesehen hat sich die Tocquevillesche Bestimmung (Friedrich Schorlemmer beruft sie in seinem von oberflächlichem Moralisieren freien *Buch der Werte*) gerade in Deutschland in erstaunlichem Maß bewahrheitet, daß sich nämlich »in den demokratischen Zeitaltern die Menschen selten füreinander aufopfern; aber sie bekunden ein allgemeines Mitgefühl für alle Angehörigen des Menschengeschlechts«: »wenn sie, ohne sich selber viel zu schaden, die Schmerzen anderer lindern können, so tun sie es gern; sie sind nicht uneigennützig, aber sie sind mild.«

Daß einheimische und aus der Ferne zuwandernde Arbeitslose ein spezifisches Destruktionspotential entfalten, das sich in blindwütig-feigen Aggressionshandlungen und Gesten wirksamer Selbstzerstörung ausdrückt, aber auch in symbolischen Gesten wie den in Großstädten grassierenden Wand-, Fenster- und Sitzbeschmierungen, ist, bei aller juristisch oft zu niedrig angesetzten Selbstverantwortung, das Ergebnis einer hilflosen und ausgesetzten Lage. Nicht ein allgemeiner Tugendverlust bringt sie hervor, sondern eine gesellschaftspolitische Orientierung, die die Ohnmacht des Staates zum Maß seiner Tugend macht; die Tugend wirkt zweideutig, wenn sie den Drogenprofiteur von dem Nachweis entlastet, woher das Geld stammt, das er aufs Konto bringt. Daß der Verkäufer des Pharmaziekonzerns Boehringer seinen Elf-Milliarden-Erlös steuerfrei anlegen konnte, ist, sofern er nicht gegen geltendes Recht verstieß (und er hütete sich, das zu tun), keine Tugend-, sondern eine Gesetzes-, also eine politische Frage. Offenbar wäre er ein Tor, wenn er Abgaben tätigte, die er vermeiden kann, und sich nicht lieber auf mäzenatische Zuwendungen verlegte, deren Verwendung in seinem eigenen Ermessen steht.

Geht es statt um Tugendfragen möglicherweise um etwas, was man in grauer, utopisierender Vorzeit – Klassenfragen nannte? Der Umstand, daß die Bundesregierung seit 1993 statistische Erhebungen über die Vermögensverteilung deutscher Haushalte unterbindet, deutet ebenso darauf wie das Ergebnis der letzten auf diesem Gebiet getätigten Erhebung; es ergab, daß fünf Prozent der deutschen Haushalte über fünfzig Prozent des gesamten Firmenkapitals verfügen. Einer Staatsarmut, die das Projekt einer europäischen Währung immer mehr zur Chimäre werden läßt, steht der wachsende Reichtum einer schmalen Schicht gegenüber, die als besitzende Klasse zu apostrophieren eingeschliffene Tabus aufstören würde; man spricht besser von schichtenspezifischer Disproportion.

Zu den Kuriosa des gegenwärtigen Bewußtseins gehört der Umstand, daß eine Gesellschaft, die versichert, dem Wettbewerb der Konzepte freien Lauf zu lassen, und sich von daher sogar selbst definiert, den Anblick völliger konzeptioneller Monochromie bietet und auf diesem Weg ihrem alten Widerpart, dem tückischerweise entschwundenen Monopolsozialismus, sonderbar zu gleichen beginnt. Wie im real exerzierenden Sozialismus scheinen andere Lösungen der überhandnehmenden Probleme als durch Fortschreibung des Gegebenen außerhalb dessen zu liegen, was in Betracht kommt – und vielleicht ist es gerade diese Erscheinung, die die Beängstigung hervorruft: die Totalität eines Sieges, der denen, welchen er zufiel, zwischen den Fingern zu zerrinnen scheint; haben sie zu fest zugegriffen? Die alte DDR verfügte über einen Nachbarn, auf den ihre Bewohner Lösungswege projizieren konnten; auch umgekehrt ist, obschon gedämpft, ein solcher Übertragungsmechanismus wirksam geworden. Damit ist es seit einiger Zeit wechselseitig vorbei; das Realitätsprinzip ist unerbittlich in Kraft getreten. Wie schwer es ist, in einer Welt zu leben, die ihre Berichtigung nur noch in sich selbst findet und sich, in Anlehnung und Abstoßung, nicht mehr in die Erscheinung einer Alternative vertiefen kann, zeigt die Festsche Betrachtung mit großer Deutlichkeit.

II

Tieferdringend ist die Werte-Rede, die aus dem Innern jener Verhältnisse kommt, die als die alleinherrschenden in Kraft gesetzt sind, der marktliberalen. Ein theoretisch beschlagener Finanzspekulant, George Soros, hat sie unlängst angestimmt (*Zeit,* 17. Januar 1997) und aus moralischer wie – in umfassendem Sinn – sozialer Perspektive eben jenes System in Frage gestellt, dem er einen immensen Reichtum abgewann, das kommerziell-spekulative. Er legt dessen irreale, nämlich undurchschaut-rückbezügliche, mit einem Wort: utopistische Vorstellungen bloß und warnt vor seinen totalitären Implikationen und axiomatischen Prämissen. Soros begreift, daß das Marktsystem selbst die traditionellen Werte untergraben habe. Die theoretisch gehegte und ökonomisch praktizierte Vorstellung, daß der freigelassene Markt ein vollkommenes oder auch nur hinlängliches Instrument sei, um Bedürfnisse, Werte, Ressourcen und Produktion ins Gleichgewicht zu bringen, entdeckt er als einen Trugschluß aus dem mechanistischen Denken der Newtonschen Physik, der sich mit sozialdarwinistischen Folgerungen aus einer frühen Stufe der Evolutionstheorie unheilvoll vermischt habe.

Es sind Rückkopplungsphänomene, die Soros zu dieser Einsicht bringen; er erkennt, daß die Wertesphäre längst selbst in den Bann des Marktes geraten und damit zu dessen Funktion geworden sei. Wenn aber, befindet dieser Kenner der Verhältnisse, der eine der beiden Faktoren nicht mehr unabhängig ist, dann sei das Gleichgewicht eine Fiktion. So auch in anderer Hinsicht bei dem Verhältnis von Angebot und Nachfrage; das System modelt selbst die Voraussetzungen, die es in Einklang zu bringen behauptet. Es vollführt, wäre hinzuzusetzen, jenen Zirkelschluß, den die Systemtheorie als selbstreferentiell bezeichnet, eine Objektivität vorspiegelnd, die längst manipulatorisch geworden ist.

Den »Fanatismus des Konvertiten« unterstellte der *Spiegel* dem Londoner Finanzexperten, aber Soros, vormals ein Mäzen antikommunistischer Aktivitäten (und nachmals ein Förderer osteuropäischer Transformationsanstrengungen), hat seine Maßstäbe nicht geändert; er wendet nur die Popperschen Kriterien der offenen Gesellschaft auf die neoliberalistisch verformte an und kommt auf diesem Weg zu Befunden, deren Bedeutung darin liegt, daß sie die Wirkungen des Systems an seinen Zielvorgaben und theoretischen Prämissen messen. Daß der Laisser-faire-Kapitalismus aus einem machtbesetzten Perfektionsanspruch heraus eine totalitäre Komponente hervorkehre und damit als ein immanentes Bedrohungspotential selbst die Nachfolge des untergegangenen Kommunismus angetreten habe, ist seine weitreichende Feststellung: »Es zeigt sich eine beunruhigende Ähnlichkeit mit dem Marxismus, der für seine Dogmen ebenfalls wissenschaftlichen Status beanspruchte.« Und weiter: »Die Argumentation der Verfechter des Laisser-faire beruft sich stillschweigend ebenso auf Perfektion wie der Kommunismus. Sie behaupten, weil Umverteilung zu Mängeln und Verzerrungen führe, könnten die Probleme durch die Ausschaltung der Umverteilung gelöst werden – so wie der Kommunismus behauptete, die in der Konkurrenz implizierte Verdoppelung sei verschwenderisch, daraus ergebe sich die Überlegenheit einer zentral geplanten Wirtschaft. Aber Perfektion ist unerreichbar. Wohlstand akkumuliert sich in den Händen seiner Eigentümer, und wenn für die Umverteilung keinerlei Mechanismen vorgesehen sind, kann es zu unerträglichen Ungerechtigkeiten kommen.«

Soros' Kritik an dem absurden Perfektionismus neoliberalistischer Orientierungen, wie er seit dem Ende der siebziger Jahre in England und Nordamerika bestimmend wurde und unter der Fahne der Globalisierung nun auch auf den europäischen Kontinent übergreift, läßt sich durch die Fehlbarkeit sozialpolitischer Regulierungen nicht beirren. Aus ihrer Unvollkommenheit dürfe und könne man nicht auf ihr Überflüssig-Sein schließen und erst recht nicht auf die Unfehlbarkeit des Laisser-faire-Liberalismus. Was ihm diesen als implizit totalitär erscheinen läßt, ist just sein Absolutheitsanspruch. Die Katastrophenhaltigkeit des real und ungehemmt existierenden Kapitalismus ist bei Soros als ein immanentes Phänomen aufgewiesen; das macht den Realismus dieser Studie aus, die von Moral handelt, ohne sich über die Ursachen ihres Verfalls zu betrügen. Sie erkennt die Triebkraft der Destruktion im Innern der Verhältnisse selbst.

III

Die, als analytische, auch moraltheoretische Überlegenheit dessen, der, statt aus dem Elfenbeinturm des Überbaus in die Welt zu lugen, sich auf Basisfaktoren und -verhältnisse versteht, zeigt sich auch an Kurt Biedenkopf, dem Zögling eines ihm von der Freiburger Schule vermittelten sozialökonomischen Ordo-Denkens. Biedenkopfs Einblick in die Funktionsweise des westlichen Wirtschafts- und Gesellschaftssystems hat ihn nach 1989 wie keinen anderen seiner Sphäre dazu befähigt, aus dem Kollaps von dessen östlichem Widerpart und Alter ego Folgerungen zu ziehen, die nicht nur nach einer Seite gingen. Daß er nach Westen hin kein Gehör fand und sich im Osten jenes Vertrauen erwarb, das seiner Kompetenz zukam, war charakteristisch für die Beschaffenheit der neuen deutschen Verhältnisse. In einem Vortrag vom Juni 1990 entfaltete er alle Antinomien einer Wirtschaftsweise, die »die Bedürfnisse der Menschen als unbegrenzt« setzt, wie dies die moderne Nationalökonomie sowohl im Kapitalismus wie im Sozialismus tue. Beide seien »auf das Wachstum, die Steigerung der Produktion« orientiert, »ohne Auskunft über das Steigerungsziel zu geben: Die Steigerung selbst ist das Ziel« (*Sinn und Form,* Nr. 6, 1990). Drei Jahre später hat Robert Kurz das Verhältnis drastischer bezeichnet: »Alle bisherigen Konzepte der Moderne, den Sozialismus eingeschlossen, bewegen sich eingestanden oder uneingestanden im Kontext einer Selbstverwertungslogik des Geldes, die letztlich nicht auf dem Boden des Geldes korrigiert werden kann.«[1]

Daß auch die technisch-naturwissenschaftliche Entwicklung in sich selbst schrankenlos und wertneutral sei und darum in einen von ihnen im Wechselspiel bewirkten exponentiellen Entgrenzungsprozeß der materiellen Produktion verstrickt, war Biedenkopfs Feststellung, mit der daraus erwachsenden Folgerung, daß die Gattung, wenn sie nicht, wie schon andere in der Geschichte der Arten, an einem Begrenzungskonflikt scheitern wolle, »Kriterien der Selbstbegrenzung« entwickeln müsse, die, würden sie erst dann

---

1 Robert Kurz, *Der Letzte macht das Licht aus.* Berlin: Bittermann 1993.

wirksam, wenn die Natur zurückschlage, jedenfalls zu spät kämen: »Man sieht gerade in eindrucksvoller Weise in der Sowjetunion, was das Zusammenbrechen solcher Systeme bedeutet, ehe neue sich haben entwickeln können.« Zugleich die Skepsis, ob dergleichen unter demokratischen Bedingungen möglich sei: »Die Mehrheitsfähigkeit aller bisher diskutierten Wege ist ... denkbar gering, weil sie alle eine tiefgreifende Veränderung des Bewußtseins voraussetzen.« Eine denkbare Lösung: das Wachstum auf den kulturellen Bereich zu verlagern, wo es völlig unschädlich sei. »Es verzehrt nichts, es bereichert die Leute.«

Ein Empfinden dafür, daß es die schwächere und primitivere Gestalt des eigenen industriellen Systems war, was in Gestalt der monopolsozialistischen Planwirtschaft zusammenbrach, ist – damals und danach – in westlicher Sphäre um so weniger aufgekommen, als es mit vielen medialen wie politischen Mitteln unterdrückt wurde. Die Perhorreszierung aller über mechanische Angliederungs- und Integrationsoperationen hinausgehenden Folgerungen, die sich nach Westen hin aus dem Tatbestand der deutschen Vereinigung ergeben könnten, gehörte zu den Maximen einer Öffentlichkeitsorientierung, die sich eben jene Siegerpose beilegte, die jetzt auch ihren Protagonisten als unrealistisch erscheint.

Daß die technisch-wirtschaftliche Entwicklung einem exponentiellen Gesetz unterworfen sei dergestalt, daß ihr Produktionsausstoß nicht bloß linear, also gleichmäßig, anwächst, sondern die Wachstumsrate selbst immer noch zunimmt, ist in den siebziger Jahren von den Wissenschaftlern des Club of Rome ebenso wie von den politischen Leitern der führenden Wirtschaftsnationen festgestellt worden, kritisch-alarmierend von den ersteren, affirmativ von den letzteren, die zu dem Schluß kamen, daß ohne eine selbst immer noch zunehmende Wachstumsquote das gesellschaftliche Gleichgewicht in den von ihnen regierten Staaten nicht aufrechtzuerhalten sei. Das bedeutete, daß eine Verlaufsform, deren Irrealität angesichts der begrenzten Ressourcen des Planeten Erde gerade nachdrücklich aufgewiesen war, zur Existenzbedingung der industriellen Gesellschaften erklärt wurde; da weder von seiten der europäischen Sozialdemokratie noch etwa von den Kommandohöhen des Monopolsozialismus Widerspruch angemeldet wurde, kam dies dem Offenbarungseid nicht nur einer bestimmten Politik, sondern der Politik schlechthin gleich. Daß der hier bekundete Fatalismus eine neoliberalistische Strömung bestärkte, die aus der weltpolitisch konstatierten Ausschließung einer Wende, der Unmöglichkeit einer technisch-ökonomischen Umkehr den Schluß zog, das Marktgesetz des Niederkonkurrierens der Schwächeren sei die optimale Form gesellschaftlichen Verhaltens schlechthin, gerade auch in dem weltökonomischen Konkurrenzverhältnis der »ersten« gegenüber der »zweiten« Welt, war nachgerade plausibel.

So hat der erklärte politische Verzicht auf eine schon als notwendig erkennbare Wende nachmals zu jener Schein-Wende geführt, die als Kollaps des Monopolsozialismus zur Bestärkung und Rechtfertigung einer Wirtschaftsweise umgedeutet wurde, deren Unhaltbarkeit sie mit ihren Mitteln offenlegte. Gegen ihre Folgen scheinen heute nur noch jene Moralappelle zu helfen, die die Sphäre der Symptome und nicht jenen Kern der Verhältnisse betreffen, wo »im Zusammenhang von technisch-naturwissenschaftlicher Entwicklung, Säkularisation und modernem ökonomischem Denken« der »Zwang zum exponentiellen Wachstum« entspringt (Kurt Biedenkopf).

IV

Wenn man Mitte der siebziger Jahre nicht unter moralischen, sondern gleichsam unter funktionslogischen Auspizien zu einem Resultat kam, in dem die Möglichkeit der Rettung die eigentümlich bildhafte Gestalt eines mathematischen Wendepunkts annahm, dann liegt es nahe, die damals angegebene Verlaufskurve von durchaus umfassender Reichweite der Prüfung im Licht seitheriger Erfahrung zu unterziehen. »Massenproduktion und Demokratisierung als Zwillingsgeschwister des historischen Fortschritts«, gingen diese Erwägungen, »je größer die Gütererzeugung und je gerechter ihre Verteilung, desto entbehrlicher der Zwang staatlicher Ordnungen; je reicher die Gesellschaft, desto freier der einzelne – so sah es das 19. Jahrhundert, einigen Einspruch (zumeist reaktionären) außer acht gelassen; wir sehen es heute komplizierter. Erstens spendet jener soziale Mechanismus, der die Gütererzeugung ins Ungemessene treibt, der Mechanismus des Marktes und der Konkurrenz, zwar Reichtum, aber keineswegs Glück und den ersten zu Lasten ärmerer Völker. Zweitens stellt sich immer dringender die Frage nach der Rache der Natur für die ihr geschehene Gewalt; die gedankenlos ausgebeutete beginnt sich zu versagen. Indessen geht es hier nicht um die bedrohliche Ambivalenz einer immer weiter anwachsenden materiellen Produktion, sondern um diese Zunahme als Eigenschaft. Die technische Fähigkeit zur Naturbeherrschung, Naturausbeutung verhält sich zeitlich akkumulativ; dies gilt erst recht für ihre theoretische Basis, die Naturwissenschaft. Von einem bestimmten Niveau praktisch-empirischer Naturbewältigung an entwickelt sich nicht gleichmäßig, aber einsinnig, durchaus irreversibel das Vermögen zu theoretischer Naturbewältigung, die Fähigkeit der Wissenschaft, sich der Beschaffenheit und der Prozesse der natürlichen Welt abstrahierend zu bemächtigen. ... es ist auf diesem Gebiet kein Ende abzusehen. Es erweist sich als das einzige, das jener Selbstaufhebung durch Akkumulation entzogen ist, die, von Hegel entdeckt, in allen anderen Bereichen mit gesetzmäßiger Regelmäßigkeit waltet. Die Ressourcen historischer Bildungen, welcher Art sie auch seien: einer Staatsform, einer Technologie, eines Baustils, sind sonst überall begrenzt; nach einer Zeit der Entfaltung kommt der Augenblick, da der Konnex mit den Bedürfnissen der Gesellschaft sich erst lockert, dann verliert, da der Herkules Geschichte das Gebilde von seinem gesellschaftlichen Nährboden abhebt und alle weitere Anreicherung und Ausarbeitung nur noch Verfeinerung, Verästelung betreibt, so wie ein Strom sich im Gebiet seines Deltas in ein feines Aderwerk verzweigt, ehe er sich im Meer verliert. Natürlich gibt es keine historische Sicherheit dafür, daß die von der Naturwissenschaft bestimmte Phase der Weltgeschichte dieser Bestimmung überhoben sei, und gewisse Erscheinungen in der industriellen

Sphäre werden gelegentlich schon in diesem Sinn gedeutet: die heraufdämmernde Erschöpfung der Bodenschätze ebenso wie die zunehmende, hier und da bereits zu zivilisatorischen Erstickungsanfällen führende Verpestung der natürlichen Umwelt des Menschen durch die Rückstände industrieller Progression. Nachdem die Menschheit darauf verzichtet zu haben scheint, sich mit den ihr in Technik und Wissenschaft zugewachsenen Mitteln unmittelbar um ihre Existenz – oder doch um ihre jetzige Existenzform – zu bringen, macht sie Anstalten zu einem mittelbaren Selbstmord.«[2]

Bei dieser Feststellung blieb es hier nicht; ein Wendepunkt wurde prognostiziert mit Wendungen, denen etwas Beschwörendes anzumerken war, zugleich auf völlig realistische Weise, dies auch deshalb, weil die angegebene Kurve zu weiträumig ist, um die Vollzugsweise einer solchen Wende irgend bestimmen zu können; das Faktum nur ist ihr abzunehmen. »Es gehört«, schrieb ich damals, »kein Sehergeist dazu, festzustellen, daß der bisherige exponentielle Verlauf der Wissenschafts- und Produktionskurve (vom Typus einer Funktion $y = a\,t^b$, $b > 1$, wobei t die Geschichtszeit und y den Grad der – wissenschaftlichen und technisch-produktiven – Naturbemächtigung, also die Summe alles diesbezüglichen Wissens und Könnens, bedeutet) nicht aufrechtzuerhalten ist. Es ist naheliegend, einen gegenüber dem bisherigen inversen Verlauf anzunehmen und zu mutmaßen, daß die Kurve (nach Durchlaufen [eines] Zunahme-Maximums) bei sich stetig verminderndem Anstieg asymptotisch einem Gleichgewichtszustand entgegenstrebt, der ebenso allmählich eingenommen werden wird, wie die Menschheit sich einst in Jahrhunderttausenden aus dem Urzustand herausarbeitete. Das heißt, die Naturbeherrschung des Menschen würde weiterhin – und unbegrenzt – anwachsen, aber von einem bestimmten, möglicherweise dicht bevorstehenden Punkt – dem Zeitpunkt e – an mit immer mehr abnehmender Geschwindigkeit. (Einen solchen Verlauf zeigt zum Beispiel die Bevölkerungsentwicklung der meisten Industrieländer.) Nicht eine Inversion der technisch-wissenschaftlichen Entwicklung selbst ist anzunehmen (sie könnte sich schwerlich anders als in Gestalt einer globalen Katastrophe begeben), wohl aber eine ihrer Wachstumsgeschwindigkeit. Ein solcher Verlauf entspräche der hyperbolischen Tangensfunktion $y = 1 + \tanh(t - e)$:

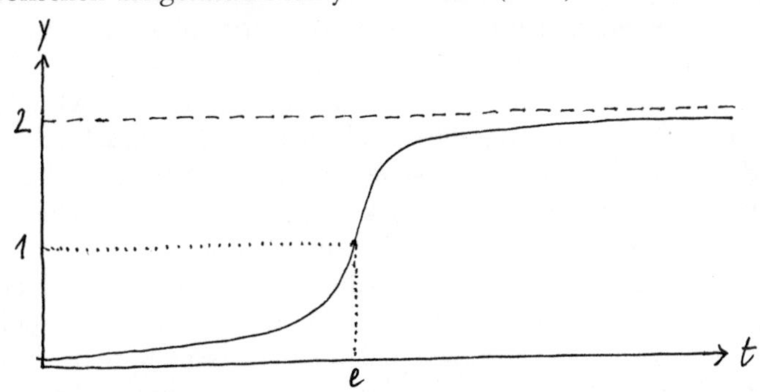

[2] Friedrich Dieckmann, *Die Glockenkurve und Aladins Wunderlampe.* In: *Neue Deutsche Hefte,* Nr. 4, 1981, sowie in: *Hilfsmittel wider die alternde Zeit.* Leipzig: Gustav Kiepenheuer 1990.

Sie legt sich als mathematisches Bild des Ablaufs jenes grundlegenden Geschichtsprozesses nahe, der in der Aneignung der Natur durch den Menschen besteht. Die Endlichkeit des möglichen Ertrags wird von einer solchen Kurve ebenso beschrieben wie die Einsinnigkeit seiner Annäherung, also die Tatsache, daß es sich um einen irreversiblen Vorgang handelt, einen, der zu dauernder Vervollkommnung verurteilt ist und sich jener perpendikularen Bewegung, der Aufhebung durch Steigerung, entzieht, die alle übrigen historischen Phänomene beherrscht.«

V

Der Anstieg, also die Steilheit der exponentiellen Wachstumskurve hat seither immer noch zugenommen; drastisch zeigt dies der Hinweis der Computerindustrie, daß die Speicherkapazität der Mikrochips sich seit 1973 in einem Anderthalb-Jahre-Rhythmus verdoppelt habe, von 4000 Bit im Jahre 1973 bis zu 64 Millionen Bit 1995. Im Jahr 2000 gedenkt man, ein wenig verlangsamt, bei 256 Millionen Bit anzukommen. Sich auszumalen, was dieser extreme Anstieg der Produktivität einer universell verwendungsfähigen Basistechnologie für das ökonomische Gesamtsystem bedeutet, bedarf keiner besonderen Phantasie.

Es liegt im Wesen der angegebenen Tangens-hyperbolicus-Kurve, deren (in der Abbildung auf die christliche Zeitrechnung verkürzte) Zeitachse die der menschlichen Geschichte seit jener weit zurückliegenden Zeit ist, da dem Menschen mit der Zähmung des Feuers die erste technologische Großtat gelang, und deren Ordinate sich als Grad der Naturausbeutungspotenz bemißt, also des technisch nutzbaren Gesamtwissens, – es liegt im Wesen dieser Funktionskurve, daß ihr Anstieg bei der Annäherung an den Wendepunkt immer steiler wird und nach dessen Durchschreiten nur minimal abzuflachen beginnt. So ist die Nicht-Umkehr der Anstiegstendenz kein Indiz gegen ihren prinzipiellen Verlauf, der die Rettungsstelle nicht als Bruch, sondern als differentialen Übergang, als »Tendenzwende« angibt.

Tatsächlich sprunghafte, darum sonderlich anschauliche Erfahrungen waren bei jener Transformation einer technisch und strukturell zurückgebliebenen Produktionssphäre in eine allseits fortgeschrittene zu machen, die den irreführenden Namen einer Wende erhielt, da es sich doch offenbar um einen Umsteigeversuch aus einem langsam fahrenden in einen schnell fahrenden Zug handelte; der Vorgang war die mittelbare Folge der Tatsache, daß die bereits Ende der siebziger Jahre zutageliegende Einsicht in die Unhaltbarkeit der industriestaatlichen Gesamtentwicklung keine wirksamen Umkehrkräfte freizusetzen vermocht hatte. Zur Beschreibung jener Erfahrung, die auf deutschem Boden zu besonderer Anschaulichkeit gedieh, legt sich ein thermodynamisches Modell nahe; der jähe, durch keine wirtschaftspolitische Vorkehrung gedämpfte Währungs- und Wirtschaftsanschluß der deutschen Ost- an die deutsche Westrepublik hatte Effekte ganz ähnlich denen, wie sie beim Öffnen von Thermosflaschen entstehen, wenn die Wirkung des Isolationsmantels außer Kraft gesetzt ist und die höhere Umgebungstemperatur machtvoll auf die kühl gehaltene Materie eindringt, deren Moleküle vermittels eines ganz einseitig verlaufenden Temperaturausgleichs in eine Beweglichkeit geraten, die ihre Bindungskräfte deutlich lockert. Jener Vorgang, den Ralf Dahrendorf als eines »der größten ökonomisch-konstitutionellen Experimente« beschrieb, »die es je gab«, mit dem Zusatz: »und die Bürger der DDR sind die Versuchskaninchen« (*Merkur,* Nr. 497, Juli 1990), vollzog einen Verflüssigungsprozeß sozialökonomischer Zustände, der sich im physikalischen Bild zutreffend beschreiben läßt. Schon der Biomorphismus Versuchskaninchen deutet auf das soziale Molekül in seiner zwischen Bindung und Beweglichkeit hin und her gerissenen Befindlichkeit.

Dies in einem über die Gegenwart weit hinausgreifenden Sinn. Die Analogie gesellschaftlicher Verhältnisse in ihrem auf das Partikel einwirkenden Widerspiel von Bindungskräften und thermischer Mobilität mit Aggregatzuständen, bei denen Moleküle und Atome die Stelle des sozialen Atoms, Individuum genannt (die Worte sind synonym), einnehmen, ist weitreichend; mit erstaunlicher Näherung läßt sich die menschliche Geschichte im Bild einer – zum Unterschied von physikalischen Verläufen – irreversiblen Folge von Aggregatzuständen bezeichnen, innerhalb deren so viele Modifikationen, Übergänge und Spezifikationen Raum greifen wie in der Welt der festen, flüssigen und zähen, also scheinfesten Körper. Das Überwiegen der Bindekräfte ist das Kennzeichen aller archaischen Gesellschaften und ergibt sich unmittelbar aus den Bedingungen ihres Lebensunterhalts durch Jagd und Ackerbau; noch die gesteigerte Beweglichkeit bestimmter Berufsgruppen innerhalb fortgeschrittener Sklavenhalter- und Feudalgesellschaften ändert nichts an der grundsätzlich kristallinen Beschaffenheit des gesellschaftlichen Körpers. Die als Kaufleute, Soldaten, Künstler oder Gelehrte umherziehenden einzelnen spielen in ihnen eine Rolle ähnlich den zu spezifischer Beweglichkeit freigesetzten Außenelektronen in den Gitterstrukturen der Metalle, deren Festigkeit nicht im Gegensatz zu ihrer von diesen mobilen Teilchen bewirkten Leitfähigkeit steht und sich mit einem Grad von Biegsamkeit verbindet, der eine Funktion der Erwärmung, also von Zufuhr thermischer Energie, ist.

Die Französische Revolution als das Phänomen einer sich sprunghaft-rapid vollziehenden Gesellschaftsveränderung markiert auf diesem Feld einer sozialen Thermodynamik den Verflüssigungspunkt. Im Ergebnis einer stürmisch vorangeschrittenen wissenschaftlichen wie produktionstechnischen Entwicklung datiert von ihr eine zur qualitativen Veränderung des Gesamtkörpers führende Schwächung der traditionsbestimmten Anziehungs- und Bindungskräfte in ihrer Wirkung auf das soziale Molekül. In dem Maß, wie die Leibeigenschaft, also die patriarchalische Bindung an die nährende Scholle, und in den Städten die Zunftbeschränkungen hinfällig werden und der freigesetzte Proletarier, der entweder verarmter Handwerker oder landloser Bauer ist, sich dorthin wendet, wo Fabriken ihm Arbeit geben, wird eine Ungebundenheit, die bis dahin das Vorrecht privilegierter Partikel war, zur Grundverfassung des Ganzen; der Proles der sich bildenden Industriegesellschaft ist das soziale Molekül im Zustand der Entbundenheit. Der soziale

Körper unterliegt einem Verflüssigungsprozeß, der sich in der Abnahme der die Festkörperstruktur konstituierenden Bindekräfte bei gleichzeitiger Aufrechterhaltung des Gesamtzusammenhangs der beweglich gewordenen, aber keineswegs regellos umherfahrenden Moleküle darstellt. Das entspricht erstaunlich genau der molekularen Disposition von Flüssigkeiten.

Das morphologische Rätsel, das der »real existierende«, sich also nicht mehr als bloßes Übergangsstadium begreifende, sondern zur eigenständigen Ordnung verfestigte Sozialismus in diesem Bild aufgibt, löst sich, wenn man die russische Revolution innerhalb jener Phasenverschiebung, die von West nach Ost und von Nord nach Süd Zonen der Ungleichzeitigkeit durch Europa legt, als einen stark verspäteten und um so jäher und rückhaltloser wirkenden sozialen Verflüssigungsvorgang erkennt, der durch die Verselbständigung thermischer Barrieren nach einer langen Phase starker molekularer Dynamik qua Energieaufnahme in jenen Zustand geriet, der den kristallinen Festkörper vortäuscht, wie das Glas, dieser scheinstarre Körper, der eine unterkühlte Schmelze vorstellt und, wie Siegellack, als fest erscheint, ohne es wirklich zu sein. Bei Erwärmung schmilzt eine solche Masse, ohne ihren Aggregatzustand eigentlich zu ändern; sie schmilzt übergangslos und gleichsam unversehens.

Ein infolge aufwendiger Thermoisolation schwerflüssig-zäh gehaltener sozialer Körper mit Nah- und Bindungskräften, die, obschon stark belegt, nicht zu kristallin-stabilen, gitterartig-strikten Strukturen führen, sondern zu einer gleichsam amorphen Unbeweglichkeit – das Bild gilt auch für jene Gesellschaften am Westrand des eurasischen Imperiums, in denen das zugleich aufgepfropfte und abgewandelte sowjetische System nicht zu einer wie gläsernen Erstarrung geführt hatte. Das Wegbrechen der dem anwachsenden Temperaturunterschied nicht mehr standhaltenden Isolation unter den spezifischen Bedingungen der deutschen Währungs- und Verfassungsvereinigung hatte physikalisch schlüssige Folgen; die Temperatur des sozialen Körpers, also die mittlere Beweglichkeit der Moleküle, erhöhte sich sprunghaft, ohne daß dabei der Punkt überschritten worden wäre, der einen Aggregatzustand vom andern trennt; viskose Flüssigkeiten sind ja nicht fest, und erstarrte Schmelzen sind es nur scheinbar. Insofern ist die Auflösung des Monopolsozialismus ein Vorgang anderer Art als jene echten Verflüssigungsprozesse, die einst die feudalhierarchischen in bürgerlich-liberale Gesellschaften umwandelten. Die sowjetsozialistische Gesellschaft war als Industrialisierungsdiktatur pseudo- und protofeudal; ihre Struktur war nicht kristallin, sondern bloß unterkühlt. Keine echten, traditionsgespeisten Nahkräfte hielten das Ganze auf dem Niveau reduzierter Beweglichkeit, sondern eine Bindungskonstruktion, die ein strukturelles Basisverhältnis – die hierarchisch-strikte Funktionsweise der klassischen Fabrik – in einem Akt politischer Verinnerlichung auf das Gesamtsystem übertrug, aus dem das Konkurrenzprinzip, dieses Liquiditätsmoment im Verhältnis der Großmoleküle Fabrik, weitgehend verbannt wurde, in dem irrigen Glauben, daß die Homogenisierung von Produktions- und Verteilungsform imstande sei, die Antinomien des Kapitalismus zu beheben.

VI

Die Stimmigkeit dieser Molekularanalogie, die sich von der physikalischen Realität durch die Irreversibilität, die Unumkehrbarkeit des Verlaufs als eines historischen unterscheidet, wird frappant, wenn man den vielfältigen Prozeß nachlassender Bindungskräfte und zunehmender Beweglichkeit der sozialen Moleküle unter dem Aspekt der Energiezufuhr betrachtet. Die uns bekannte Weltgeschichte ist nicht nur ein Prozeß zunehmender »Kinetisierung« des sozialen Moleküls im Sinne seiner Entbindung aus engbegrenzten räumlichen wie gesellschaftlichen Verhältnissen, sondern dieser Vorgang steht auch in einer direkten Relation zu der vom Menschen mit zunehmender Fertigkeit bewirkten Freisetzung von pflanzlich gespeicherter Energie in Arbeit leistende, von potentieller in kinetische Energie. Die Geschichte dieses Abhängigkeitsverhältnisses ist die der dafür ausgebeuteten Rohstoffe, ihrer Gewinnung und ihrer Einwirkung auf die Gesamtproduktion. Der Gesellschaftsgeschichte als vielfach verschränkter Abfolge der sozialen Organisationsformen qua Aggregatzustände tritt die ihrer jeweiligen Energiebasis als der Quelle jener molekularen Beweglichkeit zur Seite, die, in einem ganz unmittelbaren Sinn, die Temperatur der Gesellschaft ausmacht. In der kurzen, aber ereignisreichen Geschichte der sich in Wort und Schrift ihrer selbst bewußt werdenden Menschheit folgt die Kohle- auf die Holz- und die Benzin- auf die Kohleformation; die jeweils erschlossenen Energiespeicher bezeichnen die wahren Basisverhältnisse der Sozietät. Daß die ausgebeuteten Rohstoffe über lange Phasen hinweg koexistieren: Holzkohle und Holz mit Braun- und Steinkohle ebenso wie die letzteren mit Erdöl, Erdgas und Atommeilern, so daß es niemals um reine, sondern um Dominanzverhältnisse geht, versteht sich am Rande.

Die mit den kristallinen Strukturen weitgehender Ortsfestigkeit der sozialen Moleküle zusammenstimmende Holzformation der menschlichen Geschichte, deren Energiequelle die vor aller Augen verrichtete Sonnenarbeit des Baums ist, endet dort, wo der energetisch bedürftige Mensch sich von der Erdoberfläche, wo die Bäume wachsen und die Meiler rauchen, löst, um in die Tiefe zu schürfen, wo nicht nur das Erz, sondern auch die Kohle, das versenkte Energiekonzentrat, liegt. Die Suche nach einer effizienten Bergwerksmaschine ist es, die in der ersten Hälfte des 18. Jahrhunderts die erst noch ortsfeste, später von Watt verbesserte und schließlich von Stephenson auf Räder gesetzte Dampfmaschine hervorbringt. Mit ihrer Hilfe erschließt sich die unterirdische Kohle weit müheloser als zuvor, und Kohle ist es, was sie befeuert; die im Wissen und im Energiebedarf, in der Technik und der Entropie fortschreitende Menschheit tritt in jene Phase gesteigerten Energieverbrauchs – und das heißt zugleich: gesteigerter Kinetik des sozialen Moleküls – ein, in der die Gitterstrukturen feudaler Bindungen sich erst lockern, dann aufschmelzen, bis der Mensch des Eisenbahnzeitalters sich auch rechtlich umfassend als freier begreift.

Es ist die auf breiter Front einsetzende Umwandlung pflanzlich gespeicherter Sonnenenergie in eine mechanische Energie, die zu einem nicht unerheblichen Teil in der technisch erleichterten Bewegung der gesellschaftlichen Subjekte selbst besteht, was jenen Vorgang anfacht, der sich in der Idee der Emanzipation antizipiert und überhöht. Wie sich das Bleimolekül emanzipiert, wenn man den festen Brocken im Stahllöffel bis zum Schmelzpunkt und darüber hinaus erhitzt, so emanzipiert sich das soziale Molekül bei Zufuhr jener Energiemengen, die als potentielle im Schoß der Erde lagen und, maschinell freigesetzt, nicht nur in allgemeinem Sinn Arbeit für das menschliche Individuum leisten, sondern als unmittelbare Bewegungsenergie an ihm selbst in Erscheinung treten. Die Lokomotive, diese Ortsveränderliche, die nicht nur sich selbst bewegt, sondern Menschenmassen, ist das die Gesellschaft verwandelnde Hoch- und Überbild des neuen Zeitalters.

Seine Herrschaft wird abgelöst durch zwei Bewegungsmaschinen, vermittels deren die Kohleperiode, kaum anderthalb Jahrhunderte eines enorm beschleunigten Geschichtslaufs bestimmend, in die Benzinperiode übergeht, diese dritte energetische Geschichtsformation, die sich in Automobil und Aeroplan maschinell vergegenständlicht und die mittlere kinetische Energie des sozialen Moleküls innerhalb der fortgeschrittenen (zu wachsendem Energieverbrauch fortschreitenden) Menschheit noch einmal drastisch erhöht. Wie ein solcher Temperaturanstieg (die Temperatur ist das Maß der kinetischen Durchschnittsenergie der Moleküle) in kurzer Zeit innerhalb ein und desselben Aggregatzustands von einem kinetischen Stadium zum andern führt, zeigt wie im Laborversuch die ökonomische Transformation jener alten deutschen Länder, die 1990 zu neuen wurden. Man braucht nur die pro Einwohner in der Zeiteinheit, etwa im Jahr, per Bahn, Automobil, Flugzeug im Mittel zurückgelegten Kilometer vor und nach 1990 zu vergleichen, um die Erwärmung des sozialen Körpers ganz unmittelbar zu erkennen; sie zeigt sich als Zunahme der »thermischen«, also kinetischen Energie der Individuen. Im Mittel legt ein jedes seit dem Eintritt in jene totale Mobilisierung, die, in einem partikelhaft-zerstreuten Sinn, das Wesen der entfalteten Benzinperiode ist, viel größere Entfernungen als früher zurück; im selben Maß haben sich die Kohäsionskräfte gelockert.

Erdöl und Erdgas sind die energetische Grundlage dieser epochal bestimmenden Organisationsform, deren universeller Anspruch und Ausgriff als Globalisierung inzwischen zum Schlagwort geronnen ist; im Prinzip der *just-in-time-production,* also der rollenden Lagerhaltung, hat sie eine ganz spezifische Ausprägung gewonnen. Die Menschheit steht auf dem Gipfel dessen, was sich als Benzinformation, auch Benzinkultur in ihre Geschichte einschreibt, so wie das 19. Jahrhundert die Kohleformation umfaßte. Die spezifische Ästhetik, die sich mit ihr verbindet, treibt auch ihre zentralen Bewegungsmaschinen zu einer mehr als technischen Vollkommenheit; mit ihrer Brauchbarkeit – die gegenwärtige Autoproduktion zeigt es – kommt auch ihre Schönheit auf exemplarische Höhe. Daß die Benzinformation, also das Zeitalter von Automobil und Aeroplan, Tanker und Containerschiff, einmal enden könne, erscheint den ihr nicht bloß kinetisch, sondern psychisch-kulturell Verfallenen leicht im Bild der Apokalypse, so wie für den Drogenabhängigen der Verlust des Suchtmittels einem Weltuntergang gleichkommt. Doch das Ende einer spezifischen energetischen Formation, deren

Eigenart Kultur und Verhalten bis in die feinsten Verästelungen durchdringt, ist nicht das Ende der menschlichen Gattung; es kann *deren* Ende sogar entgegenwirken.

Daß die Vorräte an pflanzlich umgesetzter und unterirdisch in fester, flüssiger oder Gas-Gestalt gespeicherter Sonnenenergie begrenzt sind, bedarf keiner Beweisführung. Wie begrenzt sie bei immer noch anwachsendem Gesamtverbrauch sind, ist schwankenden Schätzungen unterworfen, doch stimmen die Fachleute darin überein, daß spätestens in der Mitte des 21. Jahrhunderts mit einer deutlichen Erschöpfung der Erdöl- und Erdgaslagerstätten zu rechnen sei. Nur begrenzt können Atomreaktoren in die Bresche springen; auch hier unterliegt der Rohstoff – das spaltbare Material – dem Faktum der Endlichkeit der Lagerstätten, das sich übrigens ganz unmittelbar auf die Lebensdauer der DDR ausgewirkt hat. Erst als die Uranlager des westlichen Erzgebirges gänzlich erschöpft waren und dieser erzhaltige Landstrich nichts mehr als strahlende Schutthalden hergab, endete die Existenz dieses Unterpfands sowjetischer Sicherheitsbedürfnisse.

Ein einziges Mittel gäbe es, um der mit dem Ende des Benzinzeitalters aufscheinenden Energieverknappung ohne Senkung des Verbrauchs zu begegnen, und es wäre ein apokalyptisches Mittel: der Fusionsreaktor, jene Magnet- oder Lasermaschine, die mit ungeheurem Energieaufwand und noch kolossalerem Ertrag Wasserstoffatome zu Heliumatomen zusammenbäckt, also die Zähmung jener Energiequelle, die in der Sonne wirkt und die die H-Bombe auf die Erde holte. Wenn binnen eines halben Jahrhunderts die von dem beharrlichen Kraftwerk pflanzlichen Lebens in Jahrmillionen eingefangene Sonnenenergie maschinell freigesetzt, verpulvert, aufgebraucht sein wird und ein dann vielleicht noch bestehender Weltmarkt die Preise ins Astronomische schraubt, schlägt die Stunde der Entscheidung, und daß sie nicht unter moralischem Aspekt, also dem des Vorrangs der Gattungserhaltung, sondern einzig unter dem Abstraktionsdiktat des Marktes getroffen wird, ist – unter der genannten Voraussetzung – wahrscheinlich.

Doch auch das Geld und die Technik, diese engverbundenen Instanzen, die, sich mit quasi religiöser Überzeugungskraft ausstattend, die alte Allmachts- und Unfehlbarkeitsrolle an sich gerissen haben – auch das Geld und die Technik haben ihre Grenzen. Sie könnten genau dort liegen, wo der Griff nach der Sonne einer in deren Inneres wäre, bei dem hybriden Projekt, Explosionsvorgänge, die nur durch die ungeheure Entfernung, in der wir uns von ihnen befinden, zu lebensförderlichen werden, einer Imitation und Regulation zu unterwerfen, vermöge deren sie die Beweglichkeit der sozialen Moleküle weiter vorantreiben, bis eines Tages – gewiß nicht plötzlich – jene Grenze des Aggregatzustands überschritten wäre, die auch die stark erhitzte Flüssigkeit noch von der ziellos-weiträumigen, in bindungslosem Zickzack umherfahrenden Bewegungsweise der Gasmoleküle trennt: die Grenze des Siedepunkts, die Temperaturschranke der universellen Anarchie. Daß von dem Boden des von der Weltfeuerstelle stark beheizten Kessels schon jetzt immer wieder Blasen aufsteigen, die an der Oberfläche zerplatzen, ist Zustandsanzeige und Warnzeichen zugleich.

Noch im Jahre 1964 meinte Jules Guéron, der Generaldirektor der Forschungsabteilung von EURATOM, daß »bis 1985 der Prozeß der Kernverschmelzung in einigen Prototypen gelungen sein« werde und man »auf weite Sicht hin die wirtschaftliche Bedeutung unbegrenzter Energiegewinnung mit Hilfe des Meereswassers gar nicht hoch genug einschätzen« könne. Einunddreißig Jahre später streicht der US-Kongreß, nachdem es ein Testreaktor für die Dauer einer Sekunde mit ungeheurem Energieaufwand auf eine Temperatur von 300 Millionen Grad, das Zwanzigfache der inneren Sonnentemperatur, gebracht hat, fast vierzig Prozent der Hilfsgelder und beschließt, Kernfusionsforschung künftig nur noch im Rahmen internationaler Kooperation zu finanzieren. Die Hoffnungen, die man in der bis tief in die sechziger Jahre reichenden Zeit eines grenzenlosen technologischen Optimismus in den fundamentalalchimistischen Fusionsreaktor (er verwandelt Wasserstoffisotope unmittelbar in das Element Helium) als eine energetische Wunderwaffe setzte, haben sich nicht erfüllt; eine Sonnenpriesterschaft, die als ein kollektiver Dompteur das stellare Kraftwerk auf die Erde holt, um es zu domestizieren, scheint der Menschheit nicht auf dem Weg der Vernunft und der Bescheidung, aber auf dem technisch-ökonomischer Irrealität erspart bleiben zu sollen.

VII

Daß hier ein Scheideweg verläuft, liegt zutage, wenn man bedenkt, daß es bei nahender Erschöpfung der alten, pflanzlichen Energiereservoire nur ein Mittel gibt, der hybriden Solardomestikation zu entgehen, das ist die umfassende Nutzung des aus mildernder Ferne fortgesetzt einstrahlenden Sonnenlichts, dessen Auffangen vermittels technischer Apparate, die gleichsam an die Stelle der Bäume treten, die dieses Geschäft über Erdzeitalter hinweg mit dem Ingenium ihrer Chlorophyllmoleküle betrieben haben. Schon gibt es zahlreiche Verfahrensweisen, dies zu tun; es ist das von einer realitätsblinden Marktwirtschaft zu absurd niedrigen Preisen bereitgestellte Erdöl, das sich ihrer Verbreitung und weiteren Vervollkommnung entgegenstellt, eine Vergeudungsglobalisierung begünstigend, deren Basis die habituelle Blindheit des Marktpreises gegenüber der Ressourcenrealität ist. Sie ist so evident wie die andersartige Regulierungsunfähigkeit des planökonomischen Staatskapitalismus, die, obschon auch seinen Verwaltern bekannt, nur auf dem Weg des Kollapses ein Ende finden konnte.

Die von fern aufziehende Kollektorenformation der menschlichen Geschichte, eine Sonnenzeit anderer Art als die hybrid-dompteurhafte der Fusionstechnologen, wird von größerer Ortsbeständigkeit der sozialen Moleküle und von einem verminderten Energieverbrauch bestimmt sein. Sie wird eine genaue energetische Balance einem Rohstoff gegenüber erfordern, der nicht, wie die phantastische Selbstbezüglichkeit der jetzigen Kapitalwirtschaft es gegenüber den fossilen Energieträgern imaginiert, in scheinbarer Unbegrenztheit zur Verfügung steht, sondern in schwankender Dosis von Tag zu Tag empfangen wird. Die falsche Unendlichkeit, die die Blindheit des

Marktes dem Menschen des Benzinzeitalters suggeriert, wird der Erfahrung einer himmelsgegebenen Endlichkeit weichen; der Mensch des 21. Jahrhunderts, falls es ihm, wenn nicht aus eigener Vernunft, so aus der immanenten einer sich verweigernden Natur, gelingt, die Gattungsfalle des Fusionsreaktors zu vermeiden, wird nur soviel Energie verbrauchen können, wie ihm, bei begrenzter Speichermöglichkeit, das Wetter, die Jahreszeit, der Sonnenstand im engeren Umkreis der Region zuteilen.

Dieser an die Demut konkreten Empfangens verwiesene Sonnenstaat des 21. Jahrhunderts wird das einstrahlende Gut möglicherweise ähnlich strikt zu verwalten haben wie einst die asiatischen Hochkulturen das kostbare Wasser, dessen sach- und menschengerechte Zuordnung die primäre Kulturaufgabe war. Jedenfalls wird das Naturverhalten des Menschen sich grundlegend ändern; die erfahrbare Sonnenabhängigkeit seiner Existenz könnte jene religiöse Timbrierung seines Weltverhaltens bewirken, deren Abhandenkommen eine Folge der falschen Unendlichkeit einer erst nur markt-, dann auch plangelenkten Ressourcenwirtschaft war, der es gelang, binnen zweieinhalb Jahrhunderten jenen vergrabenen Sonnenschatz in die Luft zu jagen, zu dessen Aufhäufung es die millionenfache Zeit gebraucht hatte. Auf einer besonderen technologischen Stufe (die Kollektorenformation setzt ja keine Reduktion, sondern eine Richtungsänderung, zugleich Verfeinerung des technischen Instrumentariums voraus) würde sich jene Unmittelbarkeit des energetischen Verhältnisses wiederherstellen, das noch für die Zeit Goethes und Hegels grundlegend und ein in konkretem Sinn oberflächliches Verhältnis war: Holz und Holzkohle, die man zu Heizzwecken verbrannte, waren Geschenke der Erdoberfläche, das Ergebnis eines vor aller Augen liegenden pflanzlichen Wachstums und nicht der Ertrag einer verborgenen Tiefe, deren Entlegenheit den Schein der Unerschöpflichkeit mit bewirkte. Die Oberflächlichkeit dieser verwichenen Energiewirtschaft korrespondierte mit einer kulturellen Tiefendimension, deren Verlust mit der Tiefensüchtigkeit der nachmaligen Energieproduktion kooperierte, als wäre beides aufeinander bezogen.

Auch die aufziehende Kollektorenformation würde ein oberflächliches, also konkretes Verhältnis zu der einzigen unmittelbaren Energiequelle entfalten, die sich auf Erden eröffnet; ständig empfängt deren beschienene Seite den milliardensten Teil jener Kugeloberfläche, die die Sonnenstrahlung im Erdabstand bildet. Die Faßlichkeit dieses Verhältnisses könnte eine naturreligiöse Empfänglichkeit befördern, deren Erneuerung der Ausdruck eines neu gewonnenen humanen Selbstbewußtseins wäre. Denn das derzeit regierende Omnipotenzgefühl in seiner suchthaften Irrealität ist ja kein wirkliches Selbstbewußtsein, sondern der Ausdruck einer Fluchtbewegung, die in eigentümlicher Korrespondenz mit einem Weltbild steht, das die Astronomie mit den Indizien einer permanenten Detonation versieht. Schon die Versetzung der Erde aus der ruhenden Zentralität der alten Geozentrik in die Schar jener Wandelsterne, die an der Schnur der Gravitation durch das Vakuum rasen, war ein Vorgang, der an dem Selbstbewußtsein der Gattung, und folglich an ihrer Moralität, nicht spurlos vorübergehen konnte; mit dem Postulat einer Perfektibilität, die den Glauben an die göttliche durch den an die menschliche Vernunft ersetzte, sprang die Aufklärung in die Bresche, die Kopernikus und Kepler in das statische Selbstbewußtsein der alten Zeit gesprengt hatten. Der moderne Mensch sieht sich einem Weltbild gegenüber, das von dem Gedanken der Flucht beherrscht wird, einer Weltflucht, die als Weltenflucht gigantischer Sternsysteme, in denen die Sonnen mit ihren unsichtbaren Trabanten ein winziges Plätzchen einnehmen, ins Unabsehbare sich begibt. Statt dieser Erkenntnis mit dem Gefühl seiner Einzigartigkeit und der seines exzentrisch begünstigten Sterns zu begegnen, sucht er es dem zentrifugalen Kosmos durch die hilflose Gebärde eigener permanenter Entgrenzung gleichzutun.

VIII

Fritz Baade, der Kieler Weltökonom, der 1964 unter dem Titel *Der Wettlauf zum Jahre 2000* eine prognostisch orientierte Bestandsaufnahme vornahm, imaginierte am Ende seines Buches eine interstellare Prüfinstanz, deren Anforderungen sich eine durch die planetare Intervention zwangsvereinigte Erdpolitik unterwarf. Eine Kooperative übergeordneter Intelligenzen von anderen Gestirnen bildete hier das novellistisch berufene Korrektiv, das die Einsetzung einer vernunftgeleiteten Weltregierung bewirkte. Mit der Abschaffung des unter nuklearen Aspekten irreal gewordenen Krieges war ihr bei Baade der Vollzug einer moralischen Revolution übertragen, die jene vorzeitliche Umwälzung zu vollenden gehabt hätte, die dem Autor als die entscheidende Kulturtat des steinzeitlichen Menschen vor Augen stand: die Überwindung des Kannibalismus. In dem Menschenopfer früher Kulturen und später Barbareien und der immer noch unbehobenen Rolle des Krieges in der Menschheitsentwicklung sah er Residuen dieses archaischen Triebs anthropophagischer Selbstverzehrung, dessen allmähliche Zurückdrängung ihm als ein schmerzhaft-langgezogener, mit heroischen Anstrengungen verbundener Selbstüberwindungsvorgang vor Augen stand.

Die hier von der supraleitenden Macht gesetzte Bewährungsfrist lief bis zum Jahr 2000, und sie ist fast abgelaufen. Eine Weltregierung, die etwas anderes wäre als die globale Reichweite der Operationen von Finanzmächten und Großkonzernen, ist nicht in Sicht, und jene nukleare Selbstauslöschung der Menschheit, die Baade als drohende Hauptgefahr vor Augen stand, ist nur einstweilen abgewendet; auch nach dem Ende des atomaren Duopols sind die Destruktionspotentiale noch intakt. Zugleich zeigen sich die Schäden einer Bewußtlosigkeit, die auch Baades Buch noch bestimmt, das – immerhin 1964 – keinen Gedanken an prinzipielle energetische Engpässe und etwaige ökologische Folgen eines schon damals hemmungslosen Energieverbrauchs wandte. Getrieben von einer auf Markt- oder Planwegen vorwärtsstürmenden Entgrenzungspsychose, hat sich der Mensch in einer Weise übernommen, die sein Bewußtsein wie auf den animalischen Zustand zurückfallen ließ; seine Vorstellungskraft und Handlungsfähigkeit sind von seinen Erfindungen und deren Folgen so weit überboten worden, daß er, wie das Tier, aber ohne die Richtschnur des Instinkts, als ein Wesen erscheint, das, ratlos im nichts als Gegenwärtigen verharrend, immer nur auf das Nächstliegende reagiert. »Er nennts Vernunft«, nahm Goethes Mephistopheles den Zustand vorweg, »und brauchts allein, nur tierischer als jedes Tier zu sein.«

Die jüngste Oder-Überschwemmung, bei der die Moral, der Gemeinsinn, eine militärische Disziplin, das Zusammenstehen aller sich im selben Maß wie der Wasserstand des Flusses hob, hat diesen Sachverhalt vor das Fernsehauge einer in der Anschauung des Notstands endlich vereinten Nation geführt. Denn das Bezeichnende des Vorgangs war ja, daß erst die unmittelbar drohende Katastrophe die Handlungsfähigkeit von Hilfsmächten und Instanzen mobilisierte, an denen die Vorhersage des Unheils bis zuletzt abgeprallt war. Nicht die Gewißheit, die schlesische Johannisflut werde binnen vierzehn Tagen die mittlere Oder erreichen, sondern erst das vor aller Augen unablässig steigende Wasser selbst weckte jene kollektiv wirksame Verantwortlichkeit und Selbsterhaltungsenergie, die uns in Bild und Begriff der Moral erscheint. Endlich hatte die Armee einen Feind, der, nahe den bekannten Seelower Höhen, das Wasser war; von einer nationalen Volksarmee, die als Bundeswasserwehr die Ostmark verteidigte, wurde mit vollem, sandreichem Einsatz um deutsches Land gekämpft. Auf einmal war jener Krieg da, von dem die Kuratoren des Status quo als dem Zaubermittel innerer Stabilisierung träumen; die Natur schlug zurück, und der Mensch hielt dagegen. Wo das menschliche Tun fernhinwirkend ist wie die Geschosse Apolls, bleibt die menschliche Moral eine Kurzzeitangelegenheit, ebenso wie die nur bis drei zählen könnende Providenz der Marktinstanzen; so kommt es, daß jener exponentielle Anstieg der Bemächtigungs-, Produktions- und Verbrauchskurve immer noch ungebremst ist. Doch mit dem neuen Jahrhundert scheint die energetische Umpolung des Ganzen von weitem herauf; wie der Wendepunkt sich dann herstellt, liegt im Schoß einer Geschichte verborgen, von der Eric Hobsbawm unlängst das hoffnungsvolle Wort sprach: Das einzige, das sich von ihr im allgemeinen sagen lasse, sei, daß sie weitergeht.

Helmut Dubiel

Der utopische Realismus der Demokratie

Seit fast zwei Jahrhunderten gilt, ähnlich den Längen- und Breitengraden in der realen Geographie, die Recht-Links-Achse als verläßliches Orientierungsprinzip im politischen Raum. Gemäß diesem Prinzip waren diejenigen »links«, die ohne Respekt vor Gott und Thron und Tradition für eine Welt kämpften, die menschlichen Zwecken unterworfen war. »Rechts« waren diejenigen, welche die Lebensformen, Denkweisen und Vorrechte der überkommenen Gesellschaftsordnung vor dem Sturm revolutionärer Änderung bewahren wollten. Wer sich heute noch mit diesem Kompaß zurechtfinden will, wird sich hoffnungslos verirren. Der Konservatismus hat sich vollkommen auf die Seite jenes globalen Kapitalismus geschlagen, der die Welt längst rascher und nachhaltiger verändert hat als alle anderen sozialen Revolutionen der Geschichte. Der alte Konservatismus des 19. Jahrhunderts reagierte auf den Angriff der bürgerlichen Revolution. Die traditionell orientierte Linke der Gegenwart reagiert nur noch auf die globale Revolution des Kapitals. Angesichts des neoliberalen Frontalangriffs beschränkt sie sich auf die Verteidigung jenes sozialstaatlichen Systems, das viele ihrer Vertreter bis in die siebziger Jahre hinein als reformistisches Blendwerk zur Verhinderung des wahren Sozialismus gegeißelt haben. Wer kann das alles noch verstehen?

In der Epoche der Aufklärung, der diese politische Geographie letztlich entstammt, hatte man noch gehofft, daß die technische Verfügung über die Natur einem irdischen Paradies den Weg ebnet, in dem die Launen einer unbegriffenen Natur und die Krisen einer unbegriffenen Gesellschaft für immer der Vergangenheit angehören. Die Menschheit des 20. Jahrhunderts machte die bestürzende Erfahrung der »Dialektik« der Aufklärung. Dürre Ortsnamen wie Auschwitz, Hiroshima und Tschernobyl bezeichnen Katastrophen, deren Ausmaß die Vorstellungskraft aller früheren Generationen überstieg. Ihre Gemeinsamkeit haben diese Katastrophen darin, daß sie dem explosiven Wachstum menschlichen Kontrollwissens entspringen. Die zentralen globalen Probleme, die die Menschheit an der Schwelle zum 21. Jahrhundert bedrohen, sind allesamt Produkte menschlichen Handelns: die ökonomische Polarisierung der Weltgesellschaft, die nicht mehr entlang der Grenzen den Ersten und Dritten Welt verläuft, sondern mitten durch alle nationalen Volkswirtschaften hindurch; die ökologischen Risiken, die jeden Gedanken an eine globale Industrialisierung verbieten; die Krisen der liberalen Demokratie im Augenblick ihres historischen Triumphes; die Gefahr neuartiger Kriege und Bürgerkriege. Die ärgste Not droht uns mithin von einer Welt, die bis in ihre natürlichen Grundlagen hinein Menschenwerk ist.

Die jetzt auf dem Höhepunkt ihres Einflusses angekommene Generation von Politikern und Sozialwissenschaftlern war freilich in einer Zeit sozialisiert worden, in der diese epochale Erfahrung der Dialektik der Aufklärung noch einmal in den Hintergrund trat. Diese Generation war geblendet von der scheinbaren Lösung der ordnungspolitischen Dilemmata, die der Kapitalismus im Rahmen demokratischer Systeme zwangsläufig produziert. Gelungen schien in den ersten Jahrzehnten der Nachkriegszeit auf eine historisch einzigartige Weise die konfliktarme Balancierung der drei konkurrierenden Zielgrößen moderner Marktgesellschaften, nämlich eine Wohlfahrtsproduktion auf kapitalistischer Grundlage, eine soziale Integration in die Gesellschaft über die Beteiligung an dem System der Erwerbsarbeit und schließlich die ungeteilte Gewährung der Rechtsgarantien und Teilhabechancen der liberalen Demokratie. Freilich wird bis heute gern vergessen, daß diese gelungene Balance nur um den Preis einer Externalisierung ökologischer Probleme erkauft war sowie einer Auslagerung sozialer Not auf die Peripherie der industrialisierten Welt. Aber unabhängig von der historischen Realitätstüchtigkeit dieses Rückblicks auf die Nachkriegszeit bleibt dieses Vierteljahrhundert doch prägend als eine Zeit, in welcher der Dreiklang von Wirtschaftswachstum, sozialer Sicherheit und politischer Demokratie sich als normativer Erwartungshorizont in vielen Köpfen etablierte. Vor dem Hintergrund dieses Erwartungshorizonts zeigt sich in aller Schärfe die Schlüsselproblematik unserer gegenwärtigen gesellschaftlichen Entwicklung, in der die Austarierung dieser konkurrierenden Zielgrößen von kapitalistischer Akkumulation, sozialer Integration und demokratischer Legitimation immer weniger gelingen will.

Das Bewußtsein vieler politischer und wissenschaftlicher Eliten ist heute bestimmt von einem neoliberalen Weltbild, das Probleme sozialer Integration und demokratischer Legitimation nur noch in Begriffen von Kosten-Nutzen-Kalkülen erfaßt. Wer sich den Prämissen dieses Weltbildes unterwirft, sieht sich angesichts der Zwänge eines globalen Kapitalismus mit »perversen Alternativen« (Ralf Dahrendorf) konfrontiert. Um ihre Wettbewerbsfähigkeit auf den wachsenden Weltmärkten zu erhalten, sehen sich die Regierungen vieler Staaten zu Maßnahmen genötigt, die entweder auf die Zerstörung gesellschaftlicher Solidarität hinauslaufen oder auf die Einschränkung der Demokratie. Die Abschaffung der institutionalisierten Solidarität wird häufig als die »angelsächsische« Lösung bezeichnet, die Abschaffung der Demokratie in Anspielung auf die Tiger-Staaten und Rotchina als die »asiatische« Lösung.

Im politischen Diskurs ist die Stimme derer schwach geworden, die die Integrität sozialer Strukturen und die Versprechen moderner Demokratie verteidigen wollen gegen die warenförmige Zurichtung der Weltgesellschaft. Angesichts einer kapitalistischen Modernisierung, die nicht nur die fossilen Ressourcen der Natur aufzehrt, sondern auch die moralischen Bestände, aus denen sich kollektive Solidaritäten speisten, angesichts einer Parteiendemokratie, die noch auf dem Niveau des Nationalstaates operiert und angesichts einer demokratischen Öffentlichkeit, die selbst immer mehr dem Regime des Marktes unterworfen wird, schwanken gerade viele Anhänger der Linken zwischen einem dogmatischen Beharren auf alt gewordenen Wahrheiten sowie einem letztlich neoliberal orientierten »Modernitäts«-

Gerede. Die Frage, wie eine nicht nur Marktimperativen unterworfene, sondern eine demokratische Modernisierung unserer Gesellschaften aussehen könnte, die Vision eines transnationalen Bürgerstatus und einer Demokratie jenseits des Nationalstaates sowie die Perspektiven einer Wirtschaftsverfassung und eines politischen Systems, das demokratische Einstellungen und soziale Solidaritäten regenieren könnte, sind gegenwärtig die zentralen intellektuellen Herausforderungen für eine Politik, die gegenüber dem neoliberalen Monopolanspruch auf Modernität nicht nur in einem stummen Abwehrreflex verharren möchte.

Eine radikaldemokratisch neu orientierte Linke würde darauf setzen, daß einzig die Waffe der Aufklärung, die der Moderne die Wunden schlug, sie auch wieder heilen könnte. Sie setzt darauf, daß die Aufklärung am Ende des 20. Jahrhunderts nicht zu einer vollständigen Zerstörung aller Emanzipationschancen geführt hat. Sie sieht die Weltgesellschaft vielmehr in einer undurchsichtigen historischen Gesamtlage, in der sich Kräfte der Barbarei und monströser zivilisatorischer Gefährdungen auf paradoxe Weise überlagern mit Chancen demokratischer Emanzipation. Das Adjektiv »demokratisch« ist hier nicht auf das vertraute Modell der liberalen Demokratie bezogen, das gerade im Augenblick seines historischen Sieges in eine tiefe Akzeptanzkrise geraten ist. Der Begriff »demokratisch« bezieht sich hier vielmehr auf Entwicklungen hin zu einer gesellschaftlichen Demokratie und einer demokratisierten Lebenswelt, die mit den etablierten Formen politischer Repräsentation durchaus in Spannung geraten kann. In der Literatur werden häufig vier Trends zu mehr gesellschaftlicher Demokratie genannt. Wir werden sehen, daß alle diese Trends ambivalent beurteilt werden können.

Häufig genannt werden erstens die gestiegenen Chancen einer emotionalen Demokratie zwischen Partnern und im Verhältnis von Eltern und Kindern. Der Abbau traditionaler Autorität muß ja keineswegs zwangsläufig zu sozialmoralischen Krisen führen. Dieser Abbau könnte auch die Kunst der Konfliktaustragung zwischen prinzipiell Gleichberechtigten befördern. Die Bindungen, die sich in solchen ausgehandelten Partnerschaften ergeben, könnten eine größere Kraft haben als solche, denen man sich aus Angst vor Autorität unterwirft. Der innere Zusammenhang zwischen der emotionalen Demokratie und dem politischen System der Demokratie wird oft verkannt. Denn die Grundqualifikationen des modernen Staatsbürgers wie Toleranz und Konfliktfähigkeit müssen zunächst in Erziehungsprozessen erworben werden. – Freilich weisen nicht wenige Sozialwissenschaftler darauf hin, daß die radikale Enttraditionalisierung der Erziehung für die Demokratie auch desaströse Folgen haben könnte. Von den *Studien über Autorität und Familie,* über Hannah Arendts Kulturkritik bis hin zu Wilhelm Heitmeyers Studien über die anomischen Effekte von Individualisierungsprozessen reicht eine Kette von Befunden, die uns die Sinne schärfen für die Ambivalenzen der modernen Erziehungskultur. Die von der medialen Konsumkultur bewirkte Aufhebung der Grenze zwischen Erwachsenenwelt und Kinderwelt führt nach Ansicht mancher Kulturkritiker auch in der Erziehung zu einem »neuen Mittelalter«. Damit wird der Kern einer guten (demokratischen) Erziehung beschädigt, die – laut Hannah Arendt – eben darin besteht, daß die Erwachsenen gegenüber den »Neuankömmlingen«, den Kindern, die Verantwortung für die Integrität dieser Welt übernehmen. Mit Blick auf die Erziehung besteht das eigentliche Problem der ökologischen und sozialen Krisen darin, daß den Kindern überhaupt nicht die Chance eröffnet wird, sich die Gesellschaft, in die sie hineingeboren wurden, gemäß ihren Prinzipien einzurichten. Ihnen wird damit auch die Chance genommen, die Tugenden und Kompetenzen auszubilden, ohne die jede Demokratie verkümmert. – Niemand vermag gegenwärtig mit Gewißheit zu sagen, wie sich diese mikropolitischen Veränderungen in der Lebenswelt auf das demokratische System auswirken.

Der zweite demokratiefreundliche Trend könnte sich aus fundamentalen Veränderungen in modernen Unternehmen ergeben. Mit dem Siegeszug der Mikroelektronik haben sich in allen avancierten Produktionsbereichen Formen der dezentralen Kontrolle an die Stelle hierarchischer Kontrollen gesetzt. Bei diesen neuen Partizipationsformen handelt es sich also nicht um Mitwirkungsrechte, die dem Kapital abgetrotzt werden, sondern um ein Führungsinstrument, das vom Management selbst planvoll eingesetzt wird. Partizipation ist für das Management interessant nicht nur als ein Mittel der Einbindung und Motivierung der Beschäftigten, sondern auch als eine Form der Koordination komplexer Betriebsvorgänge, die gegenüber anderen Organisationsformen deutliche Kostenvorteile aufweist. Dieser strategische Kontext verbietet es eigentlich auch, diese neuen Partizipationsformen »demokratisch« zu nennen. Bei wirklich demokratischen Beteiligungsformen dürfte es nicht ausgeschlossen sein, daß der Rahmen, in dem sie praktiziert werden, selbst zur Disposition steht. Aber gleichwohl bleibt da aus der Perspektive des Managements ein Dilemma. Die strategische Nutzung von Partizipationsbereitschaft sabotiert sich selbst in dem Maße, wo sie in verkündeter Absicht betrieben wird. Erfolgreich ist diese strategische Nutzung von Motivation nur, wenn ihr ein paradoxer Selbstwertcharakter eignet. Somit wäre in der Tat nicht ausgeschlossen, daß die neue Form der Partizipation eine Dialektik der Demokratisierung eröffnet, welche die Betriebsleitung nicht so einfach wieder abschalten kann wie etwa ein Fließband.

Ein dritter Demokratisierungsschub könnte sich durch die Konjunktur von Selbsthilfebewegungen ergeben. Zwar wird allenthalben der Niedergang traditioneller Formen der Solidarität beklagt. Aber dabei wird übersehen, daß dieser Verlust an kirchlichem und gemeindebezogenem Engagement aufgewogen wird durch die große Zahl der Menschen, die sich in Selbsthilfegruppen zusammenschließen. Neoliberalen Marktfetischisten, die in diesen Initiativen einzig die Chance einer finanziellen Entlastung des Staates sehen, entgeht das Wesentliche. Diese »nachtraditionalen« Bewegungen sind Laboratorien der Demokratie. – Ob Selbsthilfegruppen aber tatsächlich den Verlust traditionaler Formen der sozialen Solidarität kompensieren können, ist eine Frage, auf die es noch keine abschließende Antwort gibt. Die verfügbaren Daten ergeben kein eindeutiges Bild: Tatsächlich scheint das Ausmaß der Erosion traditioneller sozialer Hilfsbereitschaft dramatisch zu sein. Daneben gibt es ein quantitativ beeindruckendes Engagement in ökologischen, frauenpolitischen und menschenrechtlichen Vereinigungen. Freilich ist dieses Enagagement eher Ausdruck einer abstrakten Fernstenliebe. Mitgliedschaft beschränkt sich vielfach auf das Ausfüllen eines Jahresschecks und das Tragen von Buttons. Bemerkenswert ist allerdings die geradezu explosive Entwicklung von Selbsthilfegruppen, in denen sich Menschen mit einem gemeinsamen Stigma zusammenschließen wie zum Beispiel die »Anonymen Alkoholiker«. Gerade der Zuwachs dieser Gruppen könnte darauf hindeuten, daß wir es hier nicht mit einer neuen Quelle sozialer Solidarität zu tun haben, sondern mit einer eigentümlichen Vergemeinschaftung des Partikularen.

Zu diesen Selbsthilfeformen gibt es viertens ein transnationales Pendant, welches oft mit der Entwicklung der Demokratie jenseits des Nationalstaates in Zusammenhang gebracht wird. In allen Regionen der Welt, gerade auch in denen, die man früher Dritte Welt nannte, bilden sich sogenannte »advocacy groups« oder »NGOs« (Nicht-Regierungsorganisationen). Orientiert am Modell von Greenpeace und Amnesty International, organisieren sie auf transnationaler Ebene menschenrechtliche und ökologische Interessen. Als kleine bewegliche Davids, die sich des Resonanzbodens einer elektronischen Weltöffentlichkeit zu bedienen wissen, treten sie den Goliaths multinationaler Konzerne entgegen. Diese Gruppierungen werden von vielen Politikwissenschaftlern als Pioniere einer globalen Demokratie angesehen. In einer manchmal befremdlichen Euphorie werden sie als Akteure einer sich herausbildenden globalen Zivilgesellschaft gefeiert. Das ist schon in dem Sinne verwirrend, weil es ja auf transnationaler Ebene den »Staat« nicht mehr gibt, gegen den sich – nach klassischer Vorstellung – die zivile Gesellschaft richtet. Auf dem transnationalen Handlungsfeld, auf dem diese Gruppierungen agieren, stehen sie in der Regel einzelnen multinationalen Konzernen gegenüber und den politischen Repräsentanten der einzelnen Nationalstaaten sowie den Vertretern internationaler Organisationen. Den Konzernen sind sie an strategischer Intelligenz und Ressourcen hoffnungslos unterlegen. Sie sind unmittelbar abhängig von dem Rechtsstaatsniveau und dem demokratischen Klima des jeweiligen Einzelstaates, und ihr völkerrechtlicher Status in internationalen Vertretungskörperschaften ist undeutlich. Ihre eigentliche Machtressource ist der Resonanzboden einer medial hergestellten Weltöffentlichkeit, über deren marktabhängige Aufmerksamkeitsrhythmen sie aber nicht verfügen. Gleichwohl bleiben etwa der Kampf gegen die Versenkung der Brent-Spar-Plattform oder der Kampf der mexikanischen Zapatisten gegen die neoliberale Weltwirtschaft oder die vielfältigen Aktivitäten im Sog der Umweltkonferenz von Rio eindrucksvolle Exempel einer »globalen Politik von unten«, für die eine staatsbornierte Politikwissenschaft noch keine angemessenen Kategorien bereithält.

Schon an der Ambivalenz der genannten Entwicklungen läßt sich rasch erkennen, daß eine radikaldemokratische Neuorientierung der Linken noch nicht unmittelbar politikfähig und allenfalls mittelfristig programmfähig ist. Daher sind die folgenden Punkte auch nicht als Leitfaden eines neuen

Programms zu lesen, sondern als Prinzipien, die den Aktivbürger, den Berufspolitiker und die Sozialwissenschaft veranlassen sollen, ihrerseits weiterzudenken. Gefordert wird: die Erfindung von Praktiken und Institutionen demokratischer Konflikthegung, die demokratische Neugründung des Sozialstaates, die Entwicklung neuer Formen gesellschaftlicher Solidarität sowie die Demokratisierung der liberalen Demokratie.

Angesichts einer internationalen Ordnung, die sich nach dem Ende der Welt von Jalta wieder im Naturzustand befindet, angesichts der Auflösung nationalstaatlicher Ordnungen in der früheren Zweiten und Dritten Welt und angesichts neuartiger Spannungen zwischen Ethnien, Geschlechtern und Generationen bedarf es eines neuen Projekts der Hegung von internationalen und intranationalen Konflikten. Weder der konservative Zynismus, der Gewalt für unvermeidlich hält, noch die pazifistischen Illusionen der liberalen Tradition geben uns Hinweise für die Entschärfung der neuen Gewaltphänomene, die in einer enttraditionalisierten und wirtschaftlich entgrenzten Weltgesellschaft auftreten. In einer Welt, in der totale Konfrontationen nicht mehr durch geographische Separierung und durch Sezession gelöst werden können und in der traditionale Formen der Konfliktregulierung allmählich verschwinden, gibt es zu demokratischen Praktiken der Konflikthegung letztlich keine Alternative. Das Konzept der Hegung von Konflikten beruht auf der nachtotalitären Prämisse, daß Konflikte zur gesellschaftlichen Wirklichkeit gehören. Allein schon die Vorstellung einer gesellschaftlichen Ordnung, in der die Möglichkeit von Konflikten strukturell abgeschafft sei, trägt den Keim des Totalitarismus in sich. Der Begriff der »Hegung« bezieht sich auf Praktiken zur Eindämmung physischer Gewalt, auf Verfahren der Mediation zwischen unversöhnlichen Konfliktakteuren, auf die Erfindung rechtsförmiger Regelungen zur präventiven Rationalisierung von Konflikten und schließlich auch auf die Einrichtung transnationaler, mit exekutiven Befugnissen ausgestatteter Schiedsinstanzen. Überhaupt ist »Demokratie« der Inbegriff von Institutionen, die dafür Sorge tragen sollen, daß normale Formen strategischer Gegnerschaft nicht umschlagen in unversöhnliche Feindschaft. Gerade an dieser Problematik wird deutlich, daß die Chancen einer kosmopolitischen Demokratie und die barbarischen Aussichten auf einen Bürgerkrieg im Weltmaßstab nur um Haaresbreite voneinander entfernt sind.

Plädiert wird weiterhin für eine fundamentale Reform des Sozialstaates in radikaldemokratischem Geist. Das überkommene Modell des Sozialstaates beruhte auf den historischen Grundlagen eines Klassenkompromisses, eines Gleichklangs von Produktivität und Arbeitsplatzzuwachs, einer relativen Abgeschlossenheit der nationalen Ökonomie und auf einem traditionalen Arrangement der Geschlechter – kurzum auf Grundlagen, die sich heute weitgehend aufgelöst haben. Jenes Modell beruhte auf der Voraussetzung einer lebenslangen, kontinuierlichen und vollen Erwerbstätigkeit. Diese Voraussetzung wird in wenigen Jahren nur noch für eine Minderheit der Bevölkerung zutreffen. Eine neue, auf demokratische Prinzipien begründete Sozial- und Arbeitsmarktpolitik sollte sich nicht mehr auf das »negative«

Programm einer nachträglichen, bürokratischen Verwaltung individueller Lebensrisiken beschränken. Ihr Ansatzpunkt wäre die einer Neuverteilung der knapper werdenden gesamtgesellschaftlichen Erwerbsarbeitszeit. Nur ein garantiertes Mindesteinkommen könnte verhindern, daß sich diese Neuverteilung, die ohnehin vor unseren Augen abläuft, weiterhin in Form eines fast systematischen »Ausschlusses« von Jugendlichen, Alten, Minderqualifizierten und Migranten vollzieht. Im Unterschied zur Sozialhilfe wäre das garantierte Mindesteinkommen an keine Voraussetzung wie Krankheit, altersbedingte Erwerbsunfähigkeit etc. gebunden. Diese, nicht mehr aus individuellen Versicherungsleistungen, sondern aus dem allgemeinen Steueraufkommen finanzierte Grundsicherung wäre ein Bürgerrecht. Die eher schwierigen Implikationen dieser radikalen sozialpolitischen Reform liegen offenbar weniger in seiner Finanzierung als vielmehr in der kulturellen Auflösung eines in Jahrhunderten gewachsenen Zusammenhangs, nämlich des Zusammenhangs von Einkommen, Erwerbsarbeit und Identitätsbildung. Die modellprägende Figur des »Bürgers« im herkömmlichen Wohlfahrtsstaat war der Arbeitsplatzbesitzer. Die Qualität seiner Leistungen bemaß sich an individueller Hilfe im bürokratisch geprüften Notfall. Die modellprägende Figur des »Bürgers« im neuen Wohlfahrtsstaat würde der demokratische Bürger selbst. Die Qualität seiner Leistungen bemißt sich am Prinzip von »empowerment«, das heißt an der Ermächtigung zur Wahrnehmung seiner demokratischen Rechte.

Die von den Fesseln alter Traditionen befreite Gesellschaft muß ein neues Gleichgewicht finden zwischen individueller Autonomie und solidarischer Verantwortung. Gegen die schizoide Politik der Neoliberalen, die zum einen die Gesellschaft atomisieren und sie zum anderen durch die autoritäre Verpflichtung auf traditionale Werte wieder zusammenfügen wollen, wird plädiert für eine Politik, die nachtraditionale Solidarbereitschaften erzeugt. »Gewohnheiten des Herzens« nannte Tocqueville jenen eigentümlichen moralischen Kitt, der dafür Sorge tragen soll, daß das Prinzip des legitimen Eigennutzes, auf dem liberale Gesellschaften aufgebaut sind, nicht umschlägt in destruktive Selbstsucht. Im Umweltverhalten, in den Konflikten zwischen den Geschlechtern und Generationen sowie in Konflikten zwischen Mehrheitsgesellschaft und Minderheiten wachsen die politischen Problembereiche stark an, die – weil sie weder durch Preisbildung noch durch staatlichen Rechtszwang zureichend gesteuert werden können – immer stärker auf die einsichtsvolle individuelle Gemeinschaftsverpflichtung des Bürgers und der Bürgerin setzen müssen. Eine zentrale Aufgabe zukünftiger Politik wird darin bestehen, die institutionellen und rechtlichen Regelungen in der Sozial-, der Gesundheits-, der Umweltpolitik daraufhin zu befragen, ob sie verantwortungsethisches und solidarisches Handeln von Bürgern ermutigen oder entmutigen. Während totalitäre Gesellschaften ihre Bürger gemeinschaftlich überfordern und deshalb die Erfüllungslücke durch Dauermobilisierung und Terror kompensieren müssen, neigen die Institutionen in liberalen Gesellschaften dazu, ihre Bürger moralisch zu unterfordern. Der Bürgersinn in nachtraditionalen Gesellschaften ist ein äußerst versehrbares Gut, dessen Bestand in immer stärkerem Ausmaß von institutionellen Ermutigungseffekten abhängt. Könnte es nicht sein, daß die verbreitete Klage der Politiker über den schwindenden Bürgersinn falsch ist und das eigentliche Problem einer demokratischen Bürgergesellschaft darin besteht, daß die längst vorhandenen Solidaritätsbereitschaften der Bürger durch die vorhandenen Institutionen nicht erschlossen werden?

Die Forderung einer »Demokratisierung der Demokratie« reagiert auf zwei säkulare Entwicklungen, die sich oberhalb und unterhalb der nationalstaatlichen Ebene vollziehen. In Auflösung begriffen ist zum einen die klassische Verklammerung von Staat, Nation und Demokratie. Diese Figur, die in der Demokratie einzig im Rahmen des Nationalstaates gedacht wurde, beruht auf der Fiktion einer Kongruenz von Entscheidungsmächtigkeit und Entscheidungsbetroffenheit. Diese Fiktion wird als solche durchsichtig, wenn immer mehr Staaten – in der Form von Schadstoffströmen oder Weltmarktentwicklungen – von den Konsequenzen politischer Entscheidungen betroffen sind, auf die sie überhaupt keinen Einfluß mehr haben. Es sind solche Erosionserscheinungen der nationalstaatlich eingefriedeten Demokratie, welche die utopische Vision einer »kosmopolitischen Demokratie« (David Held) nähren. Damit ist nicht das Modell eines zentralistischen demokratischen Weltstaates gemeint, sondern ein nach Ebenen gestuftes föderales Modell, in dem der Nationalstaat nur noch eine unter anderen globalen, regionalen und lokalen Ebenen repräsentiert, die jeweils für sich demokratische Körperschaften ausbilden und deren Entscheidungsbefugnisse nach dem Subsidiaritätsprinzip verteilt werden. In Auflösung begriffen ist zum anderen die klassische liberale Trennung zwischen einer »politischen« und einer »unpolitischen« Sphäre. Durch die Entwicklung des Wohlfahrts- und Interventionsstaates und durch die Kämpfe sozialer Bewegungen, besonders der Frauenbewegung, hat eine interne Entgrenzung der nationalstaatlichen Demokratie stattgefunden, in der prinzipiell alle Lebensprobleme von der Abtreibung bis zum Kindesmißbrauch politisches Streitthema werden können. Dieser internen Entgrenzung der Demokratie ist das klassische liberale Medium der Repräsentation von Interessen nicht mehr angemessen. Ihr entspricht eine politische Praxis, in der strittige Fragen zum Gegenstand einer öffentlichen »dialogischen Aushandlung« werden. Eine solche Reform ist keine abstrakte Utopie. Sie wäre zunächst die Institutionalisierung einer Praxis, die in der Mikropolitik nachtraditionaler Partnerschaften und Familien bereits angelegt ist.

Die alte Frage des Verhältnisses von Kapitalismus und Demokratie muß völlig neu gestellt werden, wenn nicht mehr der souveräne, kulturell homogene Nationalstaat den Rahmen abgibt, in dem der globale Kapitalismus wohlfahrtsstaatlich und demokratisch zivilisiert wird. Darum wäre der Schlußstein eines radikaldemokratischen Reformprojekts die politische Neuerfindung der Kongruenz von Entscheidungsbefugnissen und Entscheidungsbetroffenen auf transstaatlicher Ebene. Zwei Pfade zeichnen sich gegenwärtig ab. Angesichts genuin globaler Probleme wie Migration, angesichts der weltweiten Deregulierung der Märkte, der Konflikte um knappe

Ressourcen etc. hat sich ein neuer politischer Handlungstypus herausgebildet, der als *global governance* bezeichnet wird. Damit sind Netzwerke sehr verschiedener Akteure gemeint wie Vertreter multinationaler Konzerne, Repräsentanten internationaler Behörden und nationale Regierungsvertreter und Delegierte von NGOs, die in ihren konfliktreichen Verhandlungen die Frühform einer globalen Zivilgesellschaft repräsentieren. Ein weiterer Weg bestünde darin, daß die großen transnationalen Wirtschaftsräume wie NAPHTA, MERCOSUR und ASEAN allmählich auch eine politische Autorität und demokratische Binnenlegitimität herausbilden, in deren Namen die destruktiven Tendenzen des globalen Kapitalismus politisch korrigiert werden können. Darum ist auch die Europäische Union trotz aller nötigen Kritik an ihrer primär wirtschaftlichen Ausrichtung der einzige transnationale Staatenbund, an den sich gegenwärtig Forderungen nach demokratischer Zurechenbarkeit und wohlfahrtsstaatlichen Reichtumsausgleich überhaupt adressieren lassen.

Hans-Peter Müller

Spiel ohne Grenzen?

I

»Mr. Gorbachev, tear down this wall«, intonierte Ronald Reagan 1988 eindrucksvoll vor dem Brandenburger Tor. Als sich der »Eiserne Vorhang« hob und sich Abendröte über das kurze Reich des Sozialismus legte, feierten im November 1989 auf der Berliner Mauer, der realen und der symbolischen Grenze zwischen Ost- und Westblock, Erster und Zweiter Welt, ausgelassen die staunenden Zeitgenossen. Dieses »Ende der Geschichte« schien die Morgendämmerung eines alten Menschheitstraums anzukündigen: Was einst Kosmopolitismus hieß, sollte nun als ubiquitäre liberale Demokratie das Fundament einer neuen Weltordnung werden. Freiheit, Freizügigkeit, Wohlstand – der Globus als friedliche Menschengemeinschaft.

Solche Vorstellungen verdanken sich nicht nur Kenichi Ohmae, dem japanischen Globalisierungspropheten und ehemaligen Direktor bei McKinsey, der gleich 1990 die »grenzenlose Welt« verkündet hatte, sondern hätten direkt dem Drehbuch Karl Poppers entstammen können, der bereits in den vierziger Jahren die Vision einer »offenen Gesellschaft« seinen Feinden, den totalitären Versuchern – Faschismus und Kommunismus –, entgegengeschleudert hatte. An die Stelle einer heilbringenden Ideologie, in die die Menschen wie in ein Korsett eingeschnürt werden, sollte eine pragmatische Politik auf der Grundlage von Versuch und Irrtum treten, statt einer dirigistischen Planung sollte die indirekte Steuerung durch den Markt die jederzeitige Korrektur des gesellschaftlichen Kurses sicherstellen, statt eines endgültigen Zielzustandes – der reinrassig arisierten Welt oder der klassenlosen Gemeinschaft – sollte der Horizont der Geschichte offen bleiben und einen lebenslangen Lernprozeß der Menschen und einen stetigen Wandel von Gesellschaften zu allseitigem Wohl in Gang setzen. Der Boden für diese liberale Utopie war bereitet, nie schien die welthistorische Situation günstiger – warum wurde aus der Vision keine Realität?

Die offene Gesellschaft hat einen theoretischen und historisch-empirischen Haken, aus ihrer inhärenten Ambivalenz scheint das Konzept aber gerade seine unverwüstliche Anziehungskraft zu gewinnen. Denn jede Gesellschaft, wie liberal sie auch zu sein wünscht, wird zu einer Einheit nur durch Abgrenzung gegenüber anderen Gesellschaften, sie erwirbt die *differentia specifica* ihrer Identität nur im Kontrast: Sie errichtet Grenzen, unterscheidet zwischen innen und außen, zieht zwischen sich und der Umwelt eine klare Scheidelinie, inkludiert ihre Bürger und exkludiert die Nichtzugehörigen als Fremde. Einheit, Identität und Zugehörigkeit konstituieren sich durch scharfe Grenzziehung. Genau das scheint die Achillesferse der offenen Gesellschaft zu sein – ihr mangelhaftes Verständnis für Bedeutung, Sinn und Funktionen von Grenzen.

Grenzen begrenzen. Soll diese Aussage mehr als eine Banalität sein, kann ein Blick auf das RKI-Modell helfen: Raum, Kompetenz, Identität. Grenzen sind symbolische Konstruktionen, die einen Raum entwerfen, Kompetenzen zuweisen und eine Identität kreieren. Moderne Gesellschaften sind nach dem Bauprinzip funktionaler Grenzlinien angelegt und unterscheiden Wirtschaft, Politik, Bildung und Wissenschaft, Religion und Recht, um nur die wichtigsten zu nennen. Der Raum der Wirtschaft ist die Nationalökonomie, die Akteuren wie Unternehmern und Arbeitnehmern, Organisationen wie Betrieben und Verbänden, Institutionen wie dem Markt spezifische Kompetenzen zumißt. Die Art und Weise dieser Zuweisung und Balancierung von Kompetenzen erzeugt die Identität als soziale Marktwirtschaft, die Alfred Müller-Armack als Kombination des »Prinzips der Freiheit auf dem Markte mit dem des sozialen Ausgleichs« gefaßt hat. Das jedenfalls ist die deutsche Version, der »rheinische Kapitalismus«. Den Raum der Politik füllt der Nationalstaat aus, mit fest umrissenem Territorium und dem Monopol legitimer physischer Gewaltsamkeit. Die Kompetenzverteilung an Regierung und Opposition, Parteien und Verbände, Medien und die politische Öffentlichkeit macht das Signum der Demokratie aus und trägt, falls erfolgreich, zur Identität einer freiheitlichen politischen Kultur bei. Der Raum der Bildung sind Schulen, Universitäten und Forschungseinrichtungen, die die Identität als aufgeklärte, rationale und selbstreflexive Gesellschaft durch Prozesse der Erkenntnisgewinnung und -vermittlung mitbegründen. Der Raum der Religion ist gesellschaftsübergreifend und umfaßt das christliche Abendland. Kirchen und Sekten verwalten das Monopol zur legitimen Bibelauslegung, und religiöse Werte sind Kernbestandteil unseres modernen Programms von Freiheit, Gleichheit und Menschenwürde. Den Raum des Rechts konstituiert die Verfassung, und Straf- und Zivilrecht bilden die Basis für das Netzwerk rechtlicher Institutionen und Verfahren, die in ihrem römisch-germanischen Charakter die kontinentale Rechtstradition begründen und den Charakter der Gesellschaft als Rechtsstaat prägen.

Dieses funktionell und institutionell ausdifferenzierte System mit seinen Grenzsetzungen regelt intern und extern – mit anderen Umwelten – Leistungsaustausch und Kooperation, Macht- und Ressourcenverteilung, und bei Erfolg gewinnt es Legitimität. Idealiter im Gleichgewicht, wird die Leistungs-, Macht- und Legitimitätsbalance einer etablierten RKI-Konfiguration zerstört, wenn sich ein Bereich ungebührlich auf Kosten anderer entwickelt. Eine erfolgreiche RKI-Konfiguration ist das »Modell Deutschland« in seiner Kombination von sozialer Marktwirtschaft, demokratischem Rechts- und Sozialstaat, Massenwohlstand und individualistischer Kultur.

Oder sollten wir besser sagen, das war es? Seit die Ära offener Gesellschaften à la Popper anzubrechen scheint, haben wir es mit neuen Realitäten zu tun bekommen. Was diese sind, ist nicht leicht auszumachen. Auf jeden Fall greifen drei Prozesse so ineinander, daß Freiheit, Gleichheit und Gerechtigkeit »entgrenzt« werden. In der Ökonomie sticht die forcierte Globalisierung und die korrespondierende Krise der Arbeitsgesellschaft ins Auge. »Monsieur le capital«, so hätte Karl Marx formuliert, »sans frontières«. Arbeitsplätze und Gewinne werden exportiert, Arbeitskräfte und Kosten importiert – eine neue Erfahrung für den Exportweltmeister Deutschland. Im Bereich der Kultur werden wir Zeuge der Individualisierung und der Multikulturalisierung der Gesellschaft, mit, so heißt es, abträglichen Folgen für Gemeinsinn und Gemeinschaft. Der Zangengriff von Wirtschaft und Kultur setzt drei Entmachtungsprozesse in der Politik in Gang: die Machtschrumpfung des Nationalstaates durch Delegation von Kompetenzen an supranationale Einheiten wie die Europäische Union; die Schwächung des Steuerstaates durch den Steuerausfall infolge wachsender Arbeitslosigkeit und die Strategie der Unternehmen, Steuern am günstigsten Standort zu entrichten; die Unterminierung des Sozialstaates durch höhere Beanspruchung und geringere Einnahmen, so daß als Ausweg nur ein stark reduzierter oder minimaler Sozialstaat mit einer eigenverantwortlichen Bürgergesellschaft übrigzubleiben scheint. Der Rahmenwandel von Wirtschaft, Politik und Kultur führt zu einer »Entgrenzung«, und die politischen Gestaltungschancen des Staates sinken.

Zeitdiagnostisch auf einen Nenner gebracht: Eine ökonomisch und medial globalisierte, politisch in Teilen entsouveränisierte, moralisch individualisierte und kulturell pluralisierte Gesellschaft entwickelt eine höhere Anpassungselastizität und Frustrationstoleranz für soziale Ungleichheit. Vielleicht, und das ist der historisch-empirische Haken von Poppers Konzept, ist dies noch immer eine offene Gesellschaft; sie ist indes schlechter im Vergleich zum guten alten Modell Deutschland. Poppers Konzept ist zu vage und diffus, um bessere und schlechtere Realisierungen der Kernvorstellung trennscharf zu unterscheiden, und das liegt an seinem unterentwickelten Verständnis von Grenzen. Aber trifft die zeitdiagnostisch zugespitzte These von Globalisierung, regulativen Einbußen der Nationalstaaten und Multikulturalismus zu?

II

Globalisierung geschieht, und alle rechnen damit. Jeder spürt das, jeder sieht das, jeder weiß das. Wie kein zweiter Begriff scheint das *G-word* die Erfahrungen einer beschleunigten Modernisierung in den neunziger Jahren auf einen Nenner zu bringen. Indes, was damit genau gemeint ist und wie Globalisierung definiert werden kann, darüber herrscht Uneinigkeit, was ihrer Akzeptanz als Paradigma unserer Zeit und Richtungsmesser unserer Erfahrungen keinen Abbruch tun konnte. Im Gegenteil: je unklarer der analytische Gehalt, desto größer der Konsens über ihre unleugbare Existenz und ihre nachhaltige Wirkung. »*Was* und *wie* über Globalisierung geredet wird«, warnt jedoch Helmut Wiesenthal in der *Berliner Debatte INITIAL* (Nr. 5, 1996), »bestimmt mit, *wie* und *was* ›die Globalisierung‹ werden wird.« Man muß sich schon auf die Kommandohöhen des wissenssoziologischen Beobachters schwingen, um den konstruktiv-kognitiven Charakter dieses Konzepts nicht zu verkennen. Kein Wunder also, daß ein unbeirrbarer säkularer Trend, der allseits Evidenzerlebnisse auslöst, den Anschein von Naturwüchsigkeit annimmt und wechselweise als Schicksal oder Verhängnis begriffen wird.

Rette sich wer kann, lautet die Devise, wenn der Sturmwind der Globalisierung ein unter Druck stehendes Unternehmen erfaßt: in den großzügig versüßten Vorruhestand oder die chronische Krankheit für ältere Arbeitnehmer, in die Arbeitslosigkeit oder Umschulung für mittelalte Arbeitnehmer, in außer- und untertarifliche Arbeitsverhältnisse für jüngere Arbeitnehmer. »Exit« oder »loyalty«, wie Albert Hirschman die Ausweich- oder Anpassungsreaktionen auf Wandel klassifiziert, aber kein »voice«. Protest: Fehlanzeige. »Wir müssen den globalen Markt anerkennen«, wird einer von 15 000 arbeitslosen Berliner Bauarbeitern bei einer friedlichen Demonstration auf dem Potsdamer Platz, der größten und profitabelsten Baustelle in Europa, in *Time* zitiert – der Polizeibericht indes weiß von einer gefährlichen Pogromstimmung gegenüber den zu Dumpinglöhnen arbeitenden portugiesischen und irischen Kollegen zu berichten, die gerade noch einmal vor dem Umschlagen in gewalttätige Auseinandersetzungen abgewendet werden konnte.

Wie wir aus Judith Shklars und Barrington Moores Forschungen über soziale Ungerechtigkeit wissen, wird das, was als naturwüchsig gilt, notgedrungen als unvermeidlich empfunden. Prompt arrangiert man sich mit den übermächtigen Umständen, gegen die man ansonsten vehement rebelliert hätte. Gegen das Schicksal aufzubegehren, galt schon in der griechischen Tragödie als aussichtslos. Wer also der Globalisierung entgegentreten will, macht sich einfach lächerlich oder gilt bestenfalls als ein wenig unzeitgemäß. Die Naturwüchsigkeit eines Prozesses wird so nur allzuleicht mit der Natürlichkeit der Verhältnisse verwechselt, wie Karl Marx in seiner Kapitalanalyse nachgewiesen hat: Alles Wirtschaften ist von Haus aus kapitalistisches Wirtschaften. Wirtschaft und Kapitalismus – heute müssen wir eben noch die Globalisierung hinzufügen – werden identisch.

Ein reflexiver Globalisierungsbegriff wird daher abstrakter ansetzen und den Wandel der Bezugspunkte skizzieren, vor deren Hintergrund der so bezeichnete Prozeß verständlich wird. Galt noch in der Moderne als ausgemacht, daß man soziale Ordnung über das Verhältnis von Individuum und Gesellschaft beziehungsweise Nationalstaat erfassen konnte, so treten heute noch das internationale System der Gesellschaften und die Menschheit hinzu, um eine globale Ordnung begreifen zu lernen. Zu dieser Verdoppelung der Bezugspunkte, die die neue Perspektive einer Spät- oder Nachmoderne zwingend nahelegt, kommt der durchgreifende Wandel der Raum-Zeit-Beziehungen: Überwindung des Raumes und Kompression der Zeit durch neuartige Transport- und Kommunikationsmittel. Das Fernsehen macht's möglich: dabeisein, ohne anwesend zu sein. So wird gegenwärtig in seinen Implikationen und Folgen erst sichtbar, was Marshall McLuhan mit seiner Formel von der Welt als »globalem Dorf« weitsichtig vorausgeahnt hatte.

Auch ein reflexiv gewendeter Globalisierungsbegriff, der die Multiplizität der Bezugspunkte, veränderte Raum-Zeit-Beziehungen und seinen konstruktivistischen Charakter herausstellt, vermag jedoch weder etwas über Ursachen, Folgen und Verlauf dieses Prozesses zu sagen, noch eine entsprechende Beschreibung, Erklärung und Beurteilung zu unterbreiten. Das wäre zu einer angemessenen Einschätzung von Sinn und Bedeutung dieses Phänomens wie auch zur Bestimmung seines Ausmaßes und seiner Reichweite unumgänglich. Aus der Not eine Tugend machend, wird in der anschwellenden Literatur kurzerhand eine phänomenologische Beschreibung mit einer beherzten Beurteilung verknüpft und die schmerzlich vermißte Erklärung dafür mit um so eindeutigeren Bewertungen und einer klargeschnittenen politischen Codierung aufgeladen. Soll Globalisierung als positiver Prozeß erscheinen, der Freiheit und Wohlstand mehrt, heben Großunternehmen und Wirtschaftsverbände, CDU und FDP die Chancen und Optionen hervor: das neoliberale Programm. Wird Globalisierung als Verhängnis angesehen, das Ungleichheit, Arbeitslosigkeit und Armut mit sich bringt, werden von SPD, Gewerkschaften und Grünen wortreich die Gefahren und Risiken geschildert: das sozialdemokratische Programm. Auch wenn diese politische Optik explanatorisch nicht weiterführt, demonstriert sie den unverbrüchlichen Fortbestand des angeblich toten Links-rechts-Schemas – und hier sogar auf globalem Niveau.

III

Globalisierung läßt sich als Ausdehnung, Intensivierung und wachsende Interdependenz von sozialen Beziehungen in Raum und Zeit definieren, die mit den Prozessen von Raum-Zeit-Überwindung, Entgrenzung und Reflexivität einhergehen. Nirgendwo wird die Raum-Zeit-Überwindung deutlicher als bei den neuen Informationstechnologien. Die Mikroelektronik ermöglicht eine stets wachsende globale Vernetzung, die Kommunikation, Austausch und Verkehr beschleunigt. Zwar haben sich keine der Anfang der siebziger Jahre prognostizierten Großtrends der Informationsgesellschaft bewahrheitet – vom papierlosen Büro bis zur 22-Stunden-Woche. Aber der Computer hat schließlich unaufhaltsam Einzug in unser Leben gehalten und ist daraus kaum mehr wegzudenken. Er gehört zum Leben wie ein zusätzliches Familienmitglied, aber im Gegensatz zu einem Kind hat er es nicht von Grund auf transformiert; das ist wohl summa summarum seine unspektakuläre Wirkung. Indes ist die Mikroelektronik selbst zum Vorreiter jenes »Turbokapitalismus« (Edward Luttwak) geworden, dem technischer Fortschritt, Wettbewerb, Rationalisierung und Tempo alles ist. »Moore's Law«, schon vor dreißig Jahren vom Seniorchef des Mikrochipspezialisten Intel, Gordon Moore, aufgestellt, gilt noch immer: Alle achtzehn Monate verbessert sich das Preis-Leistungs-Verhältnis von Mikroprozessoren um das Doppelte: schneller, kleiner, besser, billiger. Sicherlich ist die Wettbewerbsintensität, der Miniaturisierungsdruck und das Umschlagstempo von Produkten und Produktionsverfahren in dieser Branche einzigartig, wie der Vergleich zur Autoindustrie illustriert: Mit dem Tempo des technischen Fortschritts in der Computerindustrie des letzten Jahrzehnts würde ein Auto heute 12,63 Dollar kosten, 14 Pfund wiegen und 0,04 Liter verbrauchen.

Meist wird die mikroelektronische Revolution als Voraussetzung für die ökonomische Globalisierung angesehen. Historisch zumindest war es umgekehrt. Erst kam der Zusammenbruch des Bretton-Woods-Systems, das für feste Wechselkurse und den Gold-Dollar-Standard gestanden und fast dreißig Jahre für prosperitätswirksame Währungsstabilität gesorgt hatte; dann hoben die Amerikaner 1974 die Kapitalverkehrskontrollen auf, 1979 zog das Großbritannien Margaret Thatchers nach, es folgte ein Jahr später, nicht ganz freiwillig, sondern unter dem Druck der Amerikaner, Japan. 1988 errichtete die EG den europäischen Binnenmarkt, 1990 gaben schließlich auch Frankreich und Italien ihre Kapitalverkehrskontrollen auf. Angesichts dieser massiven Deregulierung war der Weg frei für einen internationalen Finanzmarkt – der Inkarnation ökonomischer Globalisierung.

Was der G 7, den mächtigen Industrieländern des Westens, recht war, wurde in der Folgezeit für den Rest der Welt verbindlich. Wann immer der Internationale Währungsfonds Kredite an bedürftige Länder vergab, band er dies an die Auflage, sich dem internationalen Handels- und Kapitalverkehr zu öffnen. Die UNCTAD verfocht ebenfalls diesen Kurs, und so wurden nach 1989 in vier Jahren 368 Wirtschaftsgesetze in den Staaten Osteuropas und der Dritten Welt liberalisiert. Von 1970 bis 1997 wuchs die Zahl der Länder, die ihre Kontrolle über die Importe von Gütern und Dienstleistungen aufhoben, von 35 auf 137. »Politische Entscheidungen, die politisch gewollte Entregulierung der Finanzmärkte«, so resümiert Michael R. Krätke in *Leviathan* (Nr. 2, 1997), »machten die ›finanzielle Revolution‹ der achtziger Jahre, die Explosion des ›freien‹ Devisenhandels und des weltweiten Spekulationshandels mit Derivaten, die um 1980 noch kaum eine Rolle spielten, möglich. Die neuen Technologien trugen nur dazu bei, diese Art von Geschäften zu beschleunigen und riskanter zu machen.«

Auf diese Weise gerieten in den neunziger Jahren fast 90 Prozent der Weltbevölkerung unter den Einflußbereich des Kapitalismus. »Die schicksalsvollste Macht des modernen Lebens«, wie schon Max Weber den Kapitalismus nannte, scheint am Ende des 20. Jahrhunderts wieder hegemonial geworden zu sein. Aber heißt hegemonial auch *Total global,* wie ein *Spiegel*-Titel suggeriert, oder gibt es »Grenzen der Globalisierung«, die Elmar Altvater und Birgit Mahnkopf beschwören? Ein Blick auf die internationalen Finanzmärkte, die Rolle transnationaler Unternehmen, internationaler Handelsverflechtung und ausländischer Direktinvestitionen läßt daran Zweifel aufkommen. Unbestreitbar eindrucksvoll ist das wachsende Volumen und das Tempo der Ausdehnung der Finanzmärkte: 1994 1200 Milliarden, 1995 1300 Milliarden und 1996 1400 Milliarden Dollar pro Tag werden an den Börsen gehandelt; nicht einmal 4 Prozent dieser unvorstellbaren Summen werden für die Abwicklung von Gütertransaktionen (Waren und Dienstleistungen) benötigt, 96 Prozent fließen in spekulative Geld- und Devisengeschäfte inklusive der Derivate wie Swaps, Futures und Optionen. Seit 1985 haben sich die Umsätze in Devisen und internationalem Wertpapierhandel verzehnfacht.

Der Effekt aus diesem risikoreichen Geschäft ist eine extreme Volatilität; diese »irrationalen« Schwankungen der Renten-, Aktien- und Devisenkurse drohen die Planungssicherheit von Unternehmen und Banken ständig zu unterminieren. Als etwa George Soros' Firma »Quantum« sich anschickte, Pfund und Lira unter Abwertungsdruck zu setzen, folgten ihm die anderen institutionellen Anleger ohne zu zögern. Allein Soros verdiente an dem »Pfund-Deal«, der der Auftakt zum Zusammenbruch des Europäischen Währungssystems sein sollte, eine Milliarde Dollar. Den europäischen Steuerzahler kostete dies infolge der gescheiterten Interventionen der Zentralbanken in den vierzehn Jahren der Existenz des EWS schätzungsweise 100 Milliarden DM. Freilich bestehen auch hier Grade der Globalisierung der einzelnen Märkte: Während Geld- und Devisenmärkte zweifellos globalisiert sind, sind Aktienmärkte dies weniger, weil selbst Großunternehmen lieber an die heimischen Börsen gehen. Noch stärker trifft dies auf das Realkapital und die Investitionen zu, die weitgehend an den lokalen Standort gebunden bleiben.

Als *global players* werden immer wieder die transnationalen Unternehmen mit ihren weltweiten Geschäftsgebaren ins Feld geführt. »Siemens ist überall«, verkündet Heinrich von Pierer stolz. Aber das betriebliche Anlagevermögen ebenso wie das Eigentum und die Forschungs- und Entwicklungsarbeit sind in der Regel im Heimatland verankert; Deutschlands Multis wickelten 1993 sogar 75 Prozent ihrer Geschäfte auf heimischen Absatzmärkten ab. Die Spitzen des Managements rekrutieren sich überwiegend aus »Inländern«. Kaum zwanzig der hundert größten Multis verlagerten mehr als 50 Prozent von Produktionsanlagen oder Beschäftigten ins Ausland, und circa sechzig von ihnen tätigten mehr als 50 Prozent des Absatzes im Inland. *Global players?* Ja, aber mit starker Heimatverbundenheit.

Auch die internationale Handelsverflechtung fällt alles andere als global aus; vielmehr sollte man von einer ausgeprägten Regionalisierung sprechen. Zwei Drittel des Welthandels spielen sich zwischen den drei großen Handelsblöcken Nordamerika, Westeuropa und Asien – Japan, China und die sogenannten Tigerstaaten – ab. Zwischen 60 und 70 Prozent des Außenhandels wird im europäischen Rahmen abgewickelt. Angesichts dieses Musters nimmt es nicht wunder, daß der Globalisierungsdruck, dem die deutsche Wirtschaft ausgesetzt sein soll und der eine nicht enden wollende »Standortdiskussion« vom Zaun gebrochen hat, vor allem für die Industriezweige gilt, die im Niedriglohnbereich angesiedelt sind und folglich mit Schwellenländern konkurrieren: Dazu zählen Textil-, Schuh-, Uhren- und Spielwarenindustrie. Ganz anders sieht die Situation in Industrien aus, die einem kostenindifferenten Innovationswettbewerb unterliegen; im Falle der Druckmaschinen etwa, für die Deutschland ein Quasimonopol auf dem Weltmarkt besitzt, drohen Gefahren für die Stellung dieses Industriezweigs nur aus dem neuen Trend zur Produktion kleiner Stückzahlen und der daraus resultierenden Notwendigkeit zur Entwicklung betriebsangepaßter Software – ein Bereich, in dem deutsche Ingenieure und Informatiker nicht als sonderlich kreativ ausgewiesen sind.

Seit den späten sechziger Jahren schon übertreffen deutsche Investitionen im Ausland ausländische Direktinvestitionen in Deutschland – 1995 betrug das Verhältnis 48 Milliarden gegenüber 14 Milliarden DM. Dieser Umstand wird gern von Unternehmensverbänden als überzeugender Beleg für die Standortschwäche Deutschlands und als Ausdruck eines besonders gefährlichen Globalisierungsdrucks angeführt. Wie trügerisch diese Interpretation ist, zeigt die Tatsache, daß 80 bis 90 Prozent ausländischer Direktinvestitionen in entwickelten Industrieländern, mehr als 60 Prozent der deutschen Direktinvestitionen in westeuropäischen Nachbarländern getätigt werden. Dies bestätigt nicht nur das Bild einer starken Handelsverflechtung der drei großen Blöcke, sondern darf auch als Ausdruck der Unternehmensstrategie verstanden werden, einen direkten Zugang zum ausländischen Markt zu gewinnen, Zölle und Importbeschränkungen zu unterlaufen, hohe Transaktionskosten und gefährliche Wechselkursschwankungen zu vermeiden. Das Vorbild für dieses Handeln lieferten japanische Multis, die auf diese Weise amerikanische und europäische Märkte erfolgreich erobert haben.

Die empirischen Befunde sprechen auf Anhieb nicht für eine durchschlagende ökonomische Globalisierung, wenn die Definitionskriterien von Ausdehnung und Intensivierung angelegt werden. Das Gros des Geschehens auf internationalen Finanzmärkten, des Aktionsradius von transnationalen Unternehmen, des Charakters internationaler Handelsverflechtung und der Logik ausländischer Direktinvestitionen scheint in der Tat auf Handel innerhalb der Triade hinauszulaufen: Es sind die drei großen Handelsblöcke, die den ökonomischen Austausch unter verschärften Konkurrenzbedingungen intensiviert haben. Doch was für den Prozeß gilt, muß nicht gleichermaßen auf seine Folgen – sowohl extern als auch intern – zutreffen. Letztere haben globale Effekte beziehungsweise sind lokal von eminenter Bedeutung, verändern als solche nachhaltig Kontext und Situation. Das zeigt sich im Außenverhältnis zwischen OECD-Ländern und dem Rest der Welt bezüglich Handel, Wirtschaftswachstum und Wohlstand.

Wie dem Bericht des UN-Entwicklungsprogramms (UNDP 1996) zu entnehmen ist, sank die Beteiligung der ärmsten Entwicklungsländer am Welthandel von 1960 bis 1990 von 4 Prozent auf ein Prozent. Mehr als hundert Staaten hatten in den letzten fünfzehn Jahren keinen Anteil am Wirtschaftswachstum, obgleich sie ein Drittel der Weltbevölkerung umfassen. Das globale Bruttoinlandsprodukt (BIP) als Ausdruck des Wohlstandes betrug 1993 23 Billionen Dollar; davon entfielen 18 auf die Industrieländer, 5 auf die Entwicklungsländer, die immerhin 80 Prozent der Weltbevölkerung umfassen. Auch wenn das Globalisierungsspiel weitgehend nur auf die Erste Welt zutreffen mag, sind die Rückwirkungen in Gestalt einer wachsenden Polarisierung unübersehbar: Globale Ungleichheit nimmt zu, es wächst die Exklusion ganzer Weltregionen und Staaten, mithin also die Ungerechtigkeit im Weltmaßstab.

Das läßt sich an der Wirtschafts- und Kapitalkonzentration wie an der Vermögenskonzentration ablesen. Die zwanzig größten Unternehmen verbuchten einen größeren Umsatz, als die achtzig ärmsten Länder erwirtschafteten; so übersteigt der Umsatz von Mitsubishi, dem größten Multi, mittlerweile das Bruttosozialprodukt von Österreich, und der Umsatz von Daimler

Benz übertrifft das BSP von Malaysia, einem der aufstrebenden Staaten Ostasiens. 358 Milliardäre, so errechnete die UNO, besaßen mehr, als knapp die Hälfte der Menschheit überhaupt verdient. International hat sich damit längst die Vier-Fünftel-Gesellschaft etabliert, deren Menetekel Hans-Peter Martin und Harald Schumann in ihrem Buch *Die Globalisierungsfalle* für die Gesellschaft der Zukunft an die Wand malen: Das oberste Fünftel der Staaten erwirtschaftet 84,7 Prozent des Weltbruttosozialprodukts, wickelt 84,2 Prozent des Welthandels ab und besitzt 85,5 Prozent aller Inlandsparguthaben. Damit hat sich seit 1960 der Abstand zwischen reichstem und ärmstem Fünftel verdoppelt.

Das gleiche Bild einer wachsenden Polarisierung wiederholt sich, wenn auch auf ungleich höherem Wohlstands- und Versorgungsniveau, wenn man die Struktur innerhalb der westlichen Gesellschaften und der EU intern betrachtet und Arbeit und Arbeitslosigkeit, Kapital und Gewinn, Staat und Steuern – das Rückgrat der inneren Akteurstriade – untersucht. Beträgt die globale Arbeitslosigkeit laut einer Schätzung der Internationalen Arbeitsorganisation 1994 125 Millionen, und 700 Millionen haben prekäre Beschäftigungsverhältnisse, so sind mittlerweile fast 20 Millionen Arbeitslose, 50 Millionen Arme und 5 Millionen Obdachlose unter dem Dach Europas versammelt. »La misère du monde« (Pierre Bourdieu) ist mitten unter uns. Dieser triste Befund kontrastiert mit dem angenehmen Faktum, daß die Länder der EU zwischen 1977 und 1997 einen geschätzten Reichtumszuwachs von 50 bis 70 Prozent zu verbuchen hatten. In Deutschland verzeichnen wir 4,5 Millionen Arbeitslose und 1,5 Millionen in ABM-Verhältnissen. Seit 1991 sind bei uns 2,3 Millionen Arbeitsplätze vernichtet worden, während im gleichen Zeitraum der DAX-Index um 247 Prozent stieg, was den Aktienanlegern einen Wertzuwachs von 207 Milliarden Mark bescherte.

Gerade dieser Umstand des forcierten Arbeitsplatzabbaus wird in der öffentlichen Diskussion gern der Zangenbewegung von Globalisierung und Standortschwäche Deutschlands zugeschrieben. Für Industriezweige im Niedriglohnbereich mag das zutreffen; aber für die Speerspitze der deutschen Exportindustrie? Wenn der Kapitalismus auf Minimierung der Kosten und Maximierung der Gewinne hinausläuft, wie Lester C. Thurow die schlichte Grundregel seiner Systemlogik jüngst in seinem Buch *Die Zukunft des Kapitalismus* nochmals auf den Begriff gebracht hat, dann sind kausale Determinanten – vulgo: die Schuldfrage – nur schwer zu klären. Aufschlußreicher sind da schon neue Managementstrategien wie die Shareholder-value-Doktrin, die alle Determinanten glücklich zu optimieren erlaubt. Auch wenn Marktstellung, Konjunkturlage und Geschäftsaussichten gut sind, lassen sich Gewinne und Cash-flow noch steigern durch Rationalisierung, durch *downsizing* und *outsourcing* oder das Abstoßen von nur mäßig rentablen Geschäftsbereichen. Jürgen Schrempp, als Chef von Daimler-Benz lautstarker Anhänger dieses Konzepts, hat seit 1990 87 000 Beschäftigte in seinem Unternehmen »abgebaut«, den Wert der Daimler-Aktie um 75 Prozent gesteigert, den CROCI (cash return on capital invested) auf 12 Prozent hochgeschraubt und die Unternehmenssteuern heruntergefahren. Automobil-,

Chemie- und Maschinenbauindustrie gehören nicht gerade zu den notleidenden Wirtschaftsbereichen in Deutschland, sondern sind die Flaggschiffe deutscher Exportkultur. »Lean, mean and German« – das macht fit für Kämpfe an der Front des Weltmarktes.

Sicherlich ist Deutschland ein Hochlohnland, aber das ist per se kein Wettbewerbsnachteil. Wer Standorte auf ihre Kostenintensität vergleichen will, wird nicht Löhne, sondern die Lohnstückkosten in Abhängigkeit von der Arbeitsproduktivität betrachten müssen. Angesichts hoher Arbeitsproduktivität liegt Deutschland unangefochten an der Spitze in der Welt, weil seine Lohnstückkosten deutlich unter denen der Vereinigten Staaten und Japans sowie der meisten europäischen Länder liegen. Auch kann keine Rede davon sein, daß die Lohnzuwächse in der Vergangenheit über Gebühr ausgefallen wären; angespannte Arbeitsmarktlage, hohe Arbeitslosigkeit und einsichtige Gewerkschaften haben zu moderaten Lohnabschlüssen geführt. Seit 1979 sind die Arbeitnehmerlöhne um 6 Prozent gestiegen, die Unternehmergewinne dagegen um 90 Prozent.

Die Achillesferse, vor allem zur Schaffung neuer Arbeitsplätze, sind die hohen Lohnnebenkosten. Auf über 40 Prozent des Bruttolohns belaufen sich jetzt die Sozialabgaben zur Finanzierung des Sozialstaates. Als exportorientiertes Land, so hat jüngst Fritz Scharpf in der *FAZ* (5. Juni 1997) vorgerechnet, waren 1994 36 Prozent der Arbeitsplätze in »international exponierten Bereichen« angesiedelt, während es in den USA und Schweden 32 Prozent und den Niederlanden nur 27 Prozent waren. Ist dies ein weiterer Ausdruck für die Wettbewerbsfähigkeit der deutschen Wirtschaft, so besteht die Kehrseite der Medaille in dem Konkurrenzdruck, unter dem diese Arbeitsplätze stehen, und der Neigung, jede Chance zur weiteren Rationalisierung auch zu nutzen.

Eine besondere Schieflage auf seiten des Kapitals ergibt das neuartige Verhältnis von Gewinnen und Steuern. »Was gut ist für General Motors, ist gut für Amerika!« lautete einst die Devise. Und was für die Vereinigten Staaten galt, traf auch auf andere Volkswirtschaften zu. Ein Unternehmen, das kräftige Gewinne machte, investierte, schaffte Arbeitsplätze und zahlte ordentlich Steuern. Das war einmal. 1996 verzeichnete die Deutsche Bundesbank den zweithöchsten Gewinn in ihrer Firmengeschichte. Aber 4,2 Milliarden Gewinn führten zu einem um 377 Millionen geringeren Steueransatz als 1995. Die Beispiele ließen sich beliebig fortsetzen. Das Credo der transnationalen Konzerne lautet: Gewinne werden weltweit gemacht, Steuern dagegen am günstigsten Standort entrichtet; global verdienen, aber lokal Steuern sparen.

Diese »neue Tugend« läßt sich an der Entwicklung des Steueraufkommens von 1987 bis 1997 studieren. Während sich das Lohnsteueraufkommen in diesem Zeitraum verdoppelte, halbierte sich das Körperschaftsaufkommen: 1960 lag es noch bei 35 Prozent des gesamten Steueraufkommens, 1980 bei 25 und 1997 schließlich bei 13 Prozent. Wäre es bei der mittleren Marge von 25 Prozent geblieben, hätte es der Haushaltskasse des deutschen Staates jährlich zusätzliche 86 Milliarden DM eingebracht. Die schwächelnde Steuermoral der Unternehmen entzieht jedoch massiv dem Staat Ressourcen, die seine materielle Handlungsbasis empfindlich schmälern, obgleich die öffentlichen Hände zur Standortpflege gerade Unternehmen immer wieder mit bemerkenswerten Subventionen unter die Arme greifen. Der globale Kapitalismus führt zu einer Machtasymmetrie zwischen Markt und Staat, Wirtschaft und Politik. Dieser Effekt ökonomischer Globalisierung ist sicherlich ein zentraler Hebel, der den Handlungsspielraum der Nationalstaaten untergräbt. Aber er ist nicht der einzige.

IV

»Der Nationalstaat ist zu klein für die großen Probleme der Politik und zu groß für die kleinen Probleme«, notierte Daniel Bell schon vor geraumer Zeit. Wie zutreffend diese Beobachtung ist, zeigt sich erst heute. Die Entwicklung geht vom *unilateral government* zur *multilateral governance,* und mit ihr erleben wir einen Gestaltwandel der Politik. Ihren neuartigen Charakter bezeichnen Politikwissenschaftler als Mehrebenenpolitik, die als komplexes Netzwerk begriffen und in dem der Nationalstaat - einer Spinne im Netz gleich - als zentraler Knotenpunkt verstanden werden muß. Anders gefaßt, nimmt er die Stellung einer intermediären Organisation zwischen der globalen Ebene der Weltpolitik und der lokalen Ebene der Nationalpolitik ein. Die Intermediarität bringt es mit sich, daß er Kompetenzen nach oben zur supranationalen Ebene der EU und zu globalen Instanzen wie der UN, der G 7, dem GATT beziehungsweise neuerdings der Welthandelsorganisation, dem Internationalen Währungsfonds und der Weltbank abgeben muß; und umgekehrt nach unten und für uns nicht so neu auf regionale und lokale Ebenen im Zeichen des Föderalismus und der Kompetenzverteilung auf Bund, Länder und Gemeinden.

Die Struktur der Europäischen Gemeinschaft, so Klaus Jachtenfuchs und Beate Kohler-Koch in dem Sammelband *Europäische Integration,* verändern Regieren in mindestens dreierlei Hinsicht: Zwar wird der Handlungsraum durch gemeinsame Wahrnehmung der europäischen Souveränität erweitert, gleichzeitig bindet der neue Rahmen die Mitgliedsstaaten in komplexe Entscheidungsprozesse ein, die die typischen Probleme der horizontalen Koordination in Verhandlungssystemen haben; ferner hat die europäische Politik Rückwirkungen auf politische Institutionen und Prozesse in den Mitgliedsländern; schließlich verändert sich unter Umständen der Charakter von Staatlichkeit selbst, also das Prinzip territorial organisierter und verantworteter Politik; eine veritable Dekomposition des guten alten Nationalstaates also. Im Zeichen der Globalisierung scheint es ihm wie uns Bürgern zu gehen: mehr arbeiten, mehr leisten, mehr zahlen, aber weniger verdienen und am Ende vielleicht doch bedeutungs- und arbeitslos werden. Das Resultat der drei Prozesse lautet Entgrenzung. »Entgrenzung geht mit der Verringerung politischer Steuerungsfähigkeit des Staates einher, weil die Reichweite seines Handelns territorial begrenzt, die Adressaten seiner Politik aber transnational beweglich oder gar exterritorial verankert sind.«

Wie man sich genau den Prozeß der Entgrenzung vorzustellen hat, zeigt ein Blick auf die Dynamik der Europäischen Gemeinschaft. Von Beginn an ist der Prozeß der Integration von einer fundamentalen Asymmetrie geprägt zwischen supranationalem europäischem Recht und intergouvernementaler Politik. Auf dem Weg der negativen Integration, die durch Marktöffnung und Wettbewerbsgleichheit Wirtschaftsfreiheit herstellen soll, ist man gut vorangekommen, und mit der Errichtung des Binnenmarktes, eines der größten Deregulierungsprojekte in der Wirtschaftsgeschichte, ist dieser Prozeß erfolgreich abgeschlossen worden. Kommission und Europäischer Gerichtshof haben durch Rechtsanwendung und Rechtsfortbildung die Suprematie des Europarechts etabliert und seine Geltung über Aufsichtsklagen gegen Vertragsverletzungen auch gegenüber den Nationalstaaten zur Not sanktioniert. Das Ergebnis ist die Harmonisierung produkt- oder mobilitätsbezogener Regelungen.

Die positive Integration ist dagegen zurückgeblieben. Denn hier, wo es um die Harmonisierung produktions- und standortbezogener Regelungen wie beim Umweltschutz, Arbeitsschutz oder bei der Sozialpolitik geht, mußte der Rat als intergouvernementales Verhandlungssystem politische Entscheidungen der Mitgliedsregierungen zustande bringen. Ein Unterfangen, das zunächst durch die Einstimmigkeitsregel und später dann durch das qualifizierte Mehrheitsprinzip arg behindert wurde. Nur unter der Voraussetzung einer homogenen Interessenlage hätte das keine oder allenfalls kleine Probleme bei der Entscheidungsfindung ergeben. Aber entwickelte Industrieländer und Schwellenländer haben nicht die gleichen Interessen. Bestimmte Umweltstandards etwa, die reiche Staaten als unerläßlich ansehen, erachten arme Länder als unerschwinglich. In diesem Ungleichgewicht zwischen negativer und positiver Integration, so Fritz Scharpf, liegt ein konstitutives Dilemma der Europäischen Gemeinschaft, das im Resultat zur Etablierung eines marktliberalen Europa geführt hat; ein Ergebnis, das gleichsam hinter dem Rücken von Politikern und Bürgern – im übrigen technokratisch durch die Brüsseler Bürokratie und nicht demokratisch durch die europäische Bevölkerung – zustande gekommen ist.

Als sich im Gefolge von Maastricht in Frankreich massive Kritik an der unumschränkten Macht der einzurichtenden europäischen Zentralbank entzündete, scheint in der politischen Öffentlichkeit zum erstenmal überhaupt bemerkt worden zu sein, wessen Geistes Kind das kommende Europa sein wird. Die Kritik an der »lex Tietmeyer« (Bourdieu) und dem »Zentralbankkult« (Luttwak) richtete sich gegen die Vorherrschaft von Währungs-, Geld- und Zinspolitik und die Subordination der Politik unter die Wirtschaft. Europa als Euro, eine Spottgeburt der Idee Europa. Aber so zutreffend die Diagnose, so schief lagen die Stimmen und Deutungen, wenn sie dieser Entwicklung auf den Grund gehen wollten. Allesamt arbeiteten sie bevorzugt mit psychologisierenden Verschwörungstheorien, ohne die strukturelle Dynamik und das konstitutive Integrationsdilemma erkannt zu haben. Immerhin monierte Luttwak die fehlende Barriere zwischen Wirtschaft und Währung. »Obwohl das EWS erst eine Annäherung an feste Wechselkurse darstellt, vom Euro gar nicht zu reden, muß schon jetzt der Währungsschwanz mit dem Wirtschaftshund und allem, was dazugehört, wedeln: mit Nachfrage, Arbeit, Steuern, Wohlfahrt. Mit anderen Worten, das EWS kann nur funktionieren, wenn seine Prioritäten alle maßgeblichen politischen Prioritäten – das heißt fast jede Politik und daher auch fast jeden Aspekt der Demokratie – überragt. Das ist ein Vorgeschmack auf jene Anforderungen, die der Euro an seine Mitglieder stellen wird.« (*Lettre International,* Heft 35, 1996)

Ein bißchen ist es wie mit unserer Rechtschreibreform. Keiner hatte sich je darum gekümmert, geschweige denn dafür interessiert. Als sie dann da war, wollte sie keiner mehr. Wird es der Wirtschafts- und Währungsunion ähnlich ergehen? Will am Ende keiner Europa als Euro? Oder folgt die Europäisierung nicht dem gleichen Muster wie die Globalisierung, in ihrer Wahrnehmung und in ihren Folgen? Nämlich als Schicksal, Verhängnis, aber als eine Notwendigkeit, also unvermeidlich und daher fügsamkeitsmotivierend; nichts Genaues weiß man nicht. Klar dagegen sind die Folgen. Weit davon entfernt, ein Gegengewicht zur Globalisierung und eine Art Schutzschild gegen die eisigen Zumutungen des Weltmarkts zu schaffen, verschärft das neoliberale Europa die globalen Wirkungen noch. Luttwak hat recht: Der europainterne Zwang zur Homogenisierung und Standardisierung der verschiedenen Politiken – von der Steuer- bis zur Sozialpolitik – zwingt alle Mitgliedsstaaten beim jetzigen Stand der Dinge auf den steinigen Weg des neoliberalen Kapitalismus: Amerika, wir kommen. Stephan Leibfried hat das am Beispiel der Sozialpolitik durchgespielt: »Die Mitgliedsstaaten verlieren formell und funktionell an sozialpolitischen Gestaltungsmöglichkeiten, ohne daß die supranationale Ebene in gleichem Maße – oder gar zusätzlich – an gesamteuropäischer Gestaltungskompetenz gewänne ... Man könnte daher von einer ›Souveränitätsverflechtungsfalle‹ sprechen ... In der sozialen Dimension der EU ist aber eher die Verantwortungslosigkeit für Sozialpolitik vergemeinschaftet. National (faktisch und rechtlich) wie supranational (rechtlich) entgleitet der Zugriff auf die soziale Situation: die einen können nicht (mehr so), die anderen dürfen (noch?) nicht – oder sind (selbst-)blokkiert.« (*Europäische Integration*)

Was Europa sein soll oder werden wird, ist einstweilen unklar: Ein Projekt im Schwebezustand. Die größte Herausforderung für die EU in der nahen Zukunft ist ihre geplante Erweiterung und Vertiefung. Die angestrebte Aufnahme der osteuropäischen Staaten folgt dem gleichen Muster wie die deutsche Einigung: politisch notwendig, ökonomisch problematisch. Davor muß die EU ohnehin ihre Hausaufgaben erledigen und intern Kompetenzen, Verfahren, Ressourcen und Ressourcenverteilung reformieren. Ob Europa unter diesen Voraussetzungen eine Führungsmacht werden kann, ist mehr als fraglich. Da ist zunächst der immense Problemberg; aber selbst wenn der erfolgreich abgetragen wird, muß sich zeigen, ob der Heterogenitätszuwachs durch Integration ein Erfolg sein kann. Da wächst zusammen, was nach ökonomischem Niveau, politischer Mentalität und nationaler Kultur kaum zusammenpaßt. Nur sagen traut sich das keiner.

V

Ähnlich komplex, zwiespältig und wenig durchsichtig ist die Globalisierung in der Kultur. Klar erkennbar ist die Entstehung und breite Durchsetzung einer globalen Kultur, die sich aus Derivaten der Popkultur, des Massenkonsums, der TV-, Film- und Medienwelt speist. Ein Madonna-Clip durchdringt die ganze Welt wie CNN, Levi's ist Levi's, Hamburger und Coca Cola schmecken überall gleich. Die globale Kultur bewirkt eine Standardisierung von Produkten mit weltweiter Verbreitung, die die Erfahrung, Geschmacks- und Lebensstile von Generationen und Klassen nachhaltig prägen kann. Nur darf man sich diesen Prozeß nicht als simple Prägung vorstellen. Vielmehr werden kulturelle Objekte und Zeichen vielfältig angeeignet und kreativ nach gruppenspezifischen oder individuellen Mustern gebraucht. Ein Mullah mit Handy muß nicht liberal sein. Es bleibt jedoch die Bedeutung eines kollektiv verbindlichen kulturellen Erfahrungsangebotes über Raum- und Zeitgrenzen hinweg, das Gemeinsamkeiten und Gemeinschaften zu stiften vermag. Insofern sind piktorale Medien längst zum wichtigsten Träger des kulturellen Gedächtnisses in der Moderne geworden. Standardisierung impliziert nicht notwendigerweise, daß eine einheitliche Kultur für die gesamte Menschheit entsteht, obwohl die Kulturproduzenten dieses gerne von sich glauben wollen. Ähnlich wie die Börsenmakler und Analysten an der Wallstreet könnte man Kulturproduzenten als die neuen Götter bezeichnen. Sie machen nicht Weltgeschichte, aber sie erzählen aller Welt Geschichten ohne Unterlaß – das unaufhörliche Gewebe der globalen Narration. Da das Heimatland dieses Erfahrungsangebotes überwiegend die Vereinigten Staaten sind, erblicken manche Kulturkritiker in der Globalisierung nur eine verkappte Amerikanisierung.

Im Gegenzug formieren sich nationale, regionale und gruppenspezifische Kulturen, die ihre Eigenart hervorheben und auf ihre Anerkennung pochen. Der daraus resultierende kulturelle Pluralismus, häufig unter dem Sammeletikett Multikulturalismus gefaßt, hat sich dank Migration und Immigration längst in den westlichen Industrieländern festgesetzt. In den urbanen Zitadellen der Weltökonomie erfahren ethnische Minoritäten häufig Arbeits- und Perspektivenlosigkeit, Marginalisierung und Exklusion, also die Erfahrung der Zweitklassigkeit. Das ist der Boden für ethnische Mobilisierung, politische Radikalisierung und verzweifelte Identitätssuche. Der zu beobachtende »Kampf um Anerkennung« (Axel Honneth) ist häufig nichts anderes als der »Kampf um Zugehörigkeit« (Jürgen Mackert). »Die ganze Erde steckt mitten in einer globalen Identitätskrise«, behauptet Samuel Huntington sogar in *Kampf der Kulturen oder Weltkultur?*.

Das scheint auf eine dritte, minoritäre Elitenkultur nicht zuzutreffen. Qualifiziert, professionalisiert und gut dotiert ist die Welt ihr Spielfeld und die International Airport Lounge ihr bevorzugter vorübergehender Aufenthaltsort. Sie sind die individuellen Repräsentanten der *global players:* vom Habitus »Ironiker«, mit kühler Solidarität und abhold allen Tribalismen ethnischer Zugehörigkeit; bevorzugte Distinktionskriterien sind mehrere

Wohnsitze, mehrere Staatsbürgerschaften als höchste Stufe symbolischen Kapitals und die Pflege kosmopolitischer Verkehrskreise. Freiheit, Menschenrechte und Demokratie gehören zu ihrem Reisegepäck wie das Vielfliegerticket. Manager von Multis, international agierende Banker und Angestellte, Spitzenwissenschaftler, Künstler, Schriftsteller und Intellektuelle formen das, was Huntington die »Davos-Kultur« nennt. Standardisierung, Differenzierung und Homogenisierung aber muß weder zu einem »Kampf der Zivilisationen« führen noch zu friedlich-buntem Multikulturalismus. Die Fragen der Kultur werden indes nicht in ihrer eigenen Domäne entschieden, sondern im sozialen und politischen Bereich.

VI

Der Kampf zwischen Kapitalismus und Sozialismus ist vorerst beendet; begonnen hat die Auseinandersetzung zwischen anglo-amerikanischem Kapitalismus und »rheinischem Kapitalismus«. Gerungen wird um die Frage, wieviel Markt verträgt der Mensch? Und wieviel politische Bändigung braucht der Kapitalismus? Der Einsatz im Spiel: Primat der Ökonomie oder Primat der Politik. Wirtschaftliche Globalisierung und neoliberale Europäisierung üben auf Wirtschaft und Politik, Institutionen und Menschen einen gehörigen Druck aus, Prozesse der Entgrenzung versetzen austarierte Arrangements in Schwingung. Das ist jedoch kein naturwüchsiger Prozeß, sondern Folge einer teils gewollten, teils nichtgewollten »Politik der Entgrenzung«.

Schon 1979 hatte Ralf Dahrendorf das »Ende des sozialdemokratischen Jahrhunderts« verkündet. Heute, kurz vor Toresschluß des 20. Jahrhunderts, erleben wir eine erstaunliche Wiederkehr: Die »soziale Frage«, scheinbar ein für allemal gelöst, ist wieder da. Dreizehn von fünfzehn Ländern in der Europäischen Union haben bereits eine linksgeführte Regierung: New Labour, un nouveau socialisme und eine runderneuerte Sozialdemokratie könnten den Kampf des rheinischen Kapitalismus gegen den dominanten Neoliberalismus erfolgversprechend aufnehmen und den Primat der Politik wiederherstellen. Dazu ist sicherlich mehr als ein »Ruck« vonnöten. Zunächst muß es um die Bändigung der Finanzmärkte gehen, die für Globalisierungsdruck und Irritationen sorgen. Ein Prozent Steuer auf alle Devisentransaktionen, so hatte der amerikanische Ökonom James Tobin schon in den siebziger Jahren empfohlen, würde das Spekulationsgeschäft eindämmen, könnte beträchtliche Steuersummen in die leergefegten Haushaltskassen der Nationalstaaten bringen und würde die wirtschaftsschädlichen und -verzerrenden Effekte von gezielter Spekulation beenden. Mit einem soliden Euro könnte Europa die Tobin-Tax im Alleingang versuchen, auch wenn es im Zuge einer Zivilisierung des Finanzkapitals gut wäre, wenn alle 190 Staaten diese Steuer einführten.

Eine Revitalisierung der Arbeitsgesellschaft könnte gelingen, wenn man Krise der Arbeit, Krise der Umwelt und Krise des Sozial- und Steuerstaates gemeinsam angeht. »Man muß die Arbeit verbilligen, indem man die Lohnnebenkosten senkt«, so Hans-Christoph Binswanger in einem *Zeit*-Gespräch (7. Februar 1997). »Gleichzeitig aber sollte die Steuerpolitik die Energie teurer machen; der Energieverbrauch ist schließlich ein Hauptfaktor für die Umweltbelastung. Die Einnahmen aus der Energiebesteuerung sollten verwendet werden, um die Altersrenten zu finanzieren und so die Lohnnebenkosten zu senken.« Die Verbilligung der Arbeit könnte auch bis zu sechs Millionen Arbeitsplätze im lokalen Dienstleistungsbereich, also in Einzelhandel und Gaststätten, bei Haushalts- und Reparaturdiensten, den sozialen Diensten und im Gesundheits- und Bildungswesen erbringen, hat Fritz Scharpf errechnet. Die Wiedergewinnung des fiskalischen Spielraumes würde auch den Einstieg in den Umbau des Sozialstaates und der sozialen Sicherung erleichtern. Der Sozialstaat erfaßt 90 Prozent der Bevölkerung, die er, finanziert durch zwei Drittel des Lohnsteueraufkommens, dann mit 150 Leistungen wieder beglückt – ein fragwürdiger Kreislauf.

Not tut Rückbau, Rationalisierung und Umbau. Die Einführung des Grundeinkommens, die flexible Kombination von Grund- und Erwerbseinkommen, die Umstellung des Rentensystems auf Kapitaldeckung, die in einer Übergangsphase extrem steuerlich begünstigt werden müßte – all das bedeutet Entlastung und soziale Gerechtigkeit zugleich. Auch das Gesundheitssystem ließe sich dahingehend umbauen, daß man Vollversorgung auf flexibel gestaffelten Gesundheitsschutz umstellt und eine nachhaltige gesundheitsförderliche Lebensführung finanziell begünstigt. Ebenso bedarf das Stiefkind der deutschen Politik einer grundlegenden Umgestaltung und finanziellen Aufrüstung: das Bildungssystem. Angesichts der fehlerhaften strukturellen Weichenstellungen geben wir heute zehnmal soviel für Soziales (ohne die Förderung von Familien) aus wie für Bildung – eine gefährliche Schieflage für das Verhältnis von Konsum und Investition in Humankapital. Schließlich wird ein strukturell revolutioniertes Deutschland, befreit vom »Verlust wirtschaftlicher Dynamik«, von »Erstarrung der Gesellschaft« und »mentaler Depression« (Roman Herzog), die politische Kraft und den Willen aufbringen, mit Frankreich ein demokratisches und soziales Europa zu errichten, das soziale Ungleichheit bekämpft und die Hoffnung auf globale Gerechtigkeit erneuert.

Und was passiert, wenn nichts passiert? Dann wird das neoliberale Europa mit seinen Gewinnern, Verlierern und Überflüssigen von seinen wirtschaftlichen Erfolgen eingeholt werden: Die Entgrenzung frißt ihre Kinder. Anomie, Konflikt, Gewalt, Nationalismus und Fundamentalismus erhalten dann endlich wieder eine Chance. Das »Spiel ohne Grenzen«, die total offene Gesellschaft, jenes von Hayek und Friedman radikalisierte Poppersche Projekt, wird bestimmt kein Spiel und bestimmt nicht grenzenlos.

Ralf Dahrendorf

Weltmarkt und Sozialökonomie

Alle Gemeinwesen der Welt, ob entwickelt, halbentwickelt oder unterentwickelt, müssen heute drei Aufgaben gleichzeitig lösen: Sie müssen versuchen, Wohlstand zu schaffen oder zu erhalten, und zwar unter den Bedingungen des Weltmarktes und seiner rauher werdenden Winde. Sie müssen versuchen, sozialen Zusammenhalt und Solidarität herzustellen, was nicht nur wegen der Folgen des weltweiten Wettbewerbs schwierig ist. Und sie müssen versuchen, politische Freiheit zu erhalten angesichts vieler Versuchungen, diese Freiheit einzuschränken. Niemand wird diese drei Ziele voll befriedigend erreichen. Man kann versuchen, sie gleichzeitig zu verfolgen, man kann sich einer Verbindung von Wettbewerbsfähigkeit, sozialem Zusammenhalt und politischer Freiheit annähern, die für viele Menschen Lebenschancen bietet, aber ich zumindest sehe kein Beispiel für ein Land, von dem man sagen könnte, dort sei es wirklich gelungen. Denn in der Praxis verhalten sich die meisten Gemeinwesen so, als könne man nur zwei der drei Ziele mit Aussicht auf Erfolg anstreben.

Mit einer groben Vereinfachung sprechen wir heute davon, daß es ein angelsächsisches Modell, ein rheinisches Modell und ein asiatisches Modell gibt. Ein angelsächsisches Modell, bei dem die Wettbewerbsfähigkeit und ihre Bedingungen in einem unfreundlichen Weltmarkt großgeschrieben werden, ohne daß darum die politische Freiheit eingeschränkt wird – aber doch ein Modell, bei dem der soziale Zusammenhalt der Gesellschaft sehr gelitten hat. Es war kein Zufall, daß Premierministerin Thatcher einmal gesagt hat, so etwas wie Gesellschaft gebe es nicht, es gebe nur Individuen – und Familien, wie sie hinzusetzte, als sie sich erinnerte, Parteiführerin der Konservativen zu sein. Das rheinische Modell andererseits, das Modell der sozialen Marktwirtschaft, ist eines, bei dem der soziale Zusammenhalt sehr groß geschrieben wird, bei dem die politische Freiheit nicht leidet oder jedenfalls nicht zu leiden braucht – aber bei dem Wettbewerbsfähigkeit heute in Frage steht und nicht ohne Grund zu einem Kernthema der öffentlichen Auseinandersetzung geworden ist. Und dann das asiatische Modell, ein Modell der Wettbewerbsfähigkeit und auch des sozialen Zusammenhalts – *social cohesion* ist in Singapur ein Staatsbegriff –, aber einer bestimmten Form des Zusammenhalts, der verordnet oder jedenfalls kontrolliert wird, nicht zuletzt dadurch, daß über achtzig Prozent der Bevölkerung Singapurs in staatlich verwalteten Wohnungen leben, und direkter sozialer Kontrolle unterworfen sind.

Das sind drei konkrete Antworten auf die Problematik, die oft mit dem furchteinflößenden Wort Globalisierung bezeichnet wird. Was ist da eigentlich geschehen in unserer Welt in den letzten zwanzig Jahren, vornehmlich in den letzten zehn Jahren? Globalisierung bedeutet, daß kein Land, daß keine Volkswirtschaft sich mehr verstecken kann vor bestimmten Anforderungen des Wettbewerbs. Globalisierung bedeutet nicht, daß es nur einen Weg zur Wettbewerbsfähigkeit gibt. Und mir scheint, daß zwischen diesen beiden Tatsachen ein Verständnis der Globalisierung angesiedelt werden kann, das uns in der Sache weiterführt.

Globalisierung ist sicher zum Teil ein Resultat der technischen Entwicklung im Bereich der Information. Dies hat wirtschaftlich gesehen vor allem Folgen für die Finanzmärkte gehabt und sie fundamental verändert. Vor zehn, fünfzehn Jahren kam man gegen zehn Uhr in die Londoner City, nahm um zwölf den ersten Sherry zu sich und hatte bis halbdrei einen ausgiebigen Lunch, woraufhin man, leicht erschöpft, auf die ersten Zahlen der Wall Street wartete. Davon ist nicht mehr die Rede. Heute arbeitet die Londoner City vierundzwanzig Stunden, rund um die Uhr, und auch die Wall Street und Tokio und Hongkong und Singapur und die anderen großen Finanzmärkte. Diese Globalisierung und Beschleunigung der Transaktionen auf den Finanzmärkten hat vielfältige Folgen gehabt für die Orientierung der Wirtschaftsunternehmen: nämlich dort zu produzieren, wo immer es am billigsten schien; und wichtiger noch – dies ist die eigentlich einschneidende Entwicklung des letzten Jahrzehnts –, Dienstleistungen vorzunehmen, wo immer es am kostengünstigsten ist. Mario Vargas Llosa hat einmal gesagt, heute könne ein Land sich entscheiden, ob es reich oder arm sein will. Das ist sicher übertrieben, aber richtig daran ist, daß es keine grundsätzlichen Standortvorteile oder -nachteile mehr gibt und daß sich in diesem letzten Jahrzehnt manche Länder entschieden haben, reicher zu werden. Und zwar mit Kraft. Dies ist ermöglicht oder zumindest erleichtert worden durch technische Entwicklungen – aber sie waren nicht der eigentliche Grund für den neuen Wettbewerb. Nicht die Technik als solche, sondern die Tatsache, daß große Länder, vor allem China und Indien, aber auch lateinamerikanische Länder sich auf einen Wachstumspfad begeben haben, der sie in einem Maße zu Konkurrenten macht, das man noch vor zwanzig Jahren für sehr unwahrscheinlich gehalten hätte. Insofern ist die Verbindung von Technologie und Wachstumswunsch in großen Ländern der Welt der Grund für eine tiefgreifende Veränderung der Situation, in der alle Wirtschaften operieren.

Diese These wäre einzuschränken, es bleibt beispielsweise ein großer öffentlicher Bereich, der nicht direkt von der Globalisierung erfaßt wird. Aber im Kernbereich des Wirtschaftens gibt es keinen Ausweg aus der Notwendigkeit, Wohlstand dadurch zu erhalten und zu entwickeln, daß man wettbewerbsfähig bleibt in einem global gewordenen Markt.

Die beiden Länder, die ich am besten kenne, haben in sehr unterschiedlicher Weise auf diese Situation reagiert. Für Großbritannien ist es sicher richtig zu sagen, daß der Wahlsieg der Labour Party trotz aller Bekundungen ihrer Führer auch darauf zurückzuführen ist, daß viele Wähler auf eineinhalb Jahrzehnte der Konzentration auf Wettbewerbsfähigkeit jetzt ein Jahrzehnt folgen lassen wollen, in dem Wettbewerbsfähigkeit stärker verbunden wird mit einem Sinn für sozialen Zusammenhalt und Solidarität. In Deutschland geht man wohl nicht fehl in der Annahme, daß die Berliner Rede des Bundespräsidenten eine Situation beschreibt, in der es schwierig ist, jene institutionellen Veränderungen vorzunehmen, die eine Voraussetzung der nachhaltigen Wettbewerbsfähigkeit der deutschen Wirtschaft sind. Was sind die Folgen dieser Situation vor allem in der Arbeitswelt?

Wir haben über die Jahrzehnte hin einen langanhaltenden Prozeß erlebt, in dem die Lebensarbeitszeit von Menschen verkürzt worden ist. In mancher Hinsicht war das einer der großen Erfolge für die entwickelten Länder der Welt, einer der großen Erfolge einer anhaltenden Prosperität, auch der großen Wirtschaftswunder, wie sie in Deutschland, in Japan und in manchen anderen Ländern stattgefunden haben. Dieser Prozeß ist allerdings in erstaunlichem Maße beschleunigt worden und hat jetzt zu einem Punkt geführt, an dem die Verkürzung der Lebensarbeitszeit nicht mehr allen einzelnen zugute kommt, die auf dem Arbeitsmarkt sind, sondern zu einer tiefgreifenden Veränderung des Arbeitsmarktes selbst führt. Vielleicht das wichtigste und für viele überraschendste Phänomen der letzten Jahre ist das, was man auf englisch *jobless growth* nennt, Wachstum ohne zusätzliche Beschäftigung. In der Welt, in der wir leben, spricht viel dafür, auf die Wachstumskarte zu setzen. Aber es spricht sehr wenig dafür, sich davon zu versprechen, daß damit das Arbeitslosenproblem, das Arbeitsproblem insgesamt gelöst wird. In der Tat läßt sich zeigen, daß auch die sogenannten großen Projekte, von denen mancher sich in Erinnerung an Keynes oder in Erinnerung an die Tennessee Valley Authority oder in Erinnerung an die Autobahn die Lösung der Arbeitslosigkeit verspricht, das nicht halten werden. Eines der größten Projekte in Europa nach dem Kriege, nämlich der Bau des Kanaltunnels, hatte in der Spitzenzeit zweitausend Beschäftigte, und von denen waren über tausend graduierte Ingenieure, die ohnehin keine Schwierigkeit gehabt hätten, irgendwo eine Stelle zu finden. Also selbst ein so massives Projekt ist bei Millionen Arbeitslosen noch nicht einmal ein Tropfen auf den heißen Stein. Es haben Veränderungen der Arbeitswelt stattgefunden, die nicht rückgängig zu machen sind.

Ich ziehe aus meinen Beobachtungen in der Welt der Arbeit nicht den Schluß, daß uns die Arbeit ausgeht, wohl aber, daß der gutbezahlte, mit allen sozialen Anrechten versehene Beruf auf Lebenszeit zu einem Minderheitsphänomen wird. Diese Art von Beruf wird nicht verschwinden, sie wird auch noch auf absehbare Zeit eine sehr beträchtliche Zahl von Menschen in Brot und Arbeit halten, aber das sogenannte Normarbeitsverhältnis wird in zunehmendem Maße ein Minderheitsphänomen. Jedenfalls ein Phänomen, das nur noch für etwa die Hälfte der Menschen in unseren Ländern zutrifft.

Was tritt dann an die Stelle des Normarbeitsverhältnisses? Hier unterscheiden sich die Länder sehr. Im angelsächsischen Bereich gibt es statt dessen in einem sehr starken Maße Teilzeitarbeit, befristete Arbeitsverträge und so etwas wie Vertragsarbeit. Lektoren beispielsweise arbeiten in Großbritannien mittlerweile häufig im freien Vertrag mit dem Verlag, das heißt, sie sind keine Angestellten des Verlages, sondern arbeiten zu Hause als eine Art Selbstunternehmer. Diese Form der Beschäftigung, bei der man eben nicht mehr eine feste Anstellung hat, wohl aber etwas tut, mit dem man Geld verdient, wird immer verbreiteter, und weit verbreitet, jedenfalls in Großbritannien sowie seit längerem schon in den Vereinigten Staaten ist die Billigarbeit: also die Arbeit, deren Entlohnung eine ganze Familie sicher nicht ernähren kann, und selbst für einen einzelnen reicht es nur mit großer Mühe. Die Arbeitslosenzahlen sind in diesen beiden Ländern relativ niedrig, aber die Formen der Beschäftigung sind sehr variabel und bunt geworden, manchmal von den Menschen gewollt, häufig nicht gewollt.

Und dann ist da die andere, die deutsche Alternative. Zum Teil versteckt man die Arbeitslosigkeit hinter dem Anschein einer Betätigung: Das gilt für die Wehrpflicht, das gilt vielleicht auch für das Studium – wenn man die deutschen Hochschulen so reorganisierte, wie es eigentlich notwendig wäre, würde man damit Hunderttausende arbeitslos machen beziehungsweise eine Situation schaffen, in der Hunderttausende von Studenten als Arbeitslose registriert werden müßten. Da Deutschland sich das schwerlich leisten kann, wird es auch nicht geschehen. Die andere Form, in der Deutschland sich mit der neuen Situation auseinandersetzt, ist die Arbeitslosigkeit selbst: Es ist nicht zynisch, sondern die reine Wahrheit, wenn man behauptet, daß Deutschland sich die Arbeitslosigkeit leistet, um die hohen Löhne und Lohnnebenkosten der Mehrheit aufrechterhalten zu können. Unter einer Öffnung des Arbeitsmarkts würden ganz sicher auch diejenigen leiden, die heute noch fest angestellt sind und auf Sozialleistungen Anspruch haben.

Dies alles muß man nicht unbedingt in schwarzen Farben schildern. Die Welt, auf die ich hier anspiele, eröffnet viele neue Chancen. Sicher aber ist, daß der Übergang von der Welt, in der man einen Beruf auf Lebenszeit hatte, in eine neue Form der Arbeitswelt schmerzhaft ist, schmerzhaft für diejenigen, deren Erwartungen ganz geprägt sind durch vergangene Erfahrung. Im ganzen bin ich der Meinung, daß gerade in Deutschland viele Menschen viel weiter sind als die Regierenden, daß viele einen Weg gefunden haben, um unter diesen schwierigen Umständen etwas zu verdienen und etwas Sinnvolles zu tun, und daß die Diskussionen, die in der Regierung geführt werden, an dem vorbeigehen, was die Menschen erleben.

In dieser Situation gibt es zwei Probleme. Das erste ist: Wer zahlt für den Wohlfahrtsstaat? Denn so, wie wir bisher unsere Arbeitswelt verstanden haben, konnten wir uns im ganzen darauf verlassen, daß der Wohlfahrtsstaat finanziert werden kann aus den Arbeitseinkommen der Berufstätigen. Wenn aber die Zahl derer, die Normarbeitsverhältnisse haben, wesentlich geringer ist, dann ist diese Verbindung von sozialer Umverteilung und Arbeitseinkommen schlicht rechnerisch nicht mehr möglich. Es gibt das Rentenproblem. Es gibt das Problem der Finanzierung der Bildung und natürlich das Problem der Finanzierung von Krankheit. In allen diesen Fällen wird es nötig sein, heikle Fragen bald und mit Entschiedenheit zu stellen, und sogar Antworten zu finden.

Wir werden eine neue Verbindung brauchen zwischen dem Grundanspruch, der nicht verschwinden sollte, wenn man auf sozialen Zusammenhalt Wert legt, und der Eigenleistung, die wesentlich anwachsen muß, vielleicht auch anwachsen kann, wenn es zu keiner allgemeinen Senkung der Realeinkommen kommt. Es wird die Notwendigkeit geben, in neuer Weise über die Mitnahme von Anrechten nachzudenken, wenn die Menschen häufiger ihre Beschäftigung wechseln. Wie kann man für einen andersartigen Arbeitsmarkt die Verbindung herstellen zwischen der Leistung, die aus Arbeit entspringt, den Ansprüchen, die aus Arbeit entspringen, und der Arbeitstätigkeit selber? Und es wird entscheidend sein, daß bei alledem bestimmte Elemente des Wohlfahrtsstaates, die ja eine besondere Bedeutung haben für den sozialen Zusammenhalt, nicht angetastet werden.

Nach meiner Auffassung ist eines der großen Probleme der meisten kontinentalen Länder, daß in ihnen der Generationenvertrag als Prinzip ein Grundelement des sozialen Zusammenhalts ist. Wenn man das Prinzip aufgäbe, würde man damit viel mehr zerstören, als sich ablesen läßt am Schicksal von Individuen. In Großbritannien ist der Teil des Wohlfahrtsstaates, der am wenigsten eingeschränkt werden darf, ohne die Zerstörung des sozialen Zusammenhalts zu riskieren, der nationale Gesundheitsdienst, also der Vertrag zwischen den Kranken und den Gesunden. Er ist nur fünfzig Jahre alt, aber er ist in der Gesellschaft tief verwurzelt. Ob und wie man Rentenansprüche weitgehend privatisiert – eine solche Diskussion kann in Großbritannien offen geführt werden, und kann sogar von einer Labour Party geführt werden. Dagegen ist jeder Versuch, den Gesundheitsdienst – der übrigens über eine Steuer finanziert wird – einzuschränken als ein Anrecht, das alle haben, der Anfang vom Ende einer politischen Partei. Hier gibt es eine wirkliche Grundströmung. Sozialer Zusammenhalt kann nicht leicht erhalten werden, wenn man gleichzeitig Reformen in die Richtung stärkerer Eigenleistung und Transportierbarkeit von Anrechten vornimmt.

Der andere schwierige Punkt: Arbeit verliert in der heutigen Welt ihre sozial verbindende Kraft, sie schafft sogar neue Probleme, vorrangig das des Ausschlusses. Ausschluß ist das neue Problem der Gerechtigkeit. Während in der Zeit nach den beiden Kriegen, insbesondere nach dem Zweiten Weltkrieg, in der der Wohlfahrtsstaat entscheidende Anstöße bekommen hat, die Umverteilung das Kernelement der Gerechtigkeit war, ist es heute der Ausschluß von Gruppen von der Teilnahme am Arbeitsmarkt, vom politischen und sozialen Geschehen. Und der Ausschluß geht weit, er betrifft nicht nur die Langzeitarbeitslosen, sondern er betrifft die neue Armut, die in einigen Ländern sehr verbreitet ist, in manchen sehr viel stärker als in Deutschland. Er betrifft die inneren Städte, er betrifft die ganze moralisch unerträgliche Situation, daß Gesellschaften glauben, es sich leisten zu können, fünf, acht, zehn Prozent ihrer Bevölkerung nicht teilnehmen zu lassen an dem Geschehen, an der Wirklichkeit ihrer Wirtschaftswelt, ihrer politischen und ihrer gesellschaftlichen Welt.

In Deutschland ist das Ausmaß der Illegalität auffällig, in dem Menschen mit dieser neuen Situation und der Inflexibilität der allgemeinen Regeln fertigzuwerden versuchen, indem sie Dinge tun, die jenseits von Recht und Gesetz liegen. Die Steuerhinterziehung ist jetzt nachgerade notorisch. Die Schwarzarbeit hat ein erstaunliches Ausmaß angenommen, und zwar nicht nur im Baugewerbe. Und dann gibt es massenhaften Betrug im Hinblick auf

Anrechte aus staatlichen Kassen, wobei man sagen muß, daß es ansonsten vielleicht eine unerträglich verarmte Unterklasse in Deutschland gäbe, daß also erst diese illegalen Akte es vielen ermöglichen, einen halbwegs anständigen Lebensstandard zu halten. Aber hier genau liegt das Problem, Ausschluß und Illegalität haben eines gemeinsam: Sie untergraben das moralische Gefüge der Gesellschaft. Es gibt einen engen, aber indirekten Zusammenhang zwischen diesen Tatsachen und der anderen Tatsache, daß Recht und Ordnung eine immer größere Bedeutung für viele Menschen bekommen, wenn sie an die Aufgaben öffentlicher Institutionen denken. Je stärker der Verfall der sozialen Werte in der Realität, um so stärker wird auch der Wunsch, der Staat möge für Ordnung sorgen. Eine Gesellschaft, die es toleriert, daß viele entweder gar nicht mit von der Partie sind oder aber sich privat und gegen Recht und Gesetz bereichern, hat wenig Gründe, den Menschen zu predigen, sie sollten Recht und Ordnung befolgen. Eine solche Gesellschaft hat in gewisser Weise ihre moralische Kohäsion wenn nicht aufgegeben, dann zumindest eingeschränkt. Es gibt ein Ausmaß an Erosion der Werte, das dazu führen muß, daß manche es für gerechtfertigt halten, ihre persönliche Bereicherung mit der Bedrohung anderer zu verbinden.

Was wären die richtigen Schritte in eine bessere Zukunft? Mit dem Versuch, Keynes wiederzuerwecken, wird man nicht sehr weit kommen. Und es kann auch nicht schlicht einen Pakt geben zwischen Unternehmern, Gewerkschaften und Regierenden, der auf einmal zu Hunderttausenden von Arbeitsplätzen führt. Wenn man Wettbewerbsfähigkeit mit sozialem Zusammenhalt verbinden will, dann ist darauf zu achten, daß Ausbildung die Voraussetzung einer lebenslangen Beweglichkeit ist, und gerade darum darf die Ausbildung nicht zu spezifisch sein, gerade darum ist es richtig, daß Menschen mit einer guten allgemeinen Ausbildung eher in der Lage sind, sich durchzuschlagen in dieser neuen und komplizierten Welt. Eine zweite Erwägung hat mit Deutschland und der britischen Erfahrung zu tun. Wenn es soviel Illegalität gibt im Umgang mit den Erfordernissen einer veränderten Arbeitswelt, kann man sie tolerieren: Dann zahlt man einen moralischen Preis für die ganze Gesellschaft. Oder man kann versuchen, die Regeln, nach denen Menschen arbeiten, so zu verändern, daß es eben nicht mehr illegal ist, was viele wie selbstverständlich tun. Und das bedeutet unweigerlich ein Maß nicht nur an Deregulierung, sondern auch an Verringerung von Lohnnebenkosten und damit eine größere Ermutigung für Beschäftigungsmöglichkeiten, die nicht im klassischen Sinn Normarbeitsverhältnisse zur Folge haben. Flexibilität wird von vielen als bedrohlich empfunden und ist vielleicht auch für viele zunächst bedrohlich, aber ohne solche Flexibilität wird die Illegalität die Regel bleiben.

Eine dritte Erwägung: Unser Steuer- und Abgabensystem müssen wir alle in der entwickelten Welt ganz gewiß von Grund auf neu ordnen. Denn das Paradox ist ja *jobless growth*. Es ist nicht so, daß wir kein Wirtschaftswachstum hätten. Wir haben ein enormes Wirtschaftswachstum in vielen Ländern, es erreicht nur nicht die vielen: Wir haben gleichzeitig Makroerfolge und Mikroelend. Und dieser Widerspruch zwischen Makroerfolgen und Mikroelend wird von unserem gegenwärtigen Steuersystem schlicht nicht aufgefangen. Daher ist in der Tat radikales Nachdenken darüber nötig, wie man jenseits der Einkommenssteuer zu der Möglichkeit kommt, notwendige öffentliche Aufgaben sinnvoll wahrzunehmen.

Eine vierte Erwägung bezieht sich auf die enorm wichtige Rolle des sogenannten freiwilligen oder dritten Sektors. Jeremy Rifkin sieht in seinem Buch *Das Ende der Arbeit und ihre Zukunft* in diesem dritten Sektor geradezu die Lösung für viele der angedeuteten Fragen. Das ist nicht meine Ansicht, aber ich weiß, daß in Großbritannien im freiwilligen Sektor Millionen Menschen tätig sind, die in der einen oder anderen Form in Organisationen und Vereinen, in aller Regel ohne Bezahlung, wichtige Tätigkeiten wahrnehmen. Hier liegt ganz zweifellos eine Entwicklungslinie, die noch wesentlich fortgeschrieben werden kann.

Und dann, hinter alledem, sind Einstellungsänderungen bei den Menschen unausweichlich. Statt *eines* Berufes wird es in Zukunft eine Mehrzahl von Tätigkeiten geben, die nacheinander oder auch gleichzeitig ausgeübt werden, von denen manche bezahlt und manche nicht bezahlt sind; eine Mehrzahl von Tätigkeiten, die unser Leben erfüllen können und vielfach auch erfüllen, und die uns gleichzeitig in die Lage versetzen, einen Beitrag für die Gesamtwirtschaft und das Gemeinwesen zu leisten. Solche Portefeuilles von Tätigkeiten sind zwar für viele Frauen eine vertraute Erfahrung, aber es scheint vielen Männern nach wie vor eine Bedrohung. In Großbritannien kann man das in extremer Form daran ablesen, daß es bei einer prinzipiell sehr hohen Beschäftigungsquote von Frauen praktisch keine jungen Frauen gibt, die arbeitslos sind, aber einen sehr hohen Prozentsatz von jungen Männern. Denn die jungen Frauen nehmen Stellen an, bei denen sie zunächst einmal sechs Monate beschäftigt sind oder teilzeitbeschäftigt, und die jungen Männer warten nach wie vor auf den Beruf auf Lebenszeit, und was sie tatsächlich dafür bekommen, ist die Arbeitslosigkeit in ihren besten Jahren. Eine grundlegende Veränderung der Einstellungen ist vielleicht die wichtigste Voraussetzung für den Erfolg von neuen Versuchen, den Wohlfahrtsstaat und den sozialen Zusammenhalt zu erhalten.

Wettbewerbsfähigkeit und soziale Solidarität sind schwer genug zu erreichen. Es gibt daher die große Versuchung des Autoritarismus, für mein Gefühl die schlimmste Versuchung in den freien Ländern der Welt, ja in allen Ländern der Welt. Autoritarismus ist nicht Totalitarismus. Autoritarismus ist ein politisches System, in dem Menschen, solange sie stillhalten, nicht besonders gefährdet sind; wie die späte DDR, wie überhaupt die späten sozialistischen Länder, die ja nicht totalitär waren. Die Versuchung des Autoritarismus ist groß, denn die Anpassung an den Weltmarkt verlangt bittere Medizin, bei der man von den Menschen kaum verlangen kann, daß sie auch noch dafür stimmen und die Parteien wählen, die diese Medizin verordnen wollen. Die Situation auf dem Arbeitsmarkt führt zu der großen Versuchung, Menschen zur Arbeit zu zwingen und damit Formen der Zwangsarbeit einzuführen – eine Versuchung, der auch Großbritannien und die Vereinigten Staaten erliegen könnten mit ihren Programmen der Verbindung von Anrechten auf

Wohlfahrtsleistungen und Arbeit. Die Problematik von *law and order* führt zweifellos überall zu dem Ruf nach der stärkeren Verfolgung von Verbrechen. Einer der Gründe, warum Labour so gut abgeschnitten hat, war Tony Blairs Parole »Hart durchgreifen gegenüber dem Verbrechen, hart durchgreifen gegenüber den Ursachen des Verbrechens«. Und da gibt es das Singapur-Syndrom, den Traum von einer solchen Gesellschaft. Bedeutende Europäer und Nordamerikaner empfehlen Singapur als Modell und sagen damit, daß sie die Freiheiten, die uns lieb und teuer sind, für nicht so wichtig erachten.

Gibt es Beispiele für relativ erfolgreiche Länder? Italien hat es in einer bemerkenswerten Weise geschafft, auf der Grundlage seiner Familienunternehmen, mittlere, große und kleine, sich einem herben Weltmarkt anzupassen, ohne damit viele Elemente des sozialen Zusammenhalts aufzugeben und ohne damit politische Freiheit zu opfern. In mancher Hinsicht ist Italien weiter als Deutschland oder Frankreich und eine Reihe von anderen europäischen Ländern. Und in Großbritannien erscheint es möglich, den Nutzen der Erhöhung der Wettbewerbsfähigkeit in den letzten Jahren zu behalten, aber wesentliche Schritte zu tun im Hinblick auf größeren sozialen Zusammenhalt. Nach meiner Meinung könnte Deutschland ein anderes, ein andersartiges Modell sein. Es gibt nicht nur einen Kapitalismus und schon gar nicht nur eine Art und Weise, Wettbewerbsfähigkeit, sozialen Zusammenhalt und politische Freiheit zu verbinden. Es könnte eine deutsche Weise geben, und ich glaube, viele Menschen in Deutschland sind bereit, sich auf einen solchen Weg zu begeben, wenn er ihnen halbwegs plausibel beschrieben wird.

Franz Josef Radermacher

Zukunft der Arbeit

I. Ein weltweit bewundertes Modell gerät unter Druck

Die Frage nach der Zukunft der Arbeit ist die zur Zeit wohl wichtigste in Europa. In Deutschland diskutieren wir dieses Thema vor dem Hintergrund eines voll ausgebauten, international beachteten Sozialsystems, das (fast) allen Menschen erlaubt, in Würde zu leben, das die Menschenrechte verwirklicht und soziale Sicherheit herstellt. Dieses Modell, im Kern die soziale Marktwirtschaft, ist eines, das sowohl sozial als auch ökologisch ausgerichtet ist und um das man uns weltweit beneidet, auch wenn es für bestimmte Leistungsspitzen, wie man sie etwa in den USA findet, kein so günstiges Klima schafft; letzteres gilt auch für neue Ideen und deren Umsetzung. Dieses Modell besitzt dennoch gerade auch in Abgrenzung zu den USA, die zum Beispiel Slums in vielen Großstädten nicht haben vermeiden können, eine große Ausstrahlungskraft. Wir stehen im Moment allerdings vor der Schwierigkeit, daß wir im Rahmen eines ökonomischen Globalisierungsprozesses wahrscheinlich nicht darum herumkommen werden, Teile dieser Errungenschaften aufzugeben, obwohl wir sie nach wie vor als besonders wünschens- und lebenswert empfinden. Dies hängt unter anderem damit zusammen, daß derjenige Teil der Welt, dem es bisher deutlich schlechter als uns geht, aufgrund der technischen Entwicklung und der damit einhergehenden Verbreitung von Wissen und Kapital und der Aufhebung von Distanzen und kulturellen Barrieren immer besser dazu in der Lage ist, seinen Anteil an der internationalen Wertschöpfung zu vergrößern, teils auch zu unseren Lasten.

Dies widerspricht übrigens in keiner Weise der Tatsache, daß der deutsche Export erfolgreich ist und viele Arbeitsplätze sichert. Der aktuelle Stand der Globalisierung und der konkreten Spielregeln des Welthandelssystems (GATT/WTO) sind der Grund, daß wir uns trotz der großen Erfolge im Export schwertun, Arbeit im bisherigen Umfang auf dem bisherigen Niveau zu entlohnen und die sozialen Errungenschaften zu erhalten. Hinzu kommt, daß wir auch immer mehr Schwierigkeiten haben, Firmen zu Investitionen in Deutschland zu motivieren, Kapital langfristig an den Standort zu binden und hohe Einkommen, Gewinne und Vermögen adäquat zu besteuern. Dies sind zweifellos unangenehme Entwicklungen, denen man jedoch nicht dadurch entkommt, daß man Sündenböcke sucht und Anpassungsnotwendigkeiten auf andere zu verschieben versucht, weil das lediglich zu internen Verteilungskämpfen in Form eines »jeder gegen jeden« mit letztlich gravierenden Nachteilen für uns alle führt.

Die aktuellen Entwicklungen sind zu sehen vor dem Hintergrund der weltweiten Veränderungen in den globalen Randbedingungen des Wirtschaftens: Es gelingt den hoch entwickelten Industrieländern immer weniger, im internationalen Wettbewerb ihren bisherigen großen Vorsprung vor den übrigen Teilen der Welt zu halten. Die weitgehend standardisierte Form und Qualität vieler technischer Prozesse, Funktionen und Produkte, die Globalisierung und auch Dematerialisierung bestimmter Funktionen und Güter, aber auch die zunehmende Digitalisierung der Informationsverarbeitung hat es immer mehr dynamischen Schwellenländern ermöglicht, ihre eigenen Wettbewerbsvorteile besser ins Spiel zu bringen. Hierzu gehören geringere Löhne, flexiblere Arbeitszeiten, niedrigere Steuern, schnellere Genehmigungsverfahren, weniger hohe Umweltstandards, weniger ausgeprägte Sozialstandards usw. Die Folgen dieser Veränderungen – insbesondere die internationale Arbeitsteilung, aber auch die zunehmenden Probleme hinsichtlich der Durchsetzbarkeit einer adäquaten Besteuerung von hohen Einkommen, Gewinnen und Vermögen – erzeugen erhebliche Probleme für die Arbeitsmärkte und Sozialsysteme der entwickelten Industriestaaten. Der Übergang in die Informationsgesellschaft und der Ausbau der weltweiten Datennetze wird die genannten Schwierigkeiten weiter verschärfen.

Ein konkretes Beispiel: Große Anbieter von Telekommunikationsleistungen haben ihre Kundenbetreuung nach Mittelamerika verlagert, und einige große deutsche Firmen lassen ihre Reisekostenabrechnung bereits in Indien machen. Indien ist heute ein Staat, der mehr englischsprachige Universitätsabgänger ausbildet als die USA; das Land besitzt 140 Universitäten. Die Kosten für qualifiziertes Personal betragen in Indien etwa ein Zehntel der Kosten in Deutschland. Indien spielt in der Softwareentwicklung mittlerweile eine wichtige Rolle mit über 220 000 qualifizierten Mitarbeitern und über 60 000 indischen Beschäftigten in dieser Branche in Kalifornien. Basis hierfür ist der hohe Ausbildungsstand, das leistungsfähige Netzwerk von Fachleuten, aber auch die schon lange bestehende Kompetenz indischer Fachleute im Bereich der Mathematik und Statistik. Der indische Softwareexport liegt 1996 bereits bei über einer Milliarde DM, und das Land ist über die reine Softwareerstellung hinaus auch im telematikbasierten Dienstleistungssektor stark. Viele international tätige Firmen haben konsequenterweise bereits Tochterunternehmen vor Ort etabliert, so daß dort heute ein breit gefächerter Cluster von Kompetenz in unterschiedlichen softwaretechnischen Systembereichen verfügbar ist.

Viele Wertschöpfungsprozesse, zum Beispiel in der Konstruktion, werden heute weltweit organisiert. So sind die großen Automobilkonzerne bereits soweit, unter Nutzung der Informations- und Kommunikationstechnologie 24 Stunden am Tag an ihren Konstruktionen zu arbeiten und so das Entwicklungstempo deutlich zu erhöhen: Die Arbeit wandert dabei kontinuierlich um den Globus und auf Dauer zu den jeweils leistungsfähigsten Partnern. Konsequenterweise muß heute jede nationale Steuergesetzgebung und Sozialordnung die fast beliebige Verschiebbarkeit von Arbeitspotentialen in andere Staaten in Rechnung stellen. Eine adäquate Besteuerung von Gewinnen, Vermögen und hohen Einkommen ist deshalb heute ebenfalls nicht mehr möglich. Der Nationalstaat, ja selbst die Europäische Gemeinschaft erweist sich als für die kleinen Probleme zu groß und für die großen Probleme zu klein.

Die Globalisierung hat weitere Effekte zur Folge, die für uns unangenehm werden können, auch wenn wir nach wie vor viele positive Standortfaktoren – leistungsfähige regionale Kooperationsstrukturen, ein hoher Ausbildungsstand, sozialer Frieden, intakte Institutionen – vorweisen können. Wir nähern uns aber einer Situation, in der man an vielen Stellen dieser Erde, teilweise völlig abseits jeder klassischen Infrastruktur, einen intelligenten, gut ausgebildeten jungen Menschen für maximal 30 000 DM Investitionskosten pro Jahr voll in den Weltmarkt einklinken kann. Alles, was man hierzu für viele Berufsfelder auf der Infrastrukturseite noch braucht, ist eine Multimedia-Workstation mit einer Solarenergiequelle und einer Verbindung zu einem (tieffliegenden) Satelliten zum Zwecke des Datenaustauschs. Dies verschärft die Gefahr der Verlagerung von Arbeit. Tatsächlich sind gemäß einer Studie des MIT bis zum Jahr 2010 etwa 80 Prozent aller Arbeitsplätze in den führenden Industriestaaten (G-7-Staaten) potentiell auslagerungsfähig.

Man kann sich fragen, wieso wir uns unsere bisherigen komfortablen Zustände überhaupt jemals haben ökonomisch erlauben können. Für das Verständnis hilfreich ist das Konzept der sogenannten Füllhörner, nämlich der Besitz geeigneter, im internationalen Wettbewerb besonders attraktiver Produkte, in unserem Fall bestimmte Medikamente, Maschinen und Fahrzeuge, insbesondere auch Spitzenfahrzeuge. Diese kann man bei uns für viel Geld kaufen, aber sie sind im Grunde ein Vielfaches ihres Geldwertes wert, wenn man überlegt, was es ohne diese Autos, Flugzeuge, Computer kosten würde, entsprechende »Arbeitsleistungen« durch Einsatz von Menschen zu substituieren. Es gab (und gibt) genügend Personen und Institutionen rund um den Globus, die diese exklusiven Produkte besitzen wollten und in der Lage waren, die entsprechenden Preise zu zahlen, übrigens auch in ärmeren Ländern, was wiederum mit den ungerechten Gesellschaftsordnungen in anderen Ländern zu tun hat.

Wir haben also viel Geld mit Produkten verdient, die man nur in hochentwickelten Industrienationen kaufen konnte. Und das heißt dann, daß man an einem Standort wie dem unseren bestimmte Arbeiten um das Zehn- oder Hundertfache besser bezahlen konnte, als dies in anderen Ländern der Fall ist. Man denke hier als Beispiel an einen Busfahrer. Er verdient bei uns (real) vielleicht hundertmal soviel wie ein Busfahrer in Uganda, obwohl beide im Prinzip dieselbe Arbeit leisten. Aber wenn ein Gesellschaftssystem etwas ganz besonders Exklusives herstellen oder sehr teuer verkaufen kann, kann man aus der Fülle der dem Land so zufließenden Ressourcen auch einen Busfahrer entsprechend besser bezahlen – und muß dies auch tun, denn nur so läßt sich die soziale Stabilität eines Standorts sichern. Und in einem solchen Umfeld kann man auch die Betreuung von Kindern, die natürlich in Nairobi genauso stattfindet wie bei uns, zu einem vollen Beruf ausbauen und ebenfalls mit einem Faktor 100 höher bezahlen als in Nairobi, solange die verschiedenen Füllhörner munter sprudeln.

Damit ist übrigens in keiner Weise gesagt, daß High-Tech-Arbeitsplätze oder Arbeitsplätze im Automobilbau oder in der Computerbranche wichtiger wären als Arbeitsplätze im öffentlichen Nahverkehr oder im Gesundheitswesen. Alle Funktionen werden gebraucht, und alle müssen vergleichbar honoriert werden, um die Homogenität der Gesellschaft zu erhalten, aber auch, um eine Übernachfrage und gnadenlose Konkurrenz um bestimmte technische Schlüsselarbeitsplätze zu verhindern. Hier geht es nur um die Erkenntnis, daß die Höhe des Lebensstandards tendenziell weniger durch die Arbeitsleistung des Busfahrers oder durch diejenige der Krankenschwester bestimmt wird als von den innovativen, international ausgerichteten »sprudelnden Quellen« im High-Tech-Bereich und im Bereich der weltweit konkurrenzfähigen Produktion. Defizite in den letztgenannten Bereichen kann man daher nicht durch die Einstellung von mehr Busfahrern oder Krankenschwestern ausgleichen.

Füllhörner sind insofern ein entscheidendes Element zur Sicherung eines hohen Lebensstandards. Aber über Füllhörner verfügt man nur so lange, wie man bestimmte Produkte nur als Ganzes an einem Standort fertigen kann. Überspitzt gesagt heißt das, daß jeder, der ein solches Spitzenprodukt kaufen will, gezwungen wird, (indirekt) den deutschen Busfahrer und die deutsche Krankenschwester auf einem im internationalen Vergleich sehr hohen Kostenniveau mitzubezahlen. Und wer dazu nicht bereit ist, der kann dieses Produkt eben nicht haben. Solange man auf dem Weltmarkt in einer derart privilegierten Situation ist, kann man hohe Preise durchsetzen, verfügt damit über sprudelnde Finanzierungsquellen und kann damit vielfältige Aufgabenbereiche finanzieren, so wie wir das in großem Stil getan haben, zum Beispiel im gesamten öffentlichen Bereich.

Die Frage ist natürlich, woran es liegt, daß man ein Produkt in einem Land nur als Ganzes kaufen kann. Das hängt zum Beispiel mit nationalen Eigenheiten zusammen, wie sie vor zehn Jahren noch üblich waren. Im UN-Jargon spricht man von nichttarifären Handelsschranken. Von denen gab es eine Menge, aber es werden weniger. Die Grenze zu Osteuropa war für uns in dem Sinne von Vorteil, als sich eine ganze Kategorie gut ausgebildeter und preiswerter Konkurrenten auf unseren Märkten nicht betätigen konnte. Teilweise hat uns auch die Distanz zu konkurrierenden Anbietern geschützt. Es gab ja schon immer gut ausgebildete Fachleute in Indien. Aber wenn große Massen Material erst nach Indien und dann wieder zurück bewegt werden müssen, dann ist dies nicht in konkurrenzfähiger Weise finanzierbar, selbst wenn die Arbeitnehmer in Indien sehr viel preiswerter arbeiten als bei uns. Distanz verursachte noch vor zehn, zwanzig Jahren so hohe Zusatzkosten, daß wir unser hohes Kostenniveau halten konnten trotz eines vergleichsweise preiswerteren Arbeitskräfteangebots anderswo. Allerdings sind wir technisch und gesellschaftlich mit großem Aufwand damit beschäftigt, Distanzen zu verkürzen. Wir bauen immer bessere, leistungsfähigere und (relativ gesehen) preiswertere Verkehrssysteme. Wir verkleinern auch ständig viele wesentliche Wertschöpfungskomponenten. Das eindrucksvollste Beispiel für diese Entwicklung stellen Rechnerchips dar. Der wichtigste Leistungsbeitrag ist dabei heute oftmals auf einer kleinen Fläche, groß wie ein Daumennagel, konzentriert. Dieser Chip ist per Flugzeug ähnlich preiswert und schnell von Singapur nach Frankfurt wie mit dem Auto von München nach

Frankfurt zu befördern. Das heißt, daß wir als Folge des technischen Fortschritts Distanzen in einem erheblichen Umfang aufgelöst haben.

Genauso wichtig ist aber der folgende Punkt. Sieht man Unternehmen und Produktionsstätten als komplexe Systeme (»Körper«), dann ist eine wichtige Frage die nach dem Zusammenwirken der Teilkomponenten zu einem Ganzen. Das Wissen über derartige Zusammenhänge lag noch vor zehn Jahren hauptsächlich in gewachsenen menschlichen Erfahrungen, in organisatorischen Abläufen und eingespielten Formen der Bearbeitung vor - nicht in mathematischen oder datenbankartig repräsentierten Strukturen. Das Funktionieren einer Firma war oft das Zusammenspiel eines Firmen-Organismus, in dem hundert Jahre Tradition der Wechselwirkung von Abteilungen, Meistern, Vorarbeitern, Zulieferern usw. steckten, wobei keiner hätte sagen können, wie das genau funktioniert, aber es funktionierte.

Heute wird international in immer mehr Unternehmen daran gearbeitet, Wissen, Strukturen, Abläufe, Prozesse in elektronischer Datenverarbeitung zu repräsentieren. Einheitliche Basis-Softwaresysteme sind weit verbreitet, so etwa im Bereich der wirtschaftlichen Standardsoftware das deutsche System SAP R/3. Die Buchführung erfolgt immer häufiger gleich in Englisch. Wichtiger werden auch Standards im elektronischen Datenaustausch. Mit dem Fortschreiten dieser Entwicklung ergibt sich auf dem Weltmarkt immer besser die Möglichkeit, Produkte sehr viel preiswerter bei gleicher Qualität herzustellen. Diese Möglichkeiten sind eine Folge der technischen Entwicklung, insbesondere der Revolution im Bereich der Informations- und Kommunikationstechnologie, und sie werden in ihrer Wirkungskraft noch zunehmen.

II. Wohin geht es international?

Die Welt steht vor großen Herausforderungen. Die zentrale Frage beim Übergang in ein neues Jahrtausend heißt dabei die Sicherstellung einer *nachhaltigen* Entwicklung. Die Erde ist heute bedroht durch eine immer rascher wachsende Weltbevölkerung, den ungebremsten Verbrauch von Ressourcen und die zunehmende Erzeugung von Umweltbelastungen und schließlich die Beschleunigung von Innovationsprozessen, teilweise verbunden mit sozialen Abwärtsspiralen in den reichen Industriestaaten, die letztlich zu einer Unregierbarkeit unserer Gesellschaften führen können. Eine wesentliche Hoffnung besteht darin, daß der technische Fortschritt, zum Beispiel in Form von Dematerialisierung, helfen wird, die Probleme zu lösen. Dematerialisierung bezeichnet das Phänomen, daß dank des technischen Fortschritts Produkte, Güter, Services usw. mit immer geringerem spezifischem Ressourcen- und Energieeinsatz und auch sehr viel weniger Umweltbelastungen erzeugt werden können. Allerdings haben derartige Effizienzsteigerungen bei allen Einsparungen pro Leistungseinheit nie zu gesamtgesellschaftlichen Entlastungen geführt, im Gegenteil: Einsparungen, die aus technischen Fortschritten resultieren könnten, werden in der Regel sofort in vermehrte menschliche Aktivitäten umgesetzt (Rebound-Effekt).

Solche vermehrten Aktivitäten führen zu einer wachsenden Bevölkerung, mehr Konsum, mehr Mobilität und einer ständig höheren Umweltbelastung. Als Folge der Globalisierung stehen dabei kurzfristig gewaltige zusätzliche Umweltbelastungen durch das hohe wirtschaftliche Wachstum in den Schwellenländern an und ein rasanter Abfluß von Arbeit aus den reichen Industrieländern mit wachsender Arbeitslosigkeit und Bedrohung unserer Sozialsysteme. Bei Fortsetzung der bisherigen Trends drohen insofern einerseits erhebliche soziale Konflikte, andererseits ein Klimakollaps, und es ist absolut unklar, wie diese Situation bewältigt werden soll.

Offensichtlich ist, daß eine friedliche Bewältigung dieser Herausforderungen nur im Rahmen weltweiter Lösungen erfolgen kann, also im Rahmen von Vereinbarungen zwischen Nord und Süd, Ost und West, die allen Menschen auf diesem Globus eine positive Perspektive für die Zukunft versprechen. Dies erfordert das graduelle Schließen der heute unerträglich großen Differenz zwischen Reich und Arm und die weltweite Durchsetzung – und Mitfinanzierung – von Umwelt- und Sozialstandards, was gemeinsame Vereinbarungen zur Sicherstellung einer adäquaten Besteuerung großer Gewinne und Vermögen beinhalten muß. Entsprechende Mechanismen der Zusammenarbeit (Umweltzertifikate, weltweite Sozialsysteme) würden den Aufbau von globalen Infrastrukturen ermöglichen und den Weg in eine nachhaltige Entwicklung marktwirtschaftlich absichern. Zugleich würden sie zu wirklich zukunftssicheren Arbeitsplätzen führen, bestimmte »Dumping-Mechanismen« in ihrem Umfang limitieren und damit auch unsere Sozialsysteme zu stabilisieren erlauben. Geeignete globale Rahmenbedingungen sind dann auch die Voraussetzung dafür, daß regionale Initiativen in zielführender Weise möglich werden, gemäß der Leitidee »Think globally, act locally«.

Bei diesen Prozessen der Globalisierung spielt die Informations- und Kommunikationstechnologie eine ganz wesentliche Rolle. Zum einen erlaubt sie es weltweit den Menschen, sich effizient in den Wirtschaftsprozeß einzubringen, sie ist wesentlich für eine preiswerte weltweite Organisation von Wertschöpfungsketten und damit indirekt eine wichtige Ursache für den Abfluß von Arbeit aus den Industriestaaten. Dieser Prozeß wirkt mehrfach in Richtung auf globale Vereinbarungen: Die Schwellenländer werden ökonomisch stärker, sind damit ernstzunehmende Verhandlungspartner, und sie erzeugen ähnliche Umweltbelastungen wie wir, erzwingen damit Verhandlungen, wenn katastrophale Verhältnisse vermieden werden sollen. Ferner kann nur in Zusammenarbeit mit ihnen eine adäquate Besteuerung hoher Einkommen und Vermögen sichergestellt werden.

Zum anderen sind Informations- und Kommunikationstechnologien Teil der Lösung, denn sie ermöglichen besonders weitgehende Effekte der Dematerialisierung durch Technik; zu denken ist hier an Telearbeit, -shopping, -kooperation, -medizin und nationale und internationale Teleausbildung, aber ebenso die Optimierung von Verkehr durch Telematik. Bei Vermeidung von Rebound-Effekten durch geeignete gesellschaftliche Randbedingungen eröffnet Informations- und Kommunikationstechnik daher gute Chancen für langfristig tragfähige Lösungen. Noch nie war es so preiswert und umweltverträglich möglich, Menschen überall auf der Welt in gleichberechtigter Weise in die weitere Entwicklung einzubeziehen. Internationale Teleausbildung ist ein vielversprechender Ansatz, auch wenn letztlich der Abfluß von Arbeit aus den reichen Industrieländern durch diese Entwicklung noch weiter forciert werden könnte.

Die Falle, in die wir im Rahmen des technischen Fortschritts bisher immer wieder gelaufen sind, besteht darin, daß wir den Fortschritt additiv genutzt haben. Um dies an einem besonders eindrucksvollen Beispiel zu zeigen: Die Dematerialisierung bei Rechnern hat über die letzten dreißig Jahre sicher einen Faktor von tausend und mehr beinhaltet. Die Entwicklung von einem Großrechner klassischer Art vor zwanzig, dreißig Jahren zu einem heutigen PC bedeutet eine unglaubliche Senkung des pro Einheit benötigten Ressourcenumfangs, obwohl der PC heute sogar mehr leistet als ein früherer Großrechner. Er braucht zudem viel weniger Energie, er muß nicht aufwendig gekühlt werden, er braucht zu seinem Betrieb viel weniger Personal – welch ein Fortschritt. Wenn man dann allerdings überlegt, wie viele PCs es mittlerweile gibt, dann stellt man fest, daß wir alles, was wir über Dematerialisierung eingespart haben, mit einem Faktor von vielleicht zehn oder mehr über eine Vervielfachung der Nutzung überkompensiert haben. Wenn man dann noch den kumulativen Energieverbrauch all dieser PCs über die ganze Erde errechnet und das, was dort an Papier verbraucht wird, mit den Zeiten vergleicht, als maximal zehntausend Großrechner im Einsatz waren, dann sieht man, was passiert, wenn man den technischen Fortschritt »on top« nutzt. Derselbe Effekt tritt ein, wenn wir anfangen, E-Mail, Videokonferenz, Bildtelefon usw. additiv zu nutzen und diese Hilfsmittel letztlich dann auch dafür eingesetzt werden, noch mehr Menschen noch öfter zu treffen. Hinzu kommt die heute schon fast als selbstverständlich vorausgesetzte höhere Qualität unterschiedlichster Unterlagen wie Texte, Folien usw. mit einem daraus resultierenden zusätzlichen erheblichen Materialaufwand. Wobei wir uns diesem Trend unter marktwirtschaftlichen Bedingungen übrigens auch nicht entziehen können, weil unsere Konkurrenten ebenso verfahren.

All diese Entwicklungen stehen im Kontext des Übergangs in die Informationsgesellschaft, der in vollem Gange ist. Die G-7-Nationen definieren ihre aktuellen gesellschaftlichen Veränderungsprozesse in diesem Sinne und sehen sich auf dem Weg in eine globale Informations- und Wissensgesellschaft. Auch die Europäische Kommission hat entsprechende ambitionierte Positionen für die EU formuliert. Wir beobachten in diesem Zusammenhang heute einen sich ständig verstärkenden Prozeß der Formalisierung von Wissen, Know-how und Informationsquellen und zunehmende Möglichkeiten der Nutzung dieses Wissens an jedem Ort zu jedem Zeitpunkt durch entsprechende Vernetzung mit zugehöriger technischer Ausstattung. Im informationstechnischen Bereich (Stichwort: Datenautobahn) werden heute die Voraussetzungen für den Übergang in eine globale Wissensgesellschaft geschaffen.

Dies wird vorangetrieben durch die Digitalisierung aller Informations- und Wissensquellen, die letztlich auch als Reaktion auf die beschleunigte Zunahme von Wissen (die Zeit zur Verdopplung des Wissens – zumindest im Sinne der Anzahl von Publikationen, Patenten usw. – liegt in Fächern wie Mathematik und Informatik mittlerweile deutlich unter zehn Jahren) zu verstehen ist. Die klassische Verwaltung dieser Informationen über Archivsysteme und Bibliotheken kann diesem Mengenwachstum nicht mehr gerecht werden. Die Digitalisierung aller Informationen, die nunmehr aufgrund der Multimedia-Technologie auch Bildverarbeitung, Videofilme, Radioaufnahmen umfaßt, schafft die technischen Voraussetzungen für den beschriebenen Übergang in eine Wissensgesellschaft.

Die Wissensgesellschaft bietet einen Ansatzpunkt für einen stabilen Weg in eine nachhaltig organisierte Welt, sofern eine erhebliche Dematerialisierung durch technischen Fortschritt bei gleichzeitiger Vermeidung von Rebound-Effekten gelingt. Dies gilt insbesondere auch deshalb, weil »human ressources« nach einer Studie der Weltbank weit mehr als die Hälfte des Reichtums der Nationen ausmachen. Hier sind umweltfreundlich und kostengünstig über multimedial gestützte Ausbildungssysteme große Entwicklungsfortschritte möglich – wenn es denn die geeigneten Rahmenbedingungen der Weltwirtschaft gibt. Tatsächlich sind die Rahmenbedingungen die eigentlichen »Stellschrauben« und der primäre Ort der Politik und Ethik in marktwirtschaftlich organisierten Ökonomien.

Die Bewältigung der Zukunft, und damit die Sicherung einer nachhaltigen Entwicklung, wird dabei im wesentlichen in einer geeigneten Austarierung des Spannungsverhältnisses zwischen Wirtschaft, sozialen Anforderungen und der Umwelt bestehen; dabei ist auch die Frage der Zukunft der Arbeit in einer weltweiten Perspektive tangiert. Aufgrund der Globalisierung des Wirtschaftens wird dieses Austarieren auf Dauer allerdings nicht mehr national oder regional zu bewältigen sein. Geht man von der europäischen Gesellschaftstradition aus, dann zielen die entscheidenden Fragen auf die weltweite Durchsetzung (unter Umständen entwicklungsstandabhängiger) sozialer und ökologischer Mindeststandards. Natürlich gehen solche Standards partiell zu Lasten des insgesamt erreichbaren Produktionsumfangs, verbessern dafür aber die Lebensqualität, den Grad an sozialer Gerechtigkeit, die ökologische Situation und insgesamt die Durchsetzung der Menschenrechte. Offensichtlich sind Lösungen der angedeuteten Art nur denkbar, wenn sie auch weltweit und fair finanziert werden und letztlich allen Menschen auf diesem Globus eine positive Perspektive versprechen können. Eine globale, soziale und ökologische Marktwirtschaft bietet für diese Zielsetzung einen sinnvollen Ansatzpunkt, sie würde erstmals auch wieder eine adäquate Besteuerung großer Einkommen und Vermögen erlauben, eine Zielsetzung, bei der die Schwellenländer einen wichtigen Part in entsprechenden internationalen Verhandlungen spielen können. Mit einer derartigen Verhandlungsperspektive vor Augen sollte sich Europa in enger Abstimmung mit Japan zum Vorreiter einer internationalen Zusammenarbeit neuen Typs machen und nicht kritiklos der Entwicklung in den USA folgen.

Vertieft man diese Zielsetzung, dann gewinnt im technischen Bereich der weitere Ausbau der Informations- und Kommunikationstechnologie wegen des hohen Dematerialisierungspotentials eine extreme Bedeutung. Tatsächlich bietet sie den einzigen glaubhaften Ansatzpunkt dafür, im Laufe des nächsten Jahrhunderts Milliarden weitere Menschen fair in die Industriegesellschaft zu integrieren, ohne die ökologische und die soziale Seite völlig aus dem Gleichgewicht zu bringen.

Die internationale Debatte um die Austarierung des Dreiecks von Anforderungen im wirtschaftlichen, sozialen und ökologischen Bereich hat dabei manche ideologische Schlagseite. Einige argumentieren ja aus Angst um unsere Arbeitsplätze so, daß die ärmeren Länder Soziodumping oder Ökodumping betreiben, also beispielsweise unter Preis anbieten und dies zu Lasten der Umwelt oder der sozial Schwachen. Aus der Sicht dieser wirtschaftlich schwächeren Länder, die sich in einer schwierigen Aufbauphase befinden, sieht das natürlich anders aus, denn diese Staaten sehen legitimerweise in geringeren Anforderungen ihren Wettbewerbsvorteil.

Das ist eine schwierige internationale Debatte. Wenn man diesen Konflikt auf den Punkt bringen will, dann geht es um die Frage, ob die reichen Industriestaaten bereit sind, globale soziale und ökologische Randbedingungen auf dem Weltmarkt zu wollen, zu akzeptieren, aber dann auch wesentlich mitzufinanzieren. Ohne weltweite Senkung der Geburtenraten würde dies bei uns wahrscheinlich zu einer Absenkung des Lebensstandards führen, wogegen massivster Widerstand der Bevölkerung zu erwarten ist. Dies ist natürlich auch eine Frage an die Gewerkschaften, die das Thema der Mindeststandards schon lange verfolgen und hierzu weitreichende Grundsatzpositionen entwickelt haben, die eine Mitfinanzierung akzeptieren. Jedenfalls können wir nicht erwarten, daß die Chinesen einfach unsere Standards übernehmen, denn dann würden sie sich nur selbst aus dem Markt werfen, und das können sie nicht tun angesichts der Situation, daß in diesem Staat mehr als 1,2 Milliarden Menschen unter sehr schwierigen Bedingungen ein menschenwürdiges Leben suchen.

Wie wird sich die Welt in Zukunft gesellschaftlich organisieren? Auf seiten der reichen Industrienationen ringen im Moment vor allem zwei Modelle miteinander, nämlich das der USA und das Europas. Das amerikanische Modell ist wirtschaftlich effizienter, gerade in den letzten Jahren haben die USA viel mehr neue Arbeitsplätze geschaffen als wir. Sie können dies aber insbesondere deshalb, weil ihre sozialen Mindeststandards viel niedriger liegen als unsere: Die neuen Arbeitsplätze sind mit einem Rückgang des durchschnittlichen Einkommens der arbeitenden US-Bevölkerung verbunden. Man kann diese andere Orientierung auch sehr gut daran erkennen, daß die Vereinigten Staaten der einzige hochentwickelte Staat sind, der de facto akzeptiert, daß es Slums in vielen seiner Großstädte gibt. Mittlerweile erhalten auch erhebliche Teile der amerikanischen Bevölkerung keine vernünftige Schulausbildung mehr. Aber diese sozialen Diskrepanzen werden akzeptiert und sind mit ein Grund dafür, warum das System – zumindest kurzfristig und damit am Markt – ökonomisch effizienter ist als unseres. Dieses System macht nämlich den Spannungsbogen, den der große Unterschied zwischen Reich und Arm eröffnet, produktiv. Wobei dies angesichts der amerikanischen Tradition des privaten Mäzenatentums und der »charity«, aber auch wegen der vielen Einwanderer, für die diese Situation immer noch ein Fortschritt ist, bisher ohne ein Auflehnen der Bevölkerung durchzuhalten ist.

Wenn man all diese großen Potentiale erschließen will, dann muß man stark differenzierte Gesellschaften favorisieren, wobei der Fairneß halber anzumerken ist, daß das Aufholen der Schwellenländer eine Konsequenz der heutigen, wesentlich von den USA bestimmten Weltwirtschaftsordnung ist, und daß die Europäer das Aufholen dieser Länder zu ihren Lasten sicher nicht betrieben hätten. Auch auf die wichtige und an Stärke gewinnende Reformbewegung der Kommunitarier in den USA ist an dieser Stelle zu verweisen. Bei der Frage, wie die Rahmenbedingungen der Weltwirtschaft ausgestaltet werden sollen, hat im Moment das USA-Modell die besseren Chancen auf Durchsetzung, weil die Struktur des Welthandels eher dem USA-System entspricht. Der Welthandel hat bisher nur wenige soziale und ökologische »Leitplanken«. Wenn wir dafür sorgen wollen, daß ein internationales Wirtschaftssystem eher der europäischen Tradition folgt und insofern starke soziale und ökologische Leitplanken bekommt, dann muß die Welthandelsordnung, das heißt im Kern das GATT/WTO-Regelwerk, in einem ausreichend starken Bündnis interessierter Staaten geändert werden. Spielen wir das weitere wirtschaftliche Rennen aber zu den Konditionen des heutigen Welthandelssystems, dann werden wir beim Thema Zukunft der Arbeit zwangsläufig dort landen, wo die USA heute sind, und dorthin geht die Entwicklung zur Zeit, also in Richtung auf einen weiteren Abbau sozialstaatlicher Elemente und ökologischer Anforderungen, getrieben aus der Notwendigkeit, unter den heutigen Weltmarktbedingungen international konkurrenz- und wertschöpfungsfähig zu bleiben.

III. Schmerzhafte Anpassungsnotwendigkeiten

Es ist eine Erkenntnis der wirtschaftspolitischen Analyse, daß es als Folge der ökonomischen Globalisierung keine langfristig tragfähige Möglichkeit gibt, sich dem zunehmenden Anpassungsdruck, der weltweit besteht, zu entziehen. Die Idee der »Mauerbildung« in Europa ist keine Lösung, obwohl sie in letzter Zeit in vielen Diskussionen wieder an Attraktivität zu gewinnen scheint. Selbst wenn man eine solche Mauer errichten könnte, hätten die heutigen Schwellenländer genügend Möglichkeiten – vor allem im Bereich der Ressourcenübernutzung und der Erzeugung zusätzlicher globaler Umweltprobleme –, uns soviel Schwierigkeiten zu machen, daß wir auf Dauer so oder so in Verhandlungslösungen eintreten müssen. In dieser Situation ist einzig eine Doppelstrategie aussichtsreich, die einerseits kontinuierlich darauf ausgerichtet ist, die Rahmenbedingungen der Weltwirtschaft zu verändern, die aber andererseits, solange diese Veränderung nicht erreicht ist, die Kraft benutzt, sich adäquat in den globalen Markt in seiner heutigen Form einzugliedern, selbst wenn dies schmerzt und in mancher Hinsicht zu Rückschritt und Abbau erreichter Standards führt. Das bedeutet, daß man Partner weltweit einbezieht statt sie auszuschließen, daß man sich orientiert an den Märkten, wie sie sich entwickeln, daß man im Sinne von »affordable technologies« diejenigen Lösungen produziert, die weltweit vor Ort verkaufbar sind und daß man insbesondere in Deutschland über die politischen Lager hinweg und im Konsens zwischen den Sozialpartnern gemeinsam die Zukunft angeht und nicht – wie dies im Augenblick zu beobachten ist – gegeneinander. Unser dominierendes Problem ist die Entwicklung auf dem Weltmarkt und nicht die Tatsache, daß der eine Sozialpartner sich zu Lasten des anderen verbessern möchte. Um hier Vertrauen zu schaffen, sollte umgekehrt jeder der Versuchung widerstehen, in diesem Prozeß seine relative Lage in unverhältnismäßiger Weise zu Lasten des anderen zu verbessern oder lang gehegte Vorstellungen einer anderen Gesellschaft jetzt qua Globalisierung durchsetzen zu wollen. Leider sind Tendenzen in diese Richtung mittlerweile kaum mehr zu übersehen.

Das bedeutet auch, daß wir uns nicht weiter zu Lasten der nächsten Generation und der sozialen Stabilität in Richtung auf die Zweidrittelgesellschaft bewegen sollten. Angesichts der Ausgangssituation, daß natürlich die einzelnen um ihren Status kämpfen werden, wird es hier sehr auf die gesellschaftlichen Rahmenbedingungen ankommen, wenn solche sich aufschaukelnden Verschärfungen der Situation vermieden werden sollen. So ist beispielsweise darauf zu achten, daß bei dem unvermeidbaren Umbau des Job-Systems und im Rahmen des zukünftig wohl unvermeidbaren Rückbaus vieler öffentlich finanzierter Aufgaben der Anpassungszwang nicht in unverhältnismäßiger Weise zu Lasten der berufstätigen Frauen wirksam werden wird. Das ist insgesamt ein schwieriges Aufgabenfeld, das wir klug bearbeiten müssen, wenn unser Land den Weg zu einem neuen Job-System im Konsens und ohne unnötige interne Zusatzprobleme finden soll.

Wenn man sich an der internationalen Debatte orientiert, so wird deutlich, daß sich unter dem aktuellen Druck der weltweiten Konkurrenzsituation alle Wirtschaftssysteme immer mehr in eine Richtung entwickeln: auf ein Nebeneinander zwischen einem Segment der hochkompetitiven Kernarbeit (»core jobs«) und einem sich darum gruppierenden Segment eher zuarbeitender Rand-Jobs (»fringe jobs«), die durch niedrigere Anforderungen, geringes Know-how und leichte Austauschbarkeit gekennzeichnet sein werden. Der Bereich der Kernarbeit umfaßt dabei die international wettbewerbsfähige Produktion und Neuentwicklung von Gütern, ein hocheffizientes Finanz-, Versicherungs- und Rechtssystem, hocheffiziente Elemente der öffentlichen Verwaltung und ebenso eine Wissenschaft, die an der vordersten Front der Forschung operiert. Die hier vorhandenen Arbeitsplätze müssen sich im internationalen Wettbewerb bewähren, Veränderungsprozesse bewältigen, Innovation ermöglichen. Die Arbeitsplätze dieses Typs sind unter den momentanen Bedingungen zu einem Großteil nicht teilbar, da es um die Akkumulierung von Know-how in *einem* Gehirn geht und die entsprechenden Möglichkeiten nicht durch Aufteilung von Wissen und Erfahrungsmöglichkeiten auf verschiedene Personen zu erreichen sind. Bei »core jobs« ist mit Arbeitszeiten von bis zu 60 Stunden und mehr pro Woche bei extremer Verdichtung der Arbeit zu rechnen; entsprechend werden diese Arbeitsplätze gut dotiert sein. Allerdings ist zu befürchten, daß der Weltmarkt in Deutschland selbst unter günstigen Bedingungen vielleicht nur neun oder zehn Millionen solcher Arbeitsplätze zu schaffen erlauben wird.

Die Nicht-Teilbarkeit vieler Arbeitsplätze in diesem gut dotierten, aber beschränkten Segment des Arbeitsmarktes bedeutet eine ernüchternde, teils frustrierende Situation für viele Menschen und Politiker, die andere Formen der Gesellschaft, auch andere Formen der Kooperation zwischen den Geschlechtern anstreben. Es scheint aber so zu sein, daß zumindest auf absehbare Zeit und solange der Weltmarkt wie im Moment organisiert ist, sich diese Differenzierung zwischen Kern- und Randarbeit einstellen wird. Die Situation wird unter sozialen Aspekten dann besonders diffizil werden, wenn zwei Personen, die Kernarbeitsplätze haben, eine Familie gründen. Andererseits ist aber genau an dieser Stelle auch ein Ansatzpunkt zur Organisation des Transfers von Ressourcen aus Kernarbeitsplätzen zu Randarbeitsplätzen gegeben. Dieser Transfer ist zu organisieren, wenn die Gesellschaft nicht auseinanderfallen soll. Beispielsweise können die sozialen Sicherungs- und Transfersysteme nicht mehr primär und ausschließlich auf klassischen Formen der Berufstätigkeit abgestützt werden.

Wir müssen vielmehr zu neuen Lösungen kommen, in denen insbesondere Tätigkeiten und Dienstleistungen im persönlichen Umfeld sowie Transferleistungen zwischen den Generationen und den Geschlechtern und schließlich Beiträge zur allgemeinen Wohlfahrt – in Abgrenzung zur Verfolgung privater wirtschaftlicher Zielsetzungen – anders organisiert, über die Lebenszeit geeignet verteilt, rechtlich und versicherungstechnisch abgedeckt sowie schließlich »lebenslauffähig« gemacht werden.

Ein interessantes neues Modell, das sich an Überlegungen von Frithjof Bergmann, Wirtschaftswissenschaftler an der University of Michigan, orientiert, geht von einer Grundsicherung (zum Beispiel im Sinne einer negativen Einkommenssteuer) aus, die jedem Bürger schon deshalb zugestanden werden sollte, weil er Mitglied dieser Gesellschaft ist und letztendlich an dem Kapitalstock und den natürlichen Ressourcen partizipiert, aber auch, weil nicht notwendigerweise für alle Interessenten, Qualifizierten und Leistungsbereiten Kernarbeitsplätze verfügbar sein werden. Diese Grundsicherung, zugleich auch die Basisrente, könnte entsprechend dem Konzept einer negativen Einkommenssteuer oder eines Bürgergeldes ausgestaltet werden, wie es in der öffentlichen Diskussion schon seit langem vorgeschlagen und mittlerweile von einer ganzen Reihe von Politikern verschiedener Parteien vertreten wird. Hiermit muß ein genereller, mit Augenmaß ausgestalteter Leistungsanspruch im medizinischen Bereich verbunden sein (möglichst versehen mit einer generellen Selbstbeteiligung als Anreiz zu einem sparsamen Verhalten). Diese generelle finanzielle Basis kann jeder durch wirtschaftliche Aktivitäten beziehungsweise Berufstätigkeit erweitern, wobei gemäß der Philosophie einer negativen Einkommenssteuer zunächst nur Teile der Grundversorgung verloren gehen, bis dann irgendwann Steuerzahlungen einsetzen. Es besteht ebenso die Möglichkeit, gewisse steuerfreie Zusatzeinnahmen dort zu erzielen, wo man sich in Form eigener Projekte oder durch Beteiligung an gemeinnützigen Projekten anderer (»Community-Arbeit«) an Aufgaben beteiligt, die der allgemeinen Wohlfahrt dienen. Schließlich sollte man im privaten Umfeld wieder unmittelbare Wertschöpfung für sich selber ohne irgend geartete Transaktionskosten in deutlich größerem Umfang als bisher schaffen können (»Selbst-Arbeit«). Community-Arbeit und Selbst-Arbeit eröffnen attraktive Ansatzpunkte für sinnstiftende Tätigkeiten in einem veränderten gesellschaftlichen Umfeld.

Vor dem Hintergrund des Umbaus unseres Job-Systems sind dann im einzelnen die Arten möglicher Anpassungen unseres Sozialsystems an die internationale Entwicklung zu diskutieren. Es sei festgehalten, daß wir über größere Transformationszeiträume reden, in denen man jeweils mit Augenmaß Anpassungsschritte vornehmen sollte. Dies betrifft, auch zur Erzielung von Zeitgewinnen bei der Umsetzung weiterer Anpassung, Themen wie die Höhe der Löhne, die Bedingungen der Fortbildung, Gesundheitsaufwendungen, Lohnfortzahlung, Urlaubsregelung, Mutterschaftsschutz, Kindergeld, Rentenumfang, Ausbildungshilfen, Schutz der Arbeitsplätze, Konditionen zur Einstellung von Haushalts- und Pflegekräften usw. Erwägenswert erscheint auch eine andere Finanzierung des Sozialstaates. Die Verteilungspolitik der bisherigen Art über den Lohn und die Steuergesetzgebung scheint nur noch begrenzt zu funktionieren. Zu überlegen wäre ein Ansatz, der stärker auf die Vermögenspolitik zielt, also darauf, Arbeitnehmer zu Kapitaleignern zu machen, insbesondere deshalb, weil gerade in der jetzt ablaufenden Globalisierung die Kapitalgewinne wachsen, während im Bereich der Löhne ein zunehmender Druck zu beobachten ist.

Ein zweites großes Themenfeld betrifft die Frage des Umgangs mit Innovationen. Zum Erhalt oder zumindest zur Neuschaffung von »Füllhörnern« sind Innovationen entscheidend und unverzichtbar, auch wenn ihre praktische Umsetzung oftmals schmerzt. Wir brauchen Bündnisse für Innovationen, verbunden mit einem Ausgleich zwischen Gewinnern und Verlierern (also mehr Fairneß, wodurch zugleich die Akzeptanz für Innovationen erhöht werden kann).

Ein weiterer wichtiger Punkt betrifft das Gesamtthema des »schlanken Staates«, also die Senkung der Kosten der öffentlichen Dienstleistungen, zum Teil durch bessere Effizienz, zum Teil durch Nutzung der Informations- und Kommunikationstechnik, durch andere Ausbildungsformen, aber ganz besonders durch das überfällige und unvermeidbare Zurückfahren von Aufgaben und Vorschriften und durch weitgehende Flexibilisierung. In seiner heutigen Struktur ist der öffentliche Bereich kein Ort der Schaffung oder des Erhalts von Arbeitsplätzen, sondern indirekt ein großer Jobkiller durch asymmetrisch hohen, teils nicht ausreichend produktiven Verbrauch von Ressourcen. Nötig ist statt dessen eine symmetrische Anpassung aller Segmente der Gesellschaft an den internationalen Druck.

Schließlich wird es entscheidend sein, in unserer Gesellschaft die Bereitschaft zur Risikoübernahme wieder stärker zu fördern. Es geht um bessere und schnellere Abschreibungen im Bereich der Finanzierung von Innovationen, es geht aber auch um die Chance der Erzielung höherer Gewinne aus solchen riskanten Engagements. Für unsere Gesellschaft wird es deshalb erforderlich sein, die steuerlichen Förderungen umzulenken hin zu Innovationen (und damit auf zukünftig wertschöpfende Aktivitäten) und weg von Immobilien, Anlagen im Schiffbau usw., wie das bisher meist der Fall ist.

Alle diese Überlegungen sind in den Rahmen eines neuen Job-Systems einzupassen. Das betrifft eine andere Art der Finanzierung der Sozialsysteme und eine stärkere Ausrichtung auf community-orientierte Tätigkeiten und Eigenarbeit auf der Basis eines allgemeinen Bürgergeldes (Modell der negativen Einkommenssteuer). Dies ist ein Umfeld, das ein Bündnis für Arbeit mit Unterstützung der Sozialpartner wie aller großen politischen Gruppierungen erfordert. In diesem Zusammenhang ist auch der Abbau von überhöhten heutigen Kosten zu sehen, die zum Teil aus einem regulativen Schutz von Strukturen (etwa im Umfeld der Bauwirtschaft, möglicherweise auch des Handwerks, der Landwirtschaft, der Pflege) resultieren.

Aufgrund des Gesagten gilt es für die Unternehmen, sich zur Entwicklung des Weltmarktes wie der nationalen Arbeitssysteme richtig zu plazieren. Aus heutiger Sicht ist dabei deutlich, daß eine vernünftige Leitlinie in einer Orientierung besteht, die versucht, dem Kunden für sein Geld das Bestmögliche zu bieten: Arbeit muß akquiriert und nicht verteilt werden. Wichtige Ansatzpunkte umschließen eine verstärkte Nutzung von Informations- und Kommunikationstechniken, die Forcierung des Lernens im Sinne eines lernenden Unternehmens, die Erzielung von Einsparungen wo immer möglich, vor allem auch dadurch, daß man überflüssige, nicht wirklich zum Wert beitragende Arbeit vermeidet.

Die aufgezeigten Trends sind für uns als Arbeitnehmer nicht generell und auf den ersten Blick angenehm. Wir unterliegen Zwängen, die mit dem Abfluß der Arbeit und dem Aufholen der anderen zusammenhängen. Wir leben in unserem Land auch unter dem Zwang, die soziale Stabilität dadurch zu sichern, daß wir entweder als Inhaber von Kernarbeitsplätzen bereit sind, Dienstleistungen anderer adäquat zu bezahlen oder als Dienstleister im Randbereich bereit sind, trotz entsprechend schlechterer Honorierung engagiert mitzuwirken. Der Weltmarktdruck kann wahrscheinlich auch beinhalten, daß wir in Zukunft wieder mehr arbeiten müssen für weniger Konsummöglichkeiten, daß wir in unserer Arbeit produktiver sein müssen, daß wir mehr Flexibilität aufbringen müssen, also die Arbeitszeit am Kunden oder an den betrieblichen Notwendigkeiten orientieren, ohne daß dafür immer zusätzliches Einkommen gefordert werden kann.

Die wichtige Leitidee ist dabei das Miteinander von Menschen in der Wahrnehmung von Berufsaufgaben bei Erhalt der individuellen Würde im Rahmen eines fairen Austausches von Leistungen. Der Anpassungsdruck, der auf uns lastet, hat viel damit zu tun, daß die anderen – weltweit – endlich aufholen. In dieser Situation lastet ein großer Druck auf unserem Sozialsystem, und wir reagieren als Betroffene bis heute nicht adäquat auf diesen Druck. Wir versuchen vielmehr, durch Abschottung, Blockade oder den

Weg in die Zweidrittelgesellschaft den Veränderungsdruck von uns fernzuhalten; dies gelingt unter anderem den Arbeitnehmern im öffentlichen Bereich bisher ganz gut, aber dies kann so auf Dauer nicht funktionieren. Vor allem deshalb nicht, weil zu dem heute schon bestehenden Druck aus dem Abfluß der Arbeit langfristig auch noch die globalen Umweltprobleme mit zunehmender Schärfe hinzukommen werden. Wir werden in diesem Umfeld langfristig nur dann erfolgreich sein können, wenn es uns gelingt, durch neue technische Möglichkeiten (Dematerialisierung) und durch geeignete gesellschaftliche Rahmenbedingungen, insbesondere der Weltwirtschaft, die bisher immer wieder eingetretenen Rebound-Effekte des technischen Fortschritts zu vermeiden.

Wie immer sich dieser Weg in die Zukunft im einzelnen ausgestalten wird, der Druck auf unseren Standort wird hoch bleiben. Gelingt die Änderung der Weltwirtschaftsordnung nicht, geraten wir vielleicht sogar in chaotische Zustände. Der Anpassungsdruck wird aus heutiger Sicht einen Umbau des Job-Systems in Richtung auf mehr community-orientierte Tätigkeiten und Eigenarbeit beinhalten müssen auf der Basis eines generellen Bürgergeldes, um auch in einer Welt mit vielleicht nur zehn Millionen Kernarbeitsplätzen in Deutschland dennoch für die gesamte Bevölkerung sinnstiftende Tätigkeit und ein Leben in Würde zu ermöglichen.

Meinhard Miegel

Ursachen der Arbeitslosigkeit in Deutschland und anderen frühindustrialisierten Ländern

Die Arbeitslosigkeit Deutschlands wie anderer frühindustrialisierter Länder hat viele Ursachen. Diese bilden ein dichtes Geflecht, dessen Wirkungen sich ständig verändern. Daher ist es auch nur bedingt möglich, verläßliche Aussagen über den Einfluß bestimmter Faktoren auf den Arbeitsmarkt zu machen. Entsprechend schwierig ist es, Strategien zur Veränderung der bestehenden Verhältnisse zu entwickeln. Möglich sind in der Regel nur ungefähre Richtungsvorgaben.

Insgesamt ist festzustellen, daß sich das individuelle und kollektive Handeln mehr oder minder großer Bevölkerungskreise auf der einen und der wirtschaftliche und gesellschaftliche Handlungsrahmen auf der anderen Seite nur zum Teil entsprechen. Erschwerend kommt hinzu, daß viele der Einflüsse, die auf das Handeln oder den Handlungsrahmen einwirken, widersprüchlich oder ambivalent sind. Beides trägt erheblich zur Arbeitslosigkeit bei. Vor diesem Hintergrund lassen sich folgende Einflußfaktoren identifizieren.

Erwerbsarbeit

Seit langem entwickeln sich in Deutschland und den meisten anderen frühindustrialisierten Ländern das Arbeitsvolumen – gemessen in effektiv geleisteten Arbeitsstunden – und der Anteil der Erwerbspersonen an der Wohnbevölkerung gegenläufig. Während das Arbeitsvolumen stetig abnimmt, stieg in Deutschland bis in neueste Zeit der Erwerbspersonenanteil an. Dieser Anstieg wurde bewirkt durch die zunehmende Erwerbsbeteiligung von Frauen, ohne daß gleichzeitig die von Männern entsprechend zurückging. Die steigende Erwerbsbeteiligung von Frauen ist zurückzuführen auf wirtschaftliche Gründe, vor allem aber auf die Individualisierung der Gesellschaft, die mit einer höheren beruflichen Qualifikation von Frauen einhergeht.

Wirtschaftliche Gründe sind zum einen das sinkende Arbeitsvolumen bei gleichzeitig stagnierendem oder sogar sinkendem Arbeitseinkommen einer wachsenden Zahl von Haushalten. Zur Sicherung des gewohnten Haushaltseinkommens fragt eine wachsende Zahl von Frauen Erwerbsarbeit nach. Der mengenmäßige Rückgang von Erwerbsarbeit hat also bei sinkendem Arbeitseinkommen den paradoxen Effekt, daß die Nachfrage nach ihr steigt. Zu den wirtschaftlichen Gründen zählt ferner der verbreitete Wunsch, durch zusätzliche Erwerbsarbeit den bestehenden materiellen Lebensstandard weiter zu heben.

Für die zunehmende Erwerbsbeteiligung von Frauen noch bedeutsamer ist allerdings deren steigende Erwerbsorientierung aufgrund der Individualisierung der Gesellschaft. Zwar ist dieser Anstieg der Erwerbsorientierung auch bei Männern zu beobachten. Doch bleibt er bei ihnen ohne quantitative Folgen für den Arbeitsmarkt, da die tradierte Erwerbsbeteiligung von Männern praktisch nicht mehr zu steigern ist.

Die Individualisierung der Gesellschaft verstärkt die Erwerbsorientierung durch Veränderungen im materiellen und immateriellen Bereich. Materiell ist die Mitversorgung von Nicht-Erwerbstätigen im Haus- und Familienverband abnehmend gewährleistet. Dieser Verband ist weniger stabil als früher, so daß er weniger soziale Sicherheit vermittelt. Für den einzelnen ist es deshalb rational, nicht nur ein eigenes Einkommen, sondern auch eigene Sozialansprüche zu erwerben. Dies geschieht in der Regel durch Erwerbsarbeit. Denn sie ist in Erwerbsgesellschaften nicht nur Quelle der Wertschöpfung, sondern zugleich wichtigster Zugang zum Volkseinkommen.

Immateriell bewirkt die Individualisierung unter den gegebenen Rahmenbedingungen, daß viele Menschen über und durch Erwerbsarbeit zu größerer Selbständigkeit und Unabhängigkeit streben, sich selbst verwirklichen und ihre Identität fördern wollen. Gute berufliche Bildung und Erwerbsarbeit geben ihnen ferner ein gewisses Maß an Beständigkeit und Sicherheit in einer Welt fast unüberschaubarer Wahlmöglichkeiten. Schließlich hat die Individualisierung den Frauen neue Perspektiven eröffnet, innerhalb deren Erwerbsarbeit ein wichtiger Bestandteil ist.

Dennoch steht Erwerbsarbeit oft nicht mehr im Lebensmittelpunkt der Bevölkerung. Freizeit, Familie oder Freunde haben heute bei vielen einen höheren Stellenwert. Erwerbsarbeit soll sich mit den übrigen Aktivitäten vereinbaren lassen, auch wenn in der Erwerbszentrierung deutliche Unterschiede zwischen Männern, Frauen, verschiedenen Altersgruppen und beruflichen Qualifikationsstufen bestehen. Die höchste Erwerbszentrierung weisen in der Regel Männer vornehmlich in etwas fortgeschrittenem Alter auf. Für sie hat Erwerbsarbeit im Gefüge ihrer sonstigen Interessen noch immer einen hohen Rang, obgleich auch für sie die Familie oder die Freizeit zunehmend bedeutsam geworden sind. Entsprechend suchen sie vorrangig Normarbeitsverhältnisse, die ihnen ein möglichst hohes, vor allem aber gesichertes Einkommen und zugleich ein gewisses Maß an gesellschaftlichem Status verschaffen. Von nicht dauerhafter Vollzeitbeschäftigung befürchten sie eine Gefährdung ihrer Einkommen und ihrer beruflichen Existenz.

Geringer ist hingegen die Ausrichtung vieler Frauen und Jugendlicher auf Erwerbsarbeit. Sie sind häufig weniger bereit, ihre sonstigen Interessen und Aufgaben den Anforderungen der Erwerbsarbeit ein- oder gar unterzuordnen. Nicht zuletzt deshalb sind sie auch geneigter als viele Männer, Nicht-Normarbeit wie Teilzeit oder geringfügige Beschäftigung auszuüben. Solche Arbeitsverhältnisse lassen sich mit anderen Lebensbereichen - bei Frauen namentlich die Familie - leichter vereinbaren.

Die Relativierung der Erwerbsarbeit bei hoher Erwerbsorientierung wirkt auf Arbeitsmarkt und Beschäftigung ambivalent. Engagieren sich Arbeitnehmer beruflich nur noch insoweit, als dies mit ihren sonstigen Interessen in Übereinstimmung zu bringen ist, sinken Arbeitsmotivation und mit ihr die Wettbewerbsfähigkeit. Dadurch werden Beschäftigungsmöglichkeiten verringert und die Integration von Erwerbspersonen im Wirtschaftsprozeß erschwert. Vor allem aber dürften Existenzgründungen beeinträchtigt werden, da diese im allgemeinen hohes Engagement erfordern. Auf der anderen Seite kann mit der Erschließung und Pflege von Lebensbereichen außerhalb von Erwerbsarbeit die derzeit hohe Erwerbsbeteiligung zurückgehen, so daß der Arbeitsmarkt entlastet wird. Zugleich können hierdurch die Kreativität der Erwerbsbevölkerung erhöht und so die Voraussetzungen für wirtschaftliche und gesellschaftliche Innovationen verbessert werden.

Trotz oder vermutlich sogar wegen der Relativierung der Erwerbsarbeit sind die Erwartungen an sie im allgemeinen hoch und differenziert. Erwerbsarbeit soll nicht nur gut bezahlt, angenehm und attraktiv sein. Sie soll auch zur Entfaltung und Selbstverwirklichung des einzelnen beitragen. Darüber hinaus soll sie möglichst sinnvoll und gemeinwohlorientiert sein, wobei der einzelne entscheidet, ob und in welchem Umfang diese Kriterien erfüllt werden. Werden die subjektiven Erwartungen vom realen Arbeitsangebot enttäuscht, sinkt nicht selten die Leistungsbereitschaft. Dabei bestehen wiederum Unterschiede zwischen den Erwartungen von Männern, Frauen, verschiedenen Altersgruppen und Qualifikationsstufen.

Jugendliche mit hoher Erwerbsorientierung streben mehrheitlich nach sicheren Vollzeitarbeitsplätzen. Noch deutlicher als ältere Erwerbstätige suchen sie in ihrer Arbeit Sinnvolles, Gemeinwohlorientierung und Solidarität. Das Arbeitsklima soll möglichst streßarm sein. Doch sind viele zugleich überdurchschnittlich technologieoffen sowie inhaltlich, zeitlich und räumlich flexibel. Damit entsprechen sie in besonderem Maße den Anforderungen einer wissensgeprägten Wirtschaft. Bei den Qualifikationsstufen stellen höher Qualifizierte im allgemeinen auch hohe Anforderungen an die Erwerbsarbeit. Neben guter Bezahlung und sicheren Arbeitsplätzen erwarten sie von ihr Status und Sozialprestige. Viele achten auch auf die ökologischen und sozialen Aspekte ihrer Tätigkeit. Mit ihrer Erwartungshaltung sind sie für die übrige Erwerbsbevölkerung oft Vorbild.

Ambivalent wirkt auch die hohe berufliche Spezialisierung. Im internationalen Vergleich ist die Erwerbsbevölkerung Deutschlands überdurchschnittlich lange und gründlich ausgebildet. Dadurch sind viele für bestimmte Aufgaben gut qualifiziert. Doch steigt mit der beruflichen Spezialisierung die Erwartung, im erlernten Beruf auch arbeiten zu können. Viele Erwerbspersonen sind auf einen bestimmten Beruf oder Tätigkeitsbereich festgelegt. Das gilt nicht zuletzt in bezug auf sogenannte Männer- und Frauenberufe. Namentlich Männer sind nur bedingt bereit, in Frauenberufen tätig zu werden, vor allem auch deshalb, weil diese oft im Nicht-Normarbeitsbereich angesiedelt sind. Insgesamt ist die Erwerbsbevölkerung beruflich recht immobil. Sie vermeidet Berufs- und selbst Tätigkeitswechsel, wobei die Bereitschaft zu solchen Wechseln in neuerer Zeit sogar noch weiter zurückgegangen ist.

Der Arbeitsmarkt befindet sich jedoch in einem tiefgreifenden Umbruch. Tradierte Berufsbilder schwinden, während immer schneller neue Berufe und Tätigkeitsbereiche erschlossen werden. Die Erwerbsbevölkerung Deutschlands folgt diesen Veränderungen nur zögerlich. Eher werden Arbeitsplätze in wirtschaftlich überholten Tätigkeitsbereichen wie dem Steinkohlebergbau subventioniert als neue geschaffen. Die Neigung, wirklich Neues anzufangen, hält sich nach Abschluß der Berufsausbildung bei den meisten in engen Grenzen.

Auch Zeitsouveränität hat in unserer Gesellschaft einen hohen Rang. Die Bereitschaft des Individuums, sich den Zeitvorstellungen Dritter, zum Beispiel von Betrieben, einzuordnen, ist begrenzt. Doch bestehen auch hier Unterschiede vor allem zwischen den Altersgruppen. Mit zunehmendem Lebensalter steigt die Bereitschaft zur Einordnung. Bei Schicht- und Nachtarbeit kommt hinzu, daß die mit ihr oft einhergehenden sozialen, physischen und psychischen Belastungen von vielen Erwerbspersonen nach Möglichkeit vermieden werden. Insgesamt wird der zeitlich flexible Arbeitseinsatz, der nicht den Vorstellungen der Erwerbspersonen entspricht, als lebensabträglich und verunsichernd empfunden. Das verbreitete Interesse von Unternehmen an zeitlicher Flexibilität der Arbeitnehmer findet deshalb nur beschränkt Resonanz.

Ähnlich verhält es sich mit der räumlichen Mobilität der Bevölkerung. Sie ist hoch, sofern sie selbstbestimmt ist. Gegen Mobilitätszwänge wird hingegen verbreitet Widerstand geleistet, der in neuerer Zeit sogar noch zugenommen hat. Als Gründe hierfür werden Umzugskosten oder Transaktionskosten bei Immobilien genannt, die im internationalen Vergleich in Deutschland hoch sind. Bedeutsamer sind jedoch soziale Bindungen, zum Beispiel an einen Familienverband oder Freundeskreis, die berufliche Bindung des Partners, aber auch die Verwurzelung in der angestammten Region. Dabei ist die Mobilität von Frauen geringer als von Männern, die von Deutschen geringer als von Ausländern, obgleich auch deren Mobilität inzwischen abnimmt.

Die Bereitschaft zu einfacher oder körperlich sowie zeitlich belastender Erwerbsarbeit ist in Deutschland im Vergleich zu anderen Ländern gering. In frühindustrialisierten Ländern werden solche Tätigkeiten im allgemeinen von einer Bevölkerungsschicht ausgeübt, die hierzulande – anders als zum Beispiel in den USA – klein ist. Hinzu kommt, daß mit Arbeiten dieser Art oft nur Einkommen erzielt werden können, die in einem Land wie Deutschland im Bereich der Sozialhilfe liegen. Wirtschaftlich besteht also kein Anreiz, solche Arbeiten auszuführen. Werden derartige Arbeiten – aus was für Gründen auch immer – ausnahmsweise gut bezahlt, werden sie über den Markt abgewickelt.

Auffällig ist ferner die zwar steigende, letztlich aber doch recht geringe Zahl von Existenzgründungen. Zumindest für den eigenen Arbeitsplatz zu sorgen ist immer noch die Ausnahme. Ursächlich hierfür ist vor allem die auch aufgrund institutioneller Rahmenbedingungen nur mäßige wirtschaftliche und soziale Risikobereitschaft vieler Erwerbspersonen. Bisher trugen Selbständige ein höheres Existenzrisiko als abhängig Beschäftigte. Dieses Risiko wird häufig durch die Vorteile der Selbständigkeit nicht ausgeglichen. Ein Selbständiger muß ein recht hohes Einkommen erzielen, um bei Erwerbsausfall, Krankheit, Pflegebedürftigkeit und im Alter sozial ähnlich gesichert zu sein wie ein abhängig Beschäftigter.

Ein weiterer Grund für die nur mäßige Bereitschaft zur Selbständigkeit ist unzureichendes unternehmerisches Wissen und Können. Berufliche Selbständigkeit erfordert Qualifikationen, die in einer Gesellschaft, die ganz wesentlich auf abhängiger Erwerbsarbeit gründet, nur in geringem Maße vermittelt und gepflegt werden. Weder in Schulen noch in Universitäten wird eine Kultur der Selbständigkeit vorgelebt. Hier erziehen abhängige Beschäftigte – oft Beamte auf Lebenszeit – in aller Regel zu abhängiger Beschäftigung.

Wissens- und Kapitalausstattung

Die so geprägten Sicht- und Verhaltensweisen der Erwerbsbevölkerung stehen in enger Wechselwirkung zu den wirtschaftlichen Rahmenbedingungen. Diese sind in Deutschland, namentlich in West-, zunehmend aber auch in Ostdeutschland, gekennzeichnet von einem steilen Anstieg der Kapitalausstattung bei gleichzeitigem deutlichem Rückgang des Arbeitseinsatzes im Wertschöpfungsprozeß. Mit der Zunahme der Kapitalausstattung ist oft ein Anstieg des sachkapitalgebundenen Wissens verbunden, so daß vermehrt auch Wissen an die Stelle von Arbeit tritt. Die Bedeutung des Wissens im Wertschöpfungsprozeß ist heute bereits ebenso groß wie die der drei klassischen Produktionsfaktoren Arbeit, Boden und Kapital. Zudem erhöht Wissen in ungebundener Form – beispielsweise in Patenten, Verfahren und frei verfügbarem Wissen – die Leistungsfähigkeit der übrigen Produktionsfaktoren, vor allem von Arbeit. Dadurch kann der Personalbedarf von Unternehmen gesenkt und die Kapitalrendite erhöht werden.

Wie einschlägige Untersuchungen zeigen, liegt der Wert beispielsweise des amerikanischen Anlagevermögens zur Produktion von Wissen deutlich über dem Wert des industriellen Anlagevermögens einschließlich natürlicher Ressourcen. Dies dürfte in anderen frühindustrialisierten Ländern ähnlich sein. Wissen wird damit zur wichtigsten strategischen Ressource eines Landes, weil die Wissensintensität von Gütern und Diensten maßgeblich zu deren Markterfolg beiträgt.

Dabei verstärken sich Wissens- und Kapitalintensität oft wechselseitig. In Westdeutschland verdoppelte sich von 1970 bis 1994 – im Geldwert von 1990 – die Kapitalausstattung pro Erwerbstätigen von reichlich 100 000 DM auf rund 200 000 DM, während die individuelle Arbeitszeit im Durchschnitt um ein Fünftel von 1949 auf 1553 Jahresarbeitsstunden zurückging. Allerdings bestehen zwischen den verschiedenen Wirtschaftsbereichen erhebliche Unterschiede bei Kapitalausstattung und Arbeitseinsatz.

Die im internationalen Vergleich sehr hohe Kapitalausstattung in Deutschland, namentlich Westdeutschland, wird noch deutlicher, wenn sie auf das Arbeitsvolumen bezogen wird. 1970 wurde in Westdeutschland rund 52 Milliarden Stunden gearbeitet, die Kapitalausstattung betrug – im Geldwert von 1990 - 2876 Milliarden DM. Das waren pro geleisteter Arbeitsstunde 55,30 DM. 1994 lag dieser Betrag - wiederum im Geldwert von 1990 - bei 125,90 DM. In den USA lagen die Vergleichswerte 1970 bei 52,40 DM und 1993 bei 83,00 DM. Die Kapitalausstattung pro geleisteter Arbeitsstunde war mithin 1970 in Westdeutschland und den USA fast gleich, Mitte der neunziger Jahre jedoch in Westdeutschland etwa 50 Prozent höher. Eine andere Entwicklung nahm Japan. Hier war die Kapitalausstattung 1970 - im Geldwert und in Kaufkraftparitäten von 1990 - mit 16,40 DM pro geleisteter Arbeitsstunde weit geringer als in Westdeutschland oder den USA. Inzwischen liegt sie mit reichlich 83 DM gleichauf mit den USA, was zugleich heißt, daß sie ein Drittel geringer ist als in Westdeutschland.

Auch pro 100 DM Wertschöpfung war die Kapitalausstattung in Westdeutschland seit 1970 stets höher als in den Vergleichsländern. Im Geldwert von 1990 betrug sie 1970 194 DM und 1994 216 DM. In den USA lagen die Vergleichswerte - im Geldwert und in Kaufkraftparitäten von 1990 - bei 122 DM und 156 DM (1993), in Japan bei 91 DM und 211 DM. Gleichzeitig ist in Westdeutschland der Arbeitseinsatz pro 100 DM Wertschöpfung seit 1990 geringer als in den USA und Japan. 1994 betrug er in Westdeutschland 1,72 Stunden gegenüber 1,85 Stunden in den USA und 2,51 Stunden in Japan.

Dabei zeigt sich im historischen Rückblick, daß in Westdeutschland in konjunkturellen Abschwüngen der Einsatz von Arbeit im Wertschöpfungsprozeß sinkt und im nachfolgenden Aufschwung die Kapitalausstattung zunimmt. Auf diese Weise beschleunigte bislang jede Rezession die Ersetzung von Arbeit durch Kapital und Wissen, erhöhte also die Kapital- und Wissensintensität der Wirtschaft. Diese Zunahme, die in allen frühindustrialisierten Ländern - besonders aber in Deutschland - pro Erwerbstätigen, Arbeitsstunde und Wertschöpfungseinheit zu beobachten ist, hat im wesentlichen vier Gründe. Erstens kann Arbeit in immer größeren Bereichen der Volkswirtschaft mit der Produktivität von Kapital und Wissen nicht mehr erfolgreich konkurrieren. Zweitens wird Arbeit durch Kapital ersetzt, wenn der Preis für Arbeit höher ist als deren Wertschöpfung. Drittens gibt es Fälle, in denen der Einsatz von Arbeit zwar rentierlich, der von Kapital aber noch rentierlicher ist. Und viertens ersetzt Kapital Arbeit, wenn diese in den erforderlichen Quantitäten oder Qualitäten nicht zur Verfügung steht. Bei letzteren drei Sachverhalten ist alternativ möglich, daß Arbeit zwar nicht durch Kapital ersetzt wird, sie aber dennoch nicht zum Einsatz kommt, weil die Wertschöpfung unterbleibt. Zwischen allen diesen Sachverhalten ist zu unterscheiden, da sie unterschiedliche Schlußfolgerungen für die Beschäftigung nahelegen.

Der Befund, daß Arbeit in immer größeren Bereichen mit Kapital und Wissen nicht mehr erfolgreich konkurrieren kann, ist Ausdruck eines anhaltenden Trends, der spätestens mit Beginn der Industrialisierung einsetzt. Am Anfang stand die Zurückdrängung handwerklicher durch industrielle Produktionsweisen. Später wurde Fließbandarbeit durch vollautomatische

Produktionsanlagen ersetzt. Gemessen an der Wertschöpfung ist der quantitative Arbeitseinsatz in diesen zumeist hochproduktiven kapital- und wissensintensiven Wirtschaftsbereichen gering. Beispiele sind die Mineralöl- oder Tabakverarbeitung oder der Büromaschinenbau.

Diese Ausweitung hoch produktiver, zugleich aber wenig arbeitsintensiver Wirtschaftsbereiche, hat sich in neuerer Zeit beschleunigt. Nicht zuletzt aufgrund der großen Fortschritte bei den Informations- und Kommunikationstechniken kann Wertschöpfung qualitativ hochwertig und kostengünstig vermehrt technischen Einrichtungen übertragen werden. Zwar setzt die Schaffung solcher Einrichtungen den Einsatz von Arbeit voraus. Doch ist dieser in der Regel geringer als der durch die Einrichtung selbst ersetzte Arbeitseinsatz. Dabei sind die derzeit realisierbaren Möglichkeiten der Ersetzung von Arbeit durch Kapital und Wissen noch nicht einmal ausgeschöpft. Würden alle Potentiale genutzt, wäre eine noch wesentlich höhere Wertschöpfung bei geringerem Arbeitseinsatz möglich.

Neben dieser Beschleunigung ist an der Entwicklung neu, daß mit der Übernahme von Produktionen durch Kapital und Wissen neue Arbeitsbereiche von ähnlicher Quantität und Qualität nur unzulänglich erschlossen werden. Hierzu tragen die hohe Staatsquote, hohe Steuern, Arbeitskosten und stark regulierte Märkte bei. Das führt – zumindest gemessen an der Wertschöpfung – zu einer allmählichen Verdrängung von Arbeit aus kapital- und wissensintensiven und damit in aller Regel hoch produktiven Bereichen in weniger kapital- und wissensintensive und damit oft auch weniger produktive Bereiche. Dadurch verändert sich die Verteilung des Volkseinkommens. Wachsende Anteile fließen an die Träger von Kapital und Wissen, während der Anteil, der an den Faktor Arbeit geht, entweder – wie in Deutschland – sinkt, oder – wie in den USA – nur durch den vermehrten Arbeitseinsatz in weniger produktiven Bereichen einigermaßen stabil gehalten wird.

Fälle, in denen Arbeit durch Kapital ersetzt wird beziehungsweise die Wertschöpfung ganz unterbleibt, weil die Kosten der Arbeit höher sind als deren Wertschöpfung, sind vor allem im niedrig produktiven und hier wiederum im Dienstleistungsbereich angesiedelt. In diesen Bereichen ist der Arbeitseinsatz in Deutschland deutlich geringer als beispielsweise in den USA, Japan oder auch Großbritannien. Umgekehrt sind in Deutschland nicht oder gering Qualifizierte erheblich häufiger und länger arbeitslos. Doch erzielen in Westdeutschland nur 13 Prozent der abhängig Vollzeitbeschäftigten ein Bruttoarbeitsentgelt von weniger als zwei Dritteln des Medianwerts.[1] In Japan liegt dieser Anteil bei 16 Prozent, in Großbritannien bei 20 Prozent und in den USA sogar bei 25 Prozent. Zugleich sind in Westdeutschland unter anderem durch die gezielte Sockelung der Tariflöhne und die Anhebung der tariflichen und betrieblichen Personalzusatzkosten die Bruttoarbeitsentgelte des untersten Zehntels der abhängig Vollzeitbeschäf-

1 Der Medianwert gibt das Bruttoarbeitsentgelt an, das die wirtschaftlich schwächere Hälfte der abhängig dauerhaft Vollzeitbeschäftigten von der stärkeren Hälfte trennt.

tigten zwischen 1983 und 1993 schneller gestiegen als die des mittleren und zweithöchsten Zehntels. Dadurch hat sich der Abstand zwischen den niedrigen und höheren Einkommensgruppen – im Gegensatz zu fast allen anderen frühindustrialisierten Ländern – in Deutschland verkleinert. Schließlich werden – ein weiterer Indikator – in Deutschland einfache Dienste häufiger durch Maschinen wie Fahrschein- oder Schuhputzautomaten, also den Einsatz von Kapital und Wissen, anstelle von Arbeit erbracht.

Die dritte Fallgruppe, in der rentierliche Arbeit durch noch rentierlicheres Kapital ersetzt wird, streut über die gesamte Volkswirtschaft. Dabei ergibt sich die noch höhere Rentierlichkeit von Kapital ganz wesentlich aus einer Rendite-Risiko-Abschätzung. In der Regel sind die Kosten des Kapitals langfristig besser zu kalkulieren als die der Arbeit. Negative Erwartungen bei den Arbeitskosten können deshalb zu einer Überkapitalisierung führen. Dies erfolgt im wesentlichen auf der betrieblichen Ebene. Anhaltspunkte für die volkswirtschaftliche Bedeutung gibt die Entwicklung des Gewinns des Unternehmenssektors in Westdeutschland: Dieser stieg mit der allmählichen Verdrängung von Arbeit durch Kapital fortlaufend an.

Die vierte Fallgruppe, in der Arbeitskräfte aufgrund räumlicher Immobilität, zeitlicher oder beruflicher Inflexibilität oder fehlender Qualifikationen nicht eingesetzt werden können und deshalb statt ihrer Kapital verwendet wird oder die Wertschöpfung ganz unterbleibt, trägt ebenfalls zur Arbeitslosigkeit bei, dürfte aber insgesamt eine eher untergeordnete Rolle spielen.

Beschäftigung und Strukturwandel

Die Gründe für beschäftigungsvereitelnde oder zumindest -erschwerende Arbeitskosten und Inflexibilitäten liegen zum einen im soziokulturellen, zum anderen im institutionellen Bereich. Das Menschen- und Gesellschaftsbild aller freiheitlichen, frühindustrialisierten Länder weist dem Individuum Vorrang zu und entzieht es staatlicher, politischer und wirtschaftlicher Verfügbarkeit. In allen seinen Lebensbezügen soll sich der einzelne seiner Würde gemäß entfalten können, wobei die rechtsstaatlich-liberalen Freiheitsrechte und das Sozialstaatsprinzip ein spannungsreiches Verhältnis bilden. Obgleich soziale Sicherheit und Wohlstand und mit ihnen die Entlastung von individuellen Risiken durch kollektive Sicherheits- und Dienstleistungssysteme im öffentlichen Empfinden immer wichtiger geworden sind, haben individuelle Orientierungen, Rechte und Entfaltungschancen hohe Attraktivität. Das Individuum wirtschaftlicher Rationalität unterzuordnen, gilt als menschenunwürdig. Die moderne Geschichte des westlichen Kulturkreises ist ganz wesentlich – wenn auch graduell unterschiedlich – geprägt vom anhaltenden Streben, die Rolle des Menschen in der Wirtschaft möglichst unabhängig von anderen Produktionsfaktoren zu definieren.

Diese Sichtweise schlägt sich in der Lohnfindung nieder. Sie folgt in Deutschland nur ausnahmsweise ausschließlich ökonomischen Vorgaben. In aller Regel bezieht sie soziale und kulturelle Gesichtspunkte sowie ein bestimmtes Armutsverständnis ein. Das wird besonders deutlich im niedrig produktiven Bereich. Eine Entlohnung unterhalb des soziokulturellen Existenzminimums wird als unsozial verworfen. Lohnfindung ist damit nicht nur Verteilung des Erwirtschafteten zwischen Kapital, Wissen und Arbeit, sondern zugleich auch Umverteilung zwischen produktiveren und weniger produktiven Schichten der Erwerbsbevölkerung. Wirtschafts- und Sozialpolitik sind eng miteinander verquickt. Aber auch außerhalb der unmittelbaren Lohnfindung werden die Arbeitskosten von einer Vielzahl von Regelungen beeinflußt, deren Zweck darin besteht, den Menschen vor bestimmten Wirkungen wirtschaftlicher Marktmechanismen zu schützen. Hierzu gehören weite Teile des Arbeitsrechts.

Ein weiteres Element ist die Befreiung des Menschen von der Notwendigkeit, sich individuell zu vermarkten. Zwar ist dieses Ziel nicht durchgängig erreicht. Aber für viele werden der Einsatz im Arbeitsprozeß und die Entlohnung kollektiv und anonym geregelt. Dem dienen Institutionen wie die Tarifautonomie und die betriebliche Mitbestimmung und Organisationen wie Gewerkschaften und Arbeitgeberverbände. Diese Institutionen und Organisationen sind in der Gesellschaft tief verankert. Sie entsprechen oder entsprachen zumindest bislang dem breiten Mehrheitswillen und dem Ordnungsmodell der sozialen Marktwirtschaft. Dabei fand der Wunsch, den Menschen nicht bedingungslos den Marktkräften auszusetzen, massive politische Unterstützung.

Strukturelle Verfestigungen und Verkrustungen der kartellartig organisierten Arbeitnehmerinteressen rufen jedoch zunehmend Reibungen mit anderen Produktionsfaktoren hervor. Seit geraumer Zeit ist – wie nicht zuletzt die wachsende Arbeitslosigkeit zeigt – der Ausgleich sozialer Arbeitnehmerbedürfnisse mit dem Markt für Arbeit nur noch bedingt möglich. Nicht zufällig verzeichnen heute jene Länder die höchsten Erwerbstätigen- und niedrigsten Arbeitslosenanteile, in denen die ökonomischen Mechanismen am unmittelbarsten auch auf den Faktor Arbeit wirken, also beispielsweise die Entlohnung weitgehend individueller Produktivität entspricht.

Hieraus folgt, daß beim Festhalten an den bestehenden Arbeitsmarktmechanismen die derzeitige Beschäftigungslage zwar verbessert, nicht aber grundlegend verändert werden kann. Wohl ist es möglich, durch Bildungsmaßnahmen die Qualifikationsprofile von Arbeitskräfteangebot und -nachfrage genauer aufeinander abzustimmen oder durch die allmähliche Veränderung von Sicht- und Verhaltensweisen die berufliche Flexibilität zu erhöhen. Doch wichtige Konfliktbereiche bleiben. Eine angemessene Balance zwischen wirtschaftlicher Effektivität und individuellen Entfaltungsbedürfnissen zu finden, bleibt – wie schon in der Vergangenheit – eine dauernde und grundsätzliche Herausforderung. Arbeitskosten beispielsweise werden auch künftig nicht nur ökonomisch, sondern auch sozial determiniert werden. Soweit sie sozial determiniert sind, enthalten sie die Kosten jenes Menschen- und Gesellschaftsverständnisses frühindustrialisierter Länder, wonach menschliche Arbeit mehr ist als nur ein Marktfaktor. Je mehr der soziokulturelle Wert und der wirtschaftliche Marktwert von Arbeit auseinanderfallen, desto mehr steigt aber die Arbeitslosigkeit. Sie ist damit nicht zuletzt auch

Folge des normativen Wertesystems frühindustrialisierter Länder, besonders aber Westeuropas.

Arbeitskostensteigernd und flexibilitätshemmend wirken ferner institutionelle Rahmenbedingungen, die allerdings zumindest teilweise in der Soziokultur frühindustrialisierter Länder wurzeln. Zu ihnen gehören bestimmte Subventionen und staatliche Regulierungen oder das insgesamt hohe Niveau staatlicher Aktivitäten, die sich in einer entsprechenden Staatsquote niederschlagen. Aufgrund dieser Rahmenbedingungen wird der Druck notwendiger Anpassungen an wirtschaftliche und gesellschaftliche Veränderungen auf einen Teil der Volkswirtschaft konzentriert, was mitunter zu Verwerfungen führt.

Die in Wechselwirkung stehenden subjektiven Sicht- und Verhaltensweisen der Erwerbsbevölkerung auf der einen und wirtschaftlichen Rahmenbedingungen auf der anderen Seite werden auch sichtbar im Strukturwandel. Beim Strukturwandel ist zwischen zwei Formen zu unterscheiden: einer atypischen, die nur in Deutschland größere Bedeutung hat, und einer typischen, von der alle frühindustrialisierten Länder in ähnlicher Weise betroffen sind.

Der atypische Strukturwandel ist eine Folge der Vereinigung Deutschlands und der Beendigung des Kalten Krieges. Aufgrund dieser historischen Ereignisse wurden in West- und Ostdeutschland die Streitkräfte einschließlich Zivildienstleistender um insgesamt über 290 000 und die in der Rüstungsindustrie Beschäftigten um mindestens 230 000 Personen vermindert. Hinzu kam in Ostdeutschland die Beseitigung der Arbeitsplätze von rund 90 000 hauptamtlichen Mitarbeitern der Staatssicherheit, von über 30 000 zivilen Mitarbeitern von Nationaler Volksarmee und Roter Armee und von mindestens 80 000 hauptamtlichen Mitarbeitern von politischen Parteien und Massenorganisationen. Ferner wurden viele Arbeitsplätze im Staatsapparat, bei paramilitärischen und ähnlichen Einrichtungen abgebaut. Bei zurückhaltender Schätzung wurden seit 1990 auf diese Weise in West-, vor allem aber in Ostdeutschland etwa 840 000 Arbeitsplätze bewußt und gewollt beseitigt.

Gegen den typischen Strukturwandel, der alle frühindustrialisierten Länder konfrontiert, leisten Erwerbsbevölkerungen immer und überall Widerstand. Doch ist dieser Widerstand in Deutschland besonders ausgeprägt. Dadurch verlief bereits der Wandel von der Industrie- zur Dienstleistungsgesellschaft schleppender als in vielen anderen frühindustrialisierten Ländern. Für die Beschäftigungslage noch ungleich bedeutsamer ist jedoch das Zögern der Erwerbsbevölkerung, Tätigkeiten im weiten Bereich einfacher, vor allem personenbezogener Dienste nachzugehen.

Ursächlich hierfür sind zum einen ökonomische Faktoren, die jedoch mit außerökonomischen innig verwoben sind. Da die Einkommenserwartungen die Wertschöpfung, die in diesem Bereich möglich ist, oft überschreiten, werden dort nur wenige Arbeitsplätze angeboten oder nachgefragt. Je nach Standpunkt gilt Erwerbsarbeit gleichzeitig als zu teuer und als zu schlecht bezahlt. Hinzu kommt, daß personenbezogene Dienste – in Deutschland mehr noch als in einigen anderen Ländern – häufig geringes gesellschaftliches Ansehen haben. Sie zu beseitigen war während langer historischer Phasen erklärtes Ziel. Ihre Ersetzung durch Arbeitsplätze in der Industrie oder im personenfernen Dienstleistungsbereich wurde nicht nur wegen deren höherer Produktivität und besserer Bezahlung als gesellschaftlicher Fortschritt angesehen: Menschen sollten nicht mehr in mitunter enger personaler Abhängigkeit von Dritten außerhalb des Familienverbandes dienen müssen. Einfache personennahe Dienste galten als Erscheinungen einer überwundenen historischen Epoche und entsprachen nicht länger der westeuropäischen, besonders aber der deutschen Arbeits- und Sozialkultur. Diese Sichtweisen sind in Deutschland noch immer verbreitet.

Für den Abbau der Arbeitslosigkeit in Deutschland ist ferner hinderlich die im Vergleich zu anderen frühindustrialisierten Ländern unterdurchschnittliche Entwicklung besonders wissensintensiver, produktionsnaher, gebundener und ungebundener Dienste. Solche Dienste finden sich in den Bereichen Beratung, Engineering, Software, intelligente Finanzierung oder Unterhaltung. Für die nur mäßige Entwicklung dieser Dienste gibt es vor allem drei Gründe. Zum einen hemmt die geringe Neigung zu beruflicher Selbständigkeit. Hinzu kommt weiter die insgesamt verhaltene Bereitschaft von Großunternehmen und öffentlichen Verwaltungen, betriebsintern durchgeführte Dienste an Dritte zu vergeben. Schließlich wirkt hier die lange gesetzliche Regulierung vieler dieser Dienste nach. Zum Teil ist sie auch heute noch nicht überwunden.

Letzteres gilt auch für die großen wachstums- und damit beschäftigungsträchtigen Bereiche von Kommunikation, Verkehr, Gesundheit, Kultur, Unterhaltung oder Ver- und Entsorgung. Diese Bereiche waren bis in jüngste Zeit zumindest zum Teil der staatlich organisierten Daseinsvorsorge zugeordnet und entsprechend gesetzlich geregelt. Dadurch entstanden Effizienz- und Kostennachteile, die die Vermarktung dieser Dienste und ihre qualitative Verbesserung beeinträchtigten.

Soweit diese Bereiche noch immer der staatlichen Daseinsvorsorge zugeordnet sind, fehlen ihnen nicht selten unternehmerische Wachstumsimpulse und die Bewährung auf internationalen Märkten. Durch ihre nur unvollständige Deregulierung, Liberalisierung und letztlich Privatisierung blieben in Deutschland Beschäftigungsmöglichkeiten ungenutzt, die in Ländern wie den USA einen wesentlichen Beitrag zu einem hohen Erwerbstätigenanteil leisten. Auf die Entwicklung von Dienstleistungen dämpfend wirkt schließlich die Verlagerung von Güterproduktionen ins Ausland. Bestimmte Dienste stehen in engem Zusammenhang mit der Produktion. Werden bestimmte Produktionen – aus was für Gründen auch immer – nicht im Inland angesiedelt, entstehen auch die dazugehörenden Dienste nicht in Deutschland.

Schließlich haben neue technische Möglichkeiten, namentlich im Bereich von Information, Kommunikation und Transport, in Verbindung mit einer immer weiteren Öffnung von Märkten den internationalen Wettbewerb nachhaltig verstärkt. Welche Folgen dies für eine Volkswirtschaft hat, hängt davon ab, ob sie den veränderten Herausforderungen gewachsen ist. Ist dies der Fall, profitiert sie, anderenfalls erleidet sie Einbußen.

Insgesamt hat die Globalisierung das Wirtschaftswachstum in den frühindustrialisierten Ländern angeregt. Die Wirkungen auf die Beschäftigung und die Beteiligung möglichst breiter Bevölkerungsschichten an der Wohlstandsmehrung sind hingegen ungewiß, vermutlich aber eher negativ. Allerdings muß zwischen den Beschäftigungswirkungen des durch die Globalisierung verstärkten Außenhandels einschließlich der Dienstleistungen, des sogenannten *global sourcing,* der passiven Lohnveredelung, der Direktinvestitionen, des internationalen Kapitalverkehrs und nicht zuletzt der Zuwanderung von Arbeitskräften in die frühindustrialisierten Länder unterschieden werden.

Die Zuwanderungen hatten im Zeitverlauf unterschiedliche Wirkungen. In Deutschland erhöhten sie bis in die siebziger Jahre den materiellen und immateriellen Wohlstand bei hohem Erwerbstätigen- und niedrigem Arbeitslosenanteil. Seit den achtziger Jahren dürfte durch die Zuwanderung das Ziel der Wohlstandsmehrung für die ansässige Bevölkerung nicht weiter gefördert, vermutlich sogar beeinträchtigt worden sein. Eine Verdrängung deutscher durch ausländische Arbeitnehmer fand jedoch nicht statt. Erwerbspersonen- und Erwerbstätigenanteil der ausländischen Wohnbevölkerung sind nämlich – aus unterschiedlichen Gründen – deutlich kleiner als die entsprechenden Anteile der deutschen Wohnbevölkerung. Damit dürfte die ausländische Bevölkerung – häufig durch eine steigende Inanspruchnahme staatlicher Transferleistungen – insgesamt mehr konsumieren als produzieren. Hinzu kommt, daß Ausländer recht oft Arbeitsplätze einnehmen, für die sich weder deutsche noch sonstige EU-Ausländer finden. 1996 hatten jahresdurchschnittlich weit über eine halbe Million Ausländer solche Arbeitsplätze inne.

Die Erwerbsbevölkerungen der frühindustrialisierten Länder, namentlich auch Deutschlands, befinden sich damit vor einem steilen, steinigen Pfad. Ihre lange gehegten Hoffnungen, durch ein paar geschickte Handgriffe ließen sich die Wirtschafts- und Arbeitsbedingungen der sechziger und frühen siebziger Jahre wieder herstellen, erweisen sich zunehmend als trügerisch. Erforderlich ist nicht weniger als eine Veränderung tief eingeschliffener Sicht- und Verhaltensweisen. Das aber ist besonders schwierig. Denn solche Sicht- und Verhaltensweisen tragen ganz wesentlich zur individuellen und kollektiven Identität bei. Die Neugestaltung des Arbeitsmarktes berührt so das Wesen des einzelnen und der Gesellschaft.

EBERHARD MOTHS

Gesellschaft und Wirtschaft

EMPFÄNGER VERZOGEN – ANSCHRIFT UNBEKANNT – ZURÜCK AN ABSENDER. Kommt ein Brief so zurück, lautet die Kontrollfrage gewöhnlich: Stimmt die Anschrift? Oder: Wer hat einen Fehler gemacht? Was aber, wenn keine Adresse mehr existiert, an die man sich wenden kann? Im maroden Rußland fanden Millionen alter Menschen über Monate hinweg niemanden, der ihnen ihre Minirente ausbezahlte. Rußland muß beim Internationalen Währungsfonds dafür betteln gehen.

Die Härte solcher Gläubigerschicksale kann auch Deutschland erleben. Dafür reicht aus, daß der Finanzminister wegen Überschuldung von der Bundesbank keine Kassenkredite mehr erhält; der Staat könnte dann tatsächlich offene Rechnungen und fällige Gehälter nicht bezahlen. Wer wäre als der große Organisator zuständig, wenn auf die Generalinstanz Gesellschaft, deren berühmte Kräfte gesamtschuldnerisch solche verlotterten Verhältnisse zu verantworteten haben, der Rückgriff aussichtslos ist? In jedem Fall wären viele Menschen ohne eine persönlich-politische Bezugsperson.

Die gutsituierten USA verkünden mit einem kleinen »yellow stick« die Einstellung der Tätigkeit des renommierten Office of Technological Assessment: OTA – ELIMINATED BY CONGRESS – RETURN TO SENDER – REMOVE FROM MAILING LIST. Kein aufklärender Hinweis. Der schlanke Staat hält sich selbst für erklärt genug. Auf Folgenkontrolle folgt Einsparung. Bitte keine unnötigen Diskussionen mehr über Sinn und konkreten Nutzen von Technikbewertung. Endlich weg mit den kritischen Plagegeistern! Wie die speziellen Informationskosten hält der amerikanische Kongreß jetzt auch die Kosten für die allgemeine Wohltätigkeit für unnütz: Ab 1. Juli 1997 wurde die bundesrechtliche Verantwortung für Sozialhilfe und der Anspruch jedes Bedürftigen auf staatliche Hilfe abgeschafft. Diese US-Revolution hat das Motto »Welfare to Work«.

Von der öffentlichen Bildfläche verschwinden nicht nur angesehene und exotische Adressen. Ganz allgemein häufen sich in Ost und West Fälle von Zuwendungs- und Zuständigkeitsverweigerung. Was zunächst als eine unabweisbare Sanierungsfrage – Privatisierung – erschien, tritt jetzt als neue Ideologie auf. Mit bislang unvorstellbarer Leichtigkeit werden »Erste Hilfe« und rechtlich abgesicherte Anrechte aufgekündigt.

Einschnitte und Einkommen

Wo schmerzhafte Einschnitte – Kostensenkungen, Entlassungen – nicht auf Anhieb klappen, werden für ihre Durchsetzung alle erdenkbaren Hilfstruppen aufgeboten. Mal sehen, was eine desorganisierte Gesellschaft alles aushält. Aus der Klimaforschung ist bekannt, daß Temperaturschwankungen von wenigen Graden ausreichen können, um langfristig dramatische Veränderungen von Klima und Umwelt, zum Beispiel eine Kehrtwendung des Golfstroms, herbeizuführen. Beim politischen Großwettergeschehen sollte grundsätzlich eine vergleichbare Reaktionsempfindlichkeit unterstellt werden, doch beim Nahkampf ums tägliche Geld sind wir von solcher Wetterfühligkeit weit entfernt. Hier regiert *divide et impera.* Damit wird demonstrativ das Einkommen aller abhängig Beschäftigten in zwei Teile zerlegt. Bekanntlich sind die Ausgaben für Personal der sperrigste Kostenblock (in der Industrie zum Beispiel 27 Prozent, Energiekosten etwa 2 Prozent). Wenn schon nicht pauschal das gesamte Einkommen, so muß doch zumindest ein Teil davon (der amtlich zu »Lohnnebenkosten« erklärte) sich absenken und in leichter greifbare Einzelteile zerstückeln lassen. Dieser originellen Einsicht verweigern sich inzwischen nicht einmal mehr führende Gewerkschaftsvertreter. Komme niemand und sage, sie verstünden nichts von Betriebswirtschaft. Jetzt wird's nur Zeit, daß sie sich mit dem Fach Volkswirtschaft beschäftigen. Was im Grenzbereich privater Liquidität so hin- und hergeschoben werden kann, ist gewaltig. Aus Absenkung (zum Beispiel Streichung der Urlaubs- und Weihnachtsgelder) plus Zuzahlung (für Pharmaka und vieles andere mehr) wird ein Doppelminus. Bei 50 DM plus 50 DM pro Person und Monat kommen da bei 30 Millionen Betroffenen im Jahr 36 Milliarden DM zusammen (Entlastungseffekt der geplanten Steuerreform: 30 Milliarden).

Der normale Mensch arbeitet beziehungsweise verdient aber nur einmal. So ist plausibel, daß er Haupt- und Nebenkosten aus einer Gesamtlohntüte bezahlt. Entsprechend trifft ihn das Doppelminus in voller Härte. Von einer Gewinnaufschlüsselung, die diesem Vergleich standhalten würde, ist dagegen in einheimischen und multinationalen Vorstandsetagen nirgendwo die Rede. Deren kreatives Einkommenssplitting zielt genau in die Gegenrichtung: riesige Gehaltserhöhung durch großzügige Aktienoptionen. Mit gewinnabhängigem Zubrot kann ein Spitzenmanager (als Substitut, nicht als Unternehmer) sich inzwischen ein Jahreseinkommen von bis zu 100 Millionen Dollar zuschustern. Rechnet man diesen Betrag auf deutsches Sozialhilfeniveau um (es gilt im internationalen Vergleich als nicht kärglich bemessen), könnten unter hiesigen Verhältnissen von dieser Summe mindestens 10000 Menschen leben. Nota bene: In einer globalisierten Welt löst sich Geld nicht spurlos in Luft auf. Bei seinen Erdumkreisungen verschwindet Geld höchstens in anonymen Brieftaschen oder auf ausländischen Konten. Liechtenstein und Luxemburg lassen grüßen. Diese Gegenden gelten allerdings nicht als Sphäre sozialen Fingerspitzengefühls.

Auffällige Vor- und Hintermänner des neuen Einsparens und Umschichtens sind nicht nur importierte Kostendrücker, klamme Sozialstationen oder staatliche Institutionen, die wegen kontrollarmer Großzügigkeit geliebt oder wegen erwiesener Unfähigkeit angeprangert werden. Längst erklären auch honorige Familienvorstände, kirchliche Einrichtungen oder internationale Hilfsorganisationen, die auf zahlreiche Mitglieder wie zahlungsbereite Spender angewiesen sind, das definitive Ende ihres bisherigen finanziellen und ideellen Engagements.

Zeitgeist wie Fakten signalisieren unmißverständlich: Die besserverdienende Society kündigt die laufenden Verträge und zieht sich ins staatenlose Privatleben zurück. Auch die saturierten Bürger, denen das finanzielle Format von Luxusflüchtlingen fehlt, sind nicht mehr bereit, für die traditionellen Schutzvorrichtungen und Aufgaben der Heimatgesellschaft im bisherigen Umfang aufzukommen. Die Kosten, so wird ihnen immer wieder »sachverständig« dargelegt, sind einfach zu hoch beziehungsweise werden in Kürze astronomisch. Warum also im Quellgebiet seines Wohlstands sozialpflichtig verbleiben? Der Kalte Krieg ist schließlich vorbei, also endlich her mit der Friedensdividende! Die Deutsche Bank hat dafür ein Maß gesetzt: per annum 25 Prozent Eigenkapitalrendite. International wäre das noch eher bescheiden (bis zu 50 Prozent vor Steuern in der Schweiz). Spareinlagen mit einjähriger Laufzeit verzinsen die deutschen Großbanken ihren Kleinkunden zur Zeit mit etwa 2,5 Prozent.

Bei solchen Margen hinkt der Faktor Arbeit zwangsläufig immer weiter hinter dem Kapital und seinen Erträgen hinterher. Für Nachzügler bestehen da kaum noch Aufholaussichten. Das Kapital befreit sich von der Arbeit. Bei jeder Rationalisierung ersetzt Kapital so Arbeit. Die maschinelle Wertschöpfung wird von den Kapitalgebern beansprucht. Kapitalgeber sind heute oft Pensionsfonds. Mit deren reichlichem Ertrag müssen inzwischen viele Menschen als Sicherheit für ihre alten Tage rechnen.

Auf dem Weg des Produktivitätsfortschritts verschwinden Arbeitsplätze systemartig. Das An- und Umsiedeln von Arbeitsplätzen schafft keine Kompensation. Und: Wo sich keine hochprofitablen Anlagemöglichkeiten auftun, bekommt das Kapital seine eigenen Beschäftigungsprobleme. Zwischen zahlungsunwillig und zahlungsunfähig oder Lohnnachzahlung und Lohnfortzahlung liegen entsprechende Welten. Selten war es so billig, zum Helden einer neuen Zeit aufzusteigen. Jetzt reicht bereits die Vermutung: Wer (als Spitzenverdiener in Deutschland) wenig Steuern zahlt, schafft Arbeitsplätze – irgendwie, irgendwann, irgendwo. Bei zeitgleicher Lohnzurückhaltung entsteht angeblich sogar echter ökonomischer Wohlklang, ewigwährende Wettbewerbsfähigkeit.

Was zählt da schon, wer wen tatsächlich alimentiert – stützt, schützt, schuftet –, wer das Staatssäckel füllt und über wen sich dann sein Füllhorn ausgießt? Zum besseren Verständnis: 1996 wurden in der Bundesrepublik 821 Milliarden DM Steuern gezahlt. Von diesem Gesamtsteueraufkommen entfielen auf Lohnsteuern rund 37 Prozent; Umsatzsteuer 26 Prozent; Mineralölsteuer 8,5 Prozent und Vermögenssteuer ein Prozent (ganze 8 Milliarden). Zusammen mit Beiträgen für die Kranken-, Pflege-, Rentenkassen und anderen Posten werden sie zur »Staatsquote« aufaddiert. 1996 hat der Staat insgesamt Einnahmen in Höhe von 1 642,7 Milliarden DM verbucht (Ausgaben: 1 777,7 Milliarden DM; Finanzierungssaldo minus 134 Milliarden DM). Das sind gut 50 Prozent des Bruttosozialprodukts.

Durchschnittlich arbeitet der statistische Einheitsdeutsche damit sechs Monate im Jahr für gesellschaftliche Tributzahlungen. Erst danach darf er brav an sich selbst denken. Das macht jetzt selbst den Bundespräsidenten zum Protestanten: So viel Bürgergeld soll der Staat nicht mehr in die Hände bekommen. Das schwächt die Möglichkeit zu Eigenverantwortung und Eigeninitiative und entzieht Freiheit. Deshalb runter mit den Steuern und weg mit den administrativen Gängelungen. Rückübertragung ist angesagt – und das mit Vorsatz und System.

Vorsicht: Etwas genauer muß man schon hinsehen, wer da geknebelt und seiner Freiheit oder Finanzhoheit beraubt wird. Auf eine dreistellige Milliardensumme wird der Betrag geschätzt, der mit großer persönlicher Phantasie jährlich halb- bis illegal am Fiskus vorbeigeschleust wird. Zur modernen Standortlehre gehören heute tausend Steuertricks ebenso wie intime Kenntnisse zahlreicher Subventionsmöglichkeiten. Sie engen den unternehmerischen Gestaltungsraum nicht gerade ein. Sie beflügeln ihn eher in alle Himmelsrichtungen. Gleichzeitig führen sie den klassischen Leistungswettbewerb ad absurdum. Der hat etwas mit gleichen Startchancen zu tun. In diesem Zusammenhang hätte dem Bundespräsidenten ein wirklicher Skandal auffallen müssen: Zahlte jeder im Lande seine Steuern, wie er eigentlich müßte und könnte, wäre die durchschnittliche Belastung geringer und entsprechend allgemein leichter ertragbar. 1997 wäre weder eine Neuverschuldung noch ein Nachtragshaushalt erforderlich, und uns allen wäre das politische Schmierentheater der letzten Monate erspart geblieben.

Quote und Knete

Was heißt eigentlich Staatsquote? Die Zinsen, die der Staat für seine Schulden zahlt, finden umgehend ihren Weg zu den Besitzern entsprechender Obligationen (Zinszahlungen des Bundes 1996: 130,6 Milliarden DM) zurück. Schuldenumfang und Zinshöhe bedingen sich dabei nicht zufällig. Aus Steuergroschen werden direkt durch »Übertragung« auch Kindergeld oder Militärflugzeuge finanziert. Von der Staatsquote gibt's also reichlich zurück. Bei der Rückgabe wird allerdings nicht nach Selbsterarbeitetem oder Unverdientem unterschieden.

Retransfer ist kein Staatsgeheimnis. Genau wie Agrarsubventionen (1996 aus Brüssel und Bonn rund 28 Milliarden DM für 230 000 deutsche Bauern) oder andere Formen von Produzenten- und Konsumentenfürsorge ist das Kindergeld ein »Durchlaufposten« (36 Milliarden DM für etwa 15 Millionen berechtigte Kinder; zum Größenvergleich: Ausgaben für Auslandstourismus 1996: 71 Milliarden DM). Das gesamtdeutsche Bruttoinlandsprodukt in Höhe von gut 3500 Milliarden DM hat sich allen Unkenrufen zum Trotz gegenüber den Vorjahren nicht verkleinert (Anstieg 1991 – 1996: real 7 Prozent). Das durchschnittliche Pro-Kopf-Einkommen lag 1996 bei 32 600 DM im Jahr.

Alles entscheidend beim Pro-Kopf-Einkommen ist, auf welche Köpfe es im Einzelfall wieder herunterfällt oder in wessen Portemonnaie es landet. Hier verfügen politische Präferenzen über wirtschaftliche und soziale Interessen. Das ist mit »Partei ergreifen« gemeint. Erst danach läßt sich beantworten, ob das jeweilige »Nettoeinkommen« für eine sparsame Haushaltsführung noch ausreicht oder das Ende der bürgerlichen Existenz schon eingeläutet ist.

Wie immer im Leben kommt es also auch beim Bruttosozialprodukt auf die zweckmäßige Verwendung der erzeugten Wirtschaftsleistung an. Nur sie kann für den privaten Lebensunterhalt, Investitionen oder nationale/internationale Wohltätigkeit ausgegeben werden. »Staatsknete« läßt sich nicht folgenlos wundersam vermehren. Ebenso unumstößlich gilt, daß man Geld nur einmal ausgeben kann: Wenn Großmutters Häuschen verfrühstückt ist, haben alle Enkel das Nachsehen. Geld, daß für Zukunftsinvestionen (dazu gehört heute die rasche Beseitigung von Altlasten) benötigt wird, steht für Sozialkonsum nicht mehr zur freien Disposition. Wer seine Alten nicht kostenarm pflegen will, verkürzt seine Erbe, so es vorhanden ist (drei Jahre Pflegebedürftigkeit kosten inzwischen bis zu 200 000 DM). Für Jugendpflege, also Zukunftsinvestitionen, gibt es eine vergleichbare Rechenformel.

Der Anschein trügt nicht, daß der real agierende Kapitalismus sich bei der Verwertung der erwirtschafteten Erträge weltweit in Zukunft weniger hineinreden und hineinregieren lassen will als bisher. Sein Stück vom Bruttosozialprodukt soll größer werden. Wenn das klappt, wird die Gesellschaft der Kapitallosen zwangsläufig weniger auf Rosen gebettet sein.

Neu ist diese Strategie nicht. Für »unumgängliches« Zurückstecken haben sich schon immer Anlässe und Argumente finden lassen. Mit denen galt es sich dann abzufinden. Eines Wachstumsstillstandes bedarf es dafür nicht (zwischen 1980 und 1996 haben sich die Nettogewinne um fast 100 Prozent erhöht, die Löhne um rund 10 Prozent). Der Arbeitnehmeranteil am gemeinsam erwirtschafteten Einkommenserfolg liegt in Deutschland gegenwärtig auf einem Rekordtief. Und: Wer fleißig Geld ins Ausland schafft (beziehungsweise das Ausland, wie mit der Einführung des Euros, regional gleich ganz abschaffen will), hat es vorher immer im Inland irgendwo »akkumuliert«. Es ist kein unerklärlicher Zufall, daß die amtliche Statistik bei Angaben über Privateinkünfte sehr schweigsam wird und »von geringer Aussagefähigkeit« ist.

Gemeinnutz und Selbstschutz

Gegenwärtig erscheint sonnenklar (was zeitweise als Wirtschaftsmärchen galt), wer im Land Arbeit gibt und wer sie untertänig annimmt. Die soziale Rollenbesetzung von oben und unten ist sicher verteilt, wirtschaftliche Vormacht und Ohnmacht ebenso. Politische Bildung setzt ständiges Training voraus. Nur so lassen sich Umverteilungsattacken mit und ohne Tarifmantel abwehren. Gemeinschaftsaufgaben, beispielsweise die Organisation des politischen wie sozialen Katastrophenschutzes, der Bau von Straßen und Schulen, bestehen allerdings unvermindert fort. Privatweg und öffentliche Straße unterscheidet eben mehr als nur ihr Finanzierungsmodus: mit Zaun oder Schlagbaum wird da einmal ausgeschlossen, das andere Mal wird bewußt offengehalten.

Gesellschaftlicher Selbstschutz basiert auf einer intakten Infrastruktur. Ohne solide Grundausbildung, praktische Fortbildung und Selbstbeteiligung ist das nicht zu haben. Es bleibt nicht folgenlos, wenn beispielsweise drei Viertel aller Jugendlichen keine Fernsehnachrichten mehr sehen. Unwissen ist nicht passiv.

Gemeinnutz vor Eigennutz zu postulieren, ist eine Sache. Eine weit schwierigere ist es, den Gemeinnutz der Gesellschaft in der Praxis aufrechtzuerhalten. Gemeinnützigkeit hat dabei mit Zweckmäßigkeit zu tun. Zehn Hände können einfach mehr tragen als zwei. Sie können vor allem etwas bewegen, was zwei nie zustande bringen werden. Die Bündelung und Organisation von Einzelkräften ist Ausgangspunkt der modernen Zivilisation. Allgemeiner Nutzen steht nicht im Gegensatz zum speziellen. Das Gegenteil ist richtig. Gemeinnutz ist Voraussetzung fürs Laisser-faire von Bürger und Wirtschaft.

Ohne Staat geht eben nicht alles besser. Die moderne Wirtschaft ist grundsätzlich darauf angewiesen, daß der gemeinnützige Rahmen der Gesellschaft für befolgbare Regeln, für Ruhe und Ordnung sorgt. Dafür muß der Staat sich Dienstpersonal besorgen und es besolden. Rechtssicherheit ist die Basis verläßlicher Geschäftstätigkeit. Deshalb darf der Arm des Gesetzes nicht an Muskelschwund leiden. Für ihn muß jedermann zahlen, ohne ihn sich kaufen zu können. Wer diese gesellschaftlichen Grundregeln nicht einhält, ist grundsätzlich Kumpan oder Komplize der Mafia.

Bei aller erwünschten Dynamik ist Gesellschaft eben auch Haftungsverein gegen Lebensrisiken, die ein einzelner nicht schultern kann. Wie bei einer normalen Risikoversicherung stellt sich die Frage, wie alle Risikogruppen richtig zur Zahlung oder Mitleistung herangezogen werden. Wer Wert auf einen gepflegten Stadtpark legt, braucht dafür nicht zwingend billige Putzteufel, die schon sozial bezahlt sind. Der Bürger kann seine schönen Anlagen durch Nichtverschmutzen auch selber sauberhalten. Die Bilanz fällt dann aus wie bei einer Müllverbrennungsanlage, der der selbstgemachte Dreck und Abfall ausgeht. Über solche Zusammenhänge sollte man sorgfältig nachdenken, bevor man den arbeitsscheuen Deutschen als neues Standortsymbol weltläufig macht. Was bleibt beispielsweise alles bei *just-in-time* auf der Strecke beziehungsweise auf der Autobahn durch endlose LKW-Schlangen stehen und liegen? Der Buchwert dieser auf die öffentlichen Straßen transferierten Lagerkosten (Geld, Geduld, Gesundheit) im Vorfeld industrieller Produktion wird für PKW-Fahrer, Anwohner und Steuerzahler auf jährlich über 150 Milliarden DM angesetzt. Wer hat hier den finanziellen Vorteil und Vorfahrt? Wer muß sich durch Staus quälen? Wer den Lärm ertragen? Bei diesen Größenordnungen tendiert Sozialhilfe schon eher in Richtung Peanuts.

Konsumentenhaftung

Wenn nur Geld die Welt regiert, sind auch andere als autoritäre Strukturen zwischen Angebot und Nachfrage denkbar. Diese beiden Phänomene entscheiden heute nämlich gemeinsam über das, was ehrfurchtsvoll Wirtschaft genannt wird. Meist mit dem Zusatz, daß man davon nichts oder nicht sehr viel verstehe. Die kaufkräftige Nachfrage, Umfang und Niveau, ist dabei die Achillesferse des modernen Weltwirtschaftsbetriebes. Weil es ihr so schwer fällt, sich produktionsgerecht selbst zu organisieren, hilft ihr deshalb ständig die Werbung auf die Sprünge. Wenn trotzdem dem reichlichen Angebot keine ausreichende Nachfrage gegenübergestellt werden kann, werden aus Partnern erbitterte Konkurrenten, die im beinharten Wettbewerb nichts zu verschenken haben, weder Geld noch Arbeit. Entsprechend funktionieren Produktenmärkte und Arbeitsmärkte nach nahverwandten Regeln.

Die Befriedigung der Nachfrage oberhalb der Grundlebensmittel (und auf diesen anspruchsvolleren Weltmarkt zielt das Marketing von Mazda, Mercedes oder Microsoft) hat heute nichts mehr mit Mangelwirtschaft zu tun. Hier ist der Konsument tatsächlich souverän, hier muß er es sein. Es ist im konkreten Einzelfall seine Entscheidung, ob er in Moskau das durststillende Brotgetränk Kwas oder Coca Cola kauft beziehungsweise in Leipzig Metternich-Sekt statt Rotkäppchen trinkt. Wie er sich auch entscheidet, ob Trabi oder Opel, Grundig oder Sony, er »haftet« jetzt dadurch für Art, Umfang und Ort von Arbeitsplätzen. Ohne Nachfrage ist das Angebot und die darin investierte Arbeit und Kapital keinen Pfennig wert. Konsumverzicht wiegt schwerer als Wahlenthaltung. Die Nachfrage ist »Arbeitgeber«. Was das für neue Rechte und Pflichten bedeutet, ist noch weitgehend unklar.

Die Ethik der Nachfrage hat sich vom alten Geist des Kapitalismus weit entfernt: Der puritanische Hauptsatz, Arbeitsdienst gleich Gottesdienst, stimmt längst nicht mehr, nicht einmal dann, wenn respektlos Gottes- und Kapitaldienst gleichgesetzt würde. Heute fällt niemand in Sünde, der einmal Pause macht oder machen muß. Rund 20 Millionen Arbeitslose in der Europäischen Union stehen der Prolongation solcher Verdammnis sicher verständnislos gegenüber. Die Tatsache, daß gegenwärtig jeder zweite junge Spanier auf nicht absehbare Zeit arbeitslos ist, wirft ganz andere moralische und fundamentale Fragen auf. Wie ist es ohne Arbeit, ihre Zwänge und Chancen, in Zukunft um die traditionelle Sozialisation bestellt? Da war immer ein enger Zusammenhang zwischen Disziplin und Verantwortung, Mühe und Lohn. Welcher konkrete Schaden entsteht allerorten, wenn Einkommen durch ehrliche Arbeit unmöglich wird? In diesem System versagt ursächlich zuerst, wer keine bezahlte Arbeit bereitstellt. Vorgespielte »Beschäftigung« ist kein Ersatz für sie. Eine repräsentative Zeitbudgeterhebung kommt zu dem Ergebnis: Für Erwerbstätigkeit verwenden Männer und Frauen ab 12 Jahre durchschnittlich nur noch 4 Stunden und 25 Minuten beziehungsweise 2 Stunden und 11 Minuten pro Tag.

Inzwischen ist striktes Management bunter und phantasiearmer Pausen (Studienzeiten, Urlaub, Vorruhestand oder Arbeitslosigkeit), in denen kein produktiver Nutzen gestiftet werden darf, eine unabdingbare soziale Rahmenbedingung hochrentierlicher Kapitalverwertung. Pausen und das dafür notwendige Taschengeld sind die Grundvoraussetzung ihres Fortbestehens. Wer sich daran vergreift, legt Brandbeschleuniger.

Die Kalkulation mit einer immensen Warenfülle, die sich produzieren ließe, wenn in Deutschland alle Maschinen ungehindert rund um die Uhr erzeugen könnten oder die Menschen freiwillig beispielsweise 10 Stunden zusätzlich und damit kostengünstig wie nie zuvor arbeiten würden, führt ökonomisch ins Abseits. Die Nachfrage ordert über den Marktprozeß die bezahlbaren Bedarfsmengen: Nach der »Wende« konnten für 16 Millionen neue Konsumenten die ersehnten Westwaren ohne große Mühen mit bestehenden westdeutschen Kapazitäten produziert werden. Auf Kredit, den jetzt Generationen abtragen müssen.

Die Nachfrage könnte natürlich auch gegensteuern und sich statt dem teuren Kapitalmarkt wieder mit Hochachtung der Humankapitalpflege zuwenden. Substitution von Kapital und Arbeit ist wechselseitig möglich. Fleißige Hände können, wenn verfügbare Zeit kein Problem darstellt, vieles zum Nulltarif, für Eigenbedarf und Direkttausch, erzeugen, woran sich heute Maschinen und ihr Management noch eine goldene Nase verdienen. Es ist auch heftigen Nachdenkens wert, ob wir uns um der reibungslosen Kapitalverwertung willen all die vielen Dienste leisten wollen, die uns jetzt so freizügig gegen Geld angeboten werden. Wer zur Arbeitsmarktentlastung die angekündigte Dienstleistungsgesellschaft mit geringproduktiven Arbeitsplätzen fordert, muß sich beispielsweise wieder die Schuhe putzen lassen, ganz unabhängig davon, ob er bisher mit schmutzigen Schuhen herumgelaufen ist oder sie sich ganz gut selber putzen kann. Ansonsten entstehen keine neuen Einkommen, wie hoch sie auch immer seien. Übrigens: 30 Prozent der statistisch hochgelobten Dienstleistungen erbringt heute der Staat.

Shareholder Shylock

Wer fest daran glaubt, sich selbst am besten helfen zu können, verzichtet liebend gern auf *die* Gesellschaft, ihre Adressen und lästigen Agenten. »Der Starke ist am mächtigsten allein.« Nachweislich macht ein schlanker Staat Platz für private Geschäfte. Ein überzeugendes Kostenargument ist das allerdings nicht. Es kann darüber gestritten werden, wie großzügig der gesellschaftliche Ordnungsrahmen, der für Privatgeschäfte der Wirtschaft geschnitzt wird, sein muß. Das heißt, ob er in der Praxis mehr nutzlos behindert als schützt. Die politisch toxische Grenze liegt dort, wo es um parasitäres Trittbrettfahren oder um die direkte Gefährdung geht (Wirtschafts- und Umweltkriminalität).

Bis zu welcher Grenze darf ein einzelner bei der Verfolgung seiner Interessen gehen? Auf welche möglichen Risiken und Verluste bei seinen Geschäftspartnern, seiner Umwelt muß er dabei Rücksicht nehmen? Konkret: Welche Filetstücke dürfen um des privaten Vorteils willen veräußert werden, ohne daß dies zum wirtschaftlichen Kreislaufkollaps eines gesamten und bisher kerngesunden Unternehmens führt? Beispiel: Krupp/Thyssen.

Ein altes Theaterstück nimmt dieses Thema auf. Es spielt zwischen christlichen Kaufleuten und einem jüdischen Banker, dessen Geld kurzfristig für die Anbahnung einer guten Partie benötigt wird. Die Verachtung der

Geschäftspartner und ihrer Geschäftspraktiken ist gegenseitig. Das erklärt, warum Shylock eine merkwürdige Sicherheit *(bond)* fordert: ein Pfund Fleisch des Bürgen, »in der Nähe des Herzens«. Zum Fälligkeitstermin ist der Bürge zahlungsunfähig. Es kommt zum Schauprozeß. Ein weiser und gerechter Richter bestätigt den Anspruch des Juden. Der hat allerdings nichts davon. Ihm wird zur zwingenden Auflage gemacht, daß er kein Gramm Fleisch zuviel heraustrennen und keinen Tropfen Blut vergießen darf, weil er sonst selbst wegen Mordes belangt würde. Der Shareholder Shylock wird Opfer zwiespältiger mittelalterlicher Moral. Die Buße war von Anfang an sittenwidrig. Zum Schluß des Stücks kann er froh sein, das eigene Leben zu retten.

Der Kaufmann von Venedig spielt in einem Jahrhundert, in dem gepfählt und gevierteilt wird, als sei dies das natürlichste von der Welt. Die moderne Geldwirtschaft hat ebenso zur Voraussetzung, daß zerteilt und gestückelt werden kann. Auch ihr zentrales Problem ist es, wieweit die Gesellschaft private Entnahmen »in der Nähe des Herzens« begünstigen darf, ohne selbst draufzugehen. Jeder weiß, daß es dabei keineswegs um Geld allein geht. Der Horizont reicht vom retouchierten Bebauungsplan, in dessen Konsequenz einer Stadt plötzlich die Atemwege für Frischluft abgedrückt werden, bis zum Funktionsverlust der eigenen Sprache, die auf dem Weg nach Europa abhanden kommt. Bei Tisch wird in Brüssel faktisch kein Deutsch mehr gesprochen (Anteil an der EU-Bevölkerung: 25 Prozent).

System und Netz

Die »Sicherheit des Netzes« ist eine höchst ambivalente Figur. Wie frei, gefangen oder abhängig ein Netz macht, ist umstritten. Ist die dargebotene Obhut der privaten Wirtschaft als Rundumservice tatsächlich zweckmäßig, preiswert und – das wäre besonders wichtig – halbwegs vollständig? Der Verdacht, daß dies nicht der Fall ist, wird laufend bestätigt. Was sich nach Übernahme in Privatbesitz nicht rechnet, wird abgestoßen, ausgeschlachtet, eingestellt, abgewickelt. Der Rest verspricht dann phantastische Geschäfte zu Lasten des Faktors Arbeit. Für den »Abfall« bleibt selbstverständlich *die* Gesellschaft zuständig. Ohne sie als »Auffangbecken« würde das ganze System längst nicht mehr funktionieren. Aus einer aktuellen Untersuchung der Bundesanstalt für Arbeit: Knapp 60 Prozent ihrer Millionenklientel waren 1996 Langzeitarbeitslose.

Welche Rechenart wird angewendet, wenn sich Post oder Bahn aus der Fläche zurückziehen? Wann gilt das Gemeinlast- und wann das Verursacherprinzip? Die privatisierte Bundespost ist weder billiger noch besser. Im Gegenteil. Die profitablen Leitungsnetze der Bundespost oder die Goldreserven der Bundesbank sind originäres »Volkseigentum«. An ihm dürfen sich nicht beliebig marodierende Koalitionen vergreifen, je nachdem, ob ihre politischen Rechnungen gerade aufgehen oder nicht. Ordentlich öffentlich Erworbenes und Erspartes ist kein Deckungsposten für »Haushaltsabenteurer«. Im krassen Gegensatz zum Treuhandfundus hat das Tafelsilber von Bund, Ländern und Gemeinden noch erheblichen Substanz- und Ertragswert. Warum soll der Bürger per Notverkauf zur »Gegenfinanzierung« darauf verzichten? Öffentliche Armut läßt sich ortsnah und seriös mit anderen Mitteln wirkungsvoll beheben.

Privat rentierliche Produktlösungen sind keine Prototypen für Problemlösungen, die die Gesellschaft über Zeit und Raum hinweg benötigt. Sie adäquat zu entwickeln und zu finanzieren, ist die Leistung der Gesellschaft. Damit gewinnt sie ihr eigenes Profil und ihre Stabilität. Dazu gehört ein informiertes Bewußtsein, das zwischen Entwicklungslinien von Produkten und Problemen unterscheiden kann.

Private Unternehmen sind kein Staatsersatz. Auch nicht, wenn sie machtvoll als *global players* auftreten und sich bei ihren strategischen Planungen und Allianzen von niemandem und nirgendwo aufhalten lassen wollen und dabei nationale Regierungen in den Schatten stellen. Was anhaltende Geringschätzung von Menschen und materialer Infrastruktur bedeutet, hat der erfolglose sozialistische Großbetriebsversuch hinlänglich gezeigt. Man muß ihn unter kapitalistischen Vorzeichen nicht wiederholen. Von der Sowjetunion lernen, die es weder mit menschlichen Vorrechten noch ihrem heruntergekommenen Straßenwesen sehr genau nahm, heißt verlieren lernen.

Warum sollte das Desaster bei betriebswirtschaftlich fixierten Weltkonzernen grundsätzlich einmal geringer ausfallen? Wird sich Coca Cola für Rechtextremismus zuständig fühlen oder MacDonald's für globale Fleischkontrollen? Dafür fehlen diesen Unternehmen die geeigneten Mittel und Motive, mögen ihnen auch noch so viele glückliche Kunden vertrauen. Auch nach Brent Spar wird Shell nicht zum internationalen Vorkämpfer geringen Benzinverbrauches. Hier liegt die Problemkompetenz unzweideutig bei der Gesellschaft. Sie ist auf Schadensvermeidung zumindest ansatzweise programmiert. Deshalb muß sie kontroll- wie zahlungsfähig erhalten bleiben. Gesellschaft kann dabei ganz gut haupt- wie nebenamtlich, fraktal oder repräsentativ funktionieren. Wirtschaft findet in und für die Gesellschaft statt, nicht umgekehrt oder ohne sie.

HEINZ BUDE

Der Unternehmer als Revolutionär der Wirtschaft

Die revolutionäre Formel

Die berühmte Formel unternehmerischen Handelns stammt von Joseph A. Schumpeter: Der Unternehmer verwirklicht sich in der Durchsetzung neuer Kombinationen auf dem Markt und in der Gesellschaft. Diese Formulierung enthält drei bemerkenswerte Bestimmungen: Erstens ist der Unternehmer ein Kombinierer; er nimmt auf, was schon vorhanden ist, fügt es nur anders zusammen und bringt diese neue Kombination unter die Leute. Zweitens hat das Unternehmersein etwas mit Durchsetzung zu tun; es gibt Widerstände, Fixierungen und Gewohnheiten, die sich der unternehmerischen Initiative in den Weg stellen. Und drittens ist das energische Handeln des Unternehmers nach vorn gerichtet. Die Kategorie des Neuen verleiht seinem Tun einen eigenen Reiz und eine besondere Bedeutung. Neuheit heißt nicht Fortschritt, sondern lediglich das Fremde und Andere, das das Gewohnte und Erprobte übertrumpft.

Die zitierte Formel stammt aus seinem frühem Hauptwerk über die *Theorie der wirtschaftlichen Entwicklung* (1911)[1], in dem Schumpeter die üblichen statischen Gleichgewichtstheorien zugunsten einer dynamischen Entwicklungstheorie des Wirtschaftslebens hinter sich läßt. Schumpeter geht es um das eigentliche Phänomen von Entwicklung, das nicht durch exogene Verursachung, sondern allein durch einen endogenen Mechanismus zu klären ist. Darin gleicht seine Fragestellung durchaus der von Marx. Denn Marx nimmt ebenfalls eine innere ökonomische Entwicklung an, die nicht auf ein bloßes Anpassen an sich ändernde Daten zu reduzieren ist. Nur löst sich nach Schumpeters Lesart bei diesem der Entwicklungsmechanismus in eine Folge von Kapitalumwandlungen auf. Es fehlt das Verständnis für die spontan entspringenden und diskontinuierlich sich zeigenden Veränderungen und Verschiebungen, die die Kreislaufbewegung durchbrechen und den Übergang von einem Schwerpunkt zu einem anderen bewirken. Hier kommt der Unternehmer ins Spiel, der durch die Kombination schon vorhandener Dinge und Kräfte neue Konsumbedürfnisse und andere Verwendungsmöglichkeiten schafft. Das kann durch eine neue Produktidee, eine neue Produktionsmethode, eine neue Form der Organisation oder neue Wege zur Erschließung von Bezugsquellen und Absatzmärkten geschehen. Wichtig ist in jedem Fall die Erschließung einer neuen Wertquelle, die produktive Ungleichgewichte und stimulierende Disproportionalitäten im ökonomischen System mit sich bringt.

[1] Dort heißt es: »Unternehmung nennen wir die Durchsetzung neuer Kombinationen ..., Unternehmer die Wirtschaftssubjekte, deren Funktion die Durchsetzung neuer Kombinationen ist und die dabei das aktive Element sind.« Joseph A. Schumpeter, *Theorie der wirtschaftlichen Entwicklung. Eine Untersuchung über Unternehmergewinn, Kapital, Kredit, Zins und den Konjunkturzyklus.* Berlin: Duncker & Humblot 1993.

In Schumpeters Konstruktion erscheint der Unternehmer als das einzig selbständige Wirtschaftssubjekt, weil er sich nicht von der Nachfrage, sondern vom Angebot her denkt. Einen kleinen Rechner als technische Möglichkeit gab es längst, es mußte nur ein unternehmerischer Typ auf die Idee kommen, einen persönlichen Computer zu entwickeln, den man in seinem alltäglichen Leben für diverse Zwecke gebrauchen kann. Daß Deutschland einmal das Land solcher Unternehmer war, kann man einer Notiz von Walther Rathenau über das Werk seines Vaters entnehmen, der in einem Anfall von visionärem Optimismus auf der Pariser Ausstellung von 1878 die europäischen Patente von Edison erwarb und damit den Grundstock für die AEG legte: »Bei der Schaffung der angewandten Elektrotechnik handelte es sich um die Entstehung eines neuen Wirtschaftsgebietes und um eine Umgestaltung eines großen Teils aller modernen Lebensverhältnisse, die nicht vom Konsumenten ausging, sondern vom Produzenten organisiert und gewissermaßen aufgezwungen werden mußte. Die Länder, die die Entwicklung den Konsumenten überließen, konnten ein solches Wirtschaftsgebilde nur unvollkommen und aus zweiter Hand erhalten. Die Elektrizität in ihrer heutigen Zentralisation dagegen entstand eigentlich in Deutschland, einem weder kapitalistisch noch geographisch hierzu besonders prädisponierten Lande, während in Amerika die elektrische Industrie zwar infolge des enormen Konsums einen lebhaften Aufschwung nahm, aber doch immerhin bis in die jüngere Zeit die Form der älteren Industrien, wenn auch in größten Dimensionen, beibehalten hat.«[2]

Statik und Dynamik

Schumpeters Unternehmer ist der »Revolutionär der Wirtschaft«. Der Begriff der Revolution beruht auf der Unterstellung eines Gegensatzes zwischen Kräften der Beharrung und solchen der Erneuerung. Es handelt sich um einen konstitutiven Gegensatz, der Überbrückungseffekte und Übergangsphänomene hervorruft. Darin findet der Unternehmer seinen Platz, und dadurch bekommt die Theorie des unternehmerischen Handelns ihre Schärfe.

Da gibt es auf der einen Seite das Bild des Kreislaufs, das einen immer wieder in sich zurückkehrenden und dadurch sich ewig gleichbleibenden Strom des Wirtschaftslebens vorstellt. Wir haben eine ruhende, passive, von den Umständen bedingte, stationäre und statische Wirtschaft vor Augen, wo eine stets gleiche wirtschaftliche Tätigkeit für größtmögliche Bedürfnisbefriedigung aufgrund gegebener Verhältnisse sorgt. Die entsprechenden Begriffe lauten Symmetrie, Reversibilität und Immunität. Man liebt modellartige Transformationsgleichungen, langfristige Rückkehrschleifen und reflexive Schließungsmechanismen. Die Theorie sucht die Anpassung des Systems an wechselnde Umweltbedingungen zu beschreiben, um so zu retrospektiven Optimums- und projektiven Effizienzaussagen zu gelangen. Was dabei aller-

---

2 Zitiert nach Harry Graf Kessler, *Walther Rathenau. Sein Leben und sein Werk.* Berlin 1928.

dings verloren geht, ist der Sinn für das menschliche Vermögen, sich in einer Weise zur Welt zu verhalten, die uns viel mehr zu entdecken und zu tun gestattet, als durch irgendeine definitive Liste möglicher geistiger und sozialer Systeme erfaßt werden könnte.

Daher steht auf der anderen Seite das Bild einer Ellipse oder Spirale, das die Vorstellung einer Ordnung durch Fluktuation zum Ausdruck bringt. Die hierfür passenden Begriffe heißen Unausgeglichenheit, Irreversibilität und Verwundbarkeit. Sie umkreisen das Phänomen eines produzierten Neuen, das nicht bereits regelmäßig geschaffen wird und die eingespielte Gleichgewichts- und Bedürfnisökonomie stört. Schumpeter sieht eine spontane »Mehrleistung«, die einen überschüssigen »Mehrwert« erzeugt, der nach und nach assimiliert werden muß. Die Veränderung von Konsumformen, Beschäftigungsstrukturen, Produktionsweisen und Arbeitsorganisationen folgt keiner linearen und universellen Logik des technologischen Fortschritts, der kapitalistischen Entwicklung oder der systematischen Irrtumskontrolle, sie ergibt sich vielmehr aus einer Vielzahl institutionalisierter Experimente, hinter denen sich die okkasionalistische Logik einer unternehmerischen Intelligenz verbirgt. Nicht die bloße Mechanik von Kapitalmassen, sondern vor allem die Tricks und List von »newcomers« und »start ups« bringen die Entwicklung voran. Das darin liegende gedankliche Problem, stellt Schumpeter in seinem melancholischen Spätwerk von 1942 fest, verlangt eine grundsätzliche Umstellung der Perspektive: »Gewöhnlich wird nur das Problem betrachtet, wie der Kapitalismus mit bestehenden Strukturen umgeht, während das relevante Problem darin besteht, wie er sie schafft und zerstört.«[3]

Die Frage nach dem Wesen unternehmerischen Handelns stellt uns somit vor zwei offenbar inkompatible theoretische Optionen: Theorien der Statik, die extern ausgelöste Anpassung nachzubilden versuchen, und Theorien der Dynamik, die auf der Spur intern motivierter Übergänge sind. Das eine Mal haben wir es mit den ehernen Gesetzen eines Systems als Objekt, das andere Mal mit den aus Phänomenen der Singularität und Instabilität herrührenden Zwängen eines Systems als Subjekt zu tun.

Schumpeter bringt dieses Gegensatzpaar auf zwei Typen des Handelns, die sich in der wirklichen Welt in wechselseitigem Unverständnis, verschwiegener Konkurrenz oder offenem Kampf gegenüberstehen: Auf der einen Seite der »hedonistische Wirt«, der auf Routine, Bedürfnisbefriedigung, Ressourcenerhaltung und Störungsbeseitigung aus ist, und auf der anderen der »unternehmerische Unternehmer«, der sich der Durchbrechung des Sicheren und Normalen, dem Willen zur Verausgabung, dem Glauben an Positivsummeneffekte und der Fehlerfreundlichkeit verschrieben hat. Der »Wirt« ist die Sozialfigur der Einpassung und der »Unternehmer« die der Überschreitung. Hier der »Etui-Mensch«, der sich von der Bindung an die gegebenen Verhältnisse nicht lösen kann und deshalb zum Extrapolieren von vergangenen Häufigkeiten auf zukünftige Entwicklungen neigt, dort der

3 Joseph A. Schumpeter, *Kapitalismus, Sozialismus und Demokratie.* Tübingen: Francke 1993.

»energische Charakter«, der mit den Chancen des Unbekannten spielt und sich auf sein unbewußtes Wahrnehmungsurteil verläßt.

Der skrupulösen Komplikation der Nicht-Entscheidung steht die überraschende Einfachheit der Entscheidung gegenüber. So wird von Emil Rathenau erzählt, daß er nur das Einfache begreifen konnte und sich darum nur Dingen und Verhältnissen zuwandte, die klar und einfach waren oder die er als solche auffassen konnte. Alles andere interessierte ihn nicht. Dazu stellt John Maynard Keynes anläßlich einer Polemik gegen den Wahn wahrscheinlichkeitstheoretischer Absicherung in seiner *General Theory of Employment, Interest and Money* von 1936 ziemlich lapidar fest: »Die meisten unserer Entscheidungen, etwas Positives zu tun ..., können nur als Resultat von Lebensfreude verstanden werden ... und keineswegs als Ergebnis eines ausgewogenen Durchschnitts aus quantitativen Nutzeffekten multipliziert mit quantitativen Wahrscheinlichkeiten.«

Was ein Unternehmer braucht

Was im unternehmerischen Handeln also zusammenkommt, ist ein bestimmter kombinatorischer Sinn und eine bestimmte Energie der Selbstdurchsetzung. Dies begründet für Schumpeter die besondere Form der »Führerschaft« dieses Handlungstyps. Drei Dinge braucht ein Unternehmer.

Erstens kommt für den Erfolg alles auf einen gewissen »Blick« an: nämlich da Möglichkeiten zu sehen, wo andere nur Hindernisse erkennen. »Abduktiv« nennt man in der Tradition von Charles Sanders Peirce den Schluß auf eine Handlungsregel, für die man im Moment keine Rechenschaft abgeben kann. Wie in einer zugespitzten strategischen Lage gehandelt werden muß, selbst wenn die an sich beschaffbaren Daten über mögliche Folgen nicht vorhanden sind, so muß im Wirtschaftsleben gehandelt werden, ohne daß das, was geschehen soll, bis in alle Einzelheiten klar ist. Denn, so der Punkt von Peirce, die Erkenntnis läßt sich über das Stadium des leeren Stierens hinaus nicht im geringsten erweitern, macht man nicht bei jedem Schritt eine Abduktion.[4]

Zweitens verlangt dies eine Haltung der Einfachheit und Natürlichkeit, die es einem erlaubt, die kraftsparende Funktion fester Denk- und Verhaltensgewohnheiten auf sich beruhen lassen oder gar aufs Spiel setzen zu können. Es ist ein Überschuß an Kraft vonnöten, der nicht selten mit einer schwierigen und rücksichtslosen Einseitigkeit einhergeht. Man muß in Dingen, nicht in Begriffen und Worten denken.

Drittens muß die Bereitschaft vorhanden sein, mit Gegendruck in Form rechtlicher, politischer, organisatorischer oder kultureller Zwänge umzugehen. Direkt und sofort aber hat derjenige, der eine neue Kombination einführen will, mit einer aus Abwarten und Zusehen bestehenden sozialen Mißbilligung zu rechnen. Das zeigt sich zunächst im Widerstand der durch das

---

4 Vgl. Thomas A. Sebeok/Jean Umiker-Sebeok, *»Du kennst meine Methode«. Charles S. Peirce und Sherlock Holmes.* Frankfurt: Suhrkamp 1982.

Neue bedrohten Gruppen, dann im Bemühen, die für die Unternehmung richtigen Mitarbeiter und Mitstreiter zu finden, vor allem jedoch in der Schwierigkeit, die Käufer und Konsumenten zum Mitgehen zu bringen.

Alle drei Punkte definieren ein bestimmtes Verhältnis zur Zukunft: Der Unternehmer betreibt nicht Risikokalkulation mit meßbaren Größen, sondern setzt sich der prinzipiellen Unsicherheit der wirtschaftlichen Entwicklung aus und wagt eine Entscheidung. Dadurch definiert der Unternehmer die Wirklichkeit, auf die er reagiert, durch sein eigenes Handeln. Einmal getroffene Entscheidungen schaffen ein neues Umfeld, und danach besteht keine Möglichkeit mehr, wieder zum alten Umfeld zurückzukehren. Weshalb, wie Frank H. Knight in seinem grundlegenden Werk über das Problem wirtschaftlicher Entscheidungsfindung von 1921 dargelegt hat, der Unternehmer selbst zu den Unsicherheitsbedingungen seines eigenen Handelns gehört: »Die Basis des Unsicherheitsproblems in der Wirtschaft ist die antizipatorische Eigenart des ökonomischen Prozesses selbst.«[5]

Gefolgschaft durch Kredit

Schumpeters Idolisierung des Unternehmers erinnert an das Schema von Max Webers Charismabegriff. Dem Dualismus von »Wirt« und »Unternehmer« entspräche der von »Betrieb« und »Charisma«. Der Unternehmer gleicht dem Charismatiker in der Begründung seines Führungsanspruchs durch Traditionsbruch und Bewährungsbeweis. Eine spezifische Irrationalität im Sinne der Regelfremdheit sichert bei beiden eine gebieterische Autonomie gegenüber eingefahrenen Betriebsabläufen und statischen Kostengesetzen. Weber kommt Schumpeters methodologischem Heroismus im übrigen ganz nahe, wenn er in *Wirtschaft und Gesellschaft* dem Unternehmer zutraut, »die *einzige* wirklich gegen die Unentrinnbarkeit der bureaukratischen rationalen Wissens-Herrschaft (mindestens: relativ) *immune* Instanz« zu sein.

Doch es besteht ein entscheidender Unterschied zwischen dem politischen Charismatiker und dem wirtschaftlichen Unternehmer. Der Unternehmer ist nicht auf Gefolgschaft angewiesen, sondern auf Kredit. Kredit ist ein Vorschuß auf Zukunft. Gemeint ist nicht der regelmäßige Betriebskredit, der durch vergangene Leistungen und vorhandene Güter gerechtfertigt ist, sondern der riskante Investitionskredit, der auf zukünftige Leistungen und noch zu produzierende Güter setzt. Es ist der Kredit auf das unternehmerische Versprechen neuer Kombinationen, die eine wertschöpfende Andersverwendung vorhandener Produktionsmittelvorräte ermöglichen soll.

Dadurch wird ungebundenes und überschüssiges Geld zu produktivem Kapital, das Entwicklung finanziert. Darin liegt der Sinn eines autonomen, mit enormen Größen operierenden und nach undurchsichtigen Regeln funktionierenden Kapitalmarkts: Es soll nicht irgendwo und irgendwie vorhandene Kaufkraft transformiert, sondern neue aus Nichts geschaffen werden. Daraus erklärt sich die besondere Zukunftsfühligkeit des internationalen

---

[5] Frank H. Knight, *Risk, Uncertainty and Profit.* Chicago: University of Chicago Press 1965.

Finanzsystems. Alle Zukunftspläne und -aussichten werden hier registriert, weil sie Anlässe für unternehmerische Entschlußfassungen und daraus sich ergebende Kreditbedürfnisse sein können. Der globale Geldmarkt ist das Nervensystem der kapitalistischen Wirtschaft, wohin alle Arten von wirtschaftlichen Absichten vermittelt, ins Verhältnis gesetzt und in Informationen über eine prinzipiell ungewisse und unsichere Zukunft verwandelt werden.

Nach diesem Modell entscheiden nicht Heere von Anhängern, die sich aus Glauben und Begeisterung oder Not und Hoffnung einem Führer hingeben, über unsere Zukunft, sondern Ströme von Kapital, die nach wiederkehrenden Mustern von fiebriger Steigerung, müder Gleichförmigkeit und panischer Flucht auf schwankende unternehmerische Interessen und wechselnde Kreditwünsche reagieren.

Der Revolutionär in seinem Beziehungsnetz

So stellt sich der Unternehmer als typischer Schuldner dar. Man braucht Geld, um etwas Neues zu schaffen. Dies bringt den Unternehmer notwendigerweise in Abhängigkeit vom Geldvermögensbesitzer, der als Souverän der Geldwirtschaft über seine Mittel frei verfügen kann. Bargeld, Depositen, Wertpapiere und andere Beteiligungen – nicht zu vergessen: Sachvermögen – warten auf ihre unternehmerische Verwertung. In der Regel fungiert der Bankier als Finanzmittler zwischen der Überschußeinheit des Vermögensbesitzers und der Defiziteinheit des Unternehmers. Das komplizierte handlungslogische Problem besteht darin, das »Portfolio«-Kalkül eines übermäßig Besitzenden mit der Risikobereitschaft eines völlig Mittellosen in Einklang zu bringen. Hier muß sich der Unternehmer als kreditwürdige Figur darstellen. Ohne die dazu notwendige gesellschaftliche Diplomatie nützt ihm aller vorwärtsstürmender Elan nichts. Der Unternehmer, der etwas erreichen will, muß sich in der Kunst üben, geheime Antriebe, verborgene Schwächen und leidenschaftliche Vorurteile bei seinen Geldgebern und Geschäftspartnern richtig einzuschätzen und auszunutzen, wozu eine gewisse passive Einfühlungsgabe unentbehrlich erscheint. Jedenfalls werden in der kapitalistischen Konkurrenz sehr schnell diejenigen aussortiert, deren Stolz es ist, daß sie sich nie von einer Bank abhängig gemacht haben. Die Helden des kapitalistischen Unternehmertums haben immer auch neue Formen der Zusammenarbeit zwischen Industrie- und Finanzkapital erfunden.

So nachgiebig der Unternehmer seinen Geldgebern begegnet, so skrupellos verhält er sich zu seinen Ideengebern. In seinem Verhältnis zum Erfinder erweist sich der Unternehmer als der geborene Parasit. In der Frühgeschichte erfolgreicher Unternehmen findet man oft eine signifikante Paarbildung: Ein genialer Erfinder trifft auf einen cleveren Kaufmann, der dessen geistige Schöpfung in ein marktgerechtes Produkt verwandelt. Die besondere Kreativität des Unternehmers besteht im Verbinden, Verknüpfen und Verteilen bereits existierender Dinge und Vorgänge. Der Parasit, schreibt Michel Serres in seinem gleichnamigen Buch, hat sich an den günstigen Orten eines

Systems niedergelassen, wo sich Linien schneiden oder Beziehungen überkreuzen.

Wissenschaftliche Entdecker- und technische Entwicklungsfreude sind etwas ganz anderes als die Befriedigung, die aus der Erweiterung von Benutzermöglichkeiten und Beeinflussungschancen kommt. Der Impuls zur Vermarktung und Vergesellschaftung einer Erfindung beruht auf einer Energie des Machen- und Bewirkenwollens, für die die wirtschaftliche Gewinngröße als eigentlicher Erfolgsindex gilt. Der Erfinder mag sich mit seinem inneren Triumph begnügen, der Unternehmer ruht nicht, bis die neue Kombination in Gestalt eines Produkts, einer Produktionsweise, eines veränderten Zulieferersystems oder eines anderen Absatzmarktes, aber ebenso einer Marketingidee oder einer Managementpraktik durchgesetzt ist.

So bildet auch das Unternehmen selbst ein Aktionsfeld für unternehmerische Initiativen. Dort trifft der Unternehmer, der sich als praktischer Durchsetzer versteht, auf den Manager, der sich als Regulator des Betriebs begreift. Wo für den Unternehmer Organisation Zeitverlust bedeutet, bringt sie dem Manager Zeitgewinn. Der Netzwerktheoretiker Harrison C. White spricht von den beiden Bewegungen »getting action« und »blocking action«, aus denen die organisatorische Kompromißstruktur eines Unternehmens resultiert.[6] Doch Blockierungen zwischen diesen beiden Tendenzen, weil man sich über Produktmanagement, Produktionsvolumina, Ablaufsorganisation, Marktallokation oder Bezugsstrategien nicht einigen kann, können nicht endlos kommunikativ verzögert werden. Ab einem bestimmten Punkt müssen die Dinge durch eine unternehmerische Entscheidung wieder in Fluß gebracht werden, damit die Form des Unternehmens als institutionalisiertes Experiment erhalten bleibt. Innovation ist ohne das kommunikative Austesten von Möglichkeiten nicht denkbar, aber sie ist ohne eine Entscheidung angesichts einer offenen Zukunft nicht möglich.

Die neue Kombination ersetzt die alte nicht einfach, sondern tritt neben die alte, um diese dann auf dem Markt und in der Gesellschaft niederzukonkurrieren. Es waren nicht die alten Textilfabrikanten, die die moderne Kunststoffindustrie gegründet und nicht die großen Hersteller von Industrierechnern, die den kleinen PC erfunden haben. Diese dämonische Disposition, das Neue durch gnadenloses Niederkonkurrieren des Alten durchzusetzen, macht den Unternehmer in den Augen des etablierten Bürgers zu einem Typ sozialer Unruhe. Nichts ist ihm heilig, alles Hergebrachte und Gewordene kann vernichtet werden. Man mokiert sich über Emporkömmlinge, die vielleicht über eine gewisse Gerissenheit verfügen, aber im Grunde stil- und glanzlos sind. Die »Revolutionäre der Wirtschaft« gelten bestenfalls als schreckliche Snobs, in der Regel jedoch als amoralische Profiteure und naive Siegertypen.

Der Unternehmer als typischer Schuldner, cleverer Parasit und rigoroser Entscheider ist aus der Sicht des wertverpflichteten Bürgers vor allem durch

---

6 Harrison C. White, *Identity and Control. A Structural Theory of Action.* Princeton: Princeton University Press 1992.

kulturelle Haltlosigkeit gekennzeichnet. Die Erfüllung der Unternehmerfunktion schafft zwar klassenmäßige Positionen für den erfolgreichen Unternehmer, insofern sie ihm Geld und Macht sichert, was in der Generationenfolge weitergegeben wird, aber sie bedeutet ebensowenig eine überlegene Klassenposition, wie sie diese voraussetzt. Daraus erklärt sich die eigentümliche Doppelgesichtigkeit der wirtschaftsbürgerlichen Sozialformation: hohe Selbstrekrutierung in der Erbschaftslinie bei gleichzeitiger Gegebenheit wenig wahrscheinlicher Aufstiegschancen. Es gibt bei den Unternehmern immer die »Löwen« und die »Füchse«, die sich untereinander nicht in Ruhe lassen.

Der Weg zum reinen Typ

In der Sozialgeschichtsschreibung des modernen deutschen Unternehmertums wird die eigentümliche Rolle des industriellen Paternalismus hervorgehoben. Familie, Militär und Bürokratie, so das Argument von Jürgen Kocka, waren die drei Säulen für die Betriebsorganisation unter den Bedingungen einer rasanten industriellen Nachholung.[7] Insbesondere das Modell der Betriebsfamilie, der Betriebsgemeinschaft oder der -gefolgschaft bildete die Quelle für Loyalität, Disziplin und Leistung. Eine über den bloßen »cash nexus« hinausgehende gegenseitige Loyalität zwischen dem Unternehmer und seinen Arbeitern begründete die »moralische Ökonomie« der industriellen Beziehungen in Deutschland. Besonders die aus dem Osten stammenden Zuwanderer ins Ruhrgebiet erlebten den bürokratischen Industriefeudalismus als Reinkarnation der gewohnten ostelbischen Gutsherrschaft.

Noch in den fünfziger Jahren unseres Jahrhunderts stieß Heinz Hartmann bei seinen Umfragen unter deutschen Unternehmern auf eine nach seinen amerikanischen Erfahrungen überraschende Dominanz von kreditiver über funktionale Autorität.[8] »Eine Mischung aus Detroit und dem alten Preußen« bezeichnete einen gewissen Zuwachs an pragmatischer Problemorientierung bei gleichzeitigem grundsätzlichen Bestehen auf der patriarchalen Exklusivität einer führenden Unternehmerpersönlichkeit.« Das Bewußtsein des Wiederaufbaus nach dem »totalen Zusammenbruch« stärkte dieses Selbstverständnis letzter Autorität aus Bewährung schließlich noch. So schrieb der »politische Unternehmer« Otto A. Friedrich Ende der fünfziger Jahre: »Wenn die westdeutsche Wirtschaft heute wieder leistungsfähig dasteht, wenn sie einem ruinierten Volke wieder einen erträglichen Wohlstand geschaffen und im internationalen Wettbewerb neue Geltung gewonnen hat, so ist dies für die leitenden Männer der Tausende von Unternehmen, die die Stürme der vergangenen Jahre durchstanden haben, ein glaubwürdiger Beweis ihrer Bewährung. In diesen Tatsachen, in der wirtschaftlichen Leistung

---

[7] Jürgen Kocka, *Unternehmer in der deutschen Industrialisierung.* Göttingen: Vandenhoeck & Ruprecht 1975.

[8] Heinz Hartmann, *Der deutsche Unternehmer: Autorität und Organisation.* Frankfurt: EVA 1968.

des Unternehmers, ist seine wahre, seine unausgesprochene Autorität fest begründet.«[9]

Doch mit etwas Abstand betrachtet fügt sich dieser abermalige deutsche Sonderweg einer allgemeinen Entwicklungslogik des modernen Unternehmertums. Schumpeter zufolge umfaßt es vier Typen, die man als Stufen hin zum reinen Typ verstehen kann. Der klassische Vertreter der bürgerlichen Wirtschaftswelt ist der Fabrikherr, wie wir ihn in Gestalt von Andrew Carnegie oder Henry Ford genauso kennen wie in der von Robert Bosch oder Alfred Krupp. Der Unternehmer ist in seinem modernen Ursprungstyp der Gründer und Besitzer seines Unternehmens. Er verkörpert die bürgerliche Lebensform von Wohlanständigkeit, Gottgefälligkeit und Geschäftstüchtigkeit und präsentiert sich als Vater der Familie wie als Herr seines Besitzes. Er ist in seinem Unternehmen physisch präsent, kümmert sich um die Sorgen seiner Arbeiter und mischt sich in ihr Leben mit moralischen Ratschlägen und patriotischen Aufforderungen. Das dynastische Prinzip soll eine generationenübergreifende Bindung von Unternehmer- und Arbeiterfamilien untereinander und zum Betrieb begründen. Im Gefühl innengeleiteter Souveränität sieht der Fabrikherr jeden Eingriff von außen nicht nur als unangemessen, sondern im Grunde als sinnlos an. Das gilt für Gewerkschaften ebenso wie für den Staat. Denn sein Eigeninteresse hat die Form der Fürsorge für seine Familie wie für seine Firma. Nicht selten handelte es sich um Selfmade-Männer, weshalb sie in der Regel ihr eigener Techniker, ihr eigener Finanzdirektor und manchmal gar ihr eigener Syndikus waren.

Von diesem Typ unterscheidet sich der moderne Industriekapitän durch die Reduktion von Kompetenzen. Seine unternehmerische Funktion beruht auf dem Besitz von oder der Verfügung über Aktienmajoritäten oder andere Beteiligungen. Er ist Präsident einer Company, Aufsichtsratsvorsitzender einer Aktien- oder Vorstand einer Beteiligungsgesellschaft. Der fürsorgliche Komplex aus Firma und Familie ist hier zerfallen. Nicht »Menschen«, sondern »Probleme« bestimmen seinen Blick auf die Geschäfte. Der Industriekapitän steht seinen Beschäftigten indifferenter und strategischer gegenüber als der Fabrikherr seinen Arbeitern. Trotz seiner feindlichen Disposition gegenüber den Gewerkschaften ist ihm doch klar, welche Vorteile eine Organisation der Beschäftigten für das Funktionieren der einzelnen Betriebs- wie der ganzen Volkswirtschaft hat. Sein Eigeninteresse kleidet sich nicht in väterliche Fürsorge, sondern tritt offener als Machtgewinn, Siegeswille oder Tatendrang zutage. Der Familiensinn ist ganz der persönlichen Psychologie untergeordnet. Sein »leitender Gedanke«, notiert bereits Werner von Siemens, sei es, »eine dauernde Firma zu stiften, welche vielleicht mal später unter der Leitung unserer Jungens eine Weltfirma à la Rothschild u.a. werden könnte und unsere Namen in Ansehen in der Welt bringt!« *(Unternehmer in der deutschen Industrialisierung)*

Eine Zwischenform stellt für Schumpeter übrigens der Manager dar. Neben einem gewissen Gehalts- und Versorgungsinteresse sind bei diesem

---

9 Otto A. Friedrich, *Das Leitbild des Unternehmers wandelt sich.* Stuttgart: Seewald 1959.

Typus das Ideal der guten Berufsleistung und der Beifall der Kollegen von ausschlaggebender Bedeutung. Der Manager steht an der Spitze einer Betriebsbürokratie, in der er selbst aufgestiegen ist. Am Ende ist für ihn daher Routineverwaltung wichtiger als unternehmerische Initiative.

Der eigentliche »unternehmerische Unternehmer« steht am Ende dieser historischen Metamorphose. Er ist reiner Typ, weil in diesem Fall Funktion zur Existenz geworden ist. In Schumpeters Worten: »Die soziale Heimatlosigkeit, die Beschränkung auf das Aufsuchen und Durchsetzen neuer Möglichkeiten, das Fehlen dauernder Beziehungen zu individuellen Betrieben sind diesem Typ vor allem zu eigen.« (Artikel »Unternehmer« im *Handwörterbuch der Sozialwissenschaften* von 1928) Für die neue Gruppe der Unternehmensberater, Investmentbanker, Chefeinkäufer und Finanzvorstände scheint nur ein einziges Kriterium zu existieren: »die schöpferische Zerstörung«. Soziale Bindungen und betriebliche Loyalitäten wirken nur als Fessel für den geschäftlichen Möglichkeitssinn und das praktische Durchsetzungsvermögen. Der soziale Imperativ hat sich im Zweifelsfall dem gnadenlosen Regime der Innovation zu unterwerfen. Denn was die kapitalistische Maschine in deren Augen allein in Bewegung setzt und hält, kommt von neuen Konsumgütern, neuen Produktions- oder Transportmethoden, neuen Märkten oder neuen Formen der betrieblichen Organisation.

Der reine Typ des »unternehmerischen Unternehmers« ist absolut modern, weil er das Neue zum geschichtlichen Prinzip macht. Sein ganzes Streben ist darauf gerichtet, feste Herrschaftszustände in bewegliche Machtbeziehungen zu verwandeln, und er weiß, daß das Neue im Moment seines Auftretens immer schon von der nächsten Neuerung überholt und entwertet wird. Darin gleicht der »unternehmerische Unternehmer« von Schumpeter dem Typus, den Walter Benjamin in seinem Denkbild *Der destruktive Charakter* beschrieben hat: »Der destruktive Charakter hat das Bewußtsein des historischen Menschen, dessen Grundaffekt ein unbezwingliches Mißtrauen in den Gang der Dinge und die Bereitwilligkeit ist, mit der er jederzeit davon Notiz nimmt, daß alles schief gehen kann. Daher ist der destruktive Charakter die Zuverlässigkeit selbst.«

Innovation ohne Revolution

Geschichtsphilosophisch belegt der Begriff der Innovation die Krise der Zukunft. Wenn das »Ganz Andere« oder der »Neue Mensch« weder denkbar noch wünschbar erscheinen, muß man sich mit der Optimierung der sozialen Systeme durch die Zusammenarbeit von strenger Wissenschaft, technischer Entwicklung und industrieller Verwertung begnügen. Mit der »Säkularisierung des Fortschritts« (Arnold Gehlen) haben die Vorstellungen von Zukunft und Entwicklung ihre spontane Euphorie verloren. Es gibt dann nur noch die ewige Gegenwart, wo man nach überraschenden Übergängen und kreativen Interferenzen sucht. Diese gegenwartsbezogene Serialisierung der Zeit meint der Begriff der Innovation: bloße Beschleunigung und reine Überschreitung.

Als Antwort auf die Immanentisierung des Fortschritts in der Gesellschaft hatte die klassische Moderne das eschatologische Restmotiv in Kunst und Kultur verlagert. Das avantgardistische Pathos der Neuheit und des Experiments löste sich von aller moralischen und geschmacklichen Verpflichtung durch die Gesellschaft und setzte sich als absolute Geste und verborgene Chiffre autonom. Das avantgardistische Schema rettete die Idee des Fortschritts, indem es noch einmal alles Frühere als Vorstufe des Jetzigen und alles Jetzige als Vorstufe des Künftigen behauptete. Doch durch das vermehrte Wissen und die fortschreitende Bildung des Publikums ist das ästhetisch Neue veraltet. Man kennt die Archive, aus denen der »letzte Schrei« stammt, und vergleicht, was sich als unvergleichlich ausstellt. Die Kreation ist nur noch in der Abwandlung, die totale Erfahrung allein in der endlosen minimalen Variation möglich.

Reumütig kehrt das »unglückliche Bewußtsein« in die Gesellschaft zurück und sucht die Spur des wirklich Neuen in der ewigen Wiederkehr des Gleichen. So wird der Unternehmer als Künstler entdeckt, der sich der Zukunft stellt und aufs Ganze geht. Der avantgardistische Künstler und der »unternehmerische Unternehmer« gleichen sich im fordernden Motiv und in der freischwebenden gesellschaftlichen Stellung. Nur findet der absolute Wille des Unternehmers seine Grenze in den Medien von Recht und Geld. Sie zivilisieren seine Psychologie und transzendieren die Effekte seines Handelns. Seine Traditions- und Beziehungslosigkeit macht ihn zwar zum Bahnbrecher und Grenzüberschreiter, aber sein andersgearteter Rationalismus führt nur auf den ersten Blick eine Unterbrechung herbei, auf den zweiten bringt er eine Konsolidierung des Gesamtsystems.

Was dem Unternehmer gelingen kann, ist der innovative Coup in einem Feld des Möglichen und Kontingenten. Sein Charme besteht im Flirt mit dem Unsicheren und Ungewissen und seine Leistung in der Herstellung unwahrscheinlicher Ordnung. Doch das Ganze bleibt institutionell eingehegt und funktional spezifisch. Die »Revolutionen der Wirtschaft« krempeln das System zwar um, aber bringen kein »neues Jerusalem«. Die Zeit des Unternehmers ist eine Zeit, die erneuert, keine, die erlöst. Die wirtschaftliche Entwicklung unterliegt dem Prinzip der Wiederholung, nicht dem der Heilung. Man liest immer wieder in Unternehmerbiographien, daß sie sich in ihrem Leben bei aller Erfüllung merkwürdig arm und glücklos gefühlt hätten. Der spätromantische Tragiker Walther Rathenau meinte, daß der Unternehmer einem nie erreichten, nie erreichbaren, nie erkannten Zweck huldige: »ein trüber Vorstellungskomplex von Sicherheit, Leben, Besitz, Ehre und Macht«.

Jörg Lau

Welt ohne Drüben

Globalisierung als Metapher

Wer sich in der längst unüberschaubaren Literatur zum Thema Globalisierung umtut, findet sich bald in einem Double-bind gefangen: Alles, was so nicht mehr weitergehen kann – Sozialstaat, Bildungssystem, Arbeitsgesellschaft –, muß sich ändern, weil der Prozeß der Globalisierung es verlangt; alles, was heutzutage im großen Stil schiefläuft – Massenarbeitslosigkeit, Schuldenkrise, Treibhauseffekt –, wird zugleich auf eben diesen Prozeß zurückgeführt.

Globalisierung – das ist heute jedermanns allgemeinste Kausalformel für das Unbehagen am Weltzustand. Sie ist gleichermaßen unwiderstehlich für Linke wie Rechte, für Modernisierer wie Nostalgiker, für Marktliberale wie Etatisten, für Integrierte wie Apokalyptiker. Entgrenzungsenthusiasten versprechen sich vom wachsenden globalen Wettbewerbsdruck ein Ende des deutschen »Modernisierungsstaus« (Roman Herzog). Globalisierungsgegner hingegen sehen die ökonomisch vollends entgrenzte Welt schon als leichte Beute antimodernistischer Bewegungen zwischen Wohlstandschauvinismus, Fundamentalismus und Neofaschismus. Hans-Peter Martin und Harald Schumann, Autoren des populärsten Buchs zum Thema, prophezeien das Zuschnappen der »Globalisierungsfalle«. Die »Diktatur der Märkte« drohe mit dem ökologischen und ökonomischen Zusammenbruch einen neuen Totalitarismus herbeizuführen: »Für die Bürger des alten Kontinents bedeutet das, sie müssen sich entscheiden, welche der beiden mächtigen Strömungen des europäischen Erbes die Zukunft gestalten wird: die demokratische, die auf das Paris des Jahres 1789 zurückgeht, oder die totalitäre, die im Berlin des Jahres 1933 siegte.«[1]

In der Pariser Linken scheint man die Lage unterdessen schon viel düsterer zu sehen. Serge Halimi, Redakteur der Zeitschrift *Le Monde diplomatique,* hat die Parole für den neuesten Katastrophismus gefunden: Wir leben in einer »globalisierten und totalitären Welt, in einem globalitären Universum«. In diesem Universum, »wo die Gesetze von denen gemacht werden, die die großen Schecks ausstellen«, regiert das »Einheitsdenken«, die »ideologische Schönfärberei der Interessen des Weltkapitals, die musikalische Untermalung der Belange der Finanzmärkte«. Die »Marktmeteorologie« des Wirtschaftsjournalismus, so Halimi, betreibe nichts anderes als die »Legitimation einer neuen Diktatur«. Peter Martin, Chefredakteur der internationalen Ausgabe der *Financial Times,* dürfte man in der Bildsprache Halimis als eine Art Generalmusikdirektor des Finanzkapitals bezeichnen. Martins politischer Einwand gegen den Katastrophismus der Globalisierungsgegner kann mit der Faszinationskraft der dunkel leuchtenden Pathosformel nicht kon-

1 Hans-Peter Martin / Harald Schumann, *Die Globalisierungsfalle.* Reinbek: Rowohlt 1996.

kurrieren, aber er ist dennoch nicht von der Hand zu weisen: »Der Globalisierungsprozeß hat nicht nur das sowjetische ›Reich des Bösen‹ untergraben, er zeigt bereits erste ähnliche Wirkungen in China.« (*Le Monde diplomatique,* Juni 1997)

Das deutsche Staatsoberhaupt braucht über die neue wirtschaftliche Verve Asiens keine Belehrung, wie der rhetorische Einstieg seiner Berliner Ansprache vom April dieses Jahres zeigte: »Ich komme gerade aus Asien zurück. In vielen Ländern dort herrscht eine unglaubliche Dynamik.« Herzogs Rede markiert einen noch kaum bemerkten Bruch in der nationalen Rhetorik: Globalisierung ist jetzt auch im Genre der nationalen Erweckungspredigt der zentrale Topos. Der Bundespräsident hatte bekanntlich behauptet, die Deutschen hätten »kein Erkenntnisproblem, sondern ein Umsetzungsproblem«. Aus dieser Diagnose folgte der zentrale Satz der Herzogschen Einlassungen: »Durch Deutschland muß ein Ruck gehen.« Kollektive Wallungswerte und ruckartige Gemeinschaftserlebnisse als nationale Remedur? Vielleicht liegt ja doch ein Erkenntnisproblem vor – besteht doch die Modernität der Bundesrepublik gerade darin, daß erstmals in der deutschen Geschichte erfolgreich die politische Hoffnung vom Großen Ruck aufs korrekte Verfahren umgelenkt werden konnte. Man dürfte vom Präsidenten wohl verlangen, solche Errungenschaften in schwierigen Zeiten zu verteidigen, statt populistisch das Ressentiment gegen die kühlen Prozeduren der ausdifferenzierten Gesellschaft zu bedienen. Aber immerhin bleibt nach der Berliner Rede eine Verschiebung der politischen Rhetorik zu bemerken: Der ersehnte Ruck soll uns nun nicht mehr direkt auf den Platz an der Sonne, sondern zunächst zurück auf die Schulbank katapultieren. Die Deutschen, so Herzog, »müssen Teil einer lernenden Weltgesellschaft werden, einer Gesellschaft, die rund um den Globus nach den besten Ideen, den besten Lösungen sucht. Die Globalisierung hat nicht nur einen Weltmarkt für Güter und Kapital, sondern auch einen Weltmarkt der Ideen geschaffen, und dieser Markt steht auch uns offen.«

Es ist dieses visionäre Gerede von Aufbruch und Dynamik im Zeichen der Globalisierung, das ihre Kritiker auf den Plan ruft, den unermüdlichen Noam Chomsky wieder einmal in vorderster Reihe: »Eine Stimmung von Verzweiflung, Beklemmung, Hoffnungslosigkeit, Wut und Angst herrscht auf der Welt außerhalb der wohlhabenden und privilegierten Sektoren und der gekauften Priesterschaft, die Loblieder auf unsere Herrlichkeit intoniert.« Die Globalisierung der Produktion biete der Wirtschaft »die aufreizende Möglichkeit, die Errungenschaften der arbeitenden Menschen wieder zurückzudrehen. Das quasi-merkantilistische System des transnationalen Korporations-Kapitalismus ist voll von der Art von Herrschaftsverschwörungen, vor denen Adam Smith so ausdrücklich gewarnt hat, ganz zu schweigen von der traditionellen Unterstützung durch staatliche Gewalt und öffentliche Mittel«.[2]

---

[2] Noam Chomsky / Heinz Dieterich, *Globalisierung im Cyberspace.* Bad Honnef: Horlemann 1996.

Unter den Teilnehmern am Diskurs der Globalisierung halten sich Visionäre und Verschwörungstheoretiker die Waage. Ihr Reden irrlichtert zwischen Euphorie und Paranoia, abhängig davon, ob man sich eher auf der Gewinner- oder Verliererseite wähnt. Die Selbstbeschreibungen sämtlicher gesellschaftlicher Bereiche werden nach und nach im Hinblick auf Folgen der Globalisierung revidiert: Die Kultur grübelt über den Multikulturalismus, die Wissenschaft über die weltweit vernetzte Wissensgesellschaft, die Wirtschaft über die Währungsunion, die Politik über das Ende des Nationalstaats. Und selbst das Urbild aller multinationalen Unternehmen reklamiert seinen festen Sitz im Leben heute mit Bezug auf jenen zauberischen Begriff: »Die katholische Kirche hat sich als globale Institution bewährt«, bilanziert Erzbischof Cordes. Der Präsident des Päpstlichen Rats Cor Unum präsentiert seinen Konzern als einen frommen *global player,* und das Evangelium erscheint im Zeitalter der Globalisierung als eine Art erfolgreicher Firmenphilosophie mit sozialem Touch: »Ich muß von Gott und seiner Heilsbotschaft sprechen, die er in Jesus Christus an uns richtet. Denn dieser Gott schafft gleichfalls die Voraussetzung, daß Globalisierung heute gelingt. Gott kommt nur ins Spiel, weil Globalisierung von allen fordert, daß sie sich dem Gemeinwohl und der Achtung der Menschenwürde verschreiben und weil Gemeinwohl und Menschenwürde erst von Gott garantiert werden können ... Unter dieser Voraussetzung verdient der Prozeß der Globalisierung volle Zustimmung und Unterstützung.« (*FAZ,* 2. April 1997)

Aber nicht nur seriöse Erlösungsmultis wie die katholische Kirche modernisieren ihre Selbstdarstellung. Auch die Psychogurus versprengter kleiner Gemeinden stellen schon auf das neue Vokabular um. Dudley Lynch und Paul Kordis haben einen »Schlüssel zur Globalisierung« vorgelegt, ein »Handbuch für den Wandel«. Das Buch richtet sich in einem zwischen Esoterik und Technizismus delirierenden Gestus an die »neue Stammesgesellschaft« der »globalen TechnoElite«, die »die Kräfte des Planeten« erneuern soll: »Wenn Sie planen, Mitspieler der Macht und des Einflusses im Zeitalter der Produktivität zu sein, müssen Sie die Rolle der ›psycho-neuro-immunologischen Agenten‹ – die Makrophagozyten und Neuropeptide und zytotoxischen T-Zellen – der Neuen Stammesgesellschaft akzeptieren ... Das Überleben der Erde hängt davon ab. Ebenso ›das gute Leben‹ für die sich explosionsartig vermehrenden Milliarden Menschen ... Als nächstes haben Sie dann folgende Aufgabe: Sie werden bei der Schaffung einer produktiven, fast unendlich ›pneumatischen‹ (atmenden) neuen globalen Kultur helfen, welche die Synergie von Einheit und Vielheit unterstützt. Dieses sollten Sie ohne Verzögerung angehen, denn es ist klar, daß dies ein Rennen ist, welches die Erde verlieren könnte«.[3]

Jedermann würzt heute seine Heils- oder Unheilsbotschaft mit der Welterschließungskraft der Globalisierungsmetapher, und so schwillt der Redestrom zum Thema stetig an. Der Diskurs über die fatalen Folgen der Entgrenzung ist ironischerweise ein heillos entgrenzter Diskurs. Die Einwürfe

---

3 Dudley Lynch/Paul Kordis, *Schlüssel zur Globalisierung.* Paderborn: Junfermann 1996.

der wenigen Kritiker des Begriffs verhallen kaum gehört. Es nimmt sich angesichts der Begeisterung der großen Koalition der Globalisierungstheoretiker für das offenbar universal anschlußfähige Konzept fast rührend aus, wenn zwei britische Skeptiker fragen: »Dieses Bild ist so mächtig, daß es die Analysten hypnotisiert und die politische Phantasie gefangengenommen hat. Aber ist es auch der Fall?« Paul Hirst und Grahame Thompson können mit beeindruckendem Datenmaterial zeigen, daß die Vorstellung einer wahrhaft globalisierten Ökonomie ein Mythos ist, und sie bestreiten daher sämtliche zentralen Annahmen der Globalisierungstheorie: Erstens sei die heutige, stark internationalisierte Wirtschaft alles andere als ohne Vorbild. Zu weiten Teilen sei dieses System sogar weniger offen und weniger integriert als das Weltwirtschaftssystem zwischen 1870 und 1914. Zweitens seien transnationale Unternehmen, die ganz und gar unabhängig von Standorten (»footloose«) agieren, relativ selten und könnten nicht als prägende Kräfte der Weltwirtschaft gelten. Die meisten der Multis agierten international aufgrund der Stärke einer größeren nationalen Basis, und es scheine keinen bedeutenden Trend zum Wachstum der transnationalisierten Unternehmen zu geben. Drittens bewirke die heutige Mobilität des Kapitals keine massive Verlagerung von Investitionen und Beschäftigung von den entwickelten Ländern in die Entwicklungsländer. Ausländische Direktinvestitionen blieben auf die fortgeschrittenen Industrieländern konzentriert, die Dritte Welt sei weiterhin – abgesehen von einer kleinen Minderheit neuer Industrieländer – marginal im Hinblick auf Investitionen und Handel. Viertens spreche gegen das Bild einer wirklich globalen Weltökonomie, daß die wichtigen Handels-, Investitions- und Finanzströme zwischen den Polen der Triade USA, Europa, Japan fließen. Daraus wiederum folge fünftens, daß die globalen Märkte keineswegs in einem Jenseits von Regulation und Kontrolle liegen. Die drei großen Wirtschaftsblöcke könnten, wenn sie ihre Politik koordinieren, wirksamen Steuerungsdruck auf Finanzmärkte und ökonomische Trends ausüben.[4]

Die Nationalstaaten sind in diesem Panorama alles andere als bloße Atavismen, von denen wir uns verabschieden müssen. Sie sollten bloß nicht länger als »regierende Mächte gesehen werden, die in einem gegebenen Territorium kraft eigener Autorität in allen Dimensionen der Politik gezielte Ergebnisse erzwingen können, sondern als Orte, von denen Formen der Steuerung vorgeschlagen, legitimiert und überprüft werden können. Die Nationalstaaten sind jetzt einfach eine Klasse von Mächten und politischen Agenturen in einem komplexen Machtsystem vom globalen bis zum lokalen Niveau, aber sie bleiben von zentraler Bedeutung wegen ihres Verhältnisses zu Territorium und Bevölkerung.« Nationalstaaten – so halten Hirst und Thompson dem mächtigen Bild von der kommenden totalitären Diktatur der globalen Märkte entgegen, behalten eine wichtige Rolle. »Diese Rolle betont einen Zug, der anderen Akteuren fehlt: ihre Fähigkeit, die Einhaltung von Abkommen zu garantieren – nach oben, weil sie Territorien reprä-

---

4 Paul Hirst / Grahame Thompson, *Globalization in Question.* Cambridge: Polity Press 1996.

sentieren, nach unten, weil sie durch Verfassungen legitimierte Mächte sind. Paradoxerweise wächst die Bedeutung der Nationalstaaten in demselben Maße, in dem sich die Weltwirtschaft internationalisiert – nicht in ihrer traditionellen Rolle als einzige souveräne Macht, sondern als entscheidendes Relais zwischen internationalen Steuerungsniveaus und den organisierten Öffentlichkeiten der entwickelten Welt.«

Eben diese Öffentlichkeiten haben jedoch erhebliche Schwierigkeiten damit, die neue Lage, in der der entzauberte Staat zum »local hero« wird, überhaupt zur Kenntnis zu nehmen. Die Rede von der Globalisierung dient Linken wie Rechten hauptsächlich zur Verteidigung des jeweils hergebrachten Politikverständnisses.

Die strategischen Interessen der Beteiligten liegen dabei meist erfreulich offen zutage: Wer wollte ernsthaft bestreiten, daß der Begriff der Globalisierung dem Kapital als willkommene »Rechtfertigung für fast alle sozialen Schandtaten« dient, wie der Vorsitzende der IG Medien, Detlef Hensche, sich in der Hauszeitschrift seiner Organisation (*M,* Nr. 2, 1997) auszudrükken beliebt? (Man mag das kitschige Klassenkämpfer-Tremolo in den jüngsten Verlautbarungen von Gewerkschaftern und Sozialdemokraten abgeschmackt finden. Aber das pharisäische Anprangern von »Besitzstandsdenken« und »Versorgungsmentalität«, das sich auf der Gegenseite, im globalen Klassenkampf von oben, zunehmender Beliebtheit erfreut, ist noch eine Spur degoutanter.) Wer wollte andererseits bestreiten, daß der Begriff der Globalisierung von einer intellektuell marginalisierten Linken freudig aufgegriffen wird, um ihren apokalyptischen Antikapitalismus wiederzubeleben?

Man hat diese Geisteshaltung nach 1989 vielleicht zu früh für erledigt gehalten. Der in Mexiko lehrende Soziologe Heinz Dieterich faßt das Programm der linken Globalisierungsgegner in blumigen Worten zusammen: »*Incipit vita nuova* ist die vom großen Florentiner Dante Alighieri übernommene Sentenz der Architekten des *global village,* die die neue Welt nach ihrem Bilde formen wollen: Investoren, Spekulanten, Manager, Kapitaleigner, Banker und transnationale Politiker sind dabei, nach Maßgabe der biblischen Genesis autokratisch und fern jeder demokratischen Kontrolle der Weltbevölkerung, das neue Haus der Menschheit zu bauen. Auf dem Spiel steht die Zukunft der Menschheit, die nicht von utilitaristischen Köpfen und schäbigen Interessen bestimmt werden kann, welche ihre Ausbeutungserfolge mit göttlicher Prädestination und das Wertgesetz mit der menschlichen Essenz verwechseln. Folglich ist es notwendig, eine weltweite Bewegung zu schaffen, die aus der Perspektive des Humanismus und der Solidarität den Kampf gegen das Wertgesetz wieder aufnimmt. Dies ist die einzige Alternative, um die reaktionäre Utopie zu stoppen, die das transnationale Kapital zu verwirklichen sucht.«

Dieterich unterschätzt sicher die Fähigkeit des Kapitals, die jüngsten Ausbeutungserfolge ganz unmetaphysisch und säkular zu genießen. Und es fällt schwer, sich auf die ersehnte weltweite Bewegung *pro Solidarität, contra Wertgesetz* zu freuen – angesichts all des Unglücks, das in diesem Jahrhundert von Leuten angerichtet wurde, die aus der Perspektive des Humanismus die Menschheit vor den schädlichen Wirkungen der Geldwirtschaft retten wollten. Hier könnte allerdings ein Grund für die Popularität des katastrophischen Globalisierungsszenarios bei vielen Linken liegen: Weil der Abschied vom kompromittierten Antikapitalismus in einer alternativlosen Welt so bitter ist, kommt die Rede von der Globalisierung gerade recht – bietet sie doch die Möglichkeit, unter einer neuen und unverdächtigen Flagge den alten Kampf weiterzuführen.

Robert Kurz, seit seinem Buch *Der Kollaps der Modernisierung* (1991) der theoretische Kopf des apokalyptischen Antikapitalismus hierzulande, rechnet jetzt mit den Renegaten der reinen Lehre ab. In der *taz* vom 27. März schreibt er: »Der reihenweise Zusammenbruch ganzer Nationalökonomien an der kapitalistischen Peripherie, vor allem das Ende der staatssozialistischen Varianten ›nachholender Modernisierung‹, wurde als Warnsignal völlig mißdeutet, nämlich zum ›Sieg‹ des selber schon dahinsiechenden westlichen Kernsystems erklärt: 1989 waren plötzlich alle offen oder klammheimlich Liberale, bis tief in die Linke hinein.« Kurz hat die liberalistische Konversion der Genossen lange genug stumm ertragen, jetzt aber darf die klammheimliche Freude am programmierten Untergang im Zeichen der Globalisierung endlich auch öffentlich triumphieren: »Wie vorauszusehen, konnte die Deregulierungs- und Privatisierungswut des triumphierenden Neoliberalismus die globale Krise nur beschleunigen. Die Verschuldungslawine von Staaten, Unternehmen und Privaten wurde nicht gebremst, sondern verstärkt; und die betriebswirtschaftliche Globalisierung des Kapitals zwingt die Staaten zum selbstzerstörerischen Wettlauf eines Sozial-, Öko- und Steuerdumping. Gleichzeitig strömt das nicht mehr rentabel in Realinvestitionen anlegbare Kapital auf die spekulativen Finanzmärkte: In einer komplementären Bewegung heben die fiktiv gesteigerten Aktienwerte ab, und die globale strukturelle Arbeitslosigkeit schwillt von Zyklus zu Zyklus an.«

Die marktregulierende Wirtschaftspolitik des Keynesianismus und des rheinischen Kapitalismus ist also am Ende, wie zuvor die des Kommunismus. In den kommunistischen Systemen vermag Kurz ohnehin nur Varianten derselben fatalen Modernisierung zu sehen, die nun endlich global an ihren eigenen Paradoxien einzugehen droht. Der Kollaps des triumphierenden Liberalismus macht Menschen massenweise überflüssig: »Seit dem 18. Jahrhundert pochte der Liberalismus darauf, daß die gesellschaftliche Mechanik der Märkte im Guten wie im Bösen eine unabänderliche Naturgesetzlichkeit darstelle. Wenn Massen sozial nicht mehr integrierbar sind, bedeutet dies aus liberaler Sicht nicht, daß das Marktsystem obsolet wird, sondern daß die betroffenen Menschen obsolet werden. Dies entspreche dem Bevölkerungsgesetz von Thomas R. Malthus: Die Natur selbst, so dessen Konsequenz, befehle den ›Überflüssigen‹, sich von der Erde zu trollen.«

Um das demagogische Geschick dieses Autors ausreichend zu würdigen, muß man bedenken, wovon hier nicht die Rede ist: Daß die millionenfache Produktion und Vertilgung »überflüssiger Menschen« von der Erde eine Spezialität von Nationalsozialismus und Kommunismus war – beide dabei von entschieden antiliberalen, antikapitalistischen Ideologien angetrieben –, ist ein Gedanke, den Kurz nicht eine Sekunde lang aufkommen lassen darf. Die feinen Unterschiede zwischen einem aufgezwungenen Leben in Arbeitslosigkeit und in Kauf genommenem Massensterben oder systematischer Massenvernichtung werden dem höheren Zweck seiner Liberalismuskritik geopfert. Im Kurzschen Panorama der aus eigenem Systemzwang malthusianischen Moderne verschwimmen Marktlogik und Massentod zu einem unauflöslichen Verblendungszusammenhang: »Auf dem Boden des auseinanderfallenden Systems von Markt und Staat kann jede beliebige Regierung nur noch die Verlaufsformen der Entsolidarisierung akzentuieren. Von wegen ›sozialökologischer Umbau‹. Das waren Schönwetterphantasien. Alle, die 1989 einen Schritt in Richtung Liberalismus gemacht haben, müssen heute den nächsten Schritt in Richtung Malthusianismus tun.«

Der Gestus des logischen Deduzierens kann hier nicht nicht lange darüber hinwegtäuschen, daß wir es bei Kurz' Globalisierungstheorie mit einem religiösen Phänomen zu tun haben. Ja, man kann wohl behaupten, daß kaum jemand so innig an die totale Macht des Marktes glaubt wie dieser Streiter gegen die Marktgläubigkeit der Liberalen. Seine Sätze sind außerdem ein Musterbeispiel für prophetische Rede: Die Stimme erbebt unter Schüben von moralischem Triumphalismus (über die Abtrünnigen, hier die liberalistisch kontaminierten Genossen) und masochistischer Unterwerfungslust (unter den kommenden Gott, hier vertreten durch die absolut gesetzte Marktlogik). Die Suggestivkraft der Kurzschen Prophetie erlischt allerdings, sobald er auf das Programm einer politischen Alternative zu sprechen kommt: »Jetzt wäre die Erneuerung utopischer Energien gefragt, um den Modernisierungsroboter zum Stehen zu bringen und die mikroelektronischen Produktivkräfte für eine autonome Reproduktion jenseits von Markt und Staat umzuwidmen, die marktwirtschaftlich brachliegenden Ressourcen emanzipatorisch anzueignen und die kapitalistische Globalisierung durch eine transnationale Vernetzung sozialer Gegenbewegungen zu konterkarieren.«

Utopie, Emanzipation, Vernetzung – die Rede dieses Apokalyptikers lappt merkwürdigerweise verdächtig ins sprechblasenhaft Bundespräsidiale, sobald »Visionen« oder »Leitbilder« (Herzog) angepeilt werden. Der eine will alle Räder beziehungsweise Festplatten still stehen lassen, der andere sie beschleunigen; aber Robert Kurz träumt eigentlich genau wie Roman Herzog vom Großen Ruck: Er soll nicht bloß durch Deutschland gehen, sondern am besten gleich durch die ganze Welt.

Ein Blick in das monumentale marxistische Standardwerk zum Thema »Grenzen der Globalisierung« kann helfen, die Faszinationskraft des ubiquitären Begriffs für weite Teile der Linken zu verstehen: »Wenn es keine weißen Flecken mehr gibt und wenn die ›letzten gallischen Dörfer‹ vor der Durchkapitalisierung der Welt kapituliert haben, bemißt sich das globalisierte kapitalistische System nicht mehr an einem Gegner, der ihm nur zeitweise gewachsen war, sondern (selbstreferentiell) an sich selbst und an den Versprechungen, die das Modell der Massenkonsumgesellschaft permanent erzeugt – durch die Medien verstärkt, die ebenfalls globalisiert sind. Auch für die Linke ist die Zukunft häufig nicht mehr als die Gegenwart mit einem bißchen mehr von demselben. Das ist keine gute Voraussetzung für den beabsichtigten Diskurs über gesellschaftliche Alternativen, zumal das auf diesem Globus vorherrschende kapitalistische Modell der Entwicklung, das Produktion (also Technologie und soziale Organisation), Konsum (also Lebensstile und Lebensweisen), Verfahren (also Marktmechanismus und parlamentarische Demokratie) umschließt, immer noch und trotz der Krisentendenzen höchst attraktiv ist. Die Globalisierung ist also einerseits ein Prozeß ohne Alternative und erweist sich andererseits doch immer mehr als sozialer Sprengsatz und möglicherweise als Entwicklungsbahn in die soziale und ökologische Katastrophe, bedürfte also gerade der politischen Alternative, und zwar dringend.«[5]

Was aber, wenn das Alternativdenken selber ein Teil des Problems und nicht der Lösung wäre? Vielleicht sollten Ökologen des Geistes endlich einmal die Ressourcenverschwendung in der Folge dieses Alternativdenkens bilanzieren? Vielleicht wäre einiges damit gewonnen, wenn man aufhörte, wertvolle intellektuelle Energie auf das Aushecken »gesellschaftlicher Alternativen« zu verwenden? Wer zu der Generation gehört, die Ende der siebziger Jahre durch die Rhetorik der Alternative politisch sozialisiert wurde – eine Rhetorik, die sich paradoxerweise selbst alternativlos wähnte –, weiß, wovon die Rede ist. Was auch immer politisch wünschenswert schien, mußte sich damals auch gleich als Alternative zum Bestehenden darstellen. Es sei hier nur kurz an drei vergessene alternative Obsessionen erinnert: Formen »direkter Demokratie« sollten die repräsentative Demokratie des Parlamentarismus ablösen und dem Lobbyismus der schäbigen Interessen den Garaus machen. Die Industriegesellschaft sollte in dezentral organisierte autarke Einheiten zerlegt werden, die mit »sanften« Energien wie Wind- und Sonnenkraft würden auskommen können. Der Westen sollte den Osten mit einseitigem Verzicht auf atomare Waffen verführen, in eine Abrüstungsspirale einzusteigen. An deren Ende würde dann eine weitgehend waffenfreie Welt stehen, in der Gemeinwesen sich – wenn überhaupt noch – ausschließlich durch gandhimäßige »soziale Verteidigung« zur Wehr setzen würden.

Verständlicherweise erinnert sich heute kein Beteiligter mehr gerne an diese Programme. Den alternativen Soupçon gegen den Parlamentarismus sieht man heute als ein etwas peinliches Erbe eben jener deutscher Traditionen, die man offiziell verachtete. Das solare Ökotopia als Gegenbild der verstädterten Industriegesellschaft starrt im Rückblick nur so von aufgemotzten Regressionswünschen. Und auch auf die alte Begeisterung für »passiven Widerstand« als Waffe der Unterdrückten möchte man spätestens seit den Ereignissen von Srebrenica nicht mehr gerne angesprochen werden. Aber an all diese Alternativen wurde einmal geglaubt. Das Alternativdenken war

[5] Elmar Altvater/Birgit Mahnkopf, *Grenzen der Globalisierung.* Münster: Westfälisches Dampfboot 1996.

eine Politik der Unpolitischen, und damit ironischerweise die Wiederbelebung einer deutschen Mentalität, der man gerade durch das Alternativdenken zu entkommen glaubte. Es führte am Ende dazu, daß der Verdacht gegen jede durchsetzbare reformistische Politik als einzig saubere politische Haltung galt. Das endlose Gerede von der Alternative schloß dann auch die tapfere (weil persönlich kostenlose) Verteidigung der DDR gegen den landläufigen Antikommunismus mit ein. Die DDR war, so ging die Argumentation, eine »gesellschaftliche Alternative«, die den Kapitalismus zu Zugeständnissen an die Arbeiter zwang und immerhin verhinderte, daß der entfesselte Markt die ganze Welt dem Wertgesetz unterjochen konnte. Das ferne Echo solchen Alternativdenkens ist in Altvaters und Mahnkopfs Klage über die »Durchkapitalisierung« der Welt nach dem Fall des Kommunismus zu hören. Wenn die Autoren die Gulag-Gesellschaften Osteuropas zu »gallischen Dörfern« verniedlichen, die sich nun leider auch der Übermacht ergeben mußten, dann kann man ahnen, welche Verwüstungen das Alternativdenken in der politisch-moralischen Urteilskraft eines ganzen Milieus hinterlassen hat.

Das Alternativdenken begründet seine Unentbehrlichkeit heute damit, daß es Widerstand zu leisten gelte gegen den »Fundamentalismus der Marktliberalen«. Die Wahrheit ist, daß Alternativdenken und Marktfundamentalismus sich wechselseitig stabilisieren. Sie können ohne einander nicht sein. Was wären die Marktliberalen ohne das verbreitete Ressentiment gegen Tausch und Profit? Was wären die Alternativen ohne die ultraliberalen Lippenbekenntnisse eines lange schon erschütterten Glaubens an die unerschöpflichen Selbstregulierungskräfte des Marktes? Nichts – der eine Popanz macht den anderen plausibel. Warum sollte man es im übrigen nicht begrüßen, daß der Kapitalismus nun an seinen Versprechungen gemessen wird und nicht an den Ergebnissen des »Diskurses über gesellschaftliche Alternativen« (auf die wir wahrscheinlich noch lange warten könnten)? Es sieht doch nicht so aus, als würde der Kritik unter dieser Voraussetzung in nächster Zeit die Arbeit ausgehen. Niemandem kann man jetzt noch mit dem Hinweis in die Parade fahren, wem's hier nicht passe, der solle doch bitteschön nach drüben gehen.

Während man sich also um das Schicksal der Kritik auch ohne Alternative keine Sorgen zu machen braucht, stehen den Verteidigern des Kapitalismus in einer Welt ohne Drüben stürmische Zeiten bevor. Kapitalismuskritik wird in der alternativlosen Welt jedermanns Angelegenheit, auch der Profiteure des Systems. George Soros, durch Währungsspekulation zum Milliardär geworden, spricht heute von der »kapitalistischen Bedrohung« für die offene Gesellschaft und kritisiert die Doktrin des Laisser-faire-Kapitalismus für ihren »Glauben an die Zauberkraft des Marktes«. (*Zeit,* 17. Januar 1997). Und man lese einmal, wie Hans D. Barbier, unter den hiesigen Wirtschaftsjournalisten der führende Propagandist des Marktes, die sensationelle Hausse kommentiert, die im Juli die internationalen Finanzmärkte in Euphorie versetzte. Von jenem marktliberalen Triumphalismus, den die Linke weiter als bösen Feind beschwört, ist da wenig zu spüren: »Ist es obszön, auf einer Zeitungsseite die Nachrichten über Börsenrekorde neben die neuesten Meldungen über Arbeiterentlassungen zu stellen? Sind die Standortklagen der Wirtschaft nur vorgeschobene Argumente im Gerangel um Steuererleichterungen, die einen Aktienboom stützen werden, der nichts für die umdüsterte Welt der Arbeit zu bedeuten hat? Entfernen sich die Finanzmärkte in ihrem strahlenden Hausseflug vom gesellschaftlichen Jammertal der Massenarbeitslosigkeit, ausgelaugter Kommunen und leerer Sozialkassen? ... Ob die Rekordjagd der Börsianer die Kapitalmärkte auf ein Kursniveau geführt hat, das – in welchem ökonomischen Sinne auch immer – richtig, vernünftig oder dauerhaft ist, weiß niemand. Aber die Tendenz der Aktienkurse ist das plausible Ergebnis jener Entlassungswellen, die zur Massenarbeitslosigkeit geführt haben: Unternehmen, die dem Kostendruck durch Rationalisierung ausgewichen sind, glänzen mit guten Börsenwerten. Hätten sie – aus sozialen Erwägungen – nicht rationalisiert, so stünden sie heute nicht mehr auf dem Kurszettel der Börse, sondern in der Statistik der Konkurse. Für die Belegschaften wäre das schlimmer.« (*FAZ,* 10. Juli 1997)

Zwar gibt Barbier dann, wie es der Ritus verlangt, den »Kostentreibern in Politik und Tariforganisationen« die Schuld an dem Ärgernis der »Scherenbewegung von Aktien- und Arbeitsmarkt« und dekretiert störrisch: »Aber ein Fall von Marktversagen ist das nicht.« Das Versprechen, die Sache werde sich selbstregelnd schon wieder irgendwie einpegeln, wird jedoch mit einer Einschränkung versehen, die es eigenartig unüberzeugend macht: »Den Aktienkursen werden, in der Richtung jedenfalls, auch wieder die Beschäftigungszahlen folgen: Das geschieht allerdings nur dann, wenn die Politik sich nicht den Aktienkursen bremsend in den Weg stellt.«

Dieses wenig überraschende Ceterum censeo kontrastiert bemerkenswert mit dem frappierenden Geständnis, daß leider wirklich niemand wissen könne, ob die gegenwärtige Hausse ökonomisch richtig oder vernünftig sei: »Morgen mag der Rückschlag kommen.« Wenn der Kapitalismus es in der alternativlosen Welt mit sich selbst zu tun bekommt, verblassen auch die ideologischen Begründungen, mit denen einst für seinen Sieg getrommelt wurde. Die Unternehmen sind zwar mit Kursgewinnen für Entlassungen belohnt worden, aber können sie darüber froh sein? Sie hatten ohnehin keine andere Wahl, sagt Barbier.

Man bedenke: Immerhin spricht hier der Hohepriester des Marktliberalismus im offiziellen Organ dieser Denomination! Es kann mithin keine Rede davon sein, daß die kapitalistischen Mechanismen »schon deshalb ohne Probleme der Legitimation« seien, »weil es in der gegenwärtigen Welt an überzeugenden Alternativen mangelt«, wie Altvater und Mahnkopf schreiben. Das Gegenteil ist richtig: Der Kapitalismus hat heute Legitimationsprobleme, weil er ohne Alternative ist, und vor allem seine Verteidiger bekommen das jetzt sichtlich zu spüren. Sie können ja in diesen seltsamen Zeiten, die sich durch die Komplementarität von steigender Massenarbeitslosigkeit und *jobless growth* auszeichnen, nicht einmal mehr versprechen, daß weitere sensationelle Gewinne der Unternehmen gut für die Gesellschaften wären, in denen sie erwirtschaftet werden.

Wer von Globalisierung redet, darf natürlich nicht vom Kolonialismus schweigen, dem gesellschaftsgeschichtlichen Urgrund der heutigen Entwicklung. Der Begriff der Kolonisierung drängt sich in der gegenwärtigen Phase multinationaler Unternehmensexpansion als soziologische Metapher geradezu auf. Der Philosoph und Psychoanalytiker Slavoj Zizek beschreibt denn auch den globalen Kapitalismus als eine letzte Stufe des Kolonialismus, in der das koloniale Unternehmen gewissermaßen selbstreflexiv wird: »Da das Kapital nun direkt multinational operiert, ist die Opposition zwischen Zentrum und kolonisierten Ländern nicht länger wirksam: eine weltweite Firma schneidet ihre Nabelschnur zur Mutternation ab und behandelt ihr Ursprungsland wie ein weiteres zu kolonisierendes Gebiet. Das ist es, was patriotisch orientierte Rechtspopulisten so heftig verstört, von Le Pen in Frankreich bis Buchanan in den USA: daß neue multinationale Firmen der französischen und der amerikanischen Bevölkerung gegenüber genau die gleiche Haltung einnehmen wie gegenüber der von Mexiko, Brasilien oder Taiwan. Liegt nicht eine Art poetischer Gerechtigkeit in dieser Wendung? Der globale Kapitalismus von heute ist effektiv eine Art Hegelscher ›Negation der Negation‹, die dritte Stufe in der Entwicklung: Erst hatte es den Kapitalismus innerhalb eines Nationalstaates gegeben, begleitet von internationalem Handel (Tausch zwischen souveränen Staaten); darauf folgte die Kolonisierung, bei der das kolonisierende Land das kolonisierte unterwarf und ausbeutete; in der abschließenden Phase dieses Prozesses gibt es nur noch Kolonien, die Kolonisationsmacht ist nicht länger ein Nationalstaat, sondern eine globale Firma – auf lange Sicht werden wir alle in Bananenrepubliken leben.« (*SZ,* 10. Juli 1997)

Es wäre interessant zu wissen, ob auch der kolumbianische Tagelöhner im Dienst der United Fruit Company und die chinesische Schneiderin, die im Auftrag von Benetton Professor Zizeks neue Jeans näht, die poetische Gerechtigkeit seines Hegelianismus schätzen könnten: ein schöner Trost, sich im Angesicht des Weltgeistes immerhin schon auf einer Stufe mit einem Programmierer bei Siemens in München zu befinden, wenn es auch einstweilen mit dem Gehalt, den Rentenansprüchen und den Menschenrechten ein wenig hapert. Aber man muß das Welttheater wohl aus einer sehr hohen Loge heraus beobachten, damit sich einem die feinen Unterschiede im Parkett so verwischen.

Es kann dahingestellt bleiben, ob das Zizeksche Porträt des globalen Kapitalismus als späte Rache des Kolonialismus an seinen Erfindern eine plausible Beschreibung ist, die von den ökonomischen Daten gestützt wird. Es kommt hier auf das Gefühl der Genugtuung an, das der Porträtmaler dabei zur Schau stellt. Der Sinn für poetische Gerechtigkeit alleine kann die Befriedigung sicher nicht ausreichend erklären. Bei seinen Studien über die *Legitimität der Neuzeit* ist Hans Blumenberg darauf gestoßen, daß die Attraktivität von Theorien über die moderne Welt mit dem »Fernverschuldungsangebot« zunimmt, das den bürgerlichen Intellektuellen in ihnen gemacht wird: »Bei der Rezeptionsbereitschaft für Kapitalismus-Theorien läßt sich nicht übersehen, daß es nicht nur das Bedürfnis nach einer allgemeinen Kausalformel für das Unbehagen am Weltzustand immer zu geben scheint, sondern dazu das des ›bürgerlichen‹ Theoretikers, sich an der Geschichtsschuld zu beteiligen, nicht das Opfer gewesen zu sein. Mag die Ansprechbarkeit für objektive Schuldbehauptungen zurückgehen auf eine existenziale Schuldigkeit des Daseins gegenüber seinen Möglichkeiten, wie Heidegger es in *Sein und Zeit* eruiert hat, oder auf den ›gesellschaftlichen Verblendungszusammenhang‹ der *Negativen Dialektik* Adornos, in jedem Fall ist es die hochgradige Unbestimmtheit der so beschriebenen Komplexe, die für Spezifikationen disponiert. Dem Unbehagen wird seine Selbstverständigung nachgeliefert.«[6]

Wenn nicht alles täuscht, nimmt unsere ohnehin vorhandene Ansprechbarkeit für objektive Schuldbehauptungen in der alternativlosen Welt weiter zu. Und der Diskurs der Globalisierung – mit dem Kolonialismus als historischer Tiefendimension – bietet heute die attraktivste Möglichkeit, sich an der Geschichtsschuld zu beteiligen. Das Fernverschuldungsangebot dieser Rede ist einfach konkurrenzlos: Es war ja von Beginn an bereits alles wie verhext.

Der Literaturwissenschaftler Stephen Greenblatt hat in einer subtilen Studie den verdorbenen Anfang jenes Unternehmens analysiert, auf das noch unser heutiges Unbehagen an der Globalisierung zurückgeht.[7] Greenblatt ist beim Lesen der Selbstzeugnisse von Reisenden und Entdeckern des Mittelalters und der frühen Neuzeit ein bezeichnender Bruch in der Rhetorik des »Wunderbaren« aufgefallen. Verwunderung als Ausdruck der instinktiven Anerkennung von Verschiedenheit, als Anzeichen gesteigerter Aufmerksamkeit, als »plötzliche Überraschung der Seele« (Descartes) war ein unvermeidliches Merkmal des Entdeckungsdiskurses schon seit der Antike. Im Reisebericht des Kolumbus aber übernimmt der Topos der Verwunderung dann eine neue Funktion: Statt die Inkommensurabilität der Erfahrung des Neuen zu signalisieren, legitimiert die Rede von den Wundern der Neuen Welt nun jene ursprüngliche Besitzergreifung, aus der das gewaltige Projekt des Kolonialismus entspringt.

Kolumbus, das zeigt Greenblatts minuziöse Lektüre der Berichte, war sich durchaus bewußt, daß die hergebrachten alteuropäischen Rituale der Aneignung in den neuen Ländern von höchst zweifelhafter Legitimität waren. Dennoch blieb er auf formaljuristisch korrekte Durchführung bedacht. Er führte die Proklamation seines Besitzanspruches mit allem vorgeschriebenen Zinnober aus, ließ die Prozedur genauestens protokollieren und meldete seinen königlichen Auftraggebern den Vollzug mit der rätselhaften Wendung, ihm sei »nicht widersprochen worden«.

Die Globalisierung, könnte man also sagen, beginnt mit einem korrupten Sprechakt: Der Skandal von Kolumbus' Vorgehen liegt darin, daß die Betroffenen ihm ja überhaupt nicht widersprechen konnten. Sie waren nicht einmal anwesend, und wären sie auch dabeigewesen, so hätten sie wohl den Sinn des Verfahrens nicht verstehen können. »Im Mittelpunkt des Rituals«, so

---

6 Hans Blumenberg, *Die Legitimität der Neuzeit.* Frankfurt: Suhrkamp 1988.

7 Stephen Greenblatt, *Wunderbare Besitztümer.* Berlin: Wagenbach 1994.

Greenblatt, »stand ein Mangel, eine Absurdität, die tragikomische Berufung auf die Möglichkeit eines Widerspruchs, der nach allem Ermessen in Wirklichkeit gar nicht stattfinden konnte: *y no me fué contradicho.* Die juristische Erklärung konnte im Geiste eines radikalen Formalismus erfolgen, aber dieser Formalismus ließ zugleich eine Gefühls- und Geistesleere zurück, ein Loch, das jeden Leser dieses besitzergreifenden Diskurses zu Gelächter oder Tränen rühren und an der Legitimität des spanischen Rechtsanspruches zweifeln lassen mußte. Kolumbus versucht, den Leser zu verwundern, ihm ein Gefühl des Staunens zu vermitteln, das jene Leere im Zentrum der farcenhaften Besitzergreifung ausfüllt.«

Die vermeintlich unschuldigen und naturwüchsigen Ausrufe des Erstaunens und Entzückens über die bestrickende Fremdheit der Neuen Welt in Kolumbus' Schriften liest Greenblatt im Lichte eines »bewußten und zweckrationalen Interesses am Wunder«. Die Rhetorik des Wunderbaren verdeckt eine Usurpation. Wir dürfen uns also durch die Kontaminierung einiger unserer besseren Eigenschaften – Neugierde, Entdeckerfreude, die Fähigkeit zu staunen – an der Geschichtsschuld beteiligt fühlen. Man mag einwenden, daß es für das traurige Schicksal der Ureinwohner auf die Finessen der diskursiven Taktiken vielleicht gar nicht ankam: »Steht nicht die ganze elende Geschichte dieser absoluten Konsensverweigerung«, fällt sich Greenblatt selbst ins Wort, »bereits im ersten Niesen eines Spaniers, mit dem Millionen unsichtbarer Kugeln abgefeuert werden, festgeschrieben?«

Es geht hier aber nicht um die Erforschung der wahren Ursache jenes Menschheitsdesasters, das noch in unserem Unbehagen in der Globalisierung widerhallt, wie die Allgegenwart des Kolonialismus als Metapher zeigt. Man wird weiter darüber streiten, ob die Mikroben, die Waffen oder die überlegenen symbolischen Systeme der Eroberer den Untergang der Eingeborenen besiegelten. Es hat sich sogar eine eigene Branche in der angloamerikanischen Kulturwissenschaft gebildet, die unter dem Banner des »Postkolonialismus« das Projekt der Moderne auf die von Greenblatt beschriebene »Aushöhlung der Anderen« hin abklopft.[8] Recht so: Die Fernverschuldungsangebote müssen angenommen, dem Unbehagen muß seine Selbstverständigung nachgeliefert werden. Dann aber müssen wir irgendwie die Fähigkeit zu staunen wiederbeleben. Wie auch immer die globale Welt ohne Drüben, die heute entsteht, einmal aussehen wird – sie wird sicher eine gehörige Menge Sinn für das Fremdartige und Wunderbare erfordern.

---

8 Robert Weimann (Hrsg.), *Ränder der Moderne. Repräsentation und Alterität im (post)kolonialen Diskurs.* Frankfurt: Suhrkamp 1997.

Niels Werber

Die Realität der Telematik

Zur Semantik der globalisierten Gesellschaft

I

In einem recht unzugänglichen Tal der österreichischen Alpen liegt ein Dörflein, das heißt Gschaid. Nur ein Pfad führt über einen Grat ins Nachbartal, wo Millsdorf liegt, dessen Einwohner viel regeren »Verkehr mit dem Lande draußen pflegen«. In Millsdorf wird manches Gewerbe betrieben, man bedient sich sogar der Kraft von Maschinen. In Gschaid dagegen produzieren die »Gewerbe des Dorfes« nur für »den Bedarf des Tales«. Was benötigt wird, findet man vor Ort, und so kann es »Monate, oft fast ein ganzes Jahr« dauern, »ehe ein Bewohner von Gschaid in das jenseitige Tal hinüberkömmt und den großen Marktflecken Millsdorf besucht«. In Gschaid dagegen ist »jeder Talbewohner, selbst wenn er ein Gewerbe treibt, auch Landbebauer und zieht hieraus seine gute und nachhaltige Nahrung«. Da sie in keiner wirklichen Konkurrenz zueinander stehen, fühlen sich die Gschaider insgesamt als große Familie, deren Identität von mündlich überlieferten Geschichten tradiert und im kollektiven Handeln bewährt wird. »Daher bilden die Bewohner eine eigene Welt, sie kennen einander, trauern alle, wenn einer stirbt, haben eine Sprache, die von der der Ebene abweicht, stehen einander bei, sind sehr stetig, und es bleibt immer beim alten.«

Adalbert Stifter hat mit seiner Erzählung *Bergkristall* exemplarisch die Differenz zwischen modernem Industriekapitalismus und seiner idyllisierten Alternative inszeniert. Während in Millsdorf Maschinen für Kapitalakkumulation und Wachstum sorgen, verändert sich in Gschaid im Verlauf der Jahreszeiten nichts außer der Natur. In der hochintegrierten dörflichen Gemeinschaft herrschen gute Sitten, was immer sonst jenseits der Bergrücken der Fall sein mag. Gschaid ist ein Musterdorf, das die Kommunitaristen erfinden müßten, wenn Stifter dies nicht schon vor 150 Jahren getan hätte. Stifters Utopie einer solidarischen, familiär geprägten, zeitresistenten, durch und durch alteuropäischen Gemeinschaft »reagiert auf die modernen Lebensbedingungen dadurch, daß sie sich von ihnen unterscheidet«.[1] Gschaid setzt eine – freilich fiktive – Alternative in Szene. Die Idylle des Alpendorfes fasziniert nicht nur deshalb, weil in sein stilles Bergtal das Lärmen der Maschinen nicht hinaufzudringen vermag, sondern weil es eine Enklave konzipiert, deren Gemeinschaft sich in jeder Hinsicht den häßlichen Begleiterscheinungen der Moderne entzieht.

Wer heute in der moralfreien Kälte der modernen, funktionsdifferenzierten Gesellschaft zittert, kann versuchen, sich an der Intimität von Organisationen zu wärmen, deren Mitglieder noch verbindlich und persönlich inter-

[1] Niklas Luhmann, *Die Gesellschaft der Gesellschaft.* Frankfurt: Suhrkamp 1997.

agieren, statt nur vermittels Medien »zu kommunizieren«. Es könnte daher heute den Reiz des Kommunitarismus ausmachen, nicht von der Gesellschaft reden zu müssen, sondern von Gemeinschaften, etwa von Nachbarschaften oder Familien, in deren interaktiven Strukturen die schönsten Tugenden einen nahrhaften Boden gefunden haben; wir zählen mit Alasdair MacIntyre einige von ihnen auf: »eheliche Treue, die Liebe zur eigenen Familie und Verwandtschaft, Freundschaft und die Loyalität zu Institutionen wie Schulen oder Cricket- oder Baseball-Clubs«.[2]

Dies verhält sich genauso wie in Gschaid, in der die gemeinsam erlebte und tradierte Geschichte des Dorfes zu gemeinsamen »Sitten« geführt hat, die zwanglos dafür sorgen, daß die Bewohner moralisch miteinander umgehen. Gschaid könnte als Modell einer Gemeinschaft dienen, deren »moralische Grundlagen« noch integer sind, ein Gegenmodell zum modernen, also potentiell korrumpierten Millsdorf. Die latente Exklusivität dieses Modells wird sichtbar an Stifters Betonung der ungestörten Gemeinschaftsbildung durch den Verzicht auf »Verkehr«. Dies blieb in der Moderne illusorisch, doch heute scheint die Telematik die technischen Voraussetzungen zu liefern, diese Utopie zu realisieren, ohne dafür vergleichsweise defizitäre ökonomische und kommunikative Strukturen in Kauf nehmen zu müssen. Die telematischen Gschaider können wohlhabender und mächtiger werden als die Millsdorfer.

II

Auf der Web-Site des European Community Telework Forum (ECTF) äußert sich der österreichische Bundesminister für Wissenschaften, Transport und Künste, Rudolf Scholten, über die Zukunft der Telearbeit. Der Landsmann Stifters glaubt und hofft: »there is the promise to harmonize classical antagonisms like those between urban and the rural areas or between work and leisure-time. Accordingly teleworkers may expect a sheltered life in the idyll of the village environment or the fond of the family whilst being mobile beyond national borders at the same time.« (http://www.bco.co.at/bco/tw96/)

Damit sind alle Stichworte gefallen, mit denen man die Vorzüge Gschaids gegenüber Millsdorf hervorheben kann: Es gibt keine harte Unterscheidung zwischen Zentrum und Peripherie, keine strukturellen Disharmonien infolge der Trennung von Ort und Zeit für Arbeit und Freizeit, statt dessen ein »geborgenes Leben« im Herzen der Familie, eingebettet in die »idyllische« Umgebung einer ländlich-dörflichen Gemeinschaft. Von Stifters Utopie unterscheidet sich die des Ministers allein dadurch, daß die Bewohner seines Dorfes Telearbeiter sein sollen, deren virtuelle Mobilität keine Grenzen mehr kennt. Sein Dorf ist das *globalized village:* eine abgeschiedene kleine Gemeinschaft in sauberer Natur, mit einem High-speed-Zugang zum Internet, was

---

[2] Alasdair McIntyre, *Ist Patriotismus eine Tugend?* In: Axel Honneth (Hrsg.), *Kommunitarismus.* Frankfurt: Campus 1993.

die Kommunikation mit aller Welt gestattet und zugleich die alte, häßliche Industriemoderne auf Distanz hält.

»Telematik und Globalisierung haben sich als fundamentale Kräfte herausgestellt«, welche die »Organisation des ökonomischen Raums gestalten«, schreibt Saskia Sassen.[3] Beide Begriffe sind Schlüsselwörter, an denen die Segmente einer erwartungsvollen Semantik kristallieren. Telematik bezeichnet nach der Definition von Norbert Bolz die »neue Einheit von Fernmelden und Rechnen, von Telekommunikation und Informatik«, die sich im »Metamedium« der in Netzwerken verbundenen Computer vollzieht.[4] Die Telematik schafft die Voraussetzung für das Zeitalter der »Cybersociety«, für neue Organisationsformen und die Chance zu einer »kreativen Zerstörung traditioneller Großstrukturen«.[5] Statt *think big* gilt nun *small is beautiful:* kleine, flexible, riskante, anpassungsfähige, innovative Lösungen für einen globalen Markt. Das »Cyber-Unternehmen« ist agil, wendig, vernetzt, intuitiv, evolutionär erfolgreich, experimentell, kreativ und effizient.[6] Selbstverständlich verfügt es kommunikativ und logistisch über »globale Reichweite«.

Kay Friedrichs behauptet in *Die Stadt am Netz,* daß der Prozeß der Globalisierung selbst ort- und gestaltlos sei: »Die wichtigsten und profitabelsten Projekte, z.B. World Wide Web oder Internet, Big and Little LEO's, Pay-TV, Tele Shopping, POP Music, Coop Networking, Global-Banking, Smart Cards und CyberMoney etc., aber haben mit einer bestimmten Stadt oder Region, einem ›genius loci‹ oder einer materiellen Architektur wenig zu tun.«(http://www.heise.de/tp/arch/6085/fhome.htm)

Ich möchte das genaue Gegenteil zeigen. Zwar ist die ganze Welt das Spielbein der *global players,* aber das Standbein ist nach wie vor regional: »Teleworking means switching between the virtual and the real, the global and the local.«[7] Auch wenn die Mitarbeiter der Unternehmen der Zukunft mit Laptop und Handy ausgestattet sind und überall arbeiten können, wo sie wollen, oder besser: dank ständiger Erreichbarkeit immer dann arbeiten können, wenn es von ihnen verlangt wird, so sind sie doch irgendwo präsent. Da die Telearbeiter zu der besser verdienenden virtuellen Klasse gehören, findet man ihre Körper eher im luftigen Gschaid als im lärmenden Millsdorf, sofern Gschaid über ein Gate zum Cyberspace verfügt. Der Rückzug der Besserverdienenden in globalisierte Dörfer und die telekommunikative Vernetzung dieser Communities, die Entstehung der virtuellen Klasse und der Aufstieg der Telematik sind allesamt Aspekte der Globalisierung.

Der Begriff der Globalisierung macht nur Sinn, wenn man das Globalisierte von dem unterscheiden kann, was globalisiert wird: das Lokale oder

3 In: *Telepolis* (http://www.heise.de/tp/sam/6005/fhome.htm). Vgl. auch Saskia Sassen, *Metropolen des Weltmarkts. Die neue Rolle der Global Cities.* Frankfurt: Campus 1996.

4 Norbert Bolz, *Das kontrollierte Chaos.* Düsseldorf: Econ 1994.

5 Josef Brauer / Roland Bickmann, *Cybersociety.* Düsseldorf: Metropolitan 1996.

6 Diese Stichworte findet man in James Martin, *Das Cyber-Unternehmen.* Wien: Ueberreuter 1997.

7 John Tifflin / Lalita Rajasingham, *In Search of the Virtual Class.* London: Routledge 1995.

Regionale: der sagenhafte »Standort«. Wir haben es also mit einem globalen und permanenten Wettbewerb der Regionen um Unternehmen und Bewohner zu tun. Die Region situiert sich selbst in einer vor allem ökonomischen, politischen und rechtlichen Umwelt, deren Evolution in globalem Maßstab stattfindet. Sie muß ihren umworbenen Kunden weltweite Kommunikation *und* die Sozialstruktur von Gschaid bieten, denn in diesem Versprechen von Sicherheit und Gemeinschaft besteht der Marktvorteil des *globalized village* vor vernetzten, aber immer durch Umweltkatastrophen, Gewaltausbrüche oder rechtlichen und politischen Systemwechsel bedrohten Städten der Dritten Welt.

Zudem setzt die Globalisierung ein Medium voraus, in dem der Vergleich dieser Regionen stattfinden kann; und dieser weltweite Dauervergleich wird unvermeidlich erst mit dem Siegeszug der Massenmedien. Ihr Verdienst ist es, daß jede Region, sofern sie die Sendungen empfängt, das medial vermittelte »Faktum« der Globalisierung unhinterfragt voraussetzen kann, ohne selbst Beobachtungen oder Überlegungen anstellen zu müssen. Jede Region, die technisch an die weltweiten Kommunikationsmedien angeschlossen ist, nutzt das medial erzeugte Bild der Globalisierung zur Selbstkonditionierung. »Daraus ergibt sich zugleich eine Systemdynamik, die zu extrem ungleichen Entwicklungen innerhalb der Weltgesellschaft führt. Die Regionen finden sich selbst deshalb fernab von einem gesamtgesellschaftlichen Gleichgewicht und haben gerade darin die Chancen eines eigenen Schicksals.« Diese Einschätzung Luhmanns bestätigt sich an den Selbstbeschreibungen der Regionen; so halten sich etwa Bayern oder Norditalien für geeigneter, den globalen Wettbewerb zu meistern, als andere Regionen ihres Staates. Es kann dann auch nicht mehr überraschen, wenn es im Zuge dieser *global competition* zu separatistischen Tendenzen kommt. Dies muß nicht so auffällig geschehen wie im »Padanien« der Lega, wo eine Separation auf der Ebene des Nationalstaates angestrebt wird; wie Hongkong zeigt, genügt den Regionen meist ihr Status als Sonderwirtschaftszone mit spezifisch zugeschnittenem Steuer- und Umweltrecht und privilegierter Zollpolitik. In den USA können dank eigener Steuerhoheit selbst kleine Verwaltungseinheiten wie Countys gegeneinander konkurrieren.

Vor allem die Wachstumsbranchen der Unterhaltungs-, Kommunikations- und Informationsindustrie sind aufmerksam und mobil genug, um das Angebot regionaler Privilegien erst weltweit vergleichen und dann auswählen zu können. Die entscheidende Voraussetzung auf seiten der Standorte ist der telematische Anschluß an die Weltgesellschaft, da dies beinahe die einzige Ressource ist, auf die diese Wirtschaftszweige zurückzugreifen haben.[8]

---

[8] Anders dagegen Saskia Sassen: »Weit von der Neutralisierung der Geographie entfernt, ist das regionale Netz vermutlich in konventionelle Formen der Kommunikationsinfrastruktur eingebettet, besonders in schnelle Zug- und Autobahnverbindungen mit Flugplätzen. Man kann davon ausgehen, daß die konventionelle Infrastruktur vielleicht ironischerweise die aus der Telematik stammenden ökonomischen Vorteile maximiert.«

Die Versorgung mit High-speed-Netzen und die Politik der Sonderwirtschaftszonen hat in einigen Städten der Dritten Welt zu einem beispiellosen Wachstum geführt, doch zugleich zu erheblichen Entwicklungsunterschieden zwischen ihnen und dem Rest des Landes. Bangalore beispielsweise erlebt eine für Indien beispiellose »wirtschaftliche Explosion« und in der Folge einen »Einstellungskrieg«, der den hochqualifizierten Arbeitnehmern einen Lohnzuwachs von bis zu 30 Prozent im Jahr beschert. Aber dadurch wächst auch proportional die soziale Kluft zwischen der »Enklave« und ihrem Umland, zwischen der virtuellen Klasse und dem pauperisierten Rest.[9] Die Enklave wird ihre Grenzen sichern müssen, um das wachsende Wohlstandsgefälle aufrechtzuerhalten.

Laut Saskia Sassen ist der Prozeß der »ökonomischen Globalisierung als Erzählung der Ausschließung« zu verstehen, da Orte und Berufe, »die aus diesem neuen Netz der digitalen Highways herausfallen, peripher« werden. Die Unterscheidung der Globalisierung »global/regional« steht offenbar in einem engen Zusammenhang mit der Luhmannschen Unterscheidung »Inklusion/Exklusion«. Da es erhebliche Vorteile hat, selbst in eine Wohlstandsenklave inkludiert zu sein und die Attraktivität sich gerade der Tatsache verdankt, daß nicht jeder Zugang findet, muß danach gefragt werden, wie in den einzelnen Regionen exkludiert wird. Man darf wohl vorab bezweifeln, daß eine Region souverän über die Eintrittsbedingungen von Mitgliedern befindet wie ein Golfclub. Dies liegt daran, daß eine Region kein Sozialsystem ist. Die »Weltgesellschaft« ist binnendifferenziert nach Funktionssystemen wie Wirtschaft, Politik, Recht, Wissenschaft, Erziehung oder Kunst, nicht räumlich. Nur »das politische System und mit ihm das Rechtssystem« ist »regional differenzierbar in der Form von Staaten«, alle anderen Systeme »operieren unabhängig von Raumgrenzen«, was man mit Luhmann leicht daran sehen kann, daß Grenzen zwischen Staaten »weder von Wahrheiten noch von Krankheiten, weder von Bildung noch vom Fernsehen, weder vom Geld noch von der Liebe respektiert werden«. Die Regionen befinden also auch nicht pauschal über Exklusion und Inklusion, wie dies Sozialsysteme unablässig tun.

Diese Freiheit der Funktionssysteme, über Inklusion und Exklusion selbst zu befinden, führt zu »gravierenden Problemen« an den »Rändern der Systeme«, an denen sich »Exklusionseffekte« gleichsam akkumulieren: Wer zum Beispiel aus dem Bildungssystem herausfällt, hat am Arbeitsmarkt wenig Chancen, wer sich keinen festen Wohnort leisten kann, darf auch nicht wählen, wer nicht versichert ist, wird im Krankheitsfall nicht versorgt. Genau wie es einen positiven Verstärkereffekt für Inklusionen gibt (gute Ausbildung, gute Jobs, gute Versorgung, gute Wohnlage), so verstärken sich auch die Exklusionen wechselseitig in einer unheilvollen Feedback-Schleife. »Das reichlich verfügbare Material legt den Schluß nahe, daß die Variable Inklusion/Exklusion in manchen Regionen des Erdballs drauf und dran ist, in die

---

[9] Michel Raffoul, *Die klugen Köpfe von Bangalore.* In: *Le Monde diplomatique,* Januar 1997.

Rolle einer Meta-Differenz einzurücken und die Codes der Funktionssysteme zu mediatisieren.«

Slumbewohner genießen keinen Rechtsschutz, was zwischen den in Ghettos eingesperrten Körpern stattfindet, zeitigt keinerlei Effekte für die Kommunikation in der Weltgesellschaft, es bleibt für alle, die nicht unmittelbar an der Interaktion beteiligt sind, ohne Folgen, ist völlig anschlußunfähig. Wo mit »Sozialhilfe« oder »Entwicklungshilfe« nachgebessert wird, haben wir es schon nicht mehr mit dem Phänomen der Totalexklusion zu tun, denn die Empfänger dieser Hilfe sind als Adressaten ja inkludiert. Wer dagegen aus allen Funktionssystemen herausfällt, wird in der Regel »separiert und damit unsichtbar gemacht«, schreibt Luhmann.

Was in diesen »schwarzen Löchern« stattfindet, die Weltgesellschaft nimmt es nicht wahr. Diese Beobachtung wird nicht widerlegt von der Tatsache, daß die Medien Leichenberge in Kinshasa und Ölseen in Nigeria thematisieren, denn was immer dort gefilmt und fotografiert wird, verarbeiten die Massenmedien nach Maßgabe ihrer eigenen Skripts: Elf Aquitane gegen Gulf Oil, Greenpeace gegen Shell. Die Exkludierten nehmen an dieser Kommunikation der Weltgesellschaft nicht teil. Sie können nicht ihrerseits beobachten, wie sie von den Massenmedien beobachtet werden. Im Exklusionsbereich sterben oder verhungern Körper, deren Existenz in der Weltgesellschaft einen Sinn (als Konflikt, als Katastrophe, als Skandal, als Sensation – je nach Skript) erhält, der ihnen fremd oder gleichgültig ist.

Ich vermute, daß sich bei voller Inklusion der Regionen in die Weltgesellschaft die Chancen für bestimmte Orte erhöhen und dort zugleich die skizzierte Exklusionsakkumulation eine besondere Rolle zu spielen beginnt. Meine These ist, daß sich in jeweils derselben Region die Chancen auf Inklusion und Exklusion solange gegenseitig steigern, bis sich Enklaven ausbilden, vor deren Toren die »Körper« der Outcasts ihr folgenloses Dasein fristen. Dies muß man sich nicht unbedingt als Festung vorstellen, wie bisweilen suggeriert wird, sondern als flexible, unsichtbare Grenze, die von den Exkludierten nicht überschritten zu werden vermag, da sie keinen *access,* keinen Zugang haben. Es geht schließlich um Kommunikationen, nicht um die physische Umwelt der Gesellschaft. Wer trotz allem noch Gemeinsamkeiten von Inkludierten und Exkludierten feststellen will, etwa mit der Bemerkung, daß alle in Bangalore dieselbe versmogte Luft atmen, übersieht, daß es für die einen ein Risiko ist, das sie gegen hohe Gehälter und gute Karrierechancen eingehen, während es für die anderen eine unvermeidliche Gefahr ist, zu der es keine Alternative gibt, da sie woanders keine »Müllberge« finden, auf denen sie ihre bescheidenen Subsistenzmittel suchen können. Die Inkludierten entscheiden sich für ein Risiko, die Exkludierten erleben Gefahren. Die Inkludierten haben Möglichkeiten (sie können wählen, klagen, kaufen, sich weiterbilden, ein- oder abschalten), die Ausgeschlossenen leben unter Notwendigkeiten. Die sonst typischen hohen Freiheitsgrade für Selektionen sind im Exklusionsbereich erheblich eingeschränkt. Man hat dort keine Wahl.

III

Von Exklusion ist nicht die Rede, sondern von Community, wenn die beiden Stellvertreter des amerikanischen Präsidenten Clinton, seine Frau Hillary und Al Gore, mit ihren Projekten die Semantik der Telematik entfalten: Hillary Clintons Buch *It Takes a Village* steht für die kommunitaristische Vision eines Dorfes, dessen Realisierung im globalen Format Al Gore mit dem Bau eines Information Highway in Angriff genommen hat. Die Gemeinschaft der Nachbarn plus Verkabelung kennzeichnet die amerikanische Ideologie. Deshalb ist der Begriff des *global village* so ungemein erfolgreich, weil er die Vernetzung der Welt als Globalisierung der Gemeinschaftswerte verkauft. Der Erfolg des Kommunitarismus und der Erfolg der Telematik gehen in den USA Hand in Hand. So schließt Gore eine Rede zur Errichtung einer Global Information Infrastructure (GII) mit dem emphatischen Aufruf: »Let us build a global community in which the people of neighboring countries view each other as potential partners, as members of the same family in the vast, increasingly interconnected human family.« (http://www.whitehouse.gov/WH/EOP/OVP/html/telunion.html)

Inklusion statt Exklusion. Gore bedient sich einer Semantik, die seine Rede klingen läßt, als sei es das Hauptanliegen der GII, die Gemeinschaftswerte in den USA zu stärken und auf die darauf wartende Weltgesellschaft auszudehnen. Seine Rhetorik läßt beinahe vergessen, worum es geht, nämlich um »national economic success« im Kampf der »competitive companies« auf einem »truly global marketplace«. Aber nicht allein der Vizepräsident versucht seine Reden über die Telematik auszubalancieren zwischen der Begeisterung für den neoliberalen Weltmarkt und den Verheißungen einer global vernetzten Menschheitsfamilie; auch die Präsidentengattin versteht es, das kommunitaristische und das telematische Register gleichzeitig zu ziehen: Sie bekennt sich zum globalen Wettbewerb, möchte aber die Folgen durch *family values* kompensiert wissen. Die First Lady lobt die Familie als Paradigma kleiner, überschaubarer Gemeinschaften, in denen jeder jeden kennt und man sich umeinander kümmert. Sie beschwört »the spirit of inclusiveness, egalitarianism and community«, der diese Gemeinschaften auszeichnet und ruft dazu auf, diesen Geist mit hinaus in die Welt zu tragen: »One place to begin is where we all come from. Our families, our communities«. (http://www.whitehouse.gov/WH/EOP/First-Lady/html/generalspeeches/5-11-96.html)

Philosophisch anspruchsvoller, aber in der Stoßrichtung identisch bemüht sich Michael Walzer um den Nachweis, der liberale »Separatismus« einer in egoistische Individuen zerfallenden Gesellschaft werde durch die staatliche Förderung der »Gemeinschaften«, etwa von »Kommunen« und »Nachbarschaften«, kompensiert. Der Kommunitarismus wird gleichsam zum schlechten Gewissen einer liberalen Gesellschaft, ohne den sie jede verwurzelte Bindung der als Freiheit gefeierten Mobilität der ökonomischen Akteure aufopferte. Die von Walzer konstatierte Tendenz zu »Separierung« und »Mobilität«, die zur Entwicklung »wurzelloser Sozialformen« führe, welche privatrechtlich verfaßt und »jederzeit aufkündbar« sind, werde durch eine politikphilosophische, grundsätzliche Verankerung der »Gemeinschaftlichkeit« im liberalen, demokratischen Staat ausbalanciert. Eine ähnliche Integration von Liberalismus und Kommunitarismus, ökonomischer Konkurrenz und nachbarschaftlicher Zusammenarbeit verkörpert das globalisierte Dorf. Das telematisierte Gschaid verkauft den liberalen Freiheitstraum, ohne damit die kommunitaristischen Ängste vor den zerstörerischen Konsequenzen der »Mobilität« für die Gemeinschaft heraufzubeschwören. Walzer weiß allerdings auch, daß »Nachbarschaften auf Dauer kein Schutzschild gegen die Zwänge des Marktes« sind.[10] Einst genügten die Alpen. Heute werden Filter benutzt.

IV

Das Gschaid der Globalisierung hat bereits einen Namen oder genauer: ein eingetragenes Warenzeichen: SMARTCommunities™. Dieses für die Semantik des *globalized village* paradigmatische Unternehmen hat sich die Aufgabe vorgenommen, jene notwendigen telematischen Transformationen einzuleiten, die Kaliforniens Städte und Gemeinden »fit« für das Informationszeitalter machen sollen: Die virtuelle Klasse wohnt in der *smart community* und arbeitet telematisch im Cyberspace. Geplant ist die vernetzte Stadt in attraktiver Umgebung, offen für Telekommunikation aller Art, geschlossen für die elektronischen Obdachlosen der unteren Schichten. Wo die Stadt nicht von hohen Bergen umgeben ist wie Gschaid, werden hohe Grundstückspreise und private Sicherheitsfirmen dafür sorgen, daß die Community unter sich bleibt.[11]

Ausgangspunkt des Konzeptes einer gewitzten Gemeinde ist die Ansicht, daß die Zeiten nationalstaatlicher Politik vorbei sind und nunmehr kleinere Verwaltungseinheiten in der Weltgesellschaft gegeneinander konkurrieren, Bangalore gegen Silicon Valley, Hamburg gegen Rotterdam, Kuala Lumpur gegen Shanghai. Bei diesem Wettbewerb wird es nicht um Infrastruktur allein gehen, sondern dank der hohen Mobilität der virtuellen Klasse auch um die Lebensqualität des *real life,* die vor allem am Maßstab der Sicherheit gemessen wird. Solange solche Städte wie Bangalore proportional zu ihrem ungezügelten Wachstum Gesundheits- und Sicherheitsrisiken jeder Art anhäufen, wird das smarte Silicon Valley das Rennen machen, denn die besten und bestbezahlten Telearbeiter werden in der Ersten Welt arbeiten wollen. Schon klagen die Software-Unternehmen Bangalores über die Abwanderung ihrer klügsten Köpfe in die USA. Der permanente Kulturvergleich, den die globa-

---

[10] Michael Walzer, *Die kommunitaristische Kritik am Liberalismus.* In: Axel Honneth (Hrsg.), *Kommunitarismus.*

[11] Zum Zusammenhang von Stadtarchitektur, Grundstückspreisen, sozialer Segregation und High-tech-Überwachung vgl. Mike Davis, *City of Quartz.* Berlin: Schwarze Risse 1994. Die Ratio dieses Zusammenhanges ist die Ghettoisierung der Communities durch massive Ausschlußverfahren aller, die nicht zur wie immer definierten Gemeinschaft gehören.

len Massenmedien erzwungen haben, erzeugt Begehrlichkeiten, die stark genug sind, um Tausende gut ausgebildeter Programmierer und Ingenieure aus der Dritten Welt in Marsch zu setzen. Die Personalfluktuation in den Hightech-Firmen beträgt »bis zu 30 Prozent jährlich« *(Le Monde diplomatique).*

Um die virtuelle Klasse und die globalen Unternehmen an ein und demselbem Ort zu halten, muß man sie in eine *smart community* integrieren, die alle telematischen Voraussetzungen für globale Kommunikation erfüllt und dem gut ausgebildeten Personal eine ansprechende Umgebung bietet: eine Stadt, die an der Gestalt der neuesten Techniken entworfen wird, statt daß die Einsatzmöglichkeiten dieser Techniken im Rahmen der Bedürfnisse der Community erkundet würden. Die clevere und smarte Gemeinde kennt keine andere Planungsgrundlage mehr als die technischen und ökonomischen Großtrends der Telematik und der Globalisierung: »In the light of such developments, the smart city is not so much a Utopian vision, but a realistic attempt to define the future role of communication technologies and services within communities.« (http://www-rohan.sdsu.edu/dept/intlcomm/smartdesc.html)

Wie immer gibt es auch bei diesem großen Entwurf »Bedenkenträger«, die nicht über den nötigen »Mut« zum Aufbruch in die Zukunft der Cybersociety verfügen; aber statt sie als ewiggestrige Angsthasen abzukanzeln, nimmt SMARTCommunities™ ihre Einwände ernst, denn zur Zielgruppe gehören nicht nur Konzerne, sondern auch deren künftige Angestellte, die in der *smart city* alle Probleme und Sorgen hinter sich lassen sollen, jene Sorgen der *real world,* die vorwiegend den verletzlichen Körper und sein Wohlbefinden betreffen: »For example, critics question whether electronic communication will replace what little face-to-face contact there already is between people; they also see networks and communication technologies in general as a serious threat to society. They fear that these networks will only further isolate and distance us from our neighbors.«

Wir kennen diese Bedenken schon von Hillary Clinton, aber auch die Lösung. Die kommunikationstechnologische Aufrüstung der Gemeinde muß von kommunitaristischen Maßnahmen flankiert werden. Das Gefühl der Gemeinschaft, die Überschaubarkeit vertrauter Verhältnisse, die Interaktion über den Gartenzaun des Nachbarn, all dies, was Gschaid ausmacht, soll nicht nur mit der Telematik in Einklang zu bringen sein, sondern sogar in hohem Maße von ihrem Einsatz profitieren. Gerade als die andere Seite der globalen Telematik gewinnt die lokale Gemeinschaft persönlicher Kontakte an Gewicht, da alle anonymen Beziehungen den technischen Medien überlassen werden können und es so ermöglicht wird, den »face-to-face contact« für die Interessen der Gemeinschaft zu reservieren. Der smarten Community, der es gelingt, die Unterscheidungen Telematik/Interaktion und global/regional derart zu inszenieren, daß beide Seiten optimiert erscheinen, wird den evolutionären Wettbewerb der Kommunen in der globalen Arena gewinnen.

Wie der Erfolg zahlloser *neighborhood watch programs* belegt, ist Sicherheit eines der wichtigsten Themen der kleinen Gemeinschaft, deren gemeinsames Interesse die Abschottung gegen Irritationen aller Art – vom Obdachlosen bis zum Einbrecher – ist. Ob paranoid oder berechtigt, die Selbstbeschreibung der Gesellschaft in den Massenmedien erzeugt eine derartige Nachfrage nach Schutz vor Gewalt und Verschmutzung, daß die Abschottung von Körper und Eigentum das erste Gebot der Stunde ist. Während der öffentliche Raum zunehmend nur noch dort sicher ist, wo ökonomische Interessen für private Sicherheitsunternehmen sorgen, etwa im Falle von Flugplätzen und Bahnhöfen, in privilegierten Einkaufszonen, Museen oder Megastores, wächst im privaten Bereich die Nachfrage nach Sicherung des Wohnortes. Die *smart city* ghettoisiert sich selbst, indem sie sich gegen den öffentlichen Raum durch die Errichtung einer »elektronischen Mauer« abschließt. Dies geschieht so unaufdringlich, daß die Zugangsberechtigten kaum bemerken, daß andere draußen bleiben müssen.

Die sonst als unvermeidlich geltende Auflösung des *community life* in der Post-Wohlfahrtsgesellschaft durch die Zerstörung der Körper durch Gewalt oder Drogen und durch die zunehmende Abkopplung der Personen von der politischen und ökonomischen Kommunikation sei durch die Computertechnologie aufzuhalten, wird hier suggeriert. Und dies trifft in genau dem Maße zu, wie die Telematik das Gemeinschaftsleben der Bewohner von *smart city* intensiviert und zugleich alle destruktiven Faktoren kurzerhand externalisiert. Wenn die Smarten ihre gemeinsamen Interessen in »rebuilding community life« verfolgen, dann sind sie damit in dem Grade erfolgreich, wie es ihnen gelingt, soziale Störungen aus ihrer »neighborhood« auszuschließen. Garagenverkauf, Barbecue und Nachbarschaftsfeste können dann zu Anlässen »lebendiger« Interaktion werden, weil diese nicht durch eindringende, gewalttätige Körper bedroht werden. Im Flächenstaat USA wird diese Tendenz von der Weite des Raums begünstigt, weshalb die Telematik dort eine viel auffälligere Rolle in der Stadtplanung spielt als hierzulande. Für Bill Gates liegen die »Nachteile des Stadtlebens auf der Hand, und sie sind schwerwiegend: Man denke nur an den Verkehr, die Lebenshaltungskosten, die Kriminalität und den begrenzten Zugang zur freien Natur«, andererseits finde man bislang vor allem in der Stadt »Arbeitsplätze und Dienstleistungen, Bildungseinrichtungen und Freizeitmöglichkeiten«.[12] An diesem Verhältnis von Vor- und Nachteilen ändert nach Gates' Ansicht der Information Highway so viel, daß es für den, »der Anschluß an ihn hat«, kaum noch von Nachteil ist, »außerhalb der Großstadt« zu leben. Er kann online arbeiten, konsumieren, sich unterhalten lassen, »ohne das Haus verlassen zu müssen«. Wenn er es doch tut, dann für einen Spaziergang in sicherer Umgebung und sauberer Natur. Die mobile Schicht der Telearbeiter werde die Innenstädte ihrem Verfall überlassen und auch »andere Wohlhabende zum Wegzug ermuntern«. Wie auch immer, der »technische Fortschritt wird keine Rücksicht darauf nehmen, ob die Leute ihn bereitwillig annehmen«.

Mitmachen oder zurückbleiben, dieser Geist herrscht auch in der Propaganda der SMARTCommunities™. Dort hat man sich erfolgreich auf die

[12] Bill Gates, *Der Weg nach vorn.* Hamburg: Hoffmann und Campe 1995.

Differenzierung der Weltgesellschaft anhand der Unterscheidungen global/regional und Exklusion/Inklusion eingestellt. Die *smart city* nutzt regionale Vorteile für den Erfolg auf dem globalen Markt und steigert so die Chancen in ihrem Inklusionsbereich. Die mit der Inklusion einhergehende Exklusion wird von den Kommunen nur mit passiven Maßnahmen begleitet, Gewaltmaßnahmen sind dazu nicht nötig. Man baut obdachlosensichere Parkbänke, verschließt die Müllcontainer hinter Gitter oder vertreibt mit nonstop arbeitenden Sprenkelanlagen Herumlungerer aus den Parks. Die Planer und Architekten der bevorzugten Stadtteile, Einkaufszentren und Touristenmeilen »errichten architektonische und semiotische Hürden, um ›unerwünschte Personen‹ herauszufiltern. Die übrige Masse zäunen sie ein und steuern ihre Bewegung mit behavioristischer Brutalität«, so die Vision von Mike Davis.

Dagegen wird die virtuelle Klasse von SMARTCommunities™ umworben mit einem Blumenstrauß von Impulsen für die Bereiche »Government, Education, Wellness/Health Care, Business and Industry«. Die Telematik »would get cars off the road and increase employee job satisfaction«, führe zu sinkenden Umweltbelastungen und Abgaben, zu höheren Einkommen und Steuereinnahmen, zu besseren kommunalen Dienstleistungen: In der *smart city* akkumulieren sich die evolutionären Vorteile der Community. Das Fazit lautet schlicht und selbstbewußt: »A community that wants to survive in the knowledge society has to do what it can to be a SMARTCommunity.« Laut Al Gore kommen immerhin mehr als die Hälfte der arbeitenden Bevölkerung der USA als Bewohner in Frage: »Approximately 60 per cent of all U.S. workers are knowledge workers – people whose jobs depend on the information they generate and receive over our information infrastructure.«

V

Mehr als die Hälfte des deutschen Außenhandels kommt über die Grenzen der Europäischen Union nicht hinaus, ein Großteil des übrigen Volumens entfällt auf die USA und Japan. Dies war schon vor zehn und vor zwanzig Jahren so. Auch der Anteil der Unternehmen, die Dependancen im Ausland unterhalten, ist klein. Die Handelsbeziehungen mit den unmittelbaren Nachbarn Frankreich und Holland sind die wichtigsten. Gemessen an den nüchternen Statistiken der Außenhandelsbilanzen erscheint die Globalisierung der Wirtschaft mehr als Phantasieprodukt denn als Realität. Man könnte versucht sein, mit Paul Treanor die »Globalisierung als Glaube, Mythos oder Mode« (http://www.ix.de/tp/te/1176/fhome.htm) abzutun, doch betrifft dies dic Selbstbeschreibung der Gesellschaft nicht, da diese sich an der Semantik der Globalisierung orientiert und nicht an den »Fakten«. Allein die gut inszenierte Möglichkeit, den Standort zu wechseln, reicht anscheinend völlig aus, die Diskussion über eine gigantische Volkswirtschaft wie die deutsche unter das Stichwort der Globalisierung zu zwingen. Da dies Folgen hat, kann man sagen, daß die Semantik der Telematik zur Realität der Gesellschaft zählt, selbst wenn ihren technologischen Träumen oft nicht einmal Techniken entsprechen.

Zudem läßt sich das Phänomen der Globalisierung nicht auf die Wirtschaft beschränken und daher auch mit Außenhandelsbilanzen nicht widerlegen. Eine Folge der sich im Medium der Telematik vollziehenden Globalisierung ist die Unvermeidlichkeit, beobachten zu müssen, daß es woanders anders zugeht: andere Sitten, andere Löhne, anderes Recht, andere Architektur, andere Kunst, andere Kleidung, anderes Essen ... Die weltweit operierenden Massenmedien setzen jeden Sektor einer Region dem globalen Vergleich aus, dies gilt für die Kunst wie für die Wissenschaften, für die Religion wie für das Recht. Der ökonomische Wettbewerb ist nur ein Sonderfall dieses Vergleichs, und er muß ja nicht geradewegs zum Kampf ums Dasein führen: Er legt wechselseitige Übernahmen genauso nahe wie dezidierte Abgrenzungsbewegungen. Nach Ansicht Niklas Luhmanns dient Kultur dazu, die »Überlegung« zu verhindern, »was man anstelle des Gewohnten anders machen könnte«; dann könnte man vermuten, daß die Massenmedien der Weltgesellschaft die je regionale Kultur - und nicht nur die Wirtschaft - mit der Vorführung von Alternativen unter Druck setzen. Die kommunitaristische Rhetorik, die durch die Reden Clintons und Gores geistert, könnte genauso eine Immunreaktion auf diese globale Herausforderung der eigenen Kultur darstellen wie die Aussperrungsphantasien der Stadtplaner.

Die Vision des *globalized village* entspricht zwei dominanten Strömungen im Sprachspiel der Telematik: nämlich dem Willen zur Globalisierung und der Furcht vor ihren Folgen. Zuerst wird der Prozeß der Globalisierung auf das System der Wirtschaft reduziert und mit dem neoliberalen Bekenntnis zum »freien« Weltmarkt verbunden. Dann wird mit großem rhetorischen Aufwand so getan, als bewirke die Telematik als Medium des Weltmarktes keinerlei andere als ökonomische Folgen und belasse alles übrige beim alten. Dies klingt, als ändere sich in Gschaid nichts, wenn die Kabel verlegt und Satellitenempfänger installiert würden, um an der Weltwirtschaft teilzunehmen. Tatsächlich wird dieselbe Telematik die Dorfgemeinschaft dazu nötigen, sich selbst in einer Welt zu beschreiben, in der es auch anders zugeht. Daß die Community sich unter diesem Zwang zum Vergleich nicht ändert, können Clinton und Gore nur behaupten, nicht aber verhindern. Mit den Glasfaserkabeln zur globalen Vernetzung installieren die *smart cities* Trojanische Pferde. Die irritierenden Folgen für das »Gefühl der Gemeinschaft«, das die Kommunitaristen beschwören, wären womöglich nur autoritär zu kompensieren - durch rigide Inklusion und Exklusion. Der »Verkehr«, nicht nur der Daten, sondern auch der Körper, müßte dazu rigide reguliert werden. Dann würde im nächsten Jahrtausend für die große Masse der Weltbevölkerung Gschaid wieder sehr abgelegen liegen, fast unerreichbar. Denn nur um den Preis der Ghettoisierung lassen sich Telematik und Kommunitarismus zusammenführen.

Georg Franck

Künstliche Raumzeit

Zur ökonomischen Interdependenz von Raum und Zeit

Die Welt wird klein. Die Distanz, die vor 150 Jahren noch durch die Ruf- und Sichtweite begrenzt war, hat sich zum Erdenrund geweitet. Die Kommunikation in Echtzeit – ob durch Wort, Ton oder Bild – kennt im globalen Maßstab keine räumlichen Grenzen mehr. Der Raum ist einem grundlegenden Bedeutungswandel unterworfen. Er verliert seine klassische Funktion als Barriere und Schutzwall. Dafür verbindet er sich auf neue Art und Weise mit der Zeit. Die These der folgenden Überlegungen ist, daß die kommunikationstechnische Innervation den Raum mit der Zeit zu einer ökonomisch untrennbaren Raumzeit verschmilzt.

Das »Verschwinden des Raums« und die Enge im »Raumschiff Erde«

Leben wir noch im Computerzeitalter? Ist es inzwischen nicht eher die globale Vernetzung, die den Wandel der Gesellschaft und das zeitgenössische Lebensgefühl bestimmt? Wurde die informationstechnische Revolution nicht von einer kommunikationstechnischen überholt? Orientieren sich nicht sogar die Höhenflüge der technologischen Phantasie an einem neuen Leitgestirn? Die globale Vernetzung informationstechnischen Geräts – Stichwort: Internet – setzt die Verbreitung der Rechnertechnologie mit anderen Mitteln fort und wiederholt sie auf erweiterter Stufenleiter. Die Wachstumsraten des Internet stellen die aller voraufgegangenen Technologien in den Schatten. Nicht mehr der Nachbau der menschlichen Intelligenz, die Selbstorganisation des globalen Gehirns beflügelt die technologisch hochfliegenden Träume.

Die jüngste Welle technischer Innovation verändert die Welt im ganz unmetaphorischen Sinn. Sie verändert den Raum, in dem wir leben. Paul Virilio hat das Schlagwort vom Verschwinden des Raums in Umlauf gebracht. Der Raum verliert seine herkömmliche Friktionswirkung. Die Bindung an den bestimmten Standort löst sich auf. Die Besonderheit des Orts verliert ihre normative und selektive Kraft. Alles – so scheint es – wird überall möglich. Nicht mehr der Ort, *an* dem man lebt, bestimmt das Lebensgefühl, sondern die Zeit, *in* der man lebt. An die Stelle des verbindlichen Lokalstils tritt die geteilte Mode. Die Inhalte des Erlebens gleichen sich räumlich im globalen Maßstab immer mehr an, dafür variieren sie in der Zeit immer stärker und schneller.

So heißt es denn schon, die Zeitordnung beerbe die Raumordnung. Raumordnung ist die Aufgabe, das Nebeneinander der gesellschaftlichen Aktivitäten in verträgliche Bahnen zu lenken. Sie wird nun, so die Behauptung, abgelöst von der Aufgabe, das Nacheinander zu bewältigen. In den

Vordergrund tritt der immer raschere Wechsel und das Nebeneinander auseinanderdriftender Entwicklungsgeschwindigkeiten. Es ist, als ob das Problem der räumlichen Verträglichkeit unterginge in Problemen der Synchronisierung. Nicht mehr der Kampf um Territorien sichert Reichtum und Macht, sondern der Wettlauf um Erneuerungspotentiale. An die Stelle der Konkurrenz um räumliche Vorteile tritt die um zeitliche Vorsprünge.

Wie schlüssig diese Diagnose auf den ersten Blick auch scheinen mag, so schlecht paßt sie mit einer anderen Beobachtung zusammen. Die Welt wird nicht nur klein, sie wird sogar *zu* klein. Die These vom Verschwinden des Raums steht quer zu dem Eindruck, daß es eng wird im »Raumschiff Erde«. Verlöre der Raum als solcher an Bedeutung, dann dürfte diese Beengung nicht derart drücken. Tatsächlich drückt sie aber eher noch mehr als die angespannte Zeitökonomie. Die Übervölkerung der Erde, der zivilisatorische Flächenfraß und der ökologische Niedergang der Biosphäre sind gerade keine verschwindenden Probleme. Es sind aber solche der Überweidung *räumlicher* Ressourcen. Sie sind die eigentlichen Überlebensfragen der Menschheit. Sie machen den Raum so bedeutend wie noch nie. Also ist etwas schief an der Rede vom Verschwinden des Raums. Nicht, daß sie aus der Luft gegriffen wäre. Nur läßt sich vom Gegenteil genauso reden. Der Raum verschwindet in einer bestimmten Eigenschaft und meldet sich in einer anderen vehement zurück. Was könnte nun aber damit gemeint sein, der Raum habe gegenläufige Eigenschaften? Ist Raum nicht gleich Raum? Ist vom Raum, der an Bedeutung verliert, und vom Raum, der an Bedeutung gewinnt, überhaupt als von derselben Sache die Rede?

Ressource und Distanz: zur doppelten Bedeutung von »Raum«

Der Raum ist unzweideutig definiert, was die abstrakte geometrische beziehungsweise topologische Ordnung des Nebeneinander betrifft. Das Maß, in dem er ein Hindernis für den Ortswechsel darstellt, ist räumliche Distanz. Das Maß, in dem er als Lebensnotwendigkeit immer knapper wird, ist nutzbares Volumen. Volumen wird in räumlichen Distanzen gemessen – und räumliche Distanzen definieren Volumen. Wenn hier Zweideutigkeiten auftauchen, dann dürften sie damit zu tun haben, wie wir als selbst räumliche Wesen im Raum leben und den Raum *er*leben.

Tatsächlich unterscheidet sich der Raum, wie wir ihn erleben, von seiner geometrischen und physikalischen Definition. Der Raum in diesem letzteren Verstand ist ohne Zentrum. Der Raum hingegen, den wir erleben, hat ein Zentrum: das Hier. Ebenso hat die Zeit, wie wir sie erleben, ein Zentrum: das Jetzt. Hier und Jetzt bezeichnen zusammen das Zentrum subjektiven Erlebens. Sie sind nichts, was von diesem Erleben unabhängig zu fassen wäre. So sind sie es denn auch, die in der objektiven – sei es geometrischen oder physikalischen – Definition des Raums beziehungsweise der Zeit fehlen.

Die Zentrierung ist nun aber maßgeblich für unser räumliches – und zeitliches – Erleben. Sie bedeutet nämlich, daß diejenigen Ausschnitte des Raums und der Zeit, die dem Zentrum nahe gelegen sind, wichtiger sind als die ihm fernen. Von herausragender, ja schlechterdings überwältigender Wichtigkeit ist der Ausschnitt, den der empfindende Leib im Raum und die Geistesgegenwart in der Zeit einnimmt. Dieses, von der eigenen Leiblichkeit und Präsenz eingenommene Zentrum der subjektiven Raum-Zeit ist der Ausgang und Referenzpunkt aller Bewertung. Ohne dieses Zentrum in seinen eigenen, positiven Ausmaßen einzunehmen, wären wir in doppeltem Sinne nicht »da«. Wir wären nicht da als biologische Lebewesen, und wir wären nicht *da* als bewußt erlebende Subjekte. An die Grenzen unseres Körpers schließt sich der Umraum, auf den wir durch Stoffwechsel, Energieausgleich und Bewegungsdrang unmittelbar angewiesen sind. An die Ränder des erlebten Jetzt schließen die unmittelbare Zukunft und Vergangenheit an, ohne die es auch kein bewußtes Erleben der Gegenwart gäbe. Diese direkte Nachbarschaft ist mit dem Zentrum in vielfältiger Hinsicht noch gleichsam verschmolzen und von entsprechend ausnehmender Wichtigkeit gegenüber dem Umraum jenseits der direkten Spürbarkeit und gegenüber der Zeit, die eigens *ver*gegenwärtigt werden muß, um eine Rolle im aktuellen Erleben zu spielen. Alles, was sich von der inneren Zone weiter entfernt, verliert mit der Entfernung auch zunehmend an Wichtigkeit.

Es ist nicht einfach, das Maß dieser Abnahme zu quantifizieren. Das Maß schwankt von Person zu Person, in einer jeden Biographie von Situation zu Situation und innerhalb einer jeden Situation noch einmal von Hinsicht zu Hinsicht. Dennoch läßt sich etwas über die Verlaufsform der Abnahme aussagen. Erstens werden sonst gleiche Ereignisse um so unwichtiger, je ferner sie vom Hier und Jetzt liegen; zweitens nimmt die Wichtigkeit pro Entfernungseinheit mit mehr oder weniger konstanter relativer Rate ab. Dieser Verlauf genügt, um von einer Diskontierung räumlicher und zeitlicher Distanz zu reden. Diskontierung bedeutet eine Abwertung im Sinne der Zins- und Zinseszinsrechnung.

Wenn wir uns umsehen, wie sich die Abwertung konkret manifestiert, dann stellen wir fest, daß es für die Diskontierung in der Zeit eine sozial verbindliche Rate gibt: den Zinsfuß. Zinsen sind ökonomische Preise für den Wertunterschied zwischen früher und später anfallenden Vor- und Nachteilen. Zinsraten sind zwar nicht ausschließlich durch diesen Wertunterschied bedingt, weshalb Diskontierung und Abzinsung nicht einfach synonym gebraucht werden dürfen. Indem wir aber mit Zins und Zinseszins rechnen, diskontieren wir effektiv. Wir bewerten sonst gleiche Ereignisse um so höher, je eher wir sie erwarten.

Zinsraten sind Marktpreise, wenn auch unreine. Sie sind das Ergebnis gesellschaftlicher Abstimmung, nämlich des Spiels von Angebot und Nachfrage. Sie sind – als Preise – sozial verbindlich. Alle Menschen, die an einer Marktwirtschaft teilnehmen, nehmen wohl oder übel auch an der Diskontierung teil. Allerdings ist die Verzinsung nun keineswegs die einzige Form sozialer Zeitbewertung. Deren wichtigste Form ist nach wie vor die Bildung von Marktpreisen für Arbeitszeit. Arbeit ist die immer noch vorrangige Wertschöpfung. Als Einkommensform zählt der Zins zum Profit. Die Arbeit wird aber ent*lohnt.* Der Lohn – beziehungsweise das in Stundensätze umgerechnete Arbeitseinkommen – bewertet nicht die Entfernung vom Jetzt, sondern die so und nicht anders verwendete Stunde Lebenszeit.

In der Eigenschaft, die der Lohn bewertet, ist die Zeit eine alternativ verwendbare *Ressource.* In der Eigenschaft, die der Zins bewertet, ist die Zeit ein Maß für *Distanz.* Die Zeit, die der Lohn bewertet, ist knapp; die, die der Zins bewertet, ist es nicht. Für den Zins ist es gleichgültig, wie die Zeit, über die diskontiert wird, verwendet wird. Für den Lohn ist gerade entscheidend, wie sie verwendet wird. Der Unterschied zwischen den beiden Eigenschaften der Zeit stellt einen regelrechten Gegensatz dar. Der Preis der so und nicht anders verwendeten Zeit ist positiv. Der Preis für das Entferntsein in der Zeit ist negativ. Je länger gearbeitet wird, um so höher ist der Lohn. Je länger die Früchte einer Investition auf sich warten lassen, um so geringer ist deren Gegenwartswert.

Lohn und Zins bewerten die Zeit nicht einfach unterschiedlich, sie bewerten etwas der Sache nach Verschiedenes. Löhne sind Preise für die nützlichen Dienste anderer Menschen. Zinsen sind der Preis für die umgangene Nötigung zu warten. Die Zeit, die die Dienstleistung in Anspruch nimmt, ist gegenwärtige Zeit. Die Zeit, die durch die Inanspruchnahme von Krediten überbrückt wird, ist künftige Zeit. Daß die Zeit je nach dem, ob sie als gegenwärtige oder vorweggenommene zählt, verschiedene Handelspreise hat, besagt, daß sie auch im sozialen Zusammenleben zweierlei bedeutet. Was zweierlei Preise hat, besteht aus zweierlei Gütern. Könnte es also sein, daß ein entsprechender Unterschied auch auf den Raum zutrifft, der in offensichtlich verschiedenen Bedeutungen auftritt?

Tatsächlich existieren Entfernungen im Raum, die nach der Art der Zins- und Zinseszinsrechnung bewertet werden. Es sind sogar herausragend wichtige Entfernungen, nämlich die in der Luftlinie von den Zentren der Städte gemessenen: Mit zunehmender Entfernung vom Stadtzentrum gehen die Quadratmeterpreise mit konstanter relativer Rate, nämlich exponentiell, zurück. Diese auffällige Form hat ihre Erklärung darin, daß der Raum in zwei grundlegend verschiedenen Bedeutungen in die Nachfrage am Bodenmarkt eingeht.[1] Die erste ist die des exklusiv nutzbaren Volumens, die zweite die der reinen Entfernung. Als nutzbares Volumen stellt der Raum eine knappe Ressource dar, als bloße Entfernung ist er weder knapp, noch als Ressource zu bezeichnen. Der Wert des nutzbaren Volumens ist positiv, der Wert der Entfernung (zu einer Attraktion) ist negativ.

Die Entfernung zwischen Zentrum und Peripherie ist nicht die einzige Entfernung, die in den Marktpreis für Grund und Boden eingeht. Auch ein Grundstück mit Seeblick ist teurer als ein sonst gleiches, an dem man von der Nähe der Attraktion nichts spürt. Umgekehrt sinkt der Wert eines Grundstücks, wenn sich schmutzige, häßliche oder sonst störende Nutzungen in der Nähe breitmachen. Der gesamte Anteil des Preises, der für die *Lage* des

1 Siehe Edwin S. Mills, *Studies in the Structure of the Urban Economy.* Baltimore: Johns Hopkins University Press 1972.

Grundstücks bezahlt wird, geht auf die Entfernung zu Attraktionen und/oder Störungsquellen zurück. Weil das Hier, im Gegensatz zum Jetzt, nicht für alle Menschen gleich ist, und weil der Raum mehr als nur eine Richtung hat, ist das Geflecht der bewerteten Entfernungen im Raum komplizierter als in der Zeit. Gleichwohl hat der Lagewert eine durch die Immobilienmärkte eindeutig bestimmte Struktur.

Auch der Raum hat also verschiedene Preise je nach dem, ob das nutzbare Volumen oder die Entfernung zu anderen Stellen im Raum zählt. Der Kubikmeter nutzbarer Raum hat als solcher, unabhängig von der Lage, seinen Preis. Er hat diesen Preis, weil Raum – wie Zeit – unvermehrbar und alternativ verwendbar ist. Auch der Kilometer, den man zurücklegen muß, um wichtige Ziele zu erreichen, hat seinen Preis. Dieser Preis schlägt sich aber in der Rate räumlicher Diskontierung nieder, und die fällt, wenn die Friktionswirkung räumlicher Entfernung nachläßt. Es ist das nutzbare Volumen, das sich weltweit verknappt, wenn es eng wird im Raumschiff Erde. Sind es also die Bedeutungen der knappen Ressource und des Distanzmaßes der Diskontierung, die die Rede vom Verschwinden des Raums zusammenwirft?

Wenn der Raum als Barriere und Schutzwall fällt, ist das Distanzmaß betroffen. Wenn der Datenverkehr persönliche Wege und materiellen Transport ersetzt, dann beeinflußt dies den Faktor Lage. Die Nutzungen an den vernetzten Lokalitäten können so unabhängig vom bestimmten Standort werden wie sie wollen, sie beanspruchen den Raum als so und nicht anders gewidmetes Volumen. Wenn der Bau der Datenautobahnen Einfluß auf die Knappheit des verfügbaren Raums nimmt, dann sind dies Neben- oder Folgewirkungen der neuen Infrastruktur. Eine generelle Verknappung des Raums verträgt sich ohne weiteres mit einem allgemeinen Fallen der Rate räumlicher Diskontierung. Die Zunahme der Wichtigkeit in der einen Bedeutung schließt gerade nicht ein, daß die Wichtigkeit auch in der anderen Bedeutung zunimmt. Die Gewichte der Bedeutungen – nämlich die Preise – ändern sich unabhängig voneinander.

Die Interdependenz räumlicher und zeitlicher Knappheit

Die Wirkung der globalisierten Echtzeitkommunikation ist es gerade nicht, daß der Raum zugunsten der Zeit verschwindet. Über ein Verschwinden oder Verdrängen kann nur etwas ausgesagt werden, wenn Raum und Zeit entweder als knappe Ressourcen oder als Distanzmaße der Diskontierung verglichen werden. Zunächst einmal zeigt der Vergleich von Raum und Zeit als Ressourcen eine verblüffende Parallelität der Verknappung in sowohl örtlicher wie historischer Hinsicht. Je knapper der Raum an einem Ort, um so knapper wird auch die Zeit. Die Bodenpreise und die in Stundensätzen gerechneten Einkommen erreichen eine Spitze an den zentralen Orten in einer Landschaft. In den Zentren erreicht die Verknappung des Raums eine Spitze auch, was die Überweidung des ökologischen Umraums betrifft; hier erreicht die Verknappung der Zeit eine Spitze im Hinblick auf den Anteil von Hektik in den Aktivitätsniveaus. Im historischen Verlauf liegt die Spitze der sowohl räumlichen wie zeitlichen Verknappung schon seit langem in der Gegenwart. Die Flut der Verknappung steigt insgesamt, die räumliche Verteilung der Spitzen ist zeitlich stabil.

Der Vergleich von Raum und Zeit als Distanzmaßen zeigt den gemeinsamen Anteil der räumlichen und zeitlichen Diskontierung an dem, was wir als Globalisierung erleben. Das kommunikationstechnisch induzierte Fallen der Rate räumlicher Diskontierung schlug mit dem größten Effekt auf diejenigen Märkte durch, auf denen die Raten der zeitlichen Diskontierung ausgehandelt werden. Die Finanzmärkte waren diejenigen, die als erste den Cyberspace als Marktplatz kolonisiert haben. Es war umgekehrt aber auch die enorme Innovationskraft der Finanzmärkte in den achtziger Jahren, die der kommunikationstechnischen Innovation zu ihrem Effekt verhalf. Die »financial industries« haben dem Rest der Wirtschaft die Beschleunigungs-, Rationalisierungs- und Innovationspotentiale, die in der Virtualisierung räumlicher Entfernung stecken, vorgeführt. Zugleich macht ihr Beispiel klar, daß das Fallen der räumlichen Barrieren nicht automatisch zu einer Dezentralisierung der betreffenden Raumnutzungen führt. Die Finanzmärkte gaben vielmehr den Anstoß zu neuen Zentralisierungstendenzen im globalen System der Metropolen.[2]

Ungeachtet ihrer notwendigen Differenzierung dürfen Raum und Zeit in keiner der beiden Bedeutungen als voneinander unabhängig betrachtet werden. Ihr ökonomischer Wert ist sowohl, was die Knappheit der Ressourcen, als auch, was die Raten der Diskontierung betrifft, interdependent. In beiden Fällen vollzieht sich der Ausgleich nun aber in technisch angelegten Bahnen. Zum örtlichen Ausgleich räumlicher und zeitlicher Knappheit kommt es durch die Konkurrenz zwischen immobilen und mobilen Raumnutzungen. Die Schnittstelle zwischen der Verknappung des Raums und der Verknappung der Zeit bildet der Verkehrsraum. Persönlicher Transfer und materieller Transport benötigen sowohl Zeit wie auch Raum – und sie benötigen um so mehr Raum, je weniger Zeit sie brauchen. Je schneller die Verläufe – ob in Transfer, Transport, Produktion oder Distribution –, um so mehr Raum nehmen sie in Anspruch; und überall geht es um so langsamer vorwärts, je enger der Raum wird. Kurz: Die mobilen Raumnutzungen und die Verkehrsflächen der sonst immobilen Nutzungen stellen die Schnittstellen zwischen Raum- und Zeitnutzung dar, durch die hindurch Zeit durch Raum und Raum durch Zeit ersetzt werden können. Je knapper die Zeit, um so hungriger wird der Verkehr nach Raum; je knapper der Raum, um so teurer wird der Verkehr im Maß der beanspruchten Zeit. In den Zentren der Städte sind die Bodenpreise am höchsten und ist der Verkehr am langsamsten. Wo das Geld die Benutzung des knappen Raums nicht rationiert, wird die Miete eben in Zeit bezahlt.

Räumliche und zeitliche Knappheit sind also austauschbar. Allerdings reichen die Ausgleichsmechanismen nun weit über die Konkurrenz zwischen

---

2 Siehe Saskia Sassen, *Metropolen des Weltmarkts. Die neue Rolle der Global Cities.* Frankfurt: Campus 1996.

den mobilen und immobilen Raumnutzungen hinaus. Die Knappheit des Raums hängt direkt mit der Knappheit der Arbeitszeit zusammen. Steigt der Preis der Arbeitszeit, dann steigt die Massennachfrage nach Wohnraum und privat nutzbarem Freiraum sowie nach Mitteln und Wegen, die den Verkehr beschleunigen. Die Nachfrage nach Wohnraum und niedrigen Wohndichten ist hoch einkommenselastisch, steigt also bei steigenden Einkommen deutlich überproportional. Die Fahrtzeit wird, wo die Fahrt nicht dem Vergnügen dient, mit dem Stundensatz der Arbeitszeit berechnet. Suburbanisierung, Zersiedlung und der Flächenfraß des Verkehrs sind eine unmittelbare Folge der steigenden Preise für Arbeitszeit. Je weiter nun aber der Land- und Landschaftsverbrauch voranschreitet, um so knapper wird der Raum nicht nur als Baugrund, sondern auch als Behälter von Umweltressourcen. Je knapper diese Ressourcen werden, um so deutlicher wird, daß wir in zeitlicher Hinsicht unverantwortlich diskontieren. Ohne zeitliche Diskontierung hielte es niemand für ökonomisch, die im biosphärischen Raum verkörperten Absorptions- und Regenerationskräfte zu überweiden. Indem wir aber die zeitliche Entfernung abdiskontieren, erscheinen die Kosten, die wir auf die Häupter künftiger Generationen häufen, viel kleiner, als wenn sie schon morgen anfielen.

Die ökonomische Interdependenz von Raum und Zeit macht also auch vor der Diskontierung nicht halt. Vielmehr nimmt die Diskontierung in der einen Distanz Einfluß auf die Knappheit der anderen Ressource. Fällt die Rate der räumlichen Diskontierung im globalen Maßstab, dann fallen die Schutzwälle um die Einheimischenreservate der Zurückgebliebenen. Fallen die Zinsen, dann steigen die Bodenpreise. Mit dem Fall der Rate räumlicher Diskontierung steigt der Beschleunigungs- und Innovationsdruck. Mit dem Fallen der Rate zeitlicher Diskontierung steigt der Wert eines Vermögens, das zum Bezug eines in die Zukunft offenen Stroms rentierlicher Einkommen berechtigt. Mit dem Fallen der räumlichen Barrieren fallen auch die Barrieren, die gegen die zeitliche Verknappung abschirmten. Die Handelspreise für das Eigentum an nutzbarem Raum sind zeitlich abdiskontierte Grundrenten.

Überforderte Wissenschaft

Obwohl die ökonomische Interdependenz von Raum und Zeit danach schreit, systematisch verstanden zu werden, wurde sie von der ökonomischen Theorie noch nicht entdeckt. Wohl wissen die Theoretiker der Ökonomie um die Zusammenhänge, natürlich spielt auch in räumlichen Modellen die Zeit eine gewisse Rolle. Nur gibt es keine ökonomische Theorie, die die Interdependenz von Raum und Zeit in den Hinsichten modelliert, in denen sie durch die technische Entwicklung nun förmlich verschmelzen. Der Grund liegt nicht in Verblendung oder Ignoranz, sondern in den außerordentlichen Schwierigkeiten, die die Einbeziehung des Raums und der Zeit in Modelle rationalen Handelns bereitet. Die angedeuteten Interdependenzen sind so weitläufig und verwickelt, daß sie theoretisch nur durch mathematische

Modellierung beherrschbar sind. Der rationale Umgang mit Raum und Zeit zählt nun aber zum Härtesten der mathematischen Modellierung. Weil schon die Einbeziehung des Raums *oder* der Zeit an Grenzen des zu Leistenden stößt, gibt es in der theoretischen Ökonomie zwar räumliche Modelle und zeitliche Modelle, aber keine raum-zeitlichen. Die Theorien, die den Raum in der einen oder anderen Bedeutung einbeziehen, stellen komparativ-statische Modellwelten dar. Die Theorien, die die Zeit in der einen oder anderen Rolle modellieren, stellen reine »Punkt«-Wirtschaften dar.

In der ökonomischen Theorie sind Raum und Zeit wie in der klassischen Mechanik getrennt. Deshalb ist es zwar überspitzt, in der Spitze aber treffend zu sagen, daß das theoretische Begreifen des wirtschaftlichen Wandels am Ende dieses Jahrhunderts an einem Paradigma krankt, das der Naturwissenschaft des letzten Jahrhunderts entstammt. Philip Mirowski, der zur Zeit heftigste und heftigst umstrittene Kritiker der neoklassischen Schule, hält eben dies der herrschenden Theorie vor. Sie wurde nach dem Beispiel der klassischen Mechanik ausgebildet und hat sich von diesem Beispiel nie wirklich emanzipiert.[3] Mirowski hat in dem Punkt zweifellos recht, daß der Schritt vom klassisch mechanischen zu einem »relativistischen« Weltbild in der Volkswirtschaftslehre noch aussteht.

Dieser Schritt steht aber keineswegs nur in der theoretischen Ökonomie aus. Die Sozialwissenschaften haben ihn insgesamt noch nicht vollzogen. Die einzige sozialwissenschaftliche Theorie, die für sich beanspruchen kann, Raum und Zeit gleichberechtigt zu behandeln, ist die sogenannte Zeitgeographie (im Sinne Torsten Hägerstrands und der Schule von Lund). Die Zeitgeographie bestimmt ihren Gegenstand als Ausschnitt der Raumzeit, indem sie die zeitlich verschiedenen Zustände einer Landschaft wie in einer weiteren räumlichen Dimension angeordnet denkt. Sie behandelt räumliche und zeitliche Distanz als völlig gleichberechtigt. Die Zeitgeographie kennt jedoch weder den Unterschied zwischen der nutzbaren Ressource und dem bloßen Distanzmaß, noch kennt sie den Unterschied zwischen aktueller Gegenwart und der nur aktuell vorgestellten Zukunft beziehungsweise Vergangenheit.

Diese Unterscheidungen sind aber entscheidend für das Verständnis des wirtschaftlichen – oder allgemeiner: des rationalen – Handelns. Auf sie kann die ökonomische Theorie auf keinen Fall verzichten. Wo diese Unterschiede allerdings zum Tragen kommen, da fallen nicht nur die Behandlung des Raums und der Zeit auseinander, sondern zerfallen Raum- und Zeitökonomie noch einmal in sich je danach, ob die Rolle der knappen Ressource oder die Rolle, die die Diskontierung spielt, modelliert wird. So zerfällt die Raumökonomie in die unverbundenen Teile Theorie der Grundrente und Theorie der Zentralörtlichkeit, so fällt die Zeitökonomie ganz unterschiedlich je danach aus, ob die gegenwärtig nutzbare oder die gegenwärtig nur

3 Philip Mirowski, *More Heat than Light. Economics as Social Physics – Physics as Nature's Economics.* Cambridge: Cambridge University Press 1989.

vorgestellte Zeit die zentrale Rolle spielt.[4] Nicht nur der Raum und die Zeit, auch die verschiedenen Bedeutungen, die Raum und Zeit für das individuelle Erleben und soziale Zusammenleben haben, bleiben in der Theorie einander fremd. So kommt es, daß die Sozialwissenschaften gerade dort an einem blinden Fleck laborieren, wo die verschiedenen Entwicklungslinien des dramatischen Wandels der Weltwirtschaft am Ende dieses Jahrhunderts zusammenlaufen.

Vom »world-wide web« zum »global brain«

Das Reden über Globalisierung und neue Techniken strotzt vor gewagter Metaphorik und wilder Spekulation. Weil die strengen Maßstäbe fehlen, dürfen alle mitreden. Man mag sich mit Grauen abwenden. Man kann das Durcheinander aber auch sprechen lassen. Man kann es als Oberflächenerscheinung eines noch tiefer reichenden Mangels an theoretischem Verständnis deuten. Uns fehlt nämlich weit mehr als ein Begriff der sozialen Interdependenz von Raum und Zeit. Uns fehlt eine Theorie der Grundtatsache, die den Dualismus ihrer sozialen Bedeutungen ins Leben ruft. Uns fehlt eine fundierte Theorie der subjektiv erlebten und intersubjektiv geteilten Zeit. Wir wissen nicht, was subjektiv und was objektiv an dem ist, was wir als das Vergehen der Zeit erleben. Wir wissen noch nicht einmal, ob das Jetzt ein bloßes Bewußtseinsphänomen oder eine vom Erlebtwerden unabhängige Realität darstellt. Wir haben, kurz und bündig gesagt, den Unterschied zwischen der Realität des Erlebten und der Aktualität des Erlebens noch nicht begriffen.

Die Physik kennt diesen Unterschied nicht. Daß die physikalische Erklärung von Naturerscheinungen ohne die Einbeziehung des erlebten Unterschieds zwischen Vergangenheit, Gegenwart und Zukunft auskommt, könnte auf dessen subjektive Natur deuten. Daß die Sozialwissenschaften diesen Unterschied im Namen der Objektivität übergehen dürften, sollte allerdings niemand behaupten. Kein Weg führt an dem Sachverhalt vorbei, daß die erlebten Zustände der Welt in zeitlicher Hinsicht mehr als nur chronologisch verschieden sind. Es gibt da noch die temporalen *Qualitäten.* Zukunft, Gegenwart und Vergangenheit sind nicht nur dem Datum, sondern auch der Aktualität nach verschieden. Dieser andere Unterschied hat es in sich. Er sperrt sich nicht nur der mathematischen Modellierung, sondern schon dem streng logischen Begreifen. Seit dem berühmten McTaggartschen Beweis der Inkonsistenz eines Begriffs der Zeit, der Zukunft, Gegenwart und Vergangenheit enthält, hängt die Definition der temporalen Zeitlichkeit in der Luft. Weil sie die formal strengste unter den Sozialwissenschaften ist, zahlt

[4] Siehe Georg Franck, *Raumökonomie, Stadtentwicklung und Umweltpolitik.* Stuttgart: Kohlhammer 1992; ein geschlossenes Modell der Rolle, die die gegenwärtig nutzbare Zeit in der Ökonomie spielt, hat erstmals Gary Becker vorgestellt: *A Theory of the Allocation of Time.* In: *Economic Journal,* Bd. 75, 1965; zur Rolle der nicht gegenwärtigen Zeit in der theoretischen Ökonomie sei auf den Namen George Shackle verwiesen.

die Ökonomie besonders teuer für den Umstand, daß der qualitative Unterschied zwischen Zukunft, Gegenwart und Vergangenheit allen Versuchen theoretischen Begreifens widersteht.

Ironischerweise ist es nun aber gerade dieser Unterschied, über den sich die technische Entwicklung hermacht. Die globale Vernetzung informationstechnischen Geräts hat den Effekt, das räumlich Ferne in dem Sinne anwesend zu machen, wie wir es vom zeitlich Fernen her kennen: durch Virtualisierung der Entfernung. Die ältesten Formen virtueller Realität sind die Vergangenheit, die wir mit uns herumtragen, und die Zukunft, in der wir in Gedanken leben. In jedem Moment erlebter Gegenwart ist die gesamte Vergangenheit und die gesamte Zukunft virtuell präsent. Der Effekt der kommunikationstechnischen Innervation des Raumes ist, daß an jedem Ort der Erde alle anderen Lokalitäten des Globus virtuell anwesend sind. Und siehe da, die technische Virtualisierung macht bei der räumlichen Entfernung nicht halt! Sie greift auf die zeitliche Distanz über. Es ist den Daten, die aus der Leitung kommen, nicht anzusehen, ob sie aus räumlicher oder zeitlicher Ferne stammen. Sie können im Moment erarbeitet, sie können aber auch zwischengelagert oder überhaupt aus nicht näher datierten Speichern genommen sein. Es wird zu einer Frage der Interpretation oder Deklaration, welche Entfernungen im Cyberspace als räumliche und welche als zeitliche zu gelten haben.

Dies ist die jüngste Art der Verschmelzung von Raum und Zeit: Der Unterschied zwischen ihren Entfernungsmaßen wird nominell. Das aber ist weit mehr als eine technische Relativierung und rührt ganz unmittelbar an die Eigenart subjektiven Erlebens. Organische Nervensysteme haben die verblüffende Eigenschaft, daß sie sich völlig verschieden darstellen je nach dem, ob sie aus der Perspektive der dritten oder der ersten Person erlebt werden. Aus der Perspektive der dritten Person stellen sie eine anatomische Struktur mit physiologischer Funktion, ein Konglomerat von chemischen und physikalischen Prozessen dar, deren räumlich-zeitliche Ausdehnung auf den Umfang des physischen Organismus beschränkt ist. In der Perspektive der ersten, also derjenigen Person, die das Nervensystem *ist,* erscheint eine Welt, die aus Empfindungen, Wahrnehmungen, Gefühlen und Vorstellungen besteht und deren räumlich-zeitliche Gestalt gerade nicht auf den Organismus beschränkt ist. Beide Domänen sind gekoppelt in dem Sinn, daß jedem Charakter eines Erlebnisses ein bestimmtes Muster neuraler Aktivität entspricht. Beide Domänen sind zugleich entkoppelt in dem Sinn, daß die raum-zeitlichen Muster der Nerventätigkeit nur *korrelativ* (nicht kausal) mit der räumlich-zeitlichen Gestalt dessen zusammenhängen, was auf dem Schirm des subjektiven Erlebens erscheint. Die räumliche Tiefe hinter dem flachen Muster des retinalen Inputs ist gedeutet, die zeitliche Tiefe des Erinnerungsbilds ist deklariert.

Auch der Cyberspace, wie er dem Benutzer an der Schnittstelle zum Internet erscheint, wirkt von der Raumzeitlichkeit der physikalischen Prozesse seiner Herstellung entkoppelt. In der Maschinerie haben wir nichts als die Monotonie binärer Schaltungen, nach außen erscheint die bunte Welt von

Multimedia. In der Maschinerie die Architektur der Rechner und die Topologie der Netze, nach außen der interaktiv erlebbare, selbsttätig reagierende und autonom lernende Datenraum. Hat sich nicht auch hier eine symbolische Ebene von der physikalischen verselbständigt? Hängen nicht auch hier zwei Domänen der Raum-Zeitlichkeit nur noch logisch zusammen? Können, anders gefragt, nicht auch künstliche Nervensysteme die beiden Aspekte aufweisen, die für die organischen eigentümlich sind?

Schon wird das Internet als gigantisches Nervensystem angesprochen. Es organisiert sich selbst in der Weise, in der es adaptiv lernende Systeme tun. Jeder aktive Benutzer des Internet setzt sogenannte links, das sind Verweise in den Datenbeständen auf andere Datenbestände. Die Entwicklung der Verweisdichten im Gesamtsystem zeigt eine auffällige Analogie zur Entwicklung der synaptischen Gewichte in organischen Nervensystemen. Auch in organischen Nervensystemen entsteht Wissen und Bedeutung nicht durch zentrale Organisation und Aufsicht, sondern dadurch, daß sich die Verbindungsstärken zwischen Aktivitätsmustern nach der Regelmäßigkeit ihres gemeinsamen Auftretens richten. Die Verweisstruktur im Internet trägt die Züge eines sich selbst organisierenden semantischen Netzwerks. Obwohl das System nichts von Bedeutungen weiß, entwickelt es sich auf Wissen bedeutsam vernetzende Weise. Und wiewohl diese Vernetzung noch handvermittelt vor sich geht, sind nicht nur in den Phantasien, sondern auch in den Labors schon Softwareagenten unterwegs, die den Aufbau und die Pflege von Verweisstrukturen automatisch betreiben.[5]

Ist das »world-wide web« also dabei, zum globalen »super-brain« zu mutieren? Oder sind wir lediglich bei einem weiteren Fall entgleister Metaphorik und ungleichen Vergleichens angelangt? Die Antwort hängt davon ab, was wir unter einem »super-brain« verstehen. Meinen wir nicht mehr damit als die Art Vernetzung von Gerät und Datenbeständen, welche Datenverarbeitung und assoziatives Lernen verbindet, dann kann der Vergleich hilfreich sein. Wird unter einem Gehirn nun aber ein Nervensystem verstanden, das über eine phänomenale Eigenperspektive verfügt, dann führt der Vergleich in die Irre. Die »virtuelle Realität«, die dem Benutzer an der Mensch-Maschine-Schnittstelle erscheint, hat nichts, aber auch gar nichts mit der Virtualität der Wirklichkeit zu tun, die ein *er*lebendes Nervensystems seinem Subjekt vor das äußere oder innere Auge führt.

Es ist eine simple optische Täuschung, wenn wir die virtuellen Fernperspektiven, die wir hinter den maschinell aufbereiteten Reizmustern aufschlagen, als von der Maschine gemacht erleben. Die Virtualität ist vielmehr immer die Zutat unseres eigenen Erlebens. Es gibt nichts Virtuelles außerhalb. Das Internet stellt die virtuelle Tiefe so wenig her wie der Fernsehempfang. Es gibt keinen qualitativen Bruch zwischen der raum-zeitlichen Struktur der technischen Prozesse und der raum-zeitlichen Gestalt der Pixelmuster, die

---

5 Siehe Francis Heylighen / Johan Bollen, *The World-Wide Web as a Super-Brain. From Metaphor to Model.* In: Robert Trappl (Hrsg.), *Cybernetics and Systems '96.* Singapur: World Science 1997; sowie unter: http://www.heise.de/tp/favag.htm.

auf dem Bildschirm erscheinen. Es gibt aber sehr wohl einen qualitativen Bruch zwischen der raum-zeitlichen Struktur der Nervenprozesse, die ein Erinnerungsbild vorführen, und der Raum-Zeitlichkeit des beim Erinnern erlebten Geschehens. Die Maschine kennt den Unterschied zwischen kausal und korrelativ nicht. Wir aber müssen den Unterschied machen, um zwischen Wahn und Wirklichkeit zu unterscheiden.

Man sollte das Internet schleunigst abschalten, wenn es auf dem Weg wäre, eigenes Bewußtsein zu entwickeln. Das arme Wesen!, in der Hand von Netscape und am Nabel der Telekom. Tatsächlich ist es nur unsere animistische Neigung, allem, was interpretierbares Verhalten zeigt, Willen und Bewußtsein anzuverwandeln, die die Begriffe zum Schillern bringt. Die falsche Aura, die die Rede vom »global brain« und von der »virtuellen Realität« umgibt, rührt von der verstohlen reduktionistischen Sprechweise über den irreduziblen Unterschied zwischen der Realität des Erlebten und der Aktualität des Erlebens. Dieser Unterschied ist auf der physikalischen und damit maschinellen Ebene nun einmal nicht darstellbar. Ohne ihn ist die ganze Globalisierung aber auch witzlos. Es hat keinen Sinn, die Veränderungen, die der Raum und die Zeit durch den Einzug des Cyberspace erfahren, auf der dinglich realen Ebene zu suchen. Hier ändert sich nichts. Was sich ändert, sind nur der Raum und die Zeit, wie wir sie subjektiv erleben. Der Einwand verfängt nicht, daß es jenseits der Realität nur Illusion gäbe. Die von uns in den Cyberspace geblendete Raumzeitlichkeit ist illusionär, sie ist deshalb aber nicht unwirklich. Auch Illusionen müssen, um welche zu sein, wirklich sein. Wie könnten sie sonst etwas, was real nicht existiert, wirklich suggerieren? Und schließlich: Was wäre, wenn Einstein recht mit der Behauptung behielte, daß der Unterschied zwischen Zukunft, Gegenwart und Vergangenheit bloß subjektiver Natur ist? Wären wir dann nicht gerade dabei, den wirklichen Unterschied zwischen erlebter Aktualität und physikalischer Realität im soziologischen Großversuch auf die Probe zu stellen?

Michael Rutschky

Die schwarze Rede

»Dies war ein schlechtes Jahr. Im Januar, wir waren kaum zurück aus den Winterferien, fanden sich eines Morgens Blutflecken auf dem Kopfkissen. Sie stammten von der Katze, die über das Kopfkissen gelaufen war, eine Geschwulst an der Pfote, die sie aufgeleckt hatte. Krebs, ein Adenokarzinom, das gemeinste, was es überhaupt gibt. Schaut aus wie Marmelade, man meint es durch sauberes Abkratzen beseitigen zu können. Im März haben wir die Pfote amputieren lassen und waren ganz hoffnungsfroh. Rührend zu sehen, wie die Katze mit den drei Beinen die ersten Versuchssprünge machte. – Drei Tage später war meine Mutter tot, plötzlich und unerwartet, wie es in den Todesanzeigen heißt. ›Zur Beobachtung‹ war sie ins Krankenhaus eingeliefert worden, wegen diffuser Herzbeschwerden. Die wurden besser, dafür kam aber die Lungenentzündung. Die kriegten die Ärzte in den Griff, dafür jedoch neue Rhythmusstörungen. Es klang alles nicht so alarmierend – aber dann eines Abends am Telefon die Männerstimme: Er heiße Dr. Soundso und müssen mir leider mitteilen, daß meine Mutter soeben verstorben sei. Um 17 Uhr habe man sie auf die Intensivstation verlegt, aber es sei ihnen trotz aller Bemühungen nicht gelungen ... Ein Herz- oder ein Lungeninfarkt, herzliches Beileid. – Auch die Geschäfte gingen dies Jahr eher schlecht. Gern hätte ich wieder einen längeren Fernsehfilm gedreht, aber es klappte nicht wegen der Programmreform, und so mußte ich den dicken Batzen, den der Film gebracht hätte, durch viele kleine Einzelarbeiten verdienen. Das hat auch geklappt, aber es macht den Freiberufler unruhiger, nervöser als die Arbeit an einem umfangreichen Stück. Doch werde ich vermutlich, Gott sei Dank!, keine Umsatzeinbußen haben. Der größte Schrecken war wirklich der Muttertod. Die Katze starb übrigens im August, so ausgezehrt vom Krebs, daß sie sich kaum noch von dem Liegekissen abhob. Bald haben wir uns dann eine neue Katze gekauft ...«

So reden die Leute im Alltag, so erzählt eine Freundin beim Abendessen in der Stadt – man wollte sich seit Monaten mal wieder sprechen – oder ein Kollege beim Besuch zum Geburtstag; so erzählt man's der Friseuse, die wieder einmal für einen Haarschnitt aufgesucht wurde. Selbst hier, gelesen, macht es den Eindruck, ja, so geht's zu. Schlechte Nachrichten, auch wenn sie überwiegen, wechseln mit guten oder wenigstens neutralen ab; oder es ist einfach das Erzählen selber, das Vertrauen erweckt. Als im August Knut Fischer starb, ein bedeutender Redakteur beim WDR-Fernsehen, beschäftigten sich auch die Fernerstehenden mit diesem Erzählen: Wie Knut Fischer zehn Jahre lang erfolgreich gegen seine Leukämie ankämpfte; wie es jetzt nach der Operation erst einmal aufwärts ging, alle atmeten auf – aber dann... »Vielleicht hatte er auch einfach keine Lust mehr«, sagt einer und erntet

Kopfnicken. Dies Erzählen ist zwar nicht dasselbe wie *Das Leben,* aber es geht fließend darin ein und erweckt, wie gesagt, ein grundlegendes Vertrauen in den weiteren Verlauf der Begebenheiten, obwohl er unbekannt ist. Auf das Jahr 1996 folgt das Jahr 1997 und das Jahr 1998, was auch immer es bringt, und so weiter. Dann aber findet sich ein schwarzes Reden (oder Erzählen), und das hört sich folgendermaßen an.

»Die Erde stirbt. Dies Jahr war das Ozonloch über der Antarktis groß wie nie, und die Menschen in Australien gehen nur noch voll bekleidet und mit großen Hüten ins Freie. Die Klimakatastrophe rückt näher, unaufhaltsam, die globale Erwärmung nimmt zu. Zwar mußten wir in Mitteleuropa 1996 nicht unter einem Extremsommer leiden wie 1995, aber an Unwettern und Überschwemmungen hat es wieder nicht gefehlt. Viermal so viele zerstörerische Stürme fallen in jüngster Zeit über die Länder der Erde her wie noch in den sechziger Jahren. Über dem Nordatlantik und Europa hat sich die Zahl starker Tiefdruckwirbel seit 1930 verdoppelt. Allgemein nehmen die Windgeschwindigkeiten erkennbar zu.

Nichts deutet darauf hin, daß die Industrie einlenkt. Fährt Rotchina weiter seinen marktwirtschaftlichen Kurs, wächst die Kaufkraft der Chinesen unaufhaltsam, und es kommt, wie in allen vergleichbaren Fällen, zur massenhaften Individualmotorisierung. Was die Abermillionen zusätzlicher Autos dem Weltklima antun, braucht nicht weiter ausgemalt zu werden.

Überhaupt verbreitet die Globalisierung des Kapitalismus sämtliche seiner Widersprüche, die der Kapitalismus selber zu lösen unfähig ist, über die ganze Erde. Seit 1989 nimmt der Reichtum der wenigen, die Armut der vielen mit noch wachsender Geschwindigkeit zu. Völkerwanderungen ungeahnten Ausmaßes, Völkermord, Bürgerkriege sind die Folge, siehe Ruanda und Zaire, siehe Bosnien. Extreme wirtschaftliche und militärische Gewalt treibt die Flüchtlinge bis in unsere Städte, auch wenn die Asylgesetzgebung den Zustrom zur Beruhigung der Spießer, denen der Augenschein genügt, drastisch gedrosselt hat.

Im Fall Ruandas geht der mörderische Konflikt zwischen Hutu und Tutsi zweifelsfrei auf die europäische Kolonialpolitik zurück, die die Tutsi als Herrenrasse über die Hutu einsetzte. Trotzdem erwies sich Europa, erwies sich die Völkergemeinschaft als unfähig, dort Frieden zu stiften; sogar die Hilfsaktionen für die Flüchtlinge gemeinsam zu organisieren, mißlang der Völkergemeinschaft. Daß ihre Maßnahmen in Bosnien Erfolg haben, glauben nur Berufsoptimisten.

Aber man braucht gar nicht so weit zu gehen, um der Zunahme unlösbarer Probleme ansichtig zu werden. Im Jahr sieben nach der Wiedervereinigung ist Deutschland so gründlich geteilt wie nie zuvor. Manche behaupten sogar, daß erst jetzt überhaupt die DDR entsteht. Die Regierung Kohl erwies sich als unfähig, den – zugegeben: schwierigen – Prozeß des Zusammenwachsens erfolgreich zu steuern. Und von sich aus konnten die Bürger – nach der ersten Euphorie – nicht genug Gemeinsinn mobilisieren, um die vierzigjährige Trennung zu überwinden. Jeder wandte sich seinen persönlichen Dingen zu und nahm Abstand von den politischen und sozialen; die Soziologen sprechen von Individualisierung.

Sinn ist eine knappe Ressource, kaum weniger schützenswert als die natürlichen Ressourcen, mit denen hauszuhalten wir allmählich und viel zu spät lernen. Die gewaltigste und schier unerschöpfliche Sinnressource, über die wir einst verfügten, die Religion, ist mit dem Eintritt in die moderne Welt unwiderruflich versiegt; kein Kunstgriff kann sie wieder sprudeln machen und die transzendentale Heimatlosigkeit aufheben: Wir wissen nicht mehr, woher wir kommen und wohin wir gehen. Die künstlichen Wiederbelebungsversuche, die das um sich greifende Sektenwesen an der Religion unternimmt, sprechen eine deutliche Sprache. Das Ergebnis ist nicht neuer Sinn, sondern neue Unfreiheit.

Der Kapitalismus hat uns gelehrt, die knapper und knapper werdende Ressource Sinn durch Geld zu ersetzen. Wer die Öde und die Leere seines Lebens allzu deutlich verspürt, sucht ihr durch Konsum zu entfliehen. Hoffnungen, die sich früher auf Gott gerichtet haben, richten sich heute auf die Gnadengaben des Jahresurlaubs und des neuen Autos. Früh übt sich die Jugend in die Ersatzreligion des Konsums ein; hier ist es statt des Autos das jeweils neueste Gadget, das die Altersgenossen bereits besitzen, in diesem Jahr wohl weiterhin die Inline-Skates.

Aber wegen der Globalisierung des Kapitalismus und wegen der wirtschaftspolitischen Fehlentscheidungen, die die Regierung Kohl getroffen hat, um in der Wählergunst möglichst rasch von der Wiedervereinigung zu profitieren, herrscht in Deutschland anhaltend Wirtschaftskrise. Die Arbeitslosenzahlen sind so hoch wie nie. Die zunehmende Arbeitslosigkeit freilich macht es immer mehr Menschen unmöglich, sich des eingeübten Mechanismus, der Sinn durch Geld ersetzt, zu bedienen: Wenn ich kein Geld verdiene und meinen Konsum einschränken muß, wie kann ich dann der Öde und Sinnleere meines Lebens entkommen? So führt die Arbeitslosigkeit die Massen in eine existentielle Krise, von deren Ausmaß und Folgen wir noch gar keine Vorstellung haben. Wegen der Individualisierung, von der die Soziologen sprechen, erlebt jeder einzelne seine Arbeitslosigkeit als höchstpersönliches Versagen. Kollektive Lösungen sozialer Probleme, wie die klassische Arbeiterbewegung sie ins Auge faßte, wurden unvorstellbar.

Die Wirtschaftskrise greift insbesondere eine Sinnressource an, die in Deutschland immer besonderes Vertrauen genoß, die Kultur. Das Theater, die Museen, öffentliche Bibliotheken, die kostenlos wertvolle Literatur ausleihen, diese kulturellen Institutionen können Sinnbedürfnisse stillen, die sonst leer ausgingen. Weil aber der Staat angeblich sparen muß und weil unsere Politiker den Wert der Kultur für das Gemeinwohl so gering einschätzen, wird hier besonders drastisch gespart, und diese wertvolle Sinnressource verödet mit jedem Theater, das geschlossen wird, mehr und mehr. Statt dessen sehen sich die Bürger auf die billige und vulgäre Massenware des Privatfernsehens verwiesen.

Die wachsende Sinnleere und der zunehmende Werteverfall trifft eine Bevölkerungsgruppe besonders ungeschützt: die Jugend. Sie kann sich nicht, wie die angepaßten Erwachsenen, auf die Entlastung durch Routine verlassen, ›das machen wir schon immer so‹ und deshalb stur weiter. Sie muß ihr Leben erst erfinden, und das wird ihr von unserer Gesellschaft zunehmend verunmöglicht. Wie soll der Sohn, die Tochter eines Langzeitarbeitslosen den Sinn und Wert der Erwerbstätigkeit für sich selber in Erfahrung bringen, daß man einen eigenen Beruf haben muß, soll die Biographie sinnreich sein? Und wer sich für einen Beruf entscheidet, muß auf dem Arbeitsmarkt rasch lernen, daß *ein* Beruf für *ein* Arbeitsleben gar nicht ausreicht; eine Art permanenter Umschulungsbereitschaft ist gefordert, die feinere und kompliziertere Fähigkeiten auszubilden verbietet. Wer möchte Goldschmied oder Uhrmacher werden, wenn die Leute die Wegwerfuhr im Kaufhaus und den Billigschmuck im Kaffeegeschäft erwerben?

Weit verheerender aber als die desolate Lage auf dem Arbeitsmarkt wirkt sich aus, daß die Jugend keine Vorstellung einer intakten Familie mehr erwirbt. Denn zunehmend zerfällt, wie die Zahlen lehren, auch die Familie – welche Ehe hält inzwischen auch nur für die Dauer von Kindheit und Jugend des Nachwuchses? Der junge Mensch wächst bei Vater oder Mutter auf, die ihrerseits wechselnde Sexualpartner bevorzugen – ›Lebensabschnittsbegleiter‹ lautet der postmodern zynische Ausdruck: Wie soll der junge Mensch da eine Vorstellung von der Dauer erwerben, die die Generationen früher zusammenband, damit das Aufwachsen gelang?

Die verheerenden Folgen bekommen wir alle zu spüren. Gerade für die Jugendkriminalität steigt die Rate ins Astronomische, wobei auch zunehmend Schwerverbrechen zu verzeichnen sind. Wie sich das ungestillte Gemeinschaftsbedürfnis der Jugend den religiösen Sekten, aber auch rechts- und linksradikalen Banden mit hoher Gewaltbereitschaft zuwendet, steht jeden Tag in der Zeitung zu lesen. Der Staat, die Familie, die Schule, die Kultur sind unfähig gegenzusteuern – und der Kapitalismus verfolgt ein heftiges Profitinteresse daran, daß der junge Mensch so früh und so rasch wie möglich in die Welt des Konsums eintritt, wenn es irgend geht schon in der Kindheit. Die Industrie wirft jede Saison komplette Jugendkulturen auf den Markt, Musikmoden, Tanzstile, Kleidung, und der Orientierungs- und Sinnhunger der Jugend macht sie zu willigen Abnehmern. Dies Jahr sah wieder sie sog. Love Parade in Berlin, mit noch mehr Teilnehmern, noch heftigerer leerer und maschineller Musik, noch mehr Konsum von Drogen, inbesondere einer, die bezeichnenderweise ›Ecstasy‹ heißt und von der gekaufte Propagandisten nicht aufhören zu behaupten, sie sei gänzlich ungefährlich. Während auch hier die Zahl der Drogentoten steigt. So zerfällt, was wir Gesellschaft nannten, unaufhaltsam und unaufhörlich.

Ich aber sage euch, wahrlich, viele dieser Entwicklungen und Ereignisse sind in der Bibel deutlich vorhergesagt (Matthäus 24, 4–31; Lukas 21, 25–28; Offenbarung 6, 12–17). Gott hat die Menschen vor kommenden Gerichten stets gewarnt, bevor sie in Folge der Gottlosigkeit über sie hereinbrachen (Jesajah 24, 5–20; Offenbarung 1, 1). So auch dieses Mal.«

Der letzte Absatz war direkt von einem eng bedruckten Flugblatt abgeschrieben – mit roter und schwarzer Schrift sowie vielen rätselhaften Miniaturzeichnungen –, das mir kürzlich am Berliner Alexanderplatz ein vollhaariger und -bärtiger Mann aushändigte. Auch sein feuriger Blick gab zu verstehen, daß er einer der Propheten ist, die mittels penibler Zeitungs- und Bibellektüre herausgefunden haben, daß haargenau jetzt der Zeitpunkt für das Jüngste Gericht gekommen ist, wie es die Offenbarung des Johannes voraussagt, *jetzt.* Abgesehen von diesem letzten habe ich alle anderen Zitate so verschmolzen, daß die Klebestellen unsichtbar wurden; zitiert wurden wissenschaftliche Untersuchungen, Vorworte zu den Katalogen wichtiger Kunstausstellungen, vor allem Leitartikel und Leserbriefe aus Zeitungen und Zeitschriften. Wer sich regelmäßig in dem Redeschwall der Medien aufhält, kann eine solche Predigt über die ökologische Katastrophe, die uns bevorsteht, den Werteverlust, den Zerfall der Gesellschaft, die Jugendkriminalität und so weiter aber auch leicht freihändig aus dem Gedächtnis, als Bauchredner des Kollektivs gewissermaßen, aufsagen.

Der Kollege, der Ihnen zum Geburtstag den schon lange verabredeten Besuch abstattet, kann Ihnen vom Tod Knut Fischers oder seiner Mutter erzählen, ohne daß Sie peinlich berührt und die Regeln eines solchen Besuchs verletzt wären. Finge der Kollege die Unterhaltung mit »die Erde stirbt« an und wäre von der Fortsetzung durch kein begütigendes »ja, ja, schrecklich, diese Wirbelstürme« Ihrerseits abzubringen, die Lage würde unerträglich.

Die schwarze Rede ist nämlich grundsätzlich eine öffentliche und für den Privatgebrauch schlecht geeignet. Wer die schwarze Rede hält, steht auf einem Podium, spricht in ein Mikrofon, schreibt einen Leitartikel oder wenigstens einen Leserbrief. Wer bei einer Party oder einer Einladung zum Abendessen, also halböffentlichen Gelegenheiten, die schwarze Rede beginnt, erweckt bei den Zuhörern den Eindruck, er wolle sich wichtig machen. Im öffentlichen Raum belegte Ulrich Wickert diesen Verdacht: Der elegante und ironische Erzähler einer Nachrichtensendung mußte sich plötzlich durch schwarze Reden über Tugendverfall und Werteverlust dicke tun.

Die schwarze Rede ist autoritativ. Es ist so gut wie unmöglich, ihr im einzelnen zu widersprechen. Wenn Sie bei der Party den schwarzen Redner gleich anfangs unterbrechen und einwenden: Aber Sie hätten doch kürzlich irgendwann im Radio gehört, das Problem des Ozonlochs sei praktisch gelöst, man habe die entsprechenden Maßnahmen ergriffen, damit es sich schließt, das brauche aber Zeit – der schwarze Redner würde Sie übergehen. Oder er würde einfach den Ausfall des Ozonlochs durch drei andere Schrekkensnachrichten ausgleichen.

Denn die schwarze Rede ist außerordentlich gefräßig, sie bedient sich jedes erreichbaren Materials. So steht auf der Liste, die ich mir angelegt hatte, um das obige Beispiel der schwarzen Rede zu verfassen, noch: Rinderwahnsinn; Zunahme der Obdachlosen; Aids; Zunahme von Kindersex und Kinderpornographie; Unfähigkeit der Politiker, die grundsätzlichen Probleme zu lösen; sinkende Geburtenrate; Horrorvideos; Gewalt. Die Liste muß natürlich offen bleiben: Um die Gefräßigkeit der schwarzen Rede zu erkennen,

brauchen Sie bloß eine Woche lang in Ihrer Tageszeitung regelmäßig das Wort »zunehmend« anzustreichen. Mein liebstes Sammlerstück war: »Zunehmend werden in Berlin Straßenbahnen mit Steinen beworfen.«

Die schwarze Rede funktioniert nicht als beweisbare oder bestreitbare Schilderung der Wirklichkeit, sondern als Erzählung; daher ihre Gefräßigkeit und Unwiderlegbarkeit. Jedes Material richtet sie so zu, daß es zu ihrer apokalyptischen Pointe paßt. So ist der Rinderwahnsinn nicht einfach eine rätselhafte Tierseuche, er hat vielmehr beispielhaft zu erzählen, daß *unsere Gesellschaft* grundsätzlich zuviel Fleisch verzehrt und dies Fleisch mit perversen Methoden produziert. Die sinkende Geburtenrate war lange Zeit ein Lieblingsthema schwarzer Reden aus dem Lager der politischen Rechten. Sie demonstrierten daran mit Vorliebe die unseligen Konsequenzen der Frauenemanzipation: Frauen wollen statt Kindern einen Beruf haben. Die schwarzen Reden auf der Rechten wandten sich damals gern gegen das Lebensziel der »Selbstverwirklichung« und meinten mit Aids dann auch deren schreckliche Folgen entdeckt zu haben: Aids ergibt sich wie von selbst aus der sexuellen Selbstverwirklichung von Schwulen ...

Freilich gehört Aids nicht mehr so richtig zu den Lieblingsthemen schwarzer Reden, und es wird deutlich, daß die Themenwahl der Mode unterliegt. Bei den jeweils entdeckten Zivilisationsschäden grundsätzlicher Art handelt es sich gewissermaßen um Modekrankheiten. Erinnern Sie sich an den Ebola-Virus, der Ihnen das Fleisch von den Knochen schälte und von den apokalyptischen Folgen der Gentechnologie erzählte? Gern erinnere ich mich an die Legasthenie. Sie erlaubte in den sechziger und siebziger Jahren zahlreichen Kongressen, Büchern und Zeitschriftenartikeln die Schwierigkeiten der Kinder, lesen und schreiben zu lernen, erstens für zunehmend und zweitens die Folge der Bildüberflutung durch Fernsehen zu erklären.

Schließlich muß für die schwarze Rede festgehalten werden, daß sie bedingungslos an Zahlen glaubt. Auch wer keine Ahnung von Statistik hat, pflegt als schwarzer Redner gern die Zunahme der Obdachlosigkeit oder der Kinderprostitution mit Zahlen bis zu zwei Stellen hinter dem Komma zu belegen, Zahlen, die als härtestes Beweisstück zu gelten haben, schwere Zeichen, die durch kein anderes Zeichen aus dem Feld zu schieben sind. Dabei sind Zahlen Kunstprodukte wie alle anderen Nachrichten aus der Wirklichkeit auch. Neulich versuchte einer im Radio zu erklären, daß Bayern deshalb eine niedrigere Jugendkriminalität zu haben scheint, weil dort nur Verurteilungen gezählt werden; in Berlin dagegen schon die Anzeigen: deren Aufkommen aber ist regelmäßig weit höher als die Zahl rechtmäßiger Urteile. So daß man eigentlich die Jugendkriminalität in Bayern und in Berlin von den Zahlen her gar nicht vergleichen kann ... Aber egal, zum Abschluß ein Interview mit Professor Heitmeyer, Universität Bielefeld: Was auch immer die Zahlen sagen, er habe bei Jugendlichen zunehmende Gewaltbereitschaft festgestellt.

Dies ist ein offenes oder geheimes Lieblingsthema der schwarzen Reden: Gewalt, zunehmend. Weil niemand so genau sagen kann, was eigentlich Gewalt ist, kann zur Not alles als Gewalt aufgefaßt werden, schnelles Autofahren ebenso wie feindselige Blicke in der U-Bahn, die Prügelei zwischen

Jungs ebenso wie Fleischverzehr, die Methoden der modernen Medizin ebenso wie der heterosexuelle Geschlechtsverkehr.

Aber woraus erklärt sich die Beliebtheit und die Überzeugungskraft der schwarzen Rede? Zum einen aus der apokalyptischen Tradition. Welcher Chefredakteur oder Pädagogikprofessor, Schriftsteller oder Werbefuzzi tritt nicht gern als der Prophet Jesajah auf? (Für die Mädels steht das Modell »Kassandra« bereit.) Der Prophet, der für die Zukunft Unheil kündet, erwirbt auf Anhieb Autorität. Wer in Gesellschaft Pessimistisches äußert, hat der Soziologe Georg Simmel bemerkt, zieht sofort alle Aufmerksamkeit auf sich, der schönen Damen wie der mächtigen Männer.

Traditionen wie die apokalyptische werden in ihrer Wirkungsmächtigkeit leicht unterschätzt. Man hat die Gegenwart der modernen Welt vor Augen und meint, die Traditionen seien sicher weggesperrt, in die Vergangenheit oder nach Afrika und Afghanistan. Dabei verhalten sich Traditionen wie Vampire. Sie nähren sich vom Blut der Gegenwärtigen; die Lebenden treten als Widergänger von Traditionen in Erscheinung und merken es kaum. Wobei die apokalyptische Tradition gegenwärtig ihren besonderen Lebensdurst aus der Tatsache gewinnt, daß wir uns einer Jahrtausendwende nähern. Bekanntlich hat auch die Wende zum ersten Jahrtausend nach Christi Geburt wilde Weltuntergangsphantasien geweckt.

»Es gibt nichts Neues unter der Sonne.« Ein Althistoriker könnte gewiß zeigen, in wie vielen Geschichten, die die Presse Woche für Woche veröffentlicht, Motive und Erzählschemata aus den Sagen des klassischen Altertums wiederkehren. Ohne solche regelmäßigen Rückgriffe auf die Tradition ist auch journalistisches Erzählen unmöglich. Der Althistoriker könnte eine zweite dieser lebensdurstigen Traditionen aus der Antike aufrufen: Sie besagt, daß die Melancholie, das Schwarzsehen, das sich in schwarzer Rede ausgibt, ein Kennzeichen des Genies ist. Nur wer schwarz sieht, sieht die Dinge richtig; alle anderen machen sich etwas vor, färben die Welt schön, sind in ihren kleinen Interessen und Tätigkeiten befangen. Auch aus dieser Traditionsquelle schöpft das schwarze Reden seine Autorität: nicht nur Prophet, außerdem Genie. Ein rosiger Optimist wie Helmut Kohl bleibt einfach länger im Amt als jeder andere Bundeskanzler, weil er zur schwarzen, das heißt wahren Sicht der Welt konstitutionell unfähig ist.

Ich will auf eine dritte Tradition der schwarzen Rede kommen, eine speziell deutsche. Das ist der sog. Kulturpessimismus. Er entstand im 19. Jahrhundert, im Einflußbereich der Philosophien Schopenhauers und Nietzsches, er findet sich beim jungen Thomas Mann, *Der Untergang des Abendlandes* von Oswald Spengler, ein Bestseller seiner Zeit, bildet den Höhepunkt dieser speziell deutschen Tradition.

Sie stellt sich die Kultur (die Gesellschaft) als Lebewesen vor, das jugendlich frisch sein, sich aber auch im Zustand des Altersverfalls befinden kann. Nach den Anzeichen dieses Verfalls zu fahnden und die Verantwortlichen zu benennen, machte die Hauptaufgabe des Kulturdiagnostikers aus. Meist waren angeblich die Juden verantwortlich; der deutsche Kulturpessimismus war tief mit Antisemitismus getränkt und bildet überhaupt eine recht ekelhafte Tradition, mit der man sich heute ungern befaßt. Der Kulturpessimismus lieferte den Hintergrund zur Kriegsbegeisterung 1914: Jetzt ist endlich Schluß mit kultureller Verfeinerung und Dekadenz, jetzt kehren wir zurück zur fröhlichen Barbarei des kriegerischen Blutvergießens!

Einer der prominentesten Vertreter des Kulturpessimismus, Arthur Moeller van den Bruck, veröffentlichte 1923 sein Buch *Das Dritte Reich,* wie überhaupt das Dritte Reich diese Tradition in puncto Antisemitismus, fröhliche Barbarei, programmatisches Blutvergießen reich beerbte. Der Erste Weltkrieg wie die Nazis sollten den unaufhaltsamen Maelstrom, in den alle Kultur einstrudelte, um sich selbst zu verschlingen, ein für allemal anhalten. So hat der Kampf gegen den Weltuntergang fast zum Weltuntergang geführt. – Aber ich gerate in die Gefahr, über den Kulturpessimismus selber eine schwarze Rede zu halten. Zunehmend »zunehmend«.

Ein letzter Grund für die Autorität und Unwiderlegbarkeit der schwarzen Rede findet sich darin, daß der Redner eine Position einzunehmen behauptet, die es gar nicht gibt. Eine Position oberhalb der Gesellschaft, von der aus ihr Anfang und ihr Ende, ihre Vergangenheit und Zukunft als ganzes zu überblicken seien. Diese Erhöhung über alle anderen – die Erhöhung des Propheten, des Genies – verleiht dem schwarzen Redner besonderes Feuer. Und wenn er Ulrich Wickert oder Günter Grass oder Friedrich Schorlemmer oder Hans-Joachim Maaz heißt.

Doch hat die moderne Gesellschaft eine solche Beobachterposition oberhalb abgeschafft. Kein Berg Sinai, keine Chefetage überragt die Gesellschaft, die in lauter einzelne Funktionsbereiche sich zerlegte, die selbständig arbeiten. Was auch immer man dem literarischen Genie zutraut, Botho Strauß verfügt als Schriftsteller so wenig über privilegierte Kenntnisse, welche fürchterlichen kulturellen Folgen das Fernsehen zeitigt – die nur durch kultisches Blutvergießen rückgängig zu machen seien – wie Peter Handke über Kenntnisse des wahren Serbien, das von den Medien zugeschwatzt werde, sich aber dem Dichter anläßlich zweier Kurzreisen dankbar offenbarte.

Daß die moderne Gesellschaft ohne Beobachtungsposten oberhalb funktioniert, belegte besonders eindrucksvoll das Politbüro der Sozialistischen Einheitspartei Deutschlands. Es war, wiewohl eben dort oben eingerichtet, völlig außerstande, den Zustand der DDR zu erkennen, geschweige sie in Richtung Sozialismus zu steuern. Also keine Gefahr von den schwarzen Reden, die unablässig die Öffentlichkeit erfüllen?

Weil so viele Propheten das Wort ergreifen, weil jedes Politbüro sein höchstpersönliches Steckenpferd reitet – »Sie haben die Rechtschreibreform vergessen! keiner der Verantwortlichen erkennt den Kulturverfall durch Rechtschreibreform!« –, deshalb bleibt die Gefahr gering, daß wir uns plötzlich alle zu einem Krieg versammeln, um die Hoffnung auf die Zukunft wiederzugewinnen (und damit die Zukunft wirklich zu gefährden).

Daß die Gesellschaft unablässig schwarze Reden über die Gesellschaft vorträgt, bedeutet wahrscheinlich nur, daß sie unablässig über sich selbst nachdenkt und sich Sorgen macht. Und das ist doch eher ein gutes Zeichen.

Weltgeist als Geldgeist

Bücher zur aktuellen politischen Ökonomie

Von Wolfgang Fach

Dem »Geist der Welt« ist einst Hegel auf die Spur gekommen. Er bewegt sich sprunghaft durchs Weltgeschehen, eine Epoche lang hier zu Hause, eine nächste dort. Wo es ihn hinzieht, entstehen große Reiche. Von schweren Wehen begleitet werden sie geboren, beherrschen auf ihrem Höhepunkt den Kosmos, um dann alternd wieder ins Nichts hinabzusinken. Zeugen dieses Niedergangs können wissen, wessen Stunde geschlagen hat: Imperiale Kriege machen klar, wen Gott verlassen hat und mit wem er seinen Gang durch die Welt fortsetzen will.

Es mangelt nicht an Beobachtern (an denen es freilich selten mangelt), die erkannt haben wollen, daß heute »unsere« Stunde geschlagen habe, »wir« also damit rechnen müßten, von der Weltbühne vertrieben zu werden. Freilich beschwören sie den Geist des Geldes, eine Neuerung mit Folgen.[1]

Weltgeist und Geldgeist unterscheiden sich in zweifacher Hinsicht grundlegend. Kommt, erstens, der Ernstfall nicht mehr militärisch »in Form von Husaren mit blanken Säbeln« (Hegel) zur Sprache, sondern ökonomisch, in Gestalt flüchtender Kapitalien oder flottierender Devisen, wird Sterben ein umkehrbarer Prozeß: »Die Alterung unserer Volkswirtschaft ist unabänderlich und das Aufholen anderer im Rahmen einer flexiblen Weltmarktordnung nur gerecht und natürlich.« Aber, dieser Hoffnungsschimmer mag den Überlebenswillen lebendig erhalten, »im Gegensatz zum Individuum ist ›Alterung‹ nicht (notwendigerweise) die Vorstufe des (Ab-)Sterbens. Wir müssen uns anpassen und können uns dabei auch wieder regenerieren.«[2] Wir »müssen« und »können« etwas gegen den Tod tun, sagt uns die innere, verinnerlichte Stimme.

Das hat, zweitens, Folgen für den Rhythmus des Geistes. Einst gemessenen Schrittes von Weltreich zu Weltreich unterwegs (diachrone Evolution), bewegt er sich heute mit hektischer Geschwindigkeit, faßt mal da, mal dort Fuß, laufend auf Vormarsch und Rückzug zugleich, immerfort nach lebenswilligen Standorten suchend, die darum konkurrieren, ihm eine besonders angenehme Heimstatt für seine kurzen Rastzeiten zu bieten (synchrone Evolution). Diese ewige Unruhe kennt auch keine äußeren Grenzen mehr: »Die technischen Revolutionen in der Massenkommunikation und im Massentransport haben die alte Industriewelt und die halb-industrialisierten jungen Industrienationen praktisch zu einer Einheit zusammengeschweißt.« (Borner)

Kombiniert haben die beiden Veränderungen des weltbewegenden Geistes – seine Monetarisierung und Synchronisierung – eine beunruhigende Konsequenz: Alt geworden verjüngen wir uns zu Tode. Dahin kommt es wenigstens dann,

---

1 Die folgenden Ausführungen stützen sich auf: Benjamin R. Barber, *Coca Cola und Heiliger Krieg.* München: Scherz 1996; Richard J. Herrnstein / Charles Murray, *The Bell Curve.* New York: The Free Press 1994; Hans-Peter Martin / Harald Schumann, *Die Globalisierungsfalle.* Reinbek: Rowohlt 1996; Rosabeth Moss Kanter, *Weltklasse.* Wien: Ueberreuter 1996; Robert B. Reich, *Die neue Weltwirtschaft.* Frankfurt: Fischer 1993; Lester C. Thurow, *Die Zukunft des Kapitalismus.* Düsseldorf: Metropolitan 1996.

2 Silvio Borner, *Thesen zur internationalen Wettbewerbsfähigkeit »alternder Volkswirtschaften«.* In: *Wirtschaftsdienst,* Nr. 62, 1982.

wenn dieses »Wir« seine gewohnten Kreise ziehen soll, also ein ganzes Volk umfaßt.

Das negative Volk

Wenn sich die strategischen Eliten dieser Welt über ihre globale Einflußzone unterhalten, spielen Völker keine Rolle mehr. »Volk« ist nicht einmal mehr eine Denkkategorie; genauer: das Phänomen verkommt zur negativen Folie, vor der sich klarer über neue Lagen reden läßt. Darin gipfelt der Vorwurf von Martin und Schumann an den herrschenden Geist.

Der großen Verdrängung geht eine simple Zuspitzung voraus: Die Welt wird als Arrangement kontextloser Unternehmensnetze wahrgenommen. Jenseits davon gibt es nur Um-Welt, teils reines Magma ohne Bedeutung, teils Reservoir für benötigte Ressourcen, darunter, besonders wichtig, kluge Köpfe, wo immer sie dem Brei entsteigen. »Gute Gehirne in Indien«, heißt es in *Die Globalisierungsfalle,* sind derzeit besonders hoch im Kurs, aber das wird sich ändern, sobald andere Regionen Intelligenz noch billiger anbieten. Natürlich kommt diese Nachfrage – in eingeweihten Kreisen als *brain shopping* bekannt – nicht den Indern zugute (ihnen geht es schlechter denn je), doch darauf kann kein Unternehmen Rücksicht nehmen. Seinen Horizont übersteigt schon die eigene Belegschaft – in manchen Fällen verdampft sie nachgerade. Eine Handvoll Experten leistet unschätzbare Dienste, während sich Tausendschaften als »Rationalisierungsreserve« wiederfinden. Solche Relationen mögen extrem sein (und speziell fürs High-Tech-Milieu gelten), doch die Attitüde dahinter ist es nicht: Mitarbeiter, weit davon entfernt, jenen sicheren Schutz klassischer Betriebsfamilien zu genießen, werden immer mehr dialektische Größen: noch da und schon (fast) weg.

Seit jeher steigt diese Unsicherheit mit sinkender Qualifikation. Wo, wie bei Kleidung, Schuhen, Spielzeug, Elektrogeräten, nur noch einfache Handgriffe abverlangt werden, ist das Volk gewissermaßen ausgelagert worden. So betreibt Nike, der Weltmarktführer bei Sportschuhen, überhaupt keine eigenen Fabriken mehr, sondern kauft seine Produkte in Billiglohnländern des ganz nahen oder fernen Ostens. Doch schon längst treiben *downsizing, outsourcing, reengineering* ihr Wesen in höheren Etagen der Berufswelt: »To have lunch or to be lunch« – auf diese Frage gibt es für immer weniger Berufsmenschen eine Antwort über den Tag hinaus, und immer mehr Landsleute verschwinden aus dem Blickfeld der globalen Strategen.

Trotzdem existieren diese vielen Abkömmlichen, sie sind als Bewohner eines Landes registriert und in Staaten politisch organisiert – zusammen mit dem glücklichen Häuflein wesentlicher Menschen. Deshalb sehen sich unsere Regierenden einem neuartigen Phänomen gegenüber: der »20:80-Gesellschaft«. 20 Prozent reichen bald aus, um das System am Laufen zu halten, »die unteren 80 Prozent werden gewaltige Probleme bekommen« (Martin / Schumann). Von Land zu Land mag das Verhältnis variieren, überall aber werden Überfluß und Überschuß eng beieinander wohnen.

Die symbolische Aristokratie

Im Bewußtsein der oberen 20 Prozent ist das Volk eine reine Schwundsache; doch sie leben in seinen Reihen. Die Frage ist nur: wie?

Sehr gut, wenn Robert Reichs amerikanische Einblicke den künftigen Kurs abstecken. Man genießt dort oben eine komfortable Jugend, lernt früh, sich durch Leistung zu behaupten, erwirbt zeitig soziale Kompetenzen und spielerisch technisches Know-how, besucht Eliteschulen, kennt seine Karriereoptionen, genießt eine teure Universitätsausbildung und potenziert all diese Vorteile im stimulierenden Milieu Gleichprivilegierter. Heraus kommen dabei, prophezeit *Die neue Weltwirtschaft,* »Forscher, Designer, Unternehmensberater, Werbe-

und Marketingspezialisten, Filmproduzenten, Regisseure, Buch- und Zeitungsverleger, Software-Ingenieure, Schriftsteller, Architekten oder Investment-Banker und Anwälte«. Diese Berufsaristokratie macht sich nicht dadurch nützlich, daß sie auf traditionelle Weise produktive Arbeit leistet, noch besetzt sie deswegen die Spitze der Einkommenspyramide. Ihre gemeinsame Leistung liegt einfach darin, kreativ Symbole manipulieren zu können. Technische Zaubereien, juristische Tricks, innovative Werbung, börsentechnische Coups, optische Sensationen werfen astronomische Gewinne ab und sind gut für phantastische Gehälter. Private Fitneß-, Tennis-, Golfclubs sorgen dafür, daß die kostbare Kreativität erhalten bleibt, streng bewachte Wohnenklaven schützen den Feierabend vor der begehrlichen Armut.

Das privilegierte Leben entfaltet sich ganz ungeniert, weil die einzige Macht auf Erden, der es gegeben wäre, seinen Frieden zu stören, auffällig stillhält. »Investment-Banker Michael Milken, Erfinder der ›Junk Bonds‹, der im Jahre 1987 bekanntlich 550 Millionen Dollar verdiente, hat sein sozialversicherungspflichtiges Soll bereits am 1. Januar gegen 0.42 Uhr erfüllt.« So lachhaft leicht wird es sicher selten fallen, den hungrigen Staat zufriedenzustellen; doch wer glaubt, fiskalische Schamlosigkeit sei eine amerikanische Spezialität, täuscht sich. Lediglich die Methoden des steuerlichen Eskapismus variieren: blühende Konzerne wie BMW, Daimler Benz oder Siemens zahlen, alles zusammengerechnet, dem deutschen Fiskus keine müde Mark, ganz legal.

Dagegen hält man, Milken oder Mercedes sollten nicht Steuern zahlen, sondern Leute beschäftigen, die ihrerseits Steuern zahlen: das notorische Standort-Argument. Daß daran immer weniger Wahres ist, bleibt dem gesunden Menschenverstand einstweilen verborgen. Sein »rudimentäres Denken« (Reich) klebt an dem alten Muster einer Volks-Wirtschaft im Volks-Eigentum: als ob weiterhin gut für Amerika sei, was gut für General Motors ist, wiewohl der Konzern in Südkorea montieren läßt, Motoren, Getriebe und Elektronik aus Japan bezieht, sich Styling und Konstruktion von Deutschen entwerfen läßt, Aufträge für Kleinteile nach Taiwan, Singapur und Japan vergibt, sein Marketing von Großbritannien aus koordiniert usw.

Aber selbst wenn der begrenzte Verstand den grenzenlosen Kapitalismus begreifen würde – die Angst davor, das Unvermeidliche zu beschleunigen, stände unweigerlich als schlechte Ratgeberin parat; auf sie kann das Symbol-Establishment bis auf weiteres setzen.

Eine multiple Nation

Freilich ist Angst ein erratisches Gefühl und deshalb ein wackeliges Fundament, wenn sie nicht gebunden wird. Schon deswegen können die 20 Prozent nicht ganz umhin, über das Schicksal der 80 nachzudenken. Für diese Fürsorglichkeit spricht auch, daß man dem marginalisierten »Haufen« (Hegel), da es ihn nun einmal gibt, einen Grenz-Nutzen entlocken sollte. Aber wie? Zunächst müssen Spreu und Weizen voneinander getrennt werden, weil jede Qualität eine besondere Behandlung verlangt.

Weizen – darunter fällt jener Menschenschlag, der, richtig programmiert, den Anschluß ans kapitalistische Weltgeschehen finden kann. Schließlich sind die Grenzen zwischen drinnen und draußen nicht dicht; es gibt auch eine Massenzirkulation, stündlich fallen irgendwo auf der Welt Menschen aus dem Verwertungskreislauf heraus, irgendwo anders rücken dafür andere nach. Selbst in hochentwickelten Ökonomien, geschlagen mit vorauseilenden Lohnniveaus, läßt sich krisensichere Beschäftigung schaffen.

Damit mobiles Kapital seßhaft wird, muß es angelockt werden. Bestimmten Regionen gelingt der schwierige Akt, weil sie zwar keine »Kulis«, dafür aber, in irgendeiner Kombination, drei andere

Ks anzubieten haben – sagt Rosabeth Moss Kanter. Erstens Konzepte, also hervorragende Ideen und fortschrittliches Wissen, meist von ansässiger Forschung geliefert, deren Kopfarbeit sich mit Verwertungsgeist paart – ein Erfolgsgespann, das attraktive Produktionen am Ort anschiebt und anständige Jobs bereitstellt. Zweitens Kompetenzen, soll heißen: operationelle Fähigkeiten eines lokalen Arbeitskräftereservoirs, dessen Qualität (Ausbildung, Disziplin) internationale Reputation besitzt, deshalb auch ans Ohr wanderungswilliger Unternehmen gelangt, die für das günstige Angebot gern höhere Löhne bezahlen. Drittens Kontakte im Sinne von traditionell guten Beziehungen zu expansiven Märkten, deren Penetration von manchen Standorten aus besonders gut gelingt. Dadurch werden interessierte Investoren angezogen, speziell Händlerseelen, denen Finanz-, Kommunikations- und andere Service-Anbieter mit ihren Arbeitsplätzen auf dem Fuße folgen.

Allerdings, ganz so patent, wie sie klingen, sind diese Rezepte nicht. Warnend erzählt *Weltklasse* Geschichten von traurigen Fällen, da jede Hilfe einfach zu spät kommen würde. Lange Vorlaufzeiten sind notwendig, und nicht jede Region kann sich so glücklich schätzen, daß ihr weitsichtige Strategen oder günstige Umstände einst den entscheidenden Startvorteil (eine technische Universität, gute Schulen, ethnische Netzwerke) verschafft haben. Gleich nebenan macht sich meist das heulende Elend breit: arbeitslose Männer, vergrämte Frauen, kaputte Familien, verbohrte Stammtische, verfallene Schulen, bankrotte Firmen, verödete Städte – eine Depression kommt zur anderen, und im Verein treiben sie ganze Landschaften in eine trübsinnige Abwärtsspirale ohne Ende. Selbstredend meldet sich kein freundlicher Konzern mit dem Angebot, den Karren aus dem Dreck zu ziehen, noch fühlen sich verantwortliche Politiker verpflichtet, im Namen einheitlicher Lebensverhältnisse für ausgleichende

Gerechtigkeit zu sorgen. Die Nation multipliziert so ihre Daseinsform – (relativer) Glanz und (absolutes) Elend lösen einander unaufhörlich ab.

Welttrottel

Was als Spreu anfällt, wird links liegen gelassen – oder auch nicht. Dem System ist Verschwendung zuwider, und es fürchtet die Verwahrlosung; darum muß möglichst »für alle ein Platz« her, fordern Herrnstein und Murray. Trübsinn mag unheilbar sein, doch Einfalt läßt sich verarzten. Das alte Dorf hat den rechten Umgang mit seinem Trottel gefunden: »Wer ein bißchen stumpfsinnig war, wurde nicht damit betraut, die Kleidersammlung zu organisieren, aber dabei helfen durfte er schon«.

Heute, da die ganze Welt ein Dorf – *global village* – und alles komplex geworden ist, hat Dummheit keine Chance mehr, sollte man meinen. Doch der Schein trügt – Leben kann immer noch ganz simpel sein. »Idiotensichere« Arbeit gibt es im Überfluß, vor allem warten unendlich viele Dienste auf einfältige Gemüter mit fleißigen Händen. Staub müßte gewischt, Gras gemäht werden, Kinder wären zu beaufsichtigen, vielleicht auch Hunde auszuführen, Straßen könnten sauberer und Parks gepflegter aussehen etc. pp. Doch erschwingliche Angebote bleiben aus – in überregulierten Verhältnissen kein Wunder. Wenn Mindestlöhne abschrecken, Sozialleistungen überborden, Steuervorschriften verwirren, Lizenzvorschriften entmutigen, dann liegt die Ressource Mensch brach und das Bedürfnis nach sinnvoller Tätigkeit bleibt unbefriedigt, stirbt auf Dauer ab.

Was daher nottut, ist eine Wendung hin zur Einfachheit – das existierende Regelwerk sollte seiner komplizierten Künstlichkeit entkleidet und auf ein natürliches Minimum zurückgeschraubt werden. Wer nicht arbeitet, soll auch nicht essen; wer arbeiten will, den soll man nicht behindern; was eine Arbeit wert ist, bestimmt ihr Preis; wer wirklich will, findet Arbeit – so ungefähr sieht die Charta der »beschränkten« Ökonomie aus.

Offenkundig sind diese einfachen Klauseln nicht nur technische Anleitungen, sondern zugleich auch moralische Direktiven: Lebensunterhalt und Lebensführung sind zwei Seiten einer Medaille. Die Moral hat im Arbeitsethos ihr Zentrum, um das sie, gegen verwischte Konturen an allen Fronten kämpfend, immer weitere Kreise zieht. Kategorische Gebote und drakonische Strafen setzen deutliche Zeichen. Verbrechen bleiben Verbrechen, müssen verantwortet werden, provozieren gebührende Strafen – klare Verhältnisse für einfache Hirne. Wer Kindheitsdramen zitiert oder Milieuschäden reklamiert, riskiert, daß einfache Leute auf falsche Gedanken kommen: An ihren Schäden sei »die Gesellschaft« schuld, deshalb gebühre ihnen rechtlich verfügter Schadensersatz. Ganz schlimm spielt man der Familie mit. Was, wenn nicht permissive Unsicherheit, muß jene postmoderne Liberalität erzeugen, die in vorehelichen Beziehungen den zeitgemäßen Regelfall sieht, über unverheiratete Mütter ihr Füllhorn ausschüttet oder Scheidungen wie normale Vorkommnisse behandelt, um am Ende gar lesbische Verbindungen zu legalisieren, so als ob Natur eine disponible Masse wäre?

Dem Regime der schneidigen Einfachheit müßten nicht alle Menschen und Kreise gehorchen – kluge Köpfe vertragen, schwierige Verhältnisse verlangen komplexe Regeln; aber die Einfältigen dieser Welt sind auf Reservate der Einfalt angewiesen.

Der zerfledderte »Volksgeist«

Das Wir ist schon länger nicht mehr, was es einmal gewesen sein mag: homogenes »Staatsvolk« plus einheitliches »Staatsgebiet«. Modernisierungs- und Mobilisierungsschübe, in dichter Folge durch die geschichtete Gesellschaft gepreßt, haben den (angeblich) so festen Zusammenhalt gründlich durchgerüttelt. Doch war diese unsere Ordnung bisher flexibel genug, um sich immer wieder neu zu arrangieren. Sie ist nicht einfach verschwunden, wie jene modisch-düstere Rede von der kommenden »Entropie« glauben machen wollte; noch droht ihr ein baldiges Ende durch »Sklerose«, wovor andere Auguren warnen.

Dennoch erscheint heute fraglich, ob auf die tiefgründige Unerschütterlichkeit der »demokratischen Allmacht« (Jean-Christophe Rufin) weiterhin Verlaß ist. Muß eine Gesellschaft aus verstreuten Wohlstandsinseln, umspült von Fluten trübsinnigen Elends, nicht irgendwann einmal auseinanderbrechen? Sie muß, wenn das künftige Schicksal von »Demokratie und Freiheit« bedacht wird, also mehr auf dem Spiel stehen soll als stumpfe Koexistenz.

Weltmärkte »kommen ohne individuelles Urteilsvermögen und ohne Volkswillen aus«, lautet Benjamin Barbers Botschaft. Sie betäuben Konsumenten durch falsche Chancen und fiktive Optionen, präsentieren harmonische Bilder in rosigen Farben, konstruieren mediale Räume für kleine Fluchten, verstellen durch glänzende Kulissen den Blick auf harte Realitäten, kurz: erzeugen eine eskapistische Vernunft und zerstören zugleich alle Anhaltspunkte ihrer Kritik. In dieser weichgespülten Scheinwelt kann sich der einstmals »willensstarke« Volksgeist nicht mehr regenerieren – er wird die leichte Beute wirtschaftlicher »Zwänge«. So entsteht jener fatale Konkurrenzdruck unter vorgespiegelter Knappheit, dessen mächtige Welle uns den Atem verschlägt. Treten gegen alte Regionen hungrige Länder an, deren arme Schlucker im Namen des Aufstiegs gnadenlos ausgemergelt werden, dann verallgemeinert sich neben dem hirnlos schönen Schein mit gleicher Vehemenz eine sinnlos schlechte Wirklichkeit.

Die Suche nach Sinn setzt hier ein und macht dem freiheitlich-demokratischen Volksgeist das Leben noch schwerer; denn gelingt es ihm nicht, den Despotismus des Marktes zu bezwingen, droht eine andere Tyrannei: der barbarische Feldzug »heiliger Krieger«. Profitsüchtiger Markt und blutrünstige Moral schaukeln einander hoch: Sinnlosigkeit provoziert Versenkung, Frustration fördert Aggression, himmlische Gewißheit kompensiert irdische Unsicherheit, ideologische Verhausung überspielt ökonomische Weltläufigkeit. »Wie Kapitalismus und Fundamentalismus Demokratie und Freiheit abschaffen« ist das Thema von *Coca Cola und Heiliger Krieg,* und man kann dieses Schauspiel derzeit an nicht wenigen Orten der Zerfledderung eindringlich studieren.

Kein Land soll glauben, gegen den Rückfall in die Dunkelheit gefeit zu sein. Staaten haben sich, geplant oder ungeplant, immer weiter gegeneinander geöffnet, und der Geist ist nicht weniger mobil als das Geld. Mit dem fundamentalistisch-kapitalistischen Zangengriff müssen daher auch Gesellschaften rechnen, deren innere Verfassung einstweilen standhält – weder Vernunft noch Wille sind gegen Abnützung auf Dauer gefeit.

Ein zweites Mittelalter

Gibt es trotzdem Anlaß zu Hoffnung? Hoffnung auf eine »zweite Moderne«, die mit der ersten vermutlich so wenig gemein hat, daß wir sie nur mit neuen Augen erkennen würden. Vielleicht – doch davor steht das Risiko, daß alles ganz anders und viel schlimmer kommt.

Religionskrieg und Kulturverfall, die zwei Problemzonen des gegenwärtigen Weltkapitalismus, können als Hinweise darauf gelesen werden, daß zwar nicht das Ende der Geschichte droht, wohl aber ihre Regression. Unter dem doppelten Streß könnten wir, argwöhnt Lester Thurow, »in einen Teufelskreis menschlicher Verzagtheit, sozialer Desorganisation und in eine sich daraus ergebende Abwärtsspirale hineintrudeln« – an deren fernem Ende das finstere Mittelalter seine Wiederauferstehung feiern dürfte. Parallelen mit damals scheint es genügend zu geben.

Etwa: Menschenströme, die vor keinen Grenzen haltmachen und den Zentralgewalten unerhörte Organisationslasten aufbürden – doch statt diese gewaltige Aufgabe anzunehmen, verlagern Regierungen reihenweise ihre Verantwortung nach unten, entmachten sich also kurzerhand selbst. Oder: Überall, auch unter »entwickelten« Menschen, ist das Analphabetentum stetig auf dem Vormarsch – relativ zu den Erfordernissen des Informationszeitalters sowieso, aber selbst absolute Minimalnormen werden wieder häufiger verfehlt. Oder: Der allgemeine Lebensstandard sinkt kontinuierlich ab – heute wie damals verschärfen sich Arbeitsbedingungen, und die Masseneinkommen gehen zurück, beides Prozesse, die, wie gehabt, allmählich in höhere Schichten vordringen. Oder: Eine parochiale Gesinnung greift um sich – Leute sind ausschließlich mit ihrem eigenen Schicksal befaßt, während höhere Ziele, allgemeine Belange, fremde Nöte am Denkhorizont verschwinden. Oder: Kreuzzüge gegen eine verrottete Welt werden Mode, weil elitärer Moralverfall mit populären Reinheitsgeboten kollidiert. Endlich: Damals wie heute fehlen visionäre Konzepte und organisatorische Kompetenzen. Irgend etwas läuft schief, fast allen schwant Böses, kaum jemand setzt stur auf »bewährte« Rezepte, aber niemand kennt den erfolgreichen Weg aus der verfahrenen Lage. *Die Zukunft des Kapitalismus* zitiert den Historiker William Manchester, der über das Mittelalter gesagt hat: »Wenn man die Bestandteile zusammenfügt, ergibt sich das Porträt einer Gesellschaft, die aus einer Mischung von spontanen kriegerischen Aktionen, Korruption, Gesetzlosigkeit, einer Besessenheit von seltsamer Mystik und einer fast unverständlichen Geistlosigkeit bestand« – und wieder besteht.

Daß, wenn nicht die freiheitliche Demokratie, so doch wenigstens der kapitalistische Geist den mittelalterlichen Virus überleben wird, ist keinesfalls sicher. Zwar hat sich das kulturelle Unwetter nicht in einer ökonomischen Krise niedergeschlagen; sämtliche Vorzeichen – Absatz, Gewinn, Ertrag – stehen günstig wie selten. Aber kann diese Scherenentwicklung auf Dauer so weitergehen? Schließlich kennt man seit Adam Smith außerwirtschaftliche Voraussetzungen des wirtschaftlichen Kreislaufes: Arbeit nährt alle; vom Reichtum profitieren auch Arme; Menschen lernen auf dem Markt einander achten; sozialer Druck reduziert abweichendes Verhalten; gelegentlich plagt das Gewissen den Sünder; und wo Sicherungen durchbrennen, hilft der Staat aus. »Der Kapitalismus ist in einer von Diebstahl beherrschten Wirtschaft nicht funktionsfähig«, stellt Thurow fest. Diese Wahrheit scheint ausgerechnet denen verborgen zu bleiben, die am meisten von ihr profitieren.

Synthetische Schwärze

Wenn es stimmt, daß sich der Weltkurs heute als Geldkurs darstellt, dann hat die veränderte Gangart des »Geistes« tiefgreifende Folgen für den Standort des Fortschritts. Er genießt nicht mehr jene »Lebendigkeit und Frische« (Hegel) früher Tage – das neue Regime laugt ihn bis zur Unkenntlichkeit aus.

Die schwarze Diagnose ist freilich ein synthetisches Produkt, soll heißen: sie ist aus dem Zusammenhang von Zeitbeobachtungen gerissen, deren Tenor unter dem Strich lichter ausfällt. Folgt man ihnen, sind Probleme in einigen Fällen sogar ihre eigenen Lösungen und in anderen zumindest lösbar. Konkret: Hoffnung mag mit Martin/Schumann haben, wer an Europas künftiges Potential denkt – der Kontinent wäre vielleicht mächtig genug, sein soziales (Rest-) Gewissen sprechen zu lassen. Manche, Robert Reich zählt dazu, räsonieren über die produktive Renaissance des kollektiven Bewußtseins im Gefolge ökonomischer Feindbilder (»Japan«). Daß erfolgreiche Beispiele, gründlich durchleuchtet, Schule machen könnten: daran wird etwas Wahres sein, jedenfalls verkündet Rosabeth Moss Kanter diese frohe Botschaft. Skeptischere Beobachter, unter ihnen Herrnstein/Murray, wollen den sprengenden Effekt immerhin begrenzen – was in eine friedliche Koexistenz unterschiedlicher Lebenswelten münden würde. Vielleicht geht ja auch Benjamin Barbers Rechnung auf, und »freiheitliche« Technologien (wie das Internet) schaffen im Verein mit demokratischen Traditionen neuartige Bündnisse.

Doch selbst dann, wenn keines dieser Rezepte wirkt, ist noch nicht alles verloren. Rettung könnte auch als ein ungeplantes Ereignis nahen, das unverzagte Anstrengungen gebührend belohnt. Kolumbus, Lester Thurow erinnert uns daran, hat Amerika völlig unerwartet entdeckt, wiewohl nicht ohne eigenes Zutun. Hoffen wir also auf die List der Vernunft – und darauf, daß dem neuen Weltgeist diese alte Technik noch geläufig sein möge.

Tischlein deck dich

Neue politische Gesellschaftsliteratur in Frankreich

Von Michael Jeismann

Es dürfte schwerfallen, derzeit eine französische Buchhandlung ausfindig zu machen, in der es nicht steht: das Tischlein mit dem guten Dutzend Titeln über die ökonomische Krise und die Misere der Gegenwart. »La Crise« ist seit geraumer Zeit eines der gesellschaftlichen Schlüsselwörter in Frankreich. Eine semantische Zentrifuge, in der die Bestandteile der alten Gesellschaft auseinandergerissen werden. »Die Krise« ist eine Lieblingsvokabel der Kabarettisten, und im Alltag ist sie Bestandteil des Volkssarkasmus und dient nebenbei jedermann zur Erklärung persönlicher Schwierigkeiten wie globaler Mißstände.

Nachdem die deutsche Wiedervereinigung für kurze Zeit eine Gespensterdebatte über Nationalismus und deutsche Hegemonie ausgelöst hatte, stießen die französischen Intellektuellen bald auf jenes Terrain, das man lange übersehen hatte und das sich nun als der Hauptschauplatz neuer ideologischer Fixierungen herausstellte: die Ökonomie. Man versteht sich bei der Ökonomie vor allem auf die Risiken und Nebenwirkungen, und die Folgelasten der globalisierten Finanzmärkte sind auch ohne komplizierte Apparatur festzustellen. Augenschein und Statistik bestätigen einander, wobei die Zahlen mehr ans Licht treten lassen, als die Straßen und Plätze von den Verhältnissen tatsächlich preisgeben.

Allerdings scheint Vorsicht geboten. Während man über die Auswirkungen der neuen Ökonomie relativ gesicherte Aussagen machen kann, sind die Wirkungszusammenhänge der Globalisierung alles andere als klar. Prognosen sind unsicherer denn je. Wie gelähmt erschien jahrelang die politische Phantasie angesichts der Wucht, mit der die Maximen des Neoliberalismus auftraten. Es gibt aber noch eine Produktivkraft, die sich dem ökonomistischen Profitdenken zu entziehen vermag, und das ist die menschliche Erfindungsgabe. Die Ökonomie ist kein Schicksal, so lautet die Botschaft einer neuen Literaturgattung, in der eine der interessantesten politischen Debatten der Gegenwart stattfindet.

In Frankreich wachte man zuerst auf und begann zu begreifen, daß im Windschatten des politischen Umbruchs nach 1989 etwas geschehen war, das die liberalen Gesellschaften von Grund auf zu verändern scheint. Nicht eine Phase im vertrauten Zyklus von Auf- und Abschwung, keine konjunkturelle Schwankung. Etwas Fremdes und Erschreckendes, keine Person und keine Institution, etwas Unidentifizierbares. Eine kalte Hand an der Kehle der westlichen Wohlstandsgesellschaft. Dieser Eisesgriff weckt offenbar jene Art intellektueller Energie, wie es sie in den frühen sechziger Jahren gegeben hatte, vor 1968 und der allgemeinen Ideologisierung. Abschied von der bekannten, gewußten Welt und langer Aufbruch zu einem neuen gesellschaftlichen Wissen. Noch überwiegen Melancholie und Ratlosigkeit. Die geistigen Musealisierungstendenzen seit den achtziger Jahren, die Entdeckung aller möglichen »Erinnerungsorte«, der starre Blick zurück, all dies ist Teil und zugleich schon Reaktion in dem Umbruch, der behelfsweise »Globalisierung« heißt.

Es scheint so, daß man in Deutschland noch stärker mit der Vergewisserung der eigenen Vergangenheit beschäftigt ist und das Gegenwartsbewußtsein sich im Vergleich zu Frankreich mit einer gewissen zeitlichen Verschiebung herauszubilden beginnt. Die französischen Intellektuellen jedenfalls haben das Gespräch über die Gesellschaft wiederaufgenommen. Die Krise hat ihnen eine Aufgabe gestellt und vielleicht eine Sendung zurückgegeben. Die Frische des Gedankens jedenfalls hat ihre eigene Emphase und die Debatte ein Pathos des Eingreifens und der unmittelbaren Wirksamkeit, das sich von der gängigen Kultur der Distanzierung und Ironisierung eigentümlich abhebt.

Nirgends ist dieser Umschlag deutlicher als bei dem Buch, das den Königstitel unter der neuen politischen Gegenwartsliteratur Frankreichs trägt. Es handelt sich um den 1996 erschienenen Essay *L'horreur économique* der Schriftstellerin und Publizistin Viviane Forrester.[1] Das Jahr 1996 war tatsächlich eine Art Schaltjahr für die französischen Intellektuellen; hier kündigte sich an, welchen Impulsen sich die Politik zu stellen hat. Die Wahlergebnisse in England und Frankreich sprachen in dieser Hinsicht eine überaus deutliche Sprache. Viviane Forrester ist es gelungen, den Protest gegen die Ökonomisierung der Lebenswelten in einer lyrischen Prosa der Verzweiflung und des Erschreckens gefaßt zu haben. Es ist bemerkenswert, daß dieser literarische Aufschrei nicht aus der jüngeren Generation kommt, sondern von einer vornehmen siebzigjährigen Dame formuliert wird. Ihr Essay ist atemlose Fassungslosigkeit, eine Ansammlung von Empfindungen. Er setzt nichts auseinander, argumentiert nicht, sondern verleiht einem Gefühl der Ohnmacht Ausdruck.

Ein Text wie eine Klagemauer, in dem auf jeder Seite zwei oder drei rhetorische Fragen und Ausrufe stehen. Auf jeder Seite sagt der Leser mindestens einmal »ja, so ist es«. Noch bevor die rund zweihundert Seiten vorüber sind, beschleicht den Leser bei dieser Ping-Pong-Affirmation zwischen ihm und dem Text ein gewisses Mißtrauen und am Ende ein schales Gefühl, so daß er schließlich fragt: »Ist es so?« Aber dieses Unbehagen hat vielleicht schon nichts mehr mit dem Text zu tun, und bevor wir herauszufinden suchen, woher am Ende der Lektüre das Ungenügen, der Durst nach einer weniger süffigen Misere rührt, vorher also soll doch zur Geltung kommen, was dem Leser soviel Einverständnis entlockt. Denn genau auf dieser Qualität beruht der große Verkaufserfolg des Buches.

Viviane Forrester hat den Franzosen aus der Seele gesprochen. Dabei will ihr Buch alles andere als ein Trostbüchlein sein. Gleich zu Beginn zerstört sie jede Illusion, die gegenwärtigen wirtschaftlichen Schwierigkeiten, insbesondere die Arbeitslosigkeit, seien noch mit dem liebgewonnenen und schon altmodischen Begriff der »Krise« zureichend zu beschreiben und zu analysieren. Forrester stellt fest, daß man sich mitten in einer klammheimlichen Revolution befindet,

[1] Viviane Forrester, *L'horreur économique.* Paris: Fayard 1996. Die deutsche Ausgabe ist gerade unter dem Titel *Der Terror der Ökonomie* bei Zsolnay in Wien erschienen.

die die Wertmaßstäbe verändern wird. Arme Träumer, ruft sie den Lesern zu, daß Ihr glaubt, noch Herren Eures Schicksals zu sein. Ihr seid nichts, die Rentabilität ist alles. Es ist eine Schande und widerspricht dem zivilisatorischen Minimalkonsens, wenn die eigene Existenz und die aller anderen in solcher Nützlichkeit begründet liegen soll, die sich nach ökonomischen Kriterien messen läßt. Was für Zeiten, als die Arbeiter noch gegen leibhaftige Ausbeuter im besonderen und gegen Ausbeutung im allgemeinen kämpfen konnten. Die Abwesenheit der Ausbeutung ist heute das Problem, und damit sind die Verhältnisse im wahrsten Sinne des Wortes verkehrte.

Warum eigentlich sollen sich die Menschen Sorgen machen, fragt Forrester, warum sollten sie beunruhigt sein? Die Lage ist doch sicher, sicher hoffnungslos, solange eine Wirtschaftsphilosophie vorherrscht, die den Gewinn des Aktionärs zum zentralen Orientierungspunkt macht. Die Autorin geißelt die traditionellen Versprechungen der Politik: Die Welt wird nicht wieder, wie sie einmal war. Indem aber so getan wird, als könne man auf die Rückkehr der Vergangenheit warten, entgleitet die Gegenwart, die Geistesgegenwart auch. Warum also sollte man soviel Energien auf eine Reparatur jener Mechanismen verschwenden, die allem Anschein nach durch die neuen Technologien und Märkte obsolet geworden sind? Warum beginnt man nicht beim Ist-Zustand und versucht, eine lebenswerte Welt ohne traditionelle Arbeitsformen einzurichten?

Als die Arbeit in »Beschäftigung« umgetauft wurde, und die Arbeiter zu »Beschäftigten« wurden, hätte man schon stutzig werden müssen. Mein Gott, ruft die Autorin aus, was für Träume haben viele junge Menschen heute. Sie träumen von Arbeit! Sie träumen davon, sich in eine Gesellschaft einzugliedern, die doch allem Anschein nach noch arbeitet. Eine Welt, in der es Kollegen gibt, Chefs, einen Feierabend und den Jahresurlaub. Nicht einmal bei guter Führung geht den Jugendlichen dieser Traum in Erfüllung. Viviane Forrester vergleicht ihr Schicksal mit dem der Emma Bovary und gibt dem Leser den Geschmack jenes Giftes zu schmecken, das Überflüssigkeit und Langeweile heißt.

Die, die man die Ausgeschlossenen nennt, sagt Viviane Forrester, sind tatsächlich dieselben, die mehr als alle anderen in die Mechanismen der Gesellschaft eingeschlossen sind. Die staatliche Wohlfahrt garantiert eine materielle Existenz und weckt durch das ein oder andere »Integrationsprogramm« die Hoffnung, man sei auf dem Sprung in die Gesellschaft. Forrester hätte die Umfragen unter den arbeitslosen Jugendlichen in den großen Vorstädten anführen können, die belegen, daß auch die Phantasie der Ausgeschlossenen ausbruchssicher in den Vorstellungen jener Welt fixiert ist, zu der sie keinen Zugang haben. Die Ausgeschlossenen sind also das, was die Gesellschaft ausmacht. Über ihnen schwebt kein Glutschein revolutionärer Romantik, kein Engel besserer Gegenwelt. Denn gerade auf die Ausgeschlossenen wurden ja die leitenden Ideen der Gesellschaft in konzentrierter Form angewandt, und sie vollbringen nun die höchstmögliche Anpassungsleistung, indem sie ihr als überflüssig definiertes Leben leben. Aber die, die Arbeit haben, wie ergeht es denen? Wo jedes Individuum sein eigenes Profitcenter sein soll, wird selbst die gutsituierte Existenz prekär. Materiell, aber auch sozial. Beziehungen müssen Profitbeziehungen sein, der Raum, der frei von direkter oder auch nur mittelbarer Nützlichkeit wäre, reduziert sich auf das Format einer E-Mail oder einer Nachricht auf dem Anrufbeantworter.

Angesichts dieses Szenarios ruft Viviane Forrester dazu auf, den Ökonomen den Gehorsam zu verweigern und sich nicht weismachen zu lassen, die Maßstäbe der globalen Finanzmärkte müßten auch unsere Maßstäbe sein. Dem stupenden Innovationsgalopp der multinationalen Firmen müsse man eigene politische und soziale Innovation entgegensetzen. Diese Innovation, so beschließt Viviane Forrester ihren Essay, hat vom Elementaren auszugehen, ohne das jede menschliche Gemeinschaft eine barbarische Veranstaltung wäre: vom gegenseitigen Respekt und von der Daseinsberechtigung jenseits der Nützlichkeiten.

Man tut diesem Buch wohl nicht unrecht, wenn man seinen literarischen Charakter betont. Es ist ein Epos der Klage und ein Weckruf zur politischen Besinnung. Der Titel des Werks ist einem Gedicht Rimbauds entlehnt, Madame Bovary, auch die Nibelungen tauchen kurz auf. Hier läßt Viviane Forrester, die auch als Literaturkritikerin für *Le Monde* tätig ist, Unsicherheiten erkennen, was die soziale Realität angeht und die Lebenswirklichkeit vor allem jener Jugendlicher, deren Hoffnungslosigkeit sie so ausdrucksstark beschwört. Tatsächlich raschelt gelegentlich unter den Zeilen das Papier. Es kommt während der Lektüre der Moment, wo der Leser übersättigt ist vor lauter Exklamation und sich statt dessen mehr Explikation wünscht. Forresters sozialer Gospelgesang wiegt den Leser wohlig in der Klage über die verlorene Welt und verspricht das Heil in der gerechten Empfindung. Man nimmt die mitleidende Lektüre für eine politische Handlung. Es genügt, daß dieser Verdacht aufsteigen kann, und wir sind bereit, in dem Essay der Viviane Forrester die Herzensergießung einer erschreckten Dame aus dem gehobenen Bürgertum zu sehen, eine Art bürgerliche Schauerballade in Zeiten der Globalisierung. Jedenfalls hat Forrester die Nähe zum Kitsch nicht immer gescheut.

Insgesamt täte man dem Buch aber unrecht, stellte man es hauptsächlich aus diesem Blickwinkel dar. Forresters Courage und Leistung wird deutlich, wenn man bedenkt, wie schwerblütig und uninspiriert die akademische und intellektuelle Welt, von Ausnahmen abgesehen, anderswo auf den gewaltigen Umbruch der Wirtschafts- und Lebenswelten bislang reagiert haben. Es bleibt aber wahr, daß der Essay von Viviane Forrester viele starke, teils auch grelle Farben aufweist, aber wenig Kontur und fast keine Empirie. Es deutet vieles darauf hin, daß gerade hierin das Geheimnis der bemerkenswerten Wirkung des Buches liegt. Man wird zu Recht bemerken, daß es nicht unbedingt einer differenzierten Statistikanalyse bedarf, wenn es um die Wiedererlangung des politischen Bewußtseins geht. Aber ohne solche Analysen bliebe es bei der Aufwallung eines sozialen Gefühls.

Viviane Forrester hat eine große Beschwerde verfaßt und das stumme Erstaunen und Entsetzen zum Reden gebracht. Das ist jedenfalls mehr als die meisten Politiker oder Intellektuellen von sich behaupten können. Bleibt die Frage, ob man es hier mit einem auf den Kopf gestellten Generationsverhalten zu tun hat. Sind es nun die Älteren, die protestieren? Und was machen die Jungen? Tatsächlich gibt es unter jungen Autoren die Tendenz, die Aufgeregtheit mit lässiger Herablassung zu quittieren und die neue Welt der multiplen Existenz jenseits der traditionellen Erwerbsbiographien zu emphatisieren. Das wäre eine individuelle Selbstbehauptung, die die Spielräume der ökonomischen Modernisierung nutzt, um ihre Zwänge und Spielregeln zu einer Manövriermasse des Eigensinns werden zu lassen.

Illusionen spielen bei beiden Behauptungsformen notwendig eine gewisse Rolle; die Akzentuierung scheint zum Teil generationsspezifisch bestimmt zu sein. Für Viviane Forrester ist die Gesellschaft die eigentliche Bezugsgröße, ohne daß darunter das Individuum verschwindet. Das Politische versteht sich sozusagen noch von selbst und ebenso die Tatsache, daß man sich Probleme der Gesellschaft zu eigen macht und das Wort ergreift. Aber von welcher Gesellschaft ist denn da die Rede, ließe sich zurückfragen. Ist die Gesellschaft als vorgestellte Einheit am Ende nichts als eine anachronistische Unterstellung?

Bevor der Blick vor solchen letzten Fragen verschwimmt, wenden wir uns einem Werk zu, das eine historische Analyse mit Zukunftserfindung kombiniert. Es geht um *The End of Work* von Jeremy Rifkin, Autor zahlreicher Sachbücher zu ökonomischen und ökologischen Entwicklungen der Gegenwart, Präsident der Foundation on Economic Trends in Washington.[2] Sein Buch lag bereits ein Jahr später in französischer Ausgabe vor, versehen mit einem ausführlichen und argumentierenden Vorwort des früheren französischen Premierministers und Sozialisten Michel Rocard. Damit war Rifkins Buch schlagartig in die französische Diskussion eingemeindet. Rifkin unternimmt den Versuch, jenes Faktum zu belegen, das Viviane Forrester lyrisch evoziert: den Menschen geht die Arbeit aus. Die These ist nicht neu. Schon die Pauperismusliteratur um 1830 beschwört die Gefahr, daß eine immer größere Zahl von Menschen überflüssig wird. Hundert Jahre später tauchte die Frage drängender denn je auf. Und heute scheint sie unabweisbar zu sein und auf ein Strukturproblem zu weisen, das nicht in Kategorien der Konjunktur und des Wachstums zu begreifen und schon gar nicht zu lösen ist.

Rifkin beginnt seine Analyse mit dem Rückblick auf die erste und zweite industrielle Revolution. Er verfolgt, wie der Bedarf an menschlicher Arbeitskraft allmählich sinkt und insbesondere der Anteil der Handarbeit im weitesten Sinn zu schwinden beginnt. Die dritte industrielle Revolution, der Eintritt ins digitale Zeitalter, verschärft diesen Trend nicht nur. Diese dritte industrielle Revolution wälzt sämtliche Berufs- und Lebenswelten um. Rifkin entwickelt ein Szenario anhand einer Fülle schlagender Beispiele, das auf den ersten Blick futuristisch wirkt, tatsächlich aber schon Teil der Wirklichkeit ist. So das Ende der bäuerlichen Landwirtschaft im Freien, die mehr und mehr ersetzt wird durch eine molekulare Agrarindustrie, die in abgeschirmten Räumen stattfindet.

Ein kleines Kapitel hat Rifkin auch den Wissenschaftlern und Künstlern gewidmet. Wenn der Physiker Gordon Moore, zugleich Präsident von Intel, recht hat mit der Behauptung, daß sich die Kapazität der Informatik derzeit etwa alle achtzehn Monate verdoppelt, dann sei absehbar, daß auch jene Tätigkeiten von der Rationalisierung und Computerisierung betroffen würden, die man bisher für den privilegierten Raum menschlichen Ingeniums hielt. Rifkin führt die synthetische Musik an und den ersten Roman, den ein Computer zu über zwei Dritteln in Eigenregie geschrieben hat. Es handelt sich um eine Groschenheftliteratur mit dem Titel *Just This Once.* Das Werk hat keinen Autor, sondern einen Programmierer: Scott Finch. Sein computergesteuerter Roman verkaufte sich in der ersten Auflage mit 15000 Exemplaren.

Solche marginalen Beispiele, die Rifkin gern zur Illustration seiner These heranzieht, wecken doch eine gewisse Skepsis gegenüber den ehernen Gesetzen des Informatikzeitalters. Es gibt offensichtlich Bereiche, in denen sich der Einsatz künstlicher Intelligenz nicht eignet, sobald ein bestimmtes Niveau erreicht werden soll. Gleichwohl fällt es schwer, Rifkins These von der Abnahme der Arbeit, die eben quantitativ nicht in den neuen Sektoren aufgefangen werden kann, zu widersprechen.

Im letzten Teil seines Buches entwickelt der Autor zwei Lösungsvorschläge, was die Gesellschaften der Verknappung der Arbeit und den desaströsen Folgen entgegensetzen könnten. Zum einen die Reduzierung der Arbeitszeit, ein Mittel, das allerdings heute schon weitgehend ausgereizt zu sein scheint. Die größten Chancen sieht Rifkin auf einem zweiten Weg, der in die Welt einer Arbeit führt, die nicht marktabhängig ist, in die Welt der »sozialen Arbeit«, in der Gegenseitigkeit und Tausch die bestimmenden Organisationsformen sind. Daß die so-

[2] Jeremy Rifkin, *The End of Work. The Decline of the Global Labour Force and the Dawn of the Post-Market Era.* New York: Tarcher & Putnam's Sons 1995.

zialen Beziehungen hierdurch verändert werden und die Freiheit des einzelnen auf neue Weise eingeschränkt sein könnte, kommt bei Rifkin nicht zur Sprache. Es spricht einiges dafür, daß neben die herkömmliche Form der Marktökonomie eine andere Form des Wirtschaftens treten wird, die besser den Bedürfnissen der Menschen dient als eine vornehmlich an Finanzmärkten ausgerichtete Ökonomie. Es gibt weltweit bereits eine nicht unbedeutende Zahl an Tauschwährungen, die einzelne Firmen oder Kooperationen intern benutzen. Gerade in den sogenannten strukturschwachen Regionen Europas werden eine Reihe von Dienstleistungen der verschiedensten Art auf der Grundlage der Tauschwirtschaft erbracht. Somit könnte der Kapitalökonomie eine ernstzunehmende Konkurrenz erwachsen, auf die sie ihrerseits zu reagieren hätte, indem sie ihre Prioritäten anders setzt.

Denn, so bemerkt Michel Rocard, die Wirtschaftspolitik der vergangenen zwei Jahrzehnte hat nicht nur in den Vereinigten Staaten dazu geführt, daß ein Bruchteil der Bevölkerung weit überproportional seinen Reichtum vermehren konnte, während die Durchschnittseinkommen real sanken. Die sozialen Folgelasten dieser Entwicklung wie zunehmende Gewalt werden der Allgemeinheit aufgebürdet. Wenn die Gesellschaften nicht in die Barbarei fallen sollen, muß die Politik sich wieder der Aufgabe der Güterverteilung stellen. Das Ende der realsozialistischen Staaten hat nämlich nicht nur die Unfähigkeit der Planwirtschaft, sondern gleich danach auch die Untragbarkeit reiner Marktwirtschaft erwiesen. Europa hätte, so Rocard, die Chance, der Falle dieser falschen Alternative zu entgehen.

Die Zahlenbelege, die Rocard für die neoliberale Mißwirtschaft in England anführt, sind beeindruckend und sprechen in jedem Fall für die Notwendigkeit einer neuen Gesellschaftspolitik. Von den Entwicklungsländern ist bei Rifkin übrigens kaum die Rede. Es gibt in der Tat eine Überforderung des Vorstellungsvermögens, deren untrügliches Anzeichen das vermehrte Auftreten apokalyptischer Prophezeiungen ist.

Es kann dagegen sehr hilfreich sein, einen relativ kleinen Rahmen zu wählen, in dem man den gegenwärtigen ökonomischen Umbruch und seine Folgen beobachtet. Hier ist an erster Stelle das Buch der Journalistin Betty Hania zu erwähnen, die sich in ganz Frankreich, also vor allem in der Provinz umgesehen hat nach neuartigen Mitteln, der Krise, die mehr als eine Krise ist, zu begegnen. Der Untertitel nennt exakt den Gegenstand des Werkes: Die Hoffnung erfinden.[3] Das scheint auch dringend nötig zu sein, wenn man der Reise Hanias folgt.

Hier ist zunächst an einzelnen Fallbeispielen belegt, welches Elend die informatisierte Arbeitswelt mit sich bringen kann: isolierte Arbeit am Computer, dauernde Abrufbarkeit der Arbeitskraft und zugleich das Fehlen fundamentaler sozialer Absicherung. Es ist ein Paradox und ein Hohn, daß der technische Fortschritt es so weit bringt, die Menschheit wieder verelenden zu lassen, nachdem er einer kleinen privilegierten Minderheit die süßen Früchte des modernen Luxus schmecken ließ. Die detaillierte Momentaufnahme, die Betty Hania bietet, zeigt vor allem eines: Das Bewußtsein von den Widersinnigkeiten der Globalisierung und immer weiter reichenden Ökonomisierung der Welt wächst, bei den Mitteln zur Abhilfe befindet man sich in den Anfängen, die derzeit noch nicht für die Masse der Bevölkerung wirksam werden können.

Es ist allenthalben festzustellen, daß die Autoren der neuen politischen Gesellschaftsliteratur vor allem die ideologischen Grundannahmen des Ökonomismus attackieren. Nicht zu Unrecht sehen sie hier die Stelle, wo der Hebel an vermeintlichen Notwendigkeiten ange-

---

3 Betty Hania, *Voyage au cœur de la France en crise. Inventer l'espoir.* Paris: Éditions du Félin 1996.

setzt werden kann. Zum Schluß deshalb ein Werk, das die leitende Idee der Konkurrenz einer fundamentalen Kritik unterzieht. In *La concurrence et la mort,* einer der scharfsinnigsten Gegenwartsanalysen, lotet Philippe Thureau-Dangin die Untiefen einer Gesellschaft aus, die die Konkurrenz zum wichtigsten Motor individuellen und kollektiven Handelns erhoben hat.[4]

Es ist auffällig, daß auch in diesem Buch von einer Verkümmerung der Zeitdimensionen die Rede ist. Im Blick auf den Anderen und dessen mögliche Handlungen verschwindet die Gegenwart. In der besinnungslosen Antizipation gibt es keine Zustände mehr, sondern nur noch Abstände zwischen einzelnen Konkurrenten. Allein die Vorstellung einer solchen Welt führt den Menschen in eine Wüste der Traurigkeit. Denn die Konkurrenzgesellschaft ist ein selbstreferentielles System, das nur noch seinen eigenen systemischen Bedürfnissen entspricht.

Thureau-Dangin liefert eine brillante Studie des Konkurrenzgedankens und erinnert wieder an die frühen Kritiker wie den theoretischen Ökonomen Frank H. Knight und sein 1921 erschienenes Werk *Risk, Uncertainty and Profit.* Knight stellt zunächst die Idealbedingungen des umfassenden Wettbewerbs auf, wozu vor allem Atomisierung, Mobilität, Gleichförmigkeit und freier Zugang zum Markt gehören. Jede dieser einzelnen Voraussetzungen, sagt Knight, widerspricht den Erfahrungen der historischen Anthropologie. Die Individuen sind weder vollständig oder auch nur annähernd autonom. Das Individuum ist im wörtlichen und übertragenen Sinn ein Familienwesen, wie immer diese Familie auch definiert sein mag.

Das unterstreicht im übrigen auch Betty Hania in ihren französischen Fallbeispielen. Der zunehmenden Atomisierung steht ein Trend zu immer engeren persönlichen Beziehungsnetzwerken entgegen, in dem die Gesetze des Marktes und des Wettbewerbs nicht gelten. Auch die freie Zugänglichkeit und Transparenz des Marktes ist eine Illusion, weil gerade die Konkurrenz das Gegenteil favorisiert. Es ist ein Spiel nach Spielregeln, die das Spiel selbst nicht garantiert. Es muß folglich einen Akteur außerhalb der Konkurrenz geben. Und damit ist die Idee einer im wesentlichen selbstgesteuerten Konkurrenzgesellschaft obsolet.

Thureau-Dangin zählt zu den wenigen Autoren, die der parallelen Konjunktur des Ökonomismus und des Evolutionismus Aufmerksamkeit schenken. Der »Kampf ums Dasein«, die Fetischisierung der Sportkonkurrenz und der Wettbewerb der Standorte auf den Weltmärkten verbindet derselbe Grundgedanke und dieselbe Vorstellung vom Menschen. Die populäre Gedankenwelt des Biologen und Präsidenten der Max-Planck-Gesellschaft, Hubert Markl, ist ein schlagendes deutsches Beispiel. Eine Gesellschaft, die sicher in mancher Hinsicht zur Bequemlichkeit neigte, soll nun der Roßkur eines selektiven Dynamismus unterzogen werden. »Vorwärts und durch!« heißt es jetzt gerne. Niemand aber, so Thureau-Dangin, wird sich auf den Weg machen, nirgends wird es zu einem Ruck kommen, wenn nicht die Idee eines gemeinsamen Ziels oder doch einer Gemeinsamkeit die Richtung weist, jenseits der Welt der Konkurrenzen.

Thureau-Dangin weist schließlich auf die etymologische Verwandtschaft von *agon* – Wettstreit – und *agonia* – Todesangst – hin. Eine Gesellschaft, die sich der Idee der permanenten Konkurrenz hingibt und Kooperation und Solidarität verlernt, wäre demnach eine Gesellschaft in Agonie. Auf dem Markt der Ideen hat die Kritik des Ökonomismus indessen nicht nur das Geschäft, sondern auch die Geister belebt.

[4] Philippe Thureau-Dangin, *La concurrence et la mort.* Paris: Syros 1995.

Restrisiko Mensch

Zur Debatte über Gesellschaft, Individuum und Gemeinschaft

Von Alexander Schuller

Die zentrale Frage der Epoche sei, »wie ein sozial übergreifender Wertzusammenhang beschaffen sein kann, der einerseits durch neue Formen der gesellschaftlichen Solidarität den destruktiven Tendenzen einer weiteren Individualisierung entgegenwirkt, ohne andererseits dem radikalen Pluralismus liberaler Gesellschaften zuwiderzulaufen«, konstatiert Axel Honneth.[1]

Zwei Antworten stehen zur Debatte, die beide beanspruchen, radikal zu sein: erstens die gesellschaftliche, in der selbstentworfenen Tradition von Kant (»Der practisch souveräne Grund des Rechts macht eine Gesellschaft«) über Rawls bis zu Beck; zweitens die gemeinschaftliche, von Tönnies bis zu den amerikanischen Kommunitaristen (Taylor, MacIntyre, Walzer, Etzioni). Vor kurzem haben sich auch Fukuyama und Huntington mit geopolitischen Überlegungen in die Debatte eingebracht. Theorie und Politik, Regionalisierung und Globalisierung, Alltag und Utopie sind in dieser als Dichotomie geführten Debatte miteinander verzahnt.

Daß die Moderne ihren Ansprüchen nicht gerecht geworden sei, ist selbst ihren Vertretern ohne Zweifel. Sie geben aber nicht auf, sondern versuchen es nunmehr mit einer von ihnen so genannten reflexiven Moderne, in der diese sich selbst jenem Aufklärungs- und Ausnüchterungsprozeß unterwerfen soll, dem sie einst die Tradition unterworfen hatte. Die Revolution frißt ihre Kinder und wünscht sich selbst guten Appetit. »So betrachtet wäre diese neue Selbstreflexivität der Moderne weit mehr als der verspätete Sieg des ›freien Willens‹ über die Kräfte des ›Schicksals‹ oder des ›Determinismus‹. Sie wäre eine dem Modernisierungsprozeß inhärente Entwicklung. Sie wäre zu einem bestimmten Punkt eine Bedingung der Entwicklung funktionaler Voraussetzungen für den Fortgang der Modernisierung« behauptet Scott Lash.[2]

In diesem Prozeß gilt die Individualisierung als Motor des Fortschritts. Die Moderne, die sich als Gesetz und Gesellschaft formiert, überholt Glaube und Gemeinschaft. Sie gilt ihren Vertretern jedoch als unvollendet, solange der Individualisierungsprozeß eingebunden bleibt in jene – grundsätzlich repressiv gedachten – Strukturen, die an die Stelle der traditionellen Strukturen getreten waren: Rechtsstaat plus Sozialstaat. In den ethnisch und religiös bestimmten Kriegen im Nahen und Fernen Osten und auf dem Balkan sehen sie die letzten Bastionen des reaktionären Gemeinschaftsdenkens. Dagegen setzen sie als vollendete Aufklärung ein »Programm der Individualisierung«, in dem das Ich von jeglicher Gemeinschaft entbunden und in die Lage versetzt werde, Lebensweg und Identität autonom zu bestimmen.

»Ich frage mich, wie kommt es eigentlich, daß Bürgersinn heute dermaßen individualistisch verstanden wird, daß das Gemeinwohl letztlich auf der Strecke bleibt?« fragt Anke Fuchs, die prominente Sozialdemokratin und Anhängerin jener Moderne, die Fortschritt

---

1 In: Christel Zahlmann (Hrsg.), *Kommunitarismus in der Diskussion. Eine streitbare Einführung.* Hamburg: Rotbuch 1994; so nicht anders angegeben, wird hieraus zitiert.

2 In: Ulrich Beck / Anthony Giddens / Scott Lash, *Reflexive Modernisierung. Eine Kontroverse.* Frankfurt: Suhrkamp 1996.

sagt, aber Heimat meint. Ganz ähnlich der Kommunitarismus, der unverblümt und normativ von Kopf bis Fuß auf Heimat eingestellt ist – und sonst gar nichts. »Uneingeschränkte individuelle Freiheitsentfaltung«, so der Konsens von Kommunitaristen und Sozialdemokraten, den Irene Albers formuliert, »untergräbt auf Dauer die Fundamente der Demokratie.« »Eine Wirtschaftsideologie, die Menschen zu unablässigen Markt-Maximatoren verwandelt, unterminiert ihr Engagement in Familie, Kirche, Nachbarschaft und Schule und für die großen staatlichen und globalen Gesellschaften ... Die ironische Schlußpointe dieser offenkundig ökonomischen Auffassung von Menschenleben erweist sich aber darin, daß sie sogar für unsere Wirtschaft höchst destruktiv ist. Machte uns die Selbstdeutung als Mitglieder einer Gemeinschaft ärmer, so gäbe es dennoch viele Gründe, sich dafür einzusetzen; Tatsache ist jedoch, daß die Einbindung in eine Gemeinschaft sich als viel stärkere Basis einer effektiven Ökonomie erweist als die individualistische Verfolgung von Eigeninteressen«, weiß ein Autorenkollektiv amerikanischer Kommunitaristen um Robert N. Bellah.

Die praktische, gewissermaßen strategische Wendung erfährt das kommunitaristische Denken denn auch in der ökonomischen Sphäre. Die gegenseitige Bedingtheit von affektiver Bindung und rationaler Planung, von wirtschaftlicher Produktivität und gemeinschaftlichem Vertrauen erscheint sowohl Theoretikern der Ivy-League als auch den Praktikern der Kibbuzbewegung als eine Perspektive für die Lösung zentraler gesellschaftlicher Fragen, erfordert aber den Rekurs auf Haltungen, die in Deutschland als reaktionär definiert sind. »Verantwortung für eine Gemeinschaft wird dann gern übernommen, wenn die Person auf die Gemeinschaft stolz ist. Es gibt wenig Deutsche, die stolz darauf sind, deutsch zu sein«, behauptet die amerikanische Professorin Jean Karen Gregory (*FAZ*, 4. Juli 1997).

Die zentrale Differenz zwischen Neo-Modernen und Kommunitaristen liegt in der Betrachtung des Individuums. Nur die sozialdemokratische Moderne verharrt in wortreicher Sprachlosigkeit. Sie weiß zwar, daß sie im Individualismus einen Verrat am Prinzip der Solidarität, einen Irrweg der Aufklärung sieht. Ob sie und wie sie ihre latente Sehnsucht nach Heimat outen soll, weiß sie nicht. Die Neo-Modernen sehen im Individuum dagegen jene revolutionäre Kraft, die es einerseits gegen *law and order,* andererseits gegen Gemeinschaft und Gefühl zu entfesseln gilt. Die Kommunitaristen setzen auf Gemeinschaft, und damit sowohl gegen den Staat als Repressivum als auch gegen das Individuum als Explosivum. Zumindest politisch schälen sich damit drei Positionen heraus.

Erstens: rechtliche Sicherung des Sozialstaats als die höchste Form der Moderne – das ist Sozialdemokratie – und damit sowohl Kampf dem Individuum als auch Kampf der Gemeinschaft. In dieser Sichtweise ist das Individuum die Verkörperung der Ellbogengesellschaft und die Gemeinschaft eine sündige Sehnsucht. Zweitens: Sicherung der Gemeinschaft als lebendige und funktionsfähige Basis von Sozietät – das ist Kommunitarismus. In dieser Sicht gilt es, sowohl das Individuum vor gesellschaftlicher, also kapitalistischer Ausbeutung zu schützen als auch einzubinden in die Gemeinschaft der Heiligen und damit zu bändigen. Drittens: die reflexive Moderne – der von Ulrich Beck vorgebrachte, etwas angestrengte Begriff glaubt, einer historischen Logik zu folgen, die die Individualisierungsprozesse der Gesellschaft vorantreibt, ohne Rücksicht auf Verluste: Risikogesellschaft als politische Praxis. Für diese Position sind sowohl gesellschaftliche als auch gemeinschaftliche Strukturen der ideologische Gegner.

Zu den klassischen Kontrahenten dieser Debatte treten seit einiger Zeit Publizisten, deren Impuls die praktische Politik ist. Davon ist Francis Fukuyama der eine, Samuel P. Huntington der andere. Beide sind entschiedene Gegner des Individualismus, Huntington ist zudem auch Gegner von Staat und Gesellschaft, Fukuyama eher Vertreter einer Koalition von Gemeinschaft und Gesellschaft. Im Individualismus sieht Fukuyama die wesentliche Ursache für soziale Instabilität und wirtschaftlichen Niedergang. »Die Tendenz des auf Freiheitsrechten beruhenden Liberalismus, den Gültigkeitsbereich der Rechte immer weiter auszudehnen und immer neue Rechte in Anspruch zu nehmen, damit die Autorität praktisch aller bestehenden Gruppen in Frage zu stellen, wird bis zum Äußersten vorangetrieben. Der Schwund von Vertrauen und Soziabilität läßt sich an einer Fülle von Veränderungen innerhalb der US-Gesellschaft festmachen. Die Beispiele reichen von der Zunahme von Gewaltverbrechen und Zivilprozessen, dem Zusammenbruch der Familien, dem Niedergang zahlreicher intermediärer sozialer Strukturen wie der Nachbarschaftsverbände, Kirchen, Gewerkschaften, Vereine und Wohltätigkeitsorganisationen bis zu dem unter Amerikanern weit verbreiteten Empfinden, daß gemeinsame Werte und ein Gefühl der Verbundenheit mit den Menschen der nächsten Umgebung verlorengegangen seien«.[3]

Wie auch die Kommunitaristen kritisiert Fukuyama das Bündnis von imperialem Individuum und liberaler Gesellschaft. Er wendet sich gegen den wirtschaftlichen Liberalismus und dessen Menschenbild als Nutzenmaximierer. Soziales Handeln sei nie nur von Kosten-Nutzen-Erwägungen, sondern von Traditionen und Hoffnungen, von Ehrgeiz, Stolz und Scham bestimmt. Es ist bezeichnend, daß Fukuyama Begriffe aus dem Gemeinschaftsdenken aktualisiert, die die Moderne längst weggeräumt hatte.

Fukuyama unternimmt einen systematischen und globalen Vergleich verschiedener Wirtschafts-, Gemeinschafts- und Gesellschaftssysteme. Er entwickelt daraus ein Modell, das gesellschaftliche und gemeinschaftliche Konzepte integriert. Der zentrale Begriff ist für ihn Vertrauen (im Original heißt sein Text *Trust*), das er sowohl in der Familie als auch in freiwilligen Assoziationen als Strukturmerkmal diagnostiziert. Fukuyama will das Formelle durch das Informelle, das Rationale durch das Affektive, das Gesetz durch das Spontane ergänzen – nicht ersetzen. Er ist kein Sponti. Fukuyama setzt nicht nur auf Gemeinschaft, sondern auch auf Gesellschaft. Auf deutsch könnte man das synergetische Sozialdemokratie nennen. Das alles ist weder neu noch konzeptuell besonders anspruchsvoll, zumindest Tocqueville, Sorel, Durkheim und Max Weber haben hier erkennbar ihre Spuren hinterlassen, aber es ist voll schöner Empirie.

Fukuyama spricht von Humankapital, das er nicht nur als die Addition individueller Kompetenzen sieht, sondern vor allem als deren Integration innerhalb einer Gruppe. Die wiederum hängt davon ab, »in welchem Grad eine Gemeinschaft Normen und Werte teilt und dazu in der Lage ist, individuelle Wünsche den Interessen größerer Gruppen unterzuordnen«. »Wenn jedoch Vertrauen fehlt, ist Kooperation nur in einem System formaler Regeln und Vorschriften möglich, die verhandelt, beschlossen, verteidigt und – oftmals mit Zwangsmaßnahmen – durchgesetzt werden müssen. Der juristische Apparat, der anstelle von Vertrauen tritt, verursacht Kosten, sogenannte Transaktionskosten, die unter Umständen beträchtlich sein können. Mit anderen Worten: Mißtrauen in einer Gesellschaft belegt alle Erscheinungsformen wirtschaftlichen Handelns mit einer Art Steuer, die in Gesellschaften mit einem hohen Maß an sozialem Vertrauen entfällt«.

---

[3] Francis Fukuyama, *Konfuzius und Marktwirtschaft. Der Konflikt der Kulturen.* München: Kindler 1995.

So sehr Fukuyama wirtschaftsstrategisch argumentiert, so sehr versteht er, daß der für ihn zentrale Begriff des Humankapitals kein gesellschaftlicher, sondern ein gemeinschaftlicher Begriff und damit der Erosion durch die Moderne ausgeliefert ist. »Die Akkumulation sozialen Kapitals ist jedoch ein komplizierter und in vieler Hinsicht geheimnisvoller gesellschaftlicher Prozeß. Eine Regierung kann ohne weiteres Maßnahmen beschließen, die dazu führen, daß das soziale Kapital aufgezehrt wird, aber der Aufbau von sozialem Kapital läßt sich nicht einfach per Gesetz anordnen«. Diesen Zweifel an der möglichen Revitalisierung gemeinschaftlicher Strukturen verfolgt Fukuyama aber nicht.

Huntington verfährt anders, er denkt in erster Linie geopolitisch und versteht seine Fukuyama geradezu korrelierende Analyse als strategische Handlungsanweisung. Huntington interessiert sich nur sekundär für die innenpolitische oder anthropologische Dimension des Problems. Sein Erkenntnisinteresse zielt auf *global policy.* In der Globalisierung von Geschichte sieht er eine spannungsgeladene Dialektik wirksam werden: Zwar universalisieren sich gesellschaftliche Techniken, Produkte und Verfahrensweisen, andererseits aber auch – nichteuropäische – Kulturen und deren gemeinschaftlich, ja fundamentalistisch organisierte Strukturen.

Huntington argumentiert, daß Gemeinschaft zum universalen Prinzip geworden sei. Er zeigt, wie »unsere« Technik und »ihre« Tradition eine potente und gegen uns gerichtete Symbiose eingegangen sind. Er zeigt vor allem, daß unser Weg, nämlich die Aufgabe von Gemeinschaft zugunsten von Gesellschaft, einen Sonderweg darstellt. Daß universalistische Werte und Industriegesellschaft, individuelle Freiheit und Wohlstand eine Einheit darstellten, hält er für eine naive und zugleich verhängnisvolle Fehleinschätzung. Huntington bezweifelt, daß die Radikalisierung endogener gesellschaftlicher Dynamiken – und damit deren Prozesse der Individualisierung – eine sinnvolle Überlebensstrategie sei. Er läßt auch den Leser nicht im Zweifel, daß es bei dieser Frage um Leben und Tod gehe. Er sieht kein multikulturelles Ineinanderfließen und Verschwimmen der Differenzen, sondern starke neue Identitäten, Konfrontationen weltweit. Die alten Strukturen sieht er im Zerfall, unwägbar neue im Entstehen.

»Staaten bleiben zwar die Hauptakteure des Weltgeschehens, müssen heute aber Einbußen an Souveränität, Funktionen und Macht hinnehmen. Internationale Institutionen machen ihr Recht geltend, das Tun und Lassen von Staaten auf deren eigenem Territorium zu beurteilen und zu beschneiden. In einigen Fällen, namentlich in Europa, haben internationale Institutionen wichtige Aufgaben übernommen, die früher von Staaten wahrgenommen wurden. Es sind mächtige internationale Bürokratien geschaffen worden, die direkte Auswirkung auf den einzelnen Bürger haben. Weltweit herrscht auch die Tendenz, daß staatliche Regierungen einen Teil ihrer Macht an innerstaatliche politische Organe auf Regional-, Provinz- oder Lokalebene übertragen und damit verlieren. In vielen Staaten, auch in solchen der entwickelten Welt, gibt es regionale Bewegungen, die eine weitgehende Autonomie oder die Sezession anstreben.«[4]

Für Huntington ist das im Westfälischen Frieden 1648 etablierte Prinzip der Trennung von Religion und Staat die Erbsünde westlicher Kultur. Dort habe sich der europäische Staat von seinen kulturellen Wurzeln abgeschnitten. Aber auch innenpolitisch sieht Huntington Gesellschaft von den verschiedensten Richtungen her angegriffen: von neuen Religionen, Erweckungsbewegungen, politischen, geschlechtlichen, subkulturell bedingten Radikalisierungen. Die

---

4 Samuel P. Huntington, *Kampf der Kulturen.* München: Europa 1997.

explosionsartige Zunahme von Binnendifferenzierung kann der als Regulativ sich verstehende Staat nicht mehr bändigen.

Mehr als für Fukuyama sind für Huntington nicht die wirtschaftlichen, sondern die kulturellen Fragen bedeutsam, »Probleme des moralischen Verfalls, des kulturellen Selbstmords und der politischen Uneinigkeit des Westens. Zu den oft genannten Beispielen für moralischen Verfall gehören: erstens die Zunahme asozialen Verhaltens wie Kriminalität, Drogenkonsum und generell Gewalt; zweitens der Verfall der Familie, damit zusammenhängend die Zunahme von Ehescheidungen, unehelichen Geburten, Müttern im Teenageralter und Alleinerziehenden; drittens zumindest in den USA der Rückgang des ›Sozialkapitals‹, das heißt der freiwilligen Mitgliedschaft in Vereinen, und das Schwinden des mit solchen Mitgliedschaften einhergehenden zwischenmenschlichen Vertrauens; viertens das generelle Nachlassen der ›Arbeitsethik‹ und der zunehmende Kult der vorrangigen Erfüllung persönlicher Wünsche; fünftens abnehmendes Interesse für Bildung und geistige Betätigung, in den USA am Absinken der akademischen Leistungen ablesbar«.

Den weltpolitischen Kampf der Kulturen könne der Westen nur bestehen, wenn er seine Identität definiert und behauptet. Auch der Westen müsse seine kulturellen Wertvorstellungen zur Leitlinie des Handelns machen, sich nicht wie bisher auf Verfahrens- und Rechtsfragen zurückziehen. Der westliche Liberalismus könne nur überleben, wenn er sich auf seine gemeinschaftlichen Ursprünge besinnt und entsprechend organisiert. Huntington warnt unsere Politiker, »ihr kulturelles Erbe zu verleugnen und die Identität ihres Landes von der einen Kultur zu einer anderen zu verschieben. Bis heute haben sie damit in keinem einzigen Fall Erfolg gehabt, vielmehr haben sie schizophrene, zerrissene Länder geschaffen. Die Multikulturalisten in Amerika verwerfen auf ähnliche Weise das kulturelle Erbe ihres Landes. Anstatt jedoch zu versuchen, die USA mit einer anderen Kultur zu identifizieren, möchten sie ein Land der vielen Kulturen schaffen, will sagen ein Land, das zu keiner Kultur gehört und eines kulturellen Kerns ermangelt. Die Geschichte lehrt, daß ein so beschaffenes Land sich nicht lange als kohärente Gesellschaft halten kann«. »In der entstehenden Welt ethnischen Konflikts und kulturellen Kampfes krankt der Glaube an die Universalität der westlichen Kultur an drei Problemen: er ist falsch, er ist unmoralisch, und er ist gefährlich«.

Damit ist für Huntington Gemeinschaft nicht nur ein Instrument binnenpolitischer Mobilisierung, sondern globaler Existenzsicherung, die Essenz sozialen Lebens überhaupt. Huntington sieht in Gemeinschaft das universale und dynamische, in Gesellschaft das regionale und instrumentelle Prinzip. Für ihn ist der vom Westen so gedachte Universalismus ein Provinzialismus unter anderen. Westliche Industrieprodukte, Techniken und Standards seien beliebig. Zwecke würden nur von Kulturen gesetzt.

Vordergründig geht es bei dieser gesamten Debatte um Politik, genauer noch: um *policy,* also um Politik als Handwerk. Ein technokratischer Elan durchzieht die Texte. Was ist machbar? Packen wir es an! Dahinter verbirgt sich aber der Januskopf eines anthropologischen Zweifels. Was ist Geschichte und was ist Evolution und wie verzahnen – oder eliminieren – sie sich im Anthropos? Laut gesprochen wird von Glaube und Gesetz, von Tradition und Technologie, von sozialer Integration und sozialer Differenzierung, leise gefragt wird aber, wozu wir Geschichte brauchen und wozu Geschichte uns braucht. Von Strategien ist die Rede, von fehlgeschlagenen und einzuschlagenden. Von Ängsten ist selten die Rede. Und doch sind sie evident. Eine Ahnung von Endzeit durchweht auch den ruppigsten Text. Quo vadis? Wer oder was mit wem und wozu: Gemeinschaft mit Gesellschaft wie bei Fukuyama? Oder die Mega-Gemeinschaft, die alle Gesellschaft in den Abgrund der Geschichte stürzt wie bei Huntington? Oder das Individuum als der finale Gott, als *the measure of man,* wie es die Neo-Modernen vorschlagen?

Dabei kommt so manches liebe Klischee ins Gleiten. Die von den Neo-Modernen entworfene Perspektive könnte die von Milton Friedman, die von Huntington entworfene könnte die der Kommune I sein. Die Grünen, einst die Helden gemeinschaftlichen Handelns, Primärgruppen-Freaks, wenn es je welche gab, zertrümmern jetzt in Koalition mit dem einst verhaßten Staat Gemeinschaft, wo sie sie nur finden, vor allem die Familie. Die Befunde sind wirr, die Kategorien purzeln.

Welche »overwhelming question«, um mit J. Alfred Prufrock zu singen, halten wir denn nun in Händen? »›What is it?‹ Let us go and make our visit.« Konsens besteht, daß wir einen gewaltigen Schub an Freiheit durchleben. Unfreiwillige Bindungen werden durch freiwillige ersetzt. Jedes Wort, alle Beziehungen, das ganze Leben werden zum Abenteuer. Alles ist *one-night stand.* Dem steht offenbar ein wachsender Bedarf an Vertrauen und Verläßlichkeit entgegen. Freiheit oder Vertrauen, das ist die Frage. Vertrauen, die Ressource, die Fukuyama zur ökonomischen und moralischen Aufrüstung in Anspruch nehmen will, setzt der Freiheit Grenzen. Wieviel Freiheit braucht der Mensch und wieviel Vertrauen? Und wo suchen wir den *escape from freedom,* wenn nicht im Vertrauen?

Freiheit wird von den Aufklärern um Ulrich Beck als jene Kraft verstanden, die alle Institution sprengt. In diesem Sinne nehmen sie sie für ihre sogenannte Zweite Moderne in Anspruch. Das ist radikal, so radikal, wie die Romantik eben ist. Die Romantiker unterschlagen, was sie sehr wohl wissen: daß Institutionen, weil sie Handlungsräume definieren, auch Freiheitsräume sichern. Indem sie die Institutionen zerschlagen, zerschlagen sie die strukturelle Voraussetzung von – natürlich gebundener – Freiheit. Indem sie Freiheit entfesseln, zerschlagen sie sie. Freiheit ist ein tückisch Gut. Ihre Zwillingsschwester heißt Verzweiflung. Mit beiden möge man behutsam umgehen. Bändigen kann sie nur die Institution.

Was bleibt, ist der Mensch. Er ist das Restrisiko. Da »habt ihr einen, auf den könnt ihr nicht bauen«. Von den Instinkten hat ihn die Evolution befreit, von den Institutionen befreit ihn die Geschichte. Wer schützt uns nun vor dem Menschen?

Welt ohne Grenzen?

Überlegungen zur Zukunft des Nationalstaates

Von Herbert Dittgen

Das Partikuläre des Politischen, die Absonderung politischer Gemeinschaften als Poleis, Territorialstaaten oder Nationalstaaten hat immer schon die universalistische Kritik auf den Plan gerufen, die das Ziehen von Grenzen als unnatürlichen Vorgang, als unvereinbar mit dem universalen Menschentum gesehen hat. Man hat in diesen Abgrenzungen gar eines der Hauptübel der Menschheit vermutet. Edmund Burke schreibt beispielsweise in seiner gegen Rousseau gerichteten Schrift *A Vindication of Natural Society,* daß die künstliche Trennung der Menschheit in verschiedene Gesellschaften (»the artificial division of mankind«)

eine dauernde Ursache für Feindschaft und Zwietracht darstelle.

Auf die ambivalente Rolle der Nationalstaaten ist häufig hingewiesen worden. Ihre Geschichte ist die Geschichte von verheerenden Kriegen, massiver Unterdrückung und blutigen Revolutionen. Zugleich war die Nationalstaatsbildung aber die notwendige, wenn auch nicht die hinreichende Bedingung für die Entwicklung zum demokratischen Rechtsstaat. Im Zuge der europäischen Expansion wurde der Nationalstaat als universelles Prinzip der internationalen Ordnung etabliert.[1] Als politische Ordnungsform hat man ihm dennoch selten eine große Zukunft prophezeit. Die Sozialisten haben in ihm nur eine Herrschaftsform des Kapitals, einen Ausschuß der Bourgeoisie gesehen. Man war sich gewiß, daß die Entwicklung der Produktivkräfte seine engen Grenzen sprengen würde.

Nach zwei Weltkriegen und der Erfahrung mit der Barbarei des nationalsozialistischen Regimes schien die Geschichte der europäischen Nationalstaaten erneut an ihr Ende gelangt zu sein. Dies war jedenfalls die Überzeugung der Initiatoren und Gründer der europäischen Einigungsbewegungen, die entgegen der Konzeption de Gaulles vom »Europa der Vaterländer« eine europäische Föderation herbeiführen wollten, die alle Grenzen und Begrenztheiten des Nationalstaates beseitigen würde.

Wiederum fünfzig Jahre später zerriß der Eiserne Vorhang, die Grenze, die sowohl für das weltpolitische Schisma der Nachkriegszeit stand als auch Orientierung und Antrieb für die europäische Einigungsbewegung war. Die bereits vielfach untergegangen geglaubte Ideologie des Nationalismus ist in den rasch sich ausbreitenden nationalen und partikularistischen Bewegungen mit atemberaubender Geschwindigkeit zurückgekehrt. In den Sozialwissenschaften zeigt man sich von dieser Entwicklung allerdings seltsam unbeeindruckt. Trotz der Wiederbelebung der nationalistischen Ambitionen und der offensichtlichen Attraktion der Idee der nationalen Selbstbestimmung – man denke an die steigende Zahl der Mitglieder in den Vereinten Nationen – steht die These vom Ende des Nationalstaates hier nach wie vor in hohem Ansehen.

Formalrechtlich ist der Territorial- und Nationalstaat gekennzeichnet durch räumlich begrenzte Rechtssetzung, Rechtsprechung, Verwaltung und das Gewaltmonopol. Dies macht das formale Prinzip der *Souveränität* des Nationalstaates aus. Davon zu unterscheiden ist seine *Autonomie.* Diese betrifft sein Verhältnis zur Gesellschaft – sowohl innerhalb als auch außerhalb seines Territoriums – und ist von den wirtschaftlichen und sozialen Gegebenheiten und dem internationalen System abhängig. Autonomie bezeichnet somit im Unterschied zur Souveränität ein relatives und informelles Kriterium. Die *Institution* der Grenze ist Ausdruck der formalen Souveränität des Staates, die *Funktion* der Grenze gibt Auskunft über seine Autonomie.

Es ist mittlerweile fast ein Gemeinplatz zu sagen, daß wir in einer neuen ökonomischen und politischen Welt leben, in der die Globalisierung von Handel und Kapital die wirtschaftliche Autonomie des Staates untergraben hat. Eine andere Argumentation hebt auf die Vergesellschaftung der Innen- und Außenpolitik ab. In der internationalen Politik haben wir es demnach zunehmend mit transnationalen, nichtstaatlichen Handlungszusammenhängen zu tun. Die Politik werde zunehmend von internationalen Regimen und Organisationen verregelt. In der Innenpolitik trete an die Stelle staatlicher Politik die Selbstorganisation. Ernst-Otto Czempiel hat diese These auf die Formel gebracht,

---

1 Vgl. Rainer M. Lepsius, *Interessen, Ideen und Institutionen.* Opladen: Westdeutscher Verlag 1990.

daß die Staatenwelt von einer Gesellschaftswelt abgelöst werde, in der es nicht mehr darum gehe, die Existenz zu erhalten, sondern nur darum, sie zu entfalten.

Eine Variante finden wir bei Jean-Marie Guéhenno, der in seinem Buch *Das Ende der Demokratie* erklärt, das Zeitalter der Nationalstaaten habe seinen Abschluß gefunden. An die Stelle des Gehäuses des Nationalstaates trete nach dem Muster transnationaler Wirtschaftskonzerne ein Netzverbund, der sich von territorialen Ordnungsformen loslöse und ein offenes System ohne Grenzen repräsentiere. Das Ende des Nationalstaates bedeute zugleich das Ende der Politik. Begriffe wie Macht und Legitimität verlieren nach Guéhenno schlicht ihre Bedeutung. Die Frage nach der Legitimität ist dann so sinnvoll wie die Frage nach der Rechtmäßigkeit eines Computerprogramms.

Diese sich empirisch verstehenden Beobachtungen vom Ende des Nationalstaates werden durch die normative Feststellung ergänzt, daß der Nationalstaat nicht mehr funktionsgerecht sei und angesichts der neuen globalen Herausforderung ausgedient habe. Jürgen Habermas hat diese Auffassung in *Die Einbeziehung des Anderen* besonders prägnant formuliert: »Der Nationalstaat war seinerzeit eine überzeugende Antwort auf die historische Herausforderung, ein funktionales Äquivalent für die in Auflösung begriffenen frühmodernen Formen der sozialen Integration zu finden. Heute stehen wir vor einer analogen Herausforderung. Die Globalisierung des Verkehrs und der Kommunikation, der wirtschaftlichen Produktion und ihrer Finanzierung, des Technologie- und Waffentransfers, vor allem der ökologischen und der militärischen Risiken stellen uns vor Probleme, die innerhalb eines nationalstaatlichen Rahmens oder auf dem bisher üblichen Wege der Vereinbarung zwischen souveränen Staaten nicht mehr gelöst werden können. Wenn nicht alles täuscht, wird die Aushöhlung der nationalstaatlichen Souveränität fortschreiten und einen Auf- und Ausbau politischer Handlungsfähigkeiten auf supranationaler Ebene nötig machen, den wir in seinen Anfängen schon beobachten.«

Funktionswandel von Grenzen

In einem ganz allgemeinen Sinne kann man sagen, daß es keine soziale und politische Erscheinung gibt, die nicht auch durch Grenzen bestimmt wird. Georg Simmel hat in *Soziologie,* seinen *Untersuchungen über die Formen der Vergesellschaftung* auf die Raumbedeutung der Dinge und Vorgänge hingewiesen: »Die Grenze ist nicht eine räumliche Tatsache mit soziologischen Wirkungen, sondern eine soziologische Tatsache, die sich räumlich formt.« Ohne Grenzen, meint Niklas Luhmann in *Die Gesellschaft der Gesellschaft,* kann es gar keine Ausdifferenzierung von Systemen geben. In diesem Sinne können also Grenzen als eine Erscheinungsform der Nationalstaaten, der Nationalitäten und der sozialen Gruppen verstanden werden. Sie haben einen januskköpfigen Charakter. Sie schließen ein und sie schließen aus. Soziale Grenzziehungen, also die Mechanismen von Inklusion und Exklusion, sind von der jeweiligen sozialen Ordnung abhängig. Die nationalstaatlichen Grenzen beruhen hingegen auf dem universellen, von der Weltgesellschaft anerkannten Prinzip der Reziprozität.

Für die Grenzen des Nationalstaates unterscheide ich fünf verschiedene politische und soziale Funktionen. Die ursprünglichste Funktion der Grenze ist die der Verteidigung und des Schutzes. Darum wird sie bewacht und befestigt. Diese Funktion hat die Grenze im 20. Jahrhundert eingebüßt. Der Fortschritt der Militärtechnik mit der Entwicklung von Bombern und schließlich Raketen interkontinentaler Reichweite hat die Grenze als militärische Sicherung praktisch bedeutungslos werden lassen. Schutz heißt heute überwiegend nicht mehr Schutz vor dem militärisch stärkeren Nachbarn, sondern Schutz vor dem schwachen Nachbarn, dessen ökonomische Krise oder dessen Bürgerkrieg zur grenzüberschreitenden Flucht der Bevölkerung führt. Die Länder des Südens sind solchen Fluchtbewegungen häufig hilflos ausgeliefert. Dies gilt beispielsweise für das frühere Zaire, aber auch für andere afrikanische Staaten. Die Länder des Nordens sichern ihre Grenze zunehmend gegen Flüchtlinge und verbessern ihr polizeiliches und administratives System, um illegale Einwanderung zu verhindern. Dies ist besonders auffällig an der Nord-Süd-Grenze USA/Mexiko und an der West-Ost-Grenze Deutschland/Polen. Es läßt sich mithin feststellen, daß die Sicherheitsfunktion der Grenzen neu definiert wird. Ein Ende der Souveränität, ein prinzipieller Verlust über die Kontrolle der Grenzen zeichnet sich jedoch nicht ab.

Zur rechtlichen Funktion: Im Kontext der nationalstaatlichen Ordnung bilden Grenzen den Rahmen für die Verfassungs- und Rechtsordnung und die Verwaltungsorganisation. Es wird häufig nicht gesehen, daß dies die wichtigste Funktion der Grenze ist. Grenze markiert hier nicht primär die Reichweite des Geltungsanspruches der Gesetze, sondern das Gehäuse, das eine Verwirklichung derselben erst ermöglicht. Nur innerhalb dieser Grenzen gibt es legitime Sanktionsmechanismen. Auch die Menschenrechte sind trotz ihrer universalen Gültigkeit und ihrer Herleitung aus der Natur des Menschen nur innerhalb von Grenzen, das heißt im Rechtsstaat, also Nationalstaat zu verwirklichen. Bürgerrechte und Grundrechte werden nur für Staatsbürger wirksam. Auf der Ebene des internationalen Rechts hingegen existiert das Individuum nicht als Rechtssubjekt. Staatenlose und Flüchtlinge befinden sich darum in einer prekären Lage. Die Normen des internationalen Flüchtlingsrechts verpflichten die Staaten zu einem bestimmten Verhalten, wenn ein Flüchtling eine Grenze überquert hat, aber er wird nicht zum Rechtssubjekt. Die internationalen Menschenrechtskonventionen haben das Prinzip der Staatssouveränität bislang kaum einschränken können. Auch im Hinblick auf die rechtliche Funktion der Grenze kann daher vom Ende des Nationalstaates nicht die Rede sein. Zwar werden auch internationale Organisationen vom internationalen Recht anerkannt, aber Nationalstaaten bleiben gerade für den Rechtsschutz die wichtigste Einrichtung.[2] Dies gilt im übrigen für den demokratischen Rechtsstaat insgesamt. Jenseits des Territorialstaates gibt es faktisch keine demokratischen Kontrollverfahren und keine demokratische Öffentlichkeit.

Zur wirtschaftlichen Funktion: Über den Funktionsverlust der Grenzen in bezug auf die Ökonomie ist zur Zeit am häufigsten die Rede. Regionale Freihandelszonen, aber auch globale Handels- und Finanzmärkte lassen Grenzen als einen Anachronismus erscheinen. Für die wirtschaftliche Wohlfahrt ist nicht mehr die Volkswirtschaft, sondern der Weltmarkt ausschlaggebend. Der Nationalstaat hat keine Kontrolle über den globalen Kapitalverkehr und die Transaktionen großer Konzerne. Staatliche Politik ist in ein immer weiter verzweigtes und immer dichteres Netz von transnationalen und innergesellschaftlichen Abhängigkeiten und Verhandlungsbeziehungen eingebunden. In dieser Vielzahl und diesen vielschichtigen Netzwerken kann es keine »Globalsteuerung« mehr geben, wie sie Karl Schiller einst propagierte. Der »Staat« qua Regierung hat in diesen Verhandlungssystemen häufig nur noch die Rolle des Koordinators zwischen einer Vielzahl von beteiligten Akteuren. Die Intervention der Staaten verlagert sich zunehmend von der makro- auf die mikroökonomische Ebene: Deregulierung, Industriepolitik und Förderung von Forschung und Entwicklung lauten hier die Stichworte. Auch die klassische Diplomatie gerät immer mehr unter den Zwang der Wirtschaftsförderung. Wenn Präsident Clinton oder Bundeskanzler Kohl nach China reisen, werden sie vor allem von Vertretern der Wirtschaft begleitet, und der Erfolg der Reise mißt sich in erster Linie an dem Umfang der Aufträge, die für die Industrie nach Hause gebracht werden. Der Funktionsverlust der Grenzen in bezug auf die Ökonomie läßt aber nicht auf das Ende des Nationalstaates schließen. Erkennbar wird vielmehr die neue Funktion des Nationalstaates nach innen und außen. Nach außen wird er zum »Wettbewerbsstaat« im Rahmen eines Weltmarktes, innerhalb der transnationalen Verhandlungssysteme übernimmt er zunehmend – wie auch in der Innenpolitik – eine Koordinationsfunktion. Für die Legitimität des Nationalstaates problematisch jedoch ist der Umstand, daß die wirtschaftliche Globalisierung seine sozialstaatliche und integrierende Funktion erheblich beeinträchtigt. Die Bürger werden zunehmend auf die redistributiven Regelungen des nationalen Wohlfahrtsstaates verzichten müssen. Der unvermindert erhobene Regelungsanspruch des Staates ist angesichts reduzierter Möglichkeiten autonomer Politikgestaltung nicht mehr einzulösen. In ihrem Alltag erleben die Bürger den verwaltenden Staat vermutlich intensiver als je zuvor. Um so ernüchternder muß auf sie daher die Erfahrung tatsächlicher staatlicher Impotenz wirken, etwa in der Arbeitsmarktpolitik.

Die ideologische Funktion: Von einer solchen Grenze kann gesprochen werden, wenn sie Bestandteil einer nationalistischen Idee ist. Gebietsansprüche können mit ideologisch definierten Grenzen gerechtfertigt werden. In der Gegenwart finden sich solche ideologischen Grenzdefinitionen in der Forderung nach einem Großserbien oder in der griechischen nationalistischen Propaganda, die zu Konflikten mit Albanien, Mazedonien und der Türkei geführt haben. Daß Grenzen ideologische Einfluß-

[2] Vgl. Ralf Dahrendorf, *Die Zukunft des Nationalstaates*. In: *Merkur*, Nr. 546/547, September/Oktober 1994.

sphären trennen, ist eine Erscheinung des 20. Jahrhunderts. Die ideologische Grenze hat nicht nur Europa geteilt, sondern fast den ganzen Globus in die Einflußsphären der beiden Großmächte aufgeteilt. Mit dem Ende des Ost-West-Konfliktes, so könnte man annehmen, ist der letzte ideologische Konflikt ausgetragen. Aber es läßt sich zeigen, daß danach vermehrt ideologisch begründete Grenzziehungen stattfinden.

Die sozialpsychologische Funktion: Das Individuum konstruiert sich ein Territorium. Ein Eindringen in diesen Raum ohne Aufforderung oder Einwilligung provoziert emotionale Reaktionen der Angst und Feindschaft. Wie im physikalischen Sinne kann es diese Orientierung bietende Räumlichkeit nur geben, wenn eine allgemeine Raumvorstellung existiert. Im politischen und sozialen Leben sind daher unterscheidbare Einheiten eine Notwendigkeit. Diese Orientierungshorizonte müssen nun aber nicht notwendigerweise die Grenzen des Nationalstaates sein und schon gar nicht nationale Grenzziehungen, die die eigene Identität durch die Konstruktion von Feindbildern erleichtern. Lokale, regionale und kontinentale Grenzen können ebensogut als Orientierung dienen. Der Kosmopolit, dessen Horizont die abstrakte Menschheitsvorstellung ist, der universal grenzüberschreitend denkt, wird aber immer eine Ausnahme sein[3] – jedenfalls muß die Politik mit dieser Disposition des Menschen rechnen. Wenn die Grenzen im Zuge der Auflösung des herkömmlichen autonomen Nationalstaatsmodells tatsächlich an Orientierungsgröße eingebüßt haben, dann führt dies erst einmal dazu, daß andere lokale und regionale Bindungen wichtiger geworden sind. In den Ländern des Südens, in denen der Nationalstaat schwach oder gar zusammengebrochen ist, wird dieser Zusammenhang dramatisch erhellt. Ohne einen ordnenden staatlichen Rahmen herrscht Bürgerkrieg zwischen verschiedenen ethnischen Clans. Somalia und Liberia sind Beispiele für den Zusammenbruch staatlicher Ordnungsmacht und die Folgen. Dieser Zusammenhang sollte auch denen zu denken geben, die den Nationalstaat funktional für einen Anachronismus halten. Definiert er sich als heterogener Nationalstaat, dessen Grundlage Gewaltenteilung, Pluralismus und Grundrechtsschutz ist, dann kann er auch die überall in verschiedener Virulenz anzutreffenden Minderheitenprobleme moderieren und politisch kanalisieren. Die gewaltsame Ausübung des Selbstbestimmungsrechts dürfte auf Jahre hinaus zu einer der häufigsten Konfliktursachen in der Welt werden. Es hat sich gezeigt, daß das Ziehen neuer Grenzen durch die Gewährung der nationalen Selbstbestimmung für Minderheiten keine befriedigende Lösung bietet, da dabei unweigerlich wieder neue Minderheitenprobleme entstehen.[4] Dies zeigt sich sehr deutlich an den Problemen, die mit der Umsetzung des Dayton-Abkommens verbunden sind. Die Integration in einen pluralistischen und föderalen Nationalstaat erscheint bis heute als die beste Lösung.

Europäische Integration und neue Grenzziehungen

Die innereuropäischen Grenzen verschwinden, und Kompetenzen in der Wirtschafts- und Sozialpolitik werden an europäische Organe abgegeben, sie werden vergemeinschaftet. Der Nationalstaat ist ein Kind der europäischen Moderne, und er ist im Zuge der europäischen Expansion zum universellen Ordnungsprinzip geworden. Markiert die europäische Integration tatsächlich das Ende des Nationalstaates und wird diese

---

[3] Vgl. Peter Coulmas, *Weltbürger.* Reinbek: Rowohlt 1990.
[4] Vgl. Ian Shapiro/Will Kymlicka (Hrsg.), *Ethnicity and Group Rights.* New York: New York University Press 1997.

Entwicklung wiederum richtungweisend für die Weltordnung?

Betrachten wir Europa im Hinblick auf die Funktion von Grenzen, dann wird deutlich, daß sich hier zwar etwas historisch Präzedenzloses ereignet, und zwar die Aufgabe von nationaler Souveränität zugunsten gemeinschaftlicher Organe, aber das Ergebnis ist eine territorial gebundene, politische Einheit. Die internen Grenzen werden eingerissen und gleichzeitig gemeinsame Außengrenzen errichtet. Ohne äußere Grenzen wäre eine Europäische Union nicht vorstellbar. Aber eine Betrachtung der Funktion dieser Außengrenze ist aufschlußreich. Sie ist nach dem Ost-West-Konflikt wieder in Bewegung geraten, und es stellt sich die Frage, nach welchen Kriterien sie festgelegt wird. Wer gehört zu Europa? Vom Ausgang der Diskussion um die Vertiefung oder Erweiterung hängt die Grenzziehung der Europäischen Union ab.

Ein anderer wichtiger Aspekt in bezug auf die europäischen Grenzen ist die Kontrolle der Einwanderung. Auch wenn die Koordinierung und Harmonisierung der Asylpolitik und die Verwirklichung des Schengener Abkommens noch nicht vollständig sind, zeichnet sich ab, daß die Europäische Union im Rahmen der dritten Säule des Unionsvertrages eine intensive, gut strukturierte Kontrolle im Inneren wie an der Außengrenze entwickelt. All dies sind auch die Merkmale eines effektiven Nationalstaates.

In sicherheitspolitischer Hinsicht haben also Grenzen im europäischen Kontext nichts von ihrer Bedeutung eingebüßt. Ähnliches läßt sich auch über die ideologische Grenze sagen: Das Auseinanderbrechen des sowjetischen Imperiums, der Tschechoslowakei und Jugoslawiens hat eine Vielzahl von Nachfolgestaaten hervorgebracht, die sich national definieren. Vom Ende des Nationalstaates kann nicht die Rede sein, im Gegenteil, er hat seine Wiedergeburt gefeiert und zwar in enger Verbindung mit dem Nationalismus - eine Symbiose, die man in Europa geneigt war, einer vergangenen Epoche zuzurechnen.

Aber nicht nur das Wiederaufleben des Nationalismus, sondern auch die imperiale »Barbarengrenze« ist als Leitmetapher zum Verständnis der Weltlage nach dem Ende des Ost-West-Konflikts wiederbelebt worden.[5] Die Border-Patrol von San Diego, die Küstenwächter von Florida, die Marseiller Zöllner, die russischen Polizisten in Aserbaidschan kontrollieren einen Limes, an dem Nord und Süd aufeinander treffen, ohne notwendigerweise jederzeit gewaltsam miteinander konfrontiert zu sein. Wir leben in einer Ära des begrenzten Universalismus. Recht, Demokratie und soziale Gerechtigkeit sind universelle Ideale, deren Verwirklichung aber auf die Länder des Nordens begrenzt bleibt. Der Süden dient - wie zu Zeiten des Ost-West-Konflikts der Kommunismus - als Kontrastmittel, um die eigene Identität und Einheit zu stärken.

Samuel Huntington hat mit seiner These vom Zusammenprall der Zivilisationen eine internationale Diskussion ausgelöst. Er erkennt in den Bruchstellen zwischen den Zivilisationen die neuen Konfliktlinien der Weltpolitik. Die Werte des Westens seien nicht universalisierbar, der Westen steuere darum unentrinnbar einem Konflikt mit den anderen Zivilisationen entgegen - als sicher kann jedenfalls gelten, daß Globalisierung kulturelle Grenzen nicht verschwinden läßt. Im Gegenteil, Begriffe wie Globalität und Lokalität, Tradition und Moderne können überhaupt nur als Gegenbegriffe, als verschiedene Seiten derselben Unterscheidung gedacht werden. Erst die Globalisierung der Kommunikation macht die Vielfalt der Kulturen und ihre Eigenheiten deutlich. Die Wahrnehmung der Vielfalt kann zur Unsicherheit über die eigene Identität und

---

[5] Jean-Christophe Rufin, *Die neuen Barbaren.* München: dtv 1996.

in der Folge auch zur Dämonisierung des Fremden führen. In einer Welt, in der sich alles verflüssigt und alles verändert werden kann, wird das Bedürfnis nach Bindung und kollektiver Identität stärker. Ethnizität, Herkunft oder Geschlecht werden verstärkt als nicht veränderbare Bindungen empfunden, als Grenzen, die im politischen Prozeß nicht in Frage gestellt werden dürfen.

Die neuen Grenzbildungen werden auch dadurch gefördert, daß der technologische Fortschritt und die Globalisierung dazu tendieren, den räumlichen Horizont zu erweitern. Wir stehen im unmittelbaren Kontakt mit Zeitgenossen, die das Produkt einer anderen Geschichte sind. Die Gleichzeitigkeit des Ungleichzeitigen, die durch Globalisierung hergestellt wird, führt zum Zusammentreffen von Fremden, die sich voneinander abgrenzen. Auch gerade angesichts dieser neuen Grenzziehungen, die vielfältiges Konfliktpotential bergen, ist der Rahmen des Nationalstaates nicht obsolet, sondern eminent wichtig. Nur der Nationalstaat kann in einer konfliktträchtigen Welt das Recht gewährleisten.

Wir haben es nicht mit einem allgemeinen Funktionsverlust von Nationalstaaten zu tun. Vielmehr ist ein Verlust von Autonomie zu beobachten, bedingt durch die zunehmende Interdependenz und ökonomische Integration. Autonomieverluste des Staates müssen aber nicht mit Souveränitätsverlust gleichgesetzt werden. Zwar vollzieht sich in der Innen- wie in der Außenpolitik eine Vergesellschaftung über Grenzen hinweg, politische Entscheidungen werden nicht durch die Regierung autonom, gegen externe Einflüsse durchgesetzt, staatliche Politik ist heute in ein immer dichteres Netz von transnationalen und innergesellschaftlichen Abhängigkeiten eingebunden. Aber diese Autonomieverluste bedeuten keineswegs das Ende staatlicher Souveränität, also seines Gewaltmonopols und seiner Territorialität.

Diese Entwicklung von Autonomieverlust einerseits und Souveränitätswahrung andererseits erscheint sowohl in funktionaler wie normativer Hinsicht in einem positiven Licht: hinsichtlich des Autonomieverlustes deshalb, weil die Regierungen der zunehmenden Aufgabenflut nur noch durch das Koordinieren von verschiedenen netzwerkartigen innen- und außenpolitischen Handlungszusammenhängen gerecht werden können; hinsichtlich der Souveränitätswahrung des Nationalstaates deshalb, weil kein alternativer Rahmen für eine Demokratie im Sinne verantwortlicher Politik erkennbar ist.

Der Nationalstaat ist nicht das Ende der Geschichte. Aber die Einstimmung in Prinzipien und das Einverständnis in einen Frieden werden, wie Kant in *Zum ewigen Frieden* schreibt, nicht durch den Despotismus einer Weltregierung »(auf dem Kirchhofe der Freiheit), durch Schwächung aller Kräfte, sondern durch ihr Gleichgewicht, im lebhaftesten Wetteifer derselben, hervorgebracht und gesichert«. Das Weltbürgerrecht ist eine Konsequenz der Rechtsstaatsidee. Mit ihm stellt sich erst eine Symmetrie zwischen der Verrechtlichung des gesellschaftlichen und politischen Verkehrs diesseits und jenseits staatlicher Grenzen her. Mit der Verbreitung der Republik als staatlicher Ordnungsform, die das Weltbürgerrecht garantiert, wird der Widerspruch zwischen partikulärer politischer Organisation und der Universalität des Rechtes vielleicht nicht endgültig überwunden, aber doch zumindest überbrückbar.

Die sichtbare Hand des Staates

Staatlichkeit, Gerechtigkeit und Fortschritt im Denken von Adam Smith

Von Markus C. Kerber

Daß sich Ideen vom Werk ihres Urhebers emanzipieren können, haben über mehrere Generationen die Staaten des real existierenden Sozialismus zu zeigen vermocht. Daher ist es vielfach historisch-politisch relevanter, die Wirkungsgeschichte von Ideen zu untersuchen als die Untersuchung der Werke selbst. Sehr oft beruht die Wirkung von Ideen auf dem formalen Glanz ihrer Formulierung oder gar einer griffigen Formel, mit der sie verbreitet worden sind. Manchmal verbleiben nur wenige Zitate großer Werke im Bewußtsein von Menschen. Und dennoch hat dies genügt, erstaunliche Bewegungen auszulösen.

Ähnlich verhält es sich mit dem Werk von Adam Smith. Das Œuvre des bereits wegen seiner Vielseitigkeit faszinierenden Inhabers eines Lehrstuhls für Moralphilosophie, der geprägt von der schottischen Aufklärung als leitender Zollbeamter die politische Ökonomie der Marktwirtschaft ebenso entwarf, wie er über den Ursprung menschlicher Sympathie nachdachte, wird vorwiegend von Anhängern des Wirtschaftsliberalismus in Anspruch genommen. Seine gediegensten Kreise versammeln sich jährlich im Luxushotel eines Schweizer Luftkurorts, um sich in der von Friedrich von Hayek ins Leben gerufenen Mont-Péllerin-Gesellschaft gegenseitig der Aktualität der Ideen von Smith zu versichern und über die reine Lehre des Wirtschaftsliberalismus und seine globale Botschaft zu wachen.

Neben diesem Konzil des Liberalismus hat sich das Werk von Adam Smith auch der Inanspruchnahme durch Spekulanten wie James Goldsmith und dessen Slogan »Bürger! Bereichert Euch!« nicht erwehren können. Ob nun zur geistigen Legitimation der unbegrenzten Ressourcenverschwendung entsprechend den Prämissen der amerikanischen Ökonomie oder zur Rechtfertigung eines Raubritterkapitalismus nach Art des George Soros, stets wird auf Adam Smith als Verkünder universeller Heilkraft der »unsichtbaren Hand des Marktes« verwiesen. Natürlich geschieht dies fast nie, ohne den Staat als eigentlichen Leviathan zu qualifizieren. Ob als Abgabenstaat oder als Staatsunternehmer, ob als regulierender Gesetzgeber oder verwaltende Bürokratie: alles Staatliche ist von Übel, und manche meinen sogar, der Staat habe überhaupt ausgedient. Denn angesichts der Entstehung von *global markets* sei der Nationalstaat geradezu ein Anachronismus. So kommen Marxisten und Wirtschaftsliberale unter Berufung auf verschiedene Lehrmeister zu Schlüssen, die sich im Ergebnis gleichen: Bei den einen stirbt der Staat ab, bei den anderen wird er zunächst zurückgedrängt und schließlich im Zuge der Globalisierung überrollt.

Obwohl der Staatsgedanke in der deutschen Rechtsphilosophie von zentraler Bedeutung war und er der Sozialdemokratie entscheidende Impulse gab, hat die politische Linke Smiths Annexion durch das liberale Lager nie anhand seines Werkes überprüft. Zu sehr schien ihr dieser Name mit *free trade* und »Kapitalismus pur« verbunden zu sein. So wurde die Ignoranz der Linken zum Glücksfall für den Liberalismus aller Schattierungen. Adam Smith war der Ihre. Und der Zusammenbruch des kommunistischen Systems tat das Seine, um den Trend zum globalen Kapitalismus zu beschleunigen.

Haben also die Ideen von Adam Smith gesiegt? Und kann in seinem Namen der Entstaatlichung oder gar der Staatsfeindschaft das Wort geredet werden? Der Siegeszug, den die Pax Americana im Namen von Demokratie und Marktwirtschaft momentan führt, zwingt zu einer Auseinandersetzung mit der Frage nach der Zukunft des Staates im globalen Kapitalismus. Denn wenn man dem Neoliberalismus Glauben schenkt, so ist nicht nur der Nationalstaat zum Anachronismus geworden. Mehr noch: Das Heil der Menschheit im Zeitalter der Globalisierung liege in der Reduzierung von Staatlichkeit schlechthin: Deregulierung, Privatisierung, Entbürokratisierung, Subsidiarität sind die Stichworte dieses Programms.

Was sagt der Schöpfer der »unsichtbaren Hand des Marktes« zu diesem Ruf nach globaler Entstaatlichung? »Mag man den Menschen für noch so egoistisch halten, es liegen doch offenbar gewisse Prinzipien in seiner Natur, die ihn dazu bestimmen, an dem Schicksal anderer Anteil zu nehmen, und die ihm selbst die Glückseligkeit dieser anderen zum Bedürfnis machen, obgleich er keinen anderen Vorteil daraus zieht, als das Vergnügen, Zeuge davon zu sein.«[1] Den Menschen so zu sehen, wie er ist, bedeutete für Smith, ihn als Doppelnatur, als egoistisches Wesen, das zu tugendhaftem Verhalten dennoch fähig bleibt, anzunehmen. Doch der originäre Verdienst von Smith liegt in der Konzeption eines normativ-institutionellen Handlungsrahmens, der individuelle Freiheit und gemeines Wohl unter ein Dach zu bringen sucht. Dieses geschieht durch freie Märkte und ein System unverfälschten Wettbewerbs.

Die scharfsinnige Analyse der Arbeitsteilung, die hellsichtige Prognose der Auswirkungen weltweiten Freihandels auf den Wohlstand der Nationen, die koordinierende Funktion von freien Märkten in einer *commercial society* gehören zu den genialen Seiten seines Werkes. Sie sind in extenso im ersten Band von *The Wealth of Nations* dargelegt.[2] Die moralphilosophische Analyse und Ausrichtung des Menschen geht jedoch – und zwar nicht nur zeitlich – der politischen Ökonomie voraus. Denn die politisch-ökonomische Organisation des materiellen Überflusses, die durch die freie wirtschaftliche Betätigung aller Bürger in einem System offener Märkte ermöglicht wird, dient nicht nur der Erschließung von Wohlstandspotential schlechthin. Vielmehr vermag sie neben der Belohnung des Tüchtigen auch die Mittel zu verschaffen, die der Staat braucht, um den steigenden Anforderungen gerecht zu werden. Diese Anforderungen würden sich deshalb steigern, weil *government* in einem hochentwickelten Land sehr viel komplexer sei als in einer wenig entwickelten Gesellschaft.

Dabei hatte Smith noch nicht die Aufgaben des modernen Sozialstaates im Visier, sondern meinte die wachsenden Anforderungen an die militärische Landesverteidigung sowie die Entwicklung einer wohlfunktionierenden Justiz. Letztere sei konstitutiver Bestandteil der *commercial society* und müsse deshalb reibungslos funktionieren, weil es ohne eine »regular and reliable justice« für Kaufleute und Handwerker unmöglich sei, Verträge durchzusetzen und Schulden einzutreiben. Daneben wäre es die Aufgabe der Regierung, den Fortschritt zu fördern durch »institutions for facilitating the commerce of society«: den Bau von Straßen, Brücken, Häfen, kurzum all dem, was man heute als Infrastruktur bezeichnet.

Doch mit diesen Kernbereichen staatlicher Tätigkeit, für die die Erhebung von Steuern unumgänglich sei, nicht genug. Denn das Ziel der *commercial society* sei es, daß »universal opulence … ex-

---

1 Adam Smith, *Theorie der ethischen Gefühle.* Leipzig 1926 (Nachdruck Hamburg: Meiner 1994).

2 Adam Smith, *An Inquiry into the Nature and Causes of the Wealth of Nations.* Liberty Fund Edition. Indianapolis 1981.

tends itself to the lowest rank of the people«. Daher sei die Öffnung der Schulen für breite Bevölkerungskreise eine wichtige Etappe auf dem Wege zur Bürgergesellschaft.[3] Obwohl kein Befürworter der allgemeinen Schulpflicht, steht Adam Smith mit seinem Ruf nach verbesserter Chancengleichheit im Bildungswesen nicht nur im Gegensatz zum aufgeklärten Absolutismus seiner Zeit, sondern auch und gerade im Widerspruch zu führenden Schichten der englischen Gesellschaft.

Smith verliert bei seinem Gesellschaftsentwurf das gemeine Wohl nie aus den Augen, denn, so heißt es in der *Theorie der ethischen Gefühle,* »derjenige ist kein guter Bürger, der nicht den Wunsch hegt, mit allen Mitteln, die ihm zu Gebote stehen, die Wohlfahrt der ganzen Gemeinschaft seiner Mitbürger zu fördern«.

Die Rückführung seiner Politikempfehlungen auf moralphilosophische Ansätze bedeutet nicht, daß Smith bei ihrer staatlichen Umsetzung sich einem idealistischen Menschenbild hingibt. Im Gegenteil, er bleibt seiner Auffassung vom Menschen als einem nach *self-interest* handelnden Subjekt treu. So fordert er öffentliche Schulen, die größtenteil staatlich finanziert werden sollten, ohne jedoch auf die Erhebung - geringer - Gebühren zu verzichten. Für Richter soll ein System von Anreizen geschaffen werden, wonach ihre Bezahlung vom zügigen Abschluß der Fälle abhängt. Lehrer und Professoren müßten einen Teil ihrer Gehälter von Schülern und Studenten beziehen, um so stärker motiviert zu sein, ihren Unterricht qualitativ zu optimieren. Studenten sollten Stipendien verschafft werden, verbunden mit der Wahlmöglichkeit zwischen verschiedenen Universitäten und Colleges, um auf diese Weise den Wettbewerb zwischen den Lehranstalten zu fördern und das

[3] Vgl. Jerry Z. Muller, *Adam Smith in His Time and Ours.* Princeton: Princeton University Press 1995.

allgemeine Niveau von Lehre und Forschung zu erhöhen.

Wie man das Werk von Adam Smith auch dreht und wendet, die Forderung nach dem Totalrückzug des Staates ist daraus ebensowenig herzuleiten wie der Primat von Gemeinsinn und Wohlfahrt aller Bürger als moralische Vision aus seinem Werk weggedacht werden könnte. Dabei ist der Weg, den Smith hierbei weist, von bleibender Aktualität. Nicht nur weil er die gemeinnützige Regelungsfunktion des Marktes in einer Gesellschaft freier Wirtschaftsbürger entdeckt und damit die Wohlstandseffekte freier Marktwirtschaft erschlossen hat, sondern weil er in seinen politischen Empfehlungen an die Organisation von Staatlichkeit gerade der Berücksichtigung des Eigeninteresses der Handelnden mehr vertraut als dem ausschließlichen Appell an Ethos und Pflichtgefühl. Diese Ansätze einer politischen Ökonomie von Staatlichkeit haben nichts von ihrer konzeptionellen Gültigkeit verloren. Sie zu berücksichtigen müßte das Anliegen all derjenigen sein, die den Staat so umrüsten wollen, daß er gegenüber Bürgern und den globalen ökonomischen Faktoren Daten zu setzen in der Lage ist.

Unter Berufung auf Adam Smith den totalen Rückzug des Staates aus anderen Bereichen als den wirtschaftlichen zu fordern, ist mit der eminenten Rolle, die Smith dem Staat zuwies, nicht vereinbar. Sich von der Idee des Wettbewerbs und der Kategorie des *self-interest* leiten zu lassen, wenn es um die qualitative Reform staatlichen Handelns geht, würde zum Imperativ moderner Politik aber gerade in jenen Bereichen, wo der Staat seit mehr als hundert Jahren Subsidien gewährt und Umverteilung organisiert. Ob bei der Subvention von Unternehmen oder bei der Gewährung von Sozialleistungen – die Fehlallokationen in diesen Bereichen, auf die wir erst durch die Misere der öffentlichen Finanzen aufmerksam geworden sind, lassen sich nur beseitigen, wenn der Staat bereit ist, die Vergabemodalitäten marktwirtschaftlich zu gestalten. Sozialleistungen sollen Ansporn für Tüchtige sein, nicht aber Erwerbslose davon abhalten, wieder einer Erwerbstätigkeit nachzugehen. Die Vergabe von nicht rückzahlbaren Bafög-Leistungen ohne hinreichende Bedürftigkeitsprüfung, die Möglichkeit endlos wiederholbarer Umschulung nach dem Arbeitsförderungsgesetz sowie eine Tarifstruktur im öffentlichen Dienst, die Mittelmäßigkeit und Unauffälligkeit – auch bei Hochschullehrern – geradezu honoriert und Leistungsträger aus dem Staatsdienst vertreibt, sind Beispiele für die mangelnde Berücksichtigung der politischen Ökonomie von Adam Smith bei der Organisation des Staates.

Die Berichte des Rechnungshofes lesen sich auch heute noch so, als ob die Warnung Adam Smiths, »großartige Hauptstraßen nicht durch verlassene Landstriche zu legen, nur um so den Weg zum Wohnsitz des örtlichen Verwaltungschefs angenehm auszugestalten« bis heute wenig Gehör gefunden hätte. Eine durchgreifende Reform der Allokationsmechanik gerade im Bereich staatlicher Infrastrukturleistungen steht immer noch aus.

Über mehr als hundert Jahre ist die gestaltende Hand des Sozialstaates der sichtbare Beweis für die Überlegenheit marktwirtschaftlicher Gesellschaften, und zwar nicht nur in ökonomischer Hinsicht, sondern insbesondere auch im Hinblick auf die soziale Gestaltbarkeit und Flexibilität offener Gesellschaften. Die radikale Reform der sozialen Sicherungssysteme durch Individualisierung der Risiken und Beiträge wird heute zur Bewährungsprobe europäischer Staatlichkeit schlechthin. Soll der Staat im allgemeinen und der Sozialstaat im besonderen seine Handschrift in den europäischen Gesellschaften hinterlassen, so ist eine Totalrevision der Besitzstände genauso unerläßlich wie die Umorganisation der sozialstaatlichen Mechanik. Dabei könnte eine revisionistische Rezeption des Werkes von Adam Smith nicht nur den selbsternannten Gralshütern des Liberalismus zu neuen Erkenntnissen verhelfen, sondern auch den Reformatoren der Sicherungssysteme. Die Hand des Staates – jener kostbaren politischen Form des Abendlandes – würde dann sichtbarer denn je zuvor.[4]

Smith hat ähnlich wie Ricardo die Vorteile internationaler Arbeitsteilung erkannt und hieraus die Forderung nach einem freien Welthandel – also einem System offener, globaler Märkte – abgeleitet. Doch durch wen anders als die beteiligten Staaten kann dieses System offener Märkte geschaffen und garantiert werden? Die Schaffung eines Binnenmarktes in Europa ist genauso das Werk von Staaten wie das GATT-Abkommen oder der Plan der Havanna Charta zur Liberalisierung des Welthandels. Gewiß, diese von Staaten organisierte Globalisierung des Handels hat mittlerweile Eigendynamik entfaltet. Doch diese war und ist gerade bei der Fortschreibung der Römischen Verträge zur Gründung einer Europäischen Wirtschaftsgemeinschaft wenn nicht das ausdrückliche Ziel, so doch die heimliche Hoffnung der Verfasser gewesen.

Globaler Kapitalismus, Marktwirtschaft und Wettbewerb weltweit ist kein Schicksal, sondern beruht stets auf den von souveränen Staaten gewährten Freiräumen für unternehmerisches Handeln. Dies kann auch deshalb nicht anders sein, weil nur staatliche Gewalt die Verletzung der normativ organisierten Entgrenzung sanktionieren kann. Welche Schwierigkeiten bestehen, wenn die normativ veranlaßte Entgrenzung nicht zwischenstaatlich, sondern auf der Grundlage von supranationalem Binnenrecht organisiert wird, veranschaulichen die EWG-Verträge mit ihrem komplizierten System der nationalen Anwendung europäischen Rechts. Dieses weist in der Praxis erhebliche Sanktionslücken auf. Nur dort, wo der Staat überhaupt keine Sanktionen mehr verfügen kann, ist die Entwicklung – ohne daß dies damals vorhersehbar war – über Smith hinweggegangen.

Mit dem freien Kapitalverkehr verhält es sich wie mit dem Geist, der aus der Flasche entwichen ist: Er ist praktisch nie wieder einzufangen. So stellen gerade die Geschehnisse auf den internationalen Devisenmärkten für staatliche Souveränität – repräsentiert durch die Zentralbanken – die größte Herausforderung dar.[5] Dieser Erosion staatlicher Souveränität entgegenzutreten, indem man in Europa eine Währungsunion herstellt und auf diesem Weg einen qualitativen Souveränitätsgewinn gegenüber den Devisenmärkten schafft, ist in der Debatte um den Maastricht-Vertrag sowie die Konvergenzkriterien leider untergegangen.

Die von Adam Smith propagierte *commercial society* führt in dem Maße, wie sie globale Züge annimmt, nicht zu einem Rückzug des Staates, sondern zu neuen Attributen staatlichen Handelns. Freier Welthandel und internationale Arbeitsteilung haben zu einer Einbeziehung immer neuer Schwellenländer in die Weltwirtschaft geführt. Die damit verbundene Erschließung des gesamten Planeten hat nicht nur gravierende Umweltprobleme geschaffen, sondern auch die Grenzen erahnen lassen, an die das Wirtschaften mit beschränkten Ressourcen stoßen wird. Die internationale Arbeitsteilung im Sinne von Adam Smith sowie sein Konzept des *free trade* sind als System offener Märkte mit unbegrenzten natürlichen Ressourcen und einem problemlosen Wachstum der Weltbevölkerung angelegt. Unter den Bedingungen der Ressourcenknappheit einerseits und der Bevölkerungsexplosion andererseits muß über die Rolle des Staates gerade bei der Bewältigung dieser Phänomene

---

[4] Vgl. Ernst-Wolfgang Böckenförde, *Der Staat als sittlicher Staat.* Berlin: Duncker & Humblot 1978.

[5] Erst unlängst wurde von der Gruppe der Dreißig ein »Regelwerk zur Stabilisierung der globalen Finanzmärkte gefordert« (*FAZ,* 12. Juli 1997).

nachgedacht werden. Bezeichnend ist, daß die USA und Japan jegliche Übereinkunft in Sachen Klimaschutz und Umweltzerstörung als »Reglementierung« ablehnen.

Die Ergebnisse des Umweltgipfels in Denver fünf Jahre nach dem Treffen in Rio sind besorgniserregend, weil unter dem Deckmäntelchen des Freihandelskapitalismus staatlichen Übereinkünften über existentielle Fragen des Planeten Erde der Kampf angesagt wird. Europa spricht nicht mit einer Stimme und versäumt es, staatliches Handeln als Errungenschaft europäischer Kultur dem Hegemoniestreben der Vereinigten Staaten entgegenzusetzen. Denn in dieser Auseinandersetzung käme es zunächst auf die Einsicht an, daß ohne staatliches Handeln das Überleben der Menschheit nicht organisiert werden kann. Klimaabkommen und Konventionen über die Begrenzung der Emission von Kohlendioxid haben eine andere Qualität als Nichtangriffspakte zwischen den Nationalstaaten des 19. Jahrhunderts, aber es ist offensichtlich kaum weniger schwierig, derartigen Verträgen einen sanktionierbaren Regelungsgehalt zu verleihen. Und läßt sich Ressourcenverschwendung durch völkerrechtliche Verträge überhaupt regeln? Eines steht jedoch schon jetzt fest: Je mehr die staatliche Autorität verfallen wird, um so schlechter wird es um das Schicksal der Menschheit bestellt sein.

Das Schicksal der Menschheit ist im Zeitalter der Globalisierung mit dem des Staates untrennbar verbunden. Ein sich selbst überlassener, nicht mehr steuerbarer Prozeß internationaler Arbeitsteilung, der ungehemmte globale Industrialisierung trotz Ressourcenknappheit und Bevölkerungsexplosion mit sich bringt, würde die Aussichten der Menschheit nicht gerade verbessern. Das Zeitalter der Globalisierung – von dem »Wirtschaftsweisen« Herbert Giersch hoffnungsfroh als das Ende jener Ära verkündet, die den Marktkräften entgegenwirken wollte (*FAZ*, 11. Januar 1997) –, könnte mit dem Verzicht auf Staatlichkeit die Menschheit des wichtigsten Instruments zur Lösung ihrer drückenden Probleme berauben. Gelingt es aber, das staatliche Handeln für Politikkonzepte offenzuhalten, die *cosmopolitan governance* im Visier haben, dann sind die Überlegungen von Adam Smith über die Natur und die Ursachen des Reichtums der Nationen wichtiger denn je.

Um diese Konzepte zu realisieren, braucht es freilich Persönlichkeiten, die »die größte und edelste aller Rollen übernehmen, nämlich die des Reformators und Gesetzgebers eines großen Staates ... und durch die Weisheit seiner Einrichtungen die Ruhe und Glückseligkeit seiner Mitbürger im Staate für eine große Reihe von Generationen sichern.« *(Theorie der ethischen Gefühle)*

Als Robert McNamara 1975 die Bildung einer Nord-Süd-Kommission unter der Leitung von Willy Brandt vorschlug, war dies der erste Schritt zur Erarbeitung globaler Politikempfehlungen. Und obwohl seitdem die Instrumente globaler Politik sich nicht wesentlich verändert haben, bleibt der Beginn des Nachdenkens über die Grenzen der globalisierten Ökonomie genauso mit dem Namen des deutschen Bundeskanzlers verbunden wie die sichtbare Hand des Staates stets mit dem Schöpfer rechtlich verfaßter Marktwirtschaft, Adam Smith, assoziiert werden sollte.

Zur unpolitischen Ökonomie des Rentners

Pensionsfonds – ein Phänomen des neuesten Kapitalismus

Von Robert Misik

Zu jener Zeit, als Karl Marx das Kapitalverhältnis analysierte, gab es noch Kapitalisten. Somit war die Kritik der Marktverhältnisse immer auch eine Kritik personaler Machtverhältnisse. Doch Marx wußte sehr genau, daß die gesellschaftliche Macht, die das Kapital als Prozeß darstellt, von viel gewaltigerer Natur ist als bloße Herrschaft, die man Personen, Unternehmen, Institutionen zuschreiben konnte.

»Das Kapital ist kein einfaches Verhältnis, sondern ein Prozeß, in dessen verschiedenen Momenten es immer Kapital ist«, ist in den *Grundrissen der Kritik der politischen Ökonomie* zu lesen. Das Revolutionäre am Kapitalismus bestand so gerade darin, »daß das Privatinteresse selbst schon ein gesellschaftlich bestimmtes Interesse« ist – das gilt dann freilich für den, der Kapital besitzt, nicht weniger als für jenen, dem solches Glück nicht beschieden ist. Gegen diesen »stummen Zwang«, die fremde Macht der Verhältnisse, die in die Struktur selbst schon eingeschrieben ist, äußert sich allemal spontane Rebellion. Diese war aber Marxens Sache nicht. Der Grad an Abstraktion, den das Marktverhältnis in der warenproduzierenden Gesellschaft etablierte, hatte für Marx noch Anteil an der *zivilisatorischen Mission* des Kapitalismus, von der er bisweilen sprach.

Insofern führt jede Rhetorik gegen die Kapitalbesitzer in die Irre, weil sie nicht eigentlich das Kapital kritisiert, »sondern vielmehr ›die Kapitalisten‹, die als persönliche Subjekte des in Wirklichkeit subjektlosen Gesellschaftsverhältnisses der Ware erscheinen«, wie Robert Kurz zuletzt gegen diese Marx-Deutung einwandte.[1] Doch daß gerade die Abstraktion von personaler Macht die zivilisatorische Größe des Kapitalismus ausmacht, lesen wir schon in den *Grundrissen* in einer erstaunlichen Notiz: »Raubt der Sache diese gesellschaftliche Macht und ihr müßt sie Personen über die Personen geben«. Denn das Spezifische am Kapitalismus sei, daß er »persönliche Unabhängigkeit auf *sachlicher* Abhängigkeit« begründe.

So trifft aber auch das kulturpessimistische Verdikt, wonach der Marxismus selbst kontaminiert sei von den fortschrittsfröhlichen Illusionen des liberalen Kapitalismus, in gewissem Sinne zu: Für Marx hatte der Kapitalismus auch seine schönen Seiten. Vielmehr: Der Kapitalismus ist eine Schönheit. Man kann, je detaillierter man ihn analysiert, ins Staunen und Schwärmen geraten.

Welch weites Feld der Schwärmerei eröffnen aus solcher Perspektive die amerikanischen Pensionsfonds, die längst zu den mächtigsten *global players* auf den internationalen Kapital- und Finanzmärkten zählen. Hierbei fällt gar nicht so sehr ins Gewicht, ob es sich um öffentliche oder private Fonds handelt. Von einem Prozent 1950 stieg der Anteil der Pensionsfonds am Gesellschaftskapital der US-Unternehmen allein bis 1989 auf 26 Prozent. Rund ein Drittel davon entfällt auf öffentliche Pensionsfonds. Die Vermögen, die diese Fonds verwalten, stiegen in diesem Zeitraum von 5,3 Milliarden US-Dollar auf 600 Milliarden US-

[1] Robert Kurz, *Der Kollaps der Modernisierung. Vom Zusammenbruch des Kasernensozialismus zur Krise der Weltökonomie.* Frankfurt: Eichborn 1991.

Dollar.[2] Schätzungen, welche Größenordnung die Beträge derweil erreicht haben, die von angloamerikanischen (und europäischen) Pensionsfonds auf den globalen Finanzmärkten plaziert werden, liegen zwischen 3 und 8 Billionen Dollar.

Während die klassischen europäischen Rentensysteme auf dem Umlageprinzip basieren – die Rentner von heute leben von den Beiträgen der Beschäftigten von heute, welche die Rentner von morgen sind –, finanzieren amerikanische Beitragszahler ihre spätere Rentenversorgung durch die lebenslange Bildung eines Kapitalstocks. Je höher der ist, desto weiter die Sprünge im Alter. Die Gelder gehen an Pensionsfonds, die entweder selbst wie Investmentfonds arbeiten oder das Kapital an solche weiterreichen. Somit wird das Kapitalverhältnis notwendig dynamisch in Schwung gehalten. Nehmen die institutionellen Investoren das gesellschaftliche Privatinteresse ihrer Geldgeber ernst – und sie nehmen es ernst –, dann investieren sie es so, daß es die maximale Rendite erbringt. Bis in die frühen neunziger Jahre setzten die Investoren eher auf Sicherheit, was geringere Renditen verspricht – sie zeichneten festverzinsliche Wertpapiere, Staatsanleihen. Doch neuerdings ist »ein Trend zu einer stärkeren Betonung des Ertragsaspektes und damit zu einem vermehrten Interesse an Aktienfonds erkennbar geworden«, wie der Chef eines luxemburgisch-schweizerischen Fund-Managements, Gianni Valsecchi, schreibt (*Neue Zürcher Zeitung*, 28. Januar 1997). Einen »neuen Schlag von Money-Managern« sieht in der Folge das kanadische Wochenmagazin *McLean's* (27. März 1995) ins Rampenlicht treten. Die institutionellen Anleger der Pensionsfonds, die bislang zahm im ruhigen Wertpapiergeschäft ihre Vorteile suchten, werden bissig. Sie kaufen Aktien, Anteile, ganze Unternehmen. So finanzierte die Rentenkasse der Lehrer von Ontario die 1,2-Milliarden-Dollar-Übernahme einer großen Fast-food-Kette.

Was sich wie eine Naturnotwendigkeit aus der ökonomischen Dynamik ergab, gebiert sofort neue Sachzwänge. In dem Moment, in dem die Pensionsfonds der Renditen wegen Anteile an Unternehmen halten, müssen sie sich um deren Rentabilität sorgen; denn nur ein Unternehmen, das mit Gewinn arbeitet, hält, was es an Renditen verspricht. »In der Vergangenheit hätte ein Pensionsfonds einfach seine Anteile an einem Unternehmen verkauft, wäre er mit der Arbeit des Managements unzufrieden gewesen. Doch diese passive Mentalität wurde zunehmend unpraktisch, seitdem die Fonds so viele Anteile halten, und zudem wäre es auf dem relativ kleinen kanadischen Aktienmarkt sogar ziemlich schwierig, die Anteile zu verkaufen ohne den Aktienpreis nach unten zu bewegen.« *(McLean's)*

Hält ein Unternehmen nicht die Gewinnerwartungen, die sich die Investoren versprachen, dann beteiligen sich die Fonds zunehmend an seiner Sanierung. Besonders hohe Renditen verspricht ein Abenteuer, das seit dem Film *Wall Street* als exemplarische Bösartigkeit des modernen Kapitalismus gilt: die feindliche Übernahme. Nun kann sich ein Investor aus vielerlei Gründen an einem *hostile take-over* beteiligen. Entweder rechnet er damit, ein angeschlagenes Unternehmen in seine Bestandteile zerlegen zu können – defizitäre Anlagen schließen, produktive sofort verkaufen, andere nach Sanierung –, so daß er am Ende Gewinn macht. Oder er hält selbst Anteile an einem Unternehmen derselben Branche und erhofft, die Marktchancen durch die Ausschaltung der Konkurrenz erhöhen zu können. Wie auch immer, die Erwartungen an ein solches Geschäft erfüllen sich nur, wenn man die aufgekauften Unternehmen in die Gewinnzone führt, und das gelingt am besten, wenn man

---

2 Vgl. Roberta Romano, *The Politics of Public Pension Funds.* In: *The Public Interest,* Spring 1995.

Einnahmen steigert und Kosten senkt, beispielsweise durch Reduktion von Personalkosten: Lohnsenkungen oder Entlassungen.

Dies wäre eigentlich noch nichts Neues, aber was hier als Kapital im Spiel ist, sind die Rentenbeiträge amerikanischer Arbeiter und Angestellter. Und die Pensionsfonds, die solcherart aktiv werden, haben sich diese Einlagen ja nicht erschlichen, sie haben nicht hinter dem Rücken der Einzahler wider deren Interessen gehandelt, sondern streng in deren Sinn. Alles, was sie im Auge haben, ist maximale Rendite zum Besten ihrer Anleger, denen sie so ein sicheres Alter garantieren. Man kann ein bizarres Gedankenexperiment anstellen: Wenn ein Stahlarbeiter in einen Pensionsfonds einzahlt, dieser dessen Beiträge an einen Investitionsfonds weiterreicht, welcher wiederum Anteile an seinem Stahlwerk kauft und zur Erhöhung der Rentabilität in der Folge Arbeitsplatzabbau oktroyiert, dann ist es im materiellen Interesse dieses Stahlarbeiters in seiner Rolle als künftiger Rentner, sich selbst zu entlassen.

Das System so raffiniert zu strukturieren, daß die Arbeiter und Angestellten zu Agenten des Verwertungsprozesses werden: Dies ist es, was man die Schönheit des Kapitalismus nennen kann. Es ließe sich aber ebenso berechtigt von der Häßlichkeit dieses Systems sprechen, denn elegant oszillieren die einander widersprechenden Teilrationalitäten ja nur auf der Oberfläche, am Ende dieses Prozesses jedoch dominiert ein einziges, banales Prinzip: der radikalisierte Ökonomismus des *shareholder values,* der jedes mögliche andere Prinzip erschlägt. Deshalb gerät der *Economist,* das Zentralorgan des angloamerikanischen Kapitalismus, in Jubelstimmung darüber, daß die Pensionsfonds – zumindest als zweite Säule des Rentensystems – nun auch in Europa ihren Siegeszug antreten und somit »die pensionierten Arbeiter Westeuropas bald zu einer finanziell mächtigeren Kraft werden als George Soros und jeder andere Anleger« (22. April 1995).

Daß sich Fragen nach Macht, Herrschaft, Ausbeutung und ähnlichem auf klassische Weise nicht mehr stellen lassen, dürfte also auf der Hand liegen: Der Kapitalismus bedarf keiner ausbeutenden Subjekte und keiner ausgebeuteten Subjekte, um Reichtum und Armut zu erzeugen. Und auch der oft gehörte Einwand jener, die sich aus diesem Dilemma herausstehlen wollen, ist nicht sehr treffsicher. »Der Besitz von Kapital und mehr noch, die Kontrolle und Mobilisierung von Kapital ... ist nach wie vor der vorherrschende Faktor ökonomischer und soziopolitischer Macht«, heißt es etwa in der Denkschrift *Grenzen des Wettbewerbs* der »Gruppe von Lissabon«. Wäre dies richtig, müßte sich dartun lassen, daß die Arbeitnehmer, hätten sie die Kontrolle über ihr Kapital, sich anders verhalten könnten, als es die Fondsmanager heute tun. Das dürfte kaum möglich sein, und deshalb, ist man versucht zu sagen, propagieren es die radikalsten Propheten des Marktliberalismus zur Zeit. Der US-Kongreß, fordert der Verleger Steve Forbes, möge ein Gesetz beschließen, daß die Arbeitnehmer »individuelle Rentenkonten« anlegen können. Die Besitzer dieser Konten dürften sie bis zu einem bestimmten Alter nicht anrühren, und es wäre ihnen untersagt, »in offensichtlich riskante« Unternehmen wie Pferderennen zu investieren. Darüber hinaus könnten sie aber selbst entscheiden, welche Aktien, welche Wertpapiere sie kaufen oder welchen Investmentfonds sie ihre Beiträge anvertrauen wollen. Welche Wahl immer die Arbeitnehmer treffen, es wäre ihre Entscheidung: »Das ist die Schönheit der individuellen Freiheit«, schwärmt Forbes (*Insight the News,* 24. Februar 1997).

Wer wollte sich nicht von dieser Schönheit betören lassen? Wie gut fügen sich doch Rentenkassen, die auf Kapitalbildung beruhen, in die Ratio des Systems: Es wird dem Markt Risikokapital zugeführt. Wer eine gute Idee, aber kein Geld hat, für den bietet sich die Möglichkeit, Fondskapital gegen Anteilsbesitz gleichsam einzutauschen. In weiten

Teilen Europas, wo der Kapital- und Finanzmarkt von den Banken kontrolliert wird, muß er einen Kredit aufnehmen, und den erhält man nicht für Ideen, sondern für Sicherheiten.[3] Da sich die Risiken, die die Pensionsfonds eingehen, auf vielen Schultern - denen der Beschäftigten - verteilen, stehen zwangsläufig ein paar schlechten Deals auch ein paar gute gegenüber, und deshalb sind laut Valsecchi »Fonds für bestimmte Investitionen mit hohem Ertragspotential, die sich auf Grund ihres erhöhten Risikos nicht unbedingt für ein direktes Engagement anbieten, besonders geeignet«.

Auch die Kritik, die Kontrolleure des Kapitals und ihr allein auf Rentabilität abzielender Ökonomismus etablierten ein Wettbewerbs- und Marktdiktat, bleibt unpräzise. Daß hier vorsätzlich der Politik die Instrumente aus der Hand geschlagen werden, läßt sich mit Sicherheit nicht behaupten, sitzen in den Führungsetagen der öffentlichen Pensionsfonds doch oft ehemalige Politiker, Gewerkschafter oder Manager, die ihren Aufstieg guten politischen Kontakten schulden. Und dennoch bleibt ihnen meist nichts weiter übrig, als sich entsprechend der Ratio des Systems zu verhalten. Tun sie es nicht, verhalten sie sich »unvernünftig« - was in Folge politischen Drucks passieren kann -, verfangen sie sich erst recht in den Maschen der kapitalistischen Logik. So verpflichtete sich der staatliche Pensionsfonds von Illinois, eine Druckerei ohne Beschäftigungsabbau weiterzuführen. Das soziale Interesse der Druckereibeschäftigten und das politische Interesse der Regierung von Illinois, die auf »ihren« Pensionsfonds Druck ausübte, ist freilich mit dem Interesse derer, die ihr Geld dem Pensionsfonds zwecks Vermehrung ihres Kapitals anvertrauten, kaum in Einklang zu bringen. Ebenfalls aus politischen Gründen hat das Kansas Public Employees Retirement System in lokale Unternehmen, etwa in eine Stahlfabrik oder eine Sparkasse, investiert und dabei 100 Millionen Dollar verloren.

Eine Ausweitung des Pensionsfondssystems wird zweifellos »dazu beitragen, daß in den Industrieländern die Ersparnisse und die verfügbare Liquidität die Investitionserfordernisse übersteigen« (*Neue Zürcher Zeitung,* 5. April 1994). Als weiteres Problem kommt hinzu, daß der Boom der Pensionsfonds auf einen stetigen Anstieg der Aktienkurse baut - und daß sie die Rentenerwartungen ihrer Einzahler nur erfüllen können, solange es auf den Märkten zu keiner Trendumkehr kommt. Schließlich wirft die demographische Entwicklung, die auch das Umlagesystem in die Krise brachte, für das Fondssystem dieselbe Frage auf: Wie finanziert eine zunehmend alternde Bevölkerung die Renten von morgen? Für das Fondssystem ist entscheidend, schreibt Malcolm Crawford in *The Big Pensions Lie,* »ob das Sozialprodukt in der Periode, die zwischen Einzahlung und Auszahlung liegt, ausreichend wächst«. Die kleine, doch entscheidende Differenz zum Umlagesystem: Es muß nicht das »eigene« Sozialprodukt sein! Was die Pensionsfonds am Funktionieren halten könnte, sollen die Kapitaltransfers aus den sich entwickelnden Märkten der Dritten Welt sein.

Daß der Kapitalismus buchstäblich in jedem Moment auf des Messers Schneide steht, hat damit zu tun, daß hier »Vermehren mit Selbsterhalten zusammenfällt«, wie Marx wußte. Daß dieser allgegenwärtige Kampf Verrücktheit zu einem »Moment der Ökonomie« und damit »des praktischen Lebens der Völker« werden läßt, ist keine große Weisheit mehr. Ebenso, daß der Kapitalismus aus vielerlei Teilrationalitäten ein irrationales System gebiert. Schon zu Marxens Zeiten galt, daß ein Unternehmer, der

3 Deshalb läßt sich auch so leicht nicht aus europäisch-sozialstaatlicher Perspektive gegen das »US-Modell« argumentieren. Wer das tut, muß wissen, daß er implizit für die spezifische Marktmacht der Banken plädiert.

den Anteil der Lohnkosten zu drücken sucht, subjektiv rational und aus der Perspektive des Gesamtsystems irrational handelt, ebenso wie ein Lohnabhängiger, der nach billigeren Waren sucht und so der Lohnkonkurrenz einen weiteren Impuls versetzt.

Das Neue am neuesten Kapitalismus ist nicht die Etablierung dieser Paradoxien einander widersprechender Teilrationalitäten, sondern daß es nicht mehr des Umwegs von der Produktion über die Distribution zur Konsumtion bedarf, damit sich die Subjekte darin verfangen; daß dieser Kapitalismus also, indem er aus den Produzenten veritable Kapitalbesitzer macht, die Struktur des Systems nicht etwa aufbricht, sondern nur noch raffinierter gestaltet; daß also die Produzenten nicht mehr bloß in ihrer Rolle als Konsumenten in Widerspruch zu ihrem Produzenteninteresse geraten, sondern an den Prozeß der Produktion selbst als Agenten des Verwertungsprozesses rückgeschlossen werden. Die Altersversorgung – ihre nackte Existenz – wird an das Funktionieren globaler Kapitalanlagefonds gebunden, die nur halten, was sie versprechen, wenn die Dynamik der Entgrenzung und Globalisierung, die ökonomistische Unterspülung aller Regulationen, der liberalistische Frontalangriff auf Staat und Politik sich fortsetzen.

Es ist einem System, das aus seiner bloßen ökonomischen Selbstbewegung solches zustande bringt, eine gewisse Hochachtung nicht zu versagen.

Wenn das Internet sich nicht ändert, wird es zerfallen

Von Hanno Kühnert

Im Internet spielen Suchmaschinen eine große Rolle. Wer sich in das weltweite Gewebe einwählt, der greift auf einen solchen Helfer zurück und fragt ihn. Eine dieser Maschinen antwortete auf die Frage nach dem Wort »Internet« mit 1881 Antworten. Bei der hundertzwanzigsten Auskunft mochte ich nicht mehr herumklicken. Etwas Aufschlußreiches war in diesen Nachweisen nicht zu finden. Die pure Fülle erledigte die Lust des Suchens.

Also die Charakterisierung des Internet durch das bedruckte Papier, das herkömmliche Medium: Das Internet besteht erstens aus dem elektronischen Brief, genannt E-Mail, zweitens dem weltweiten Gewebe, dem World Wide Web, abgekürzt WWW, drittens den News-Groups, einer Art Pinnwänden, auch Foren genannt. Das Internet ist ein eher immaterielles, virtuelles Wesen. Eben digital – sein Blut sind Ziffern. Es besteht äußerlich aus Glasfaserkabeln, Satellitenschüsseln, Telefonleitungen, Modulations- und Demodulationskästen, genannt Modems, aus Computern und Rechnersteckkarten, aus Monitoren und Lautsprechern – innerlich aus elektrischen Strömen, die Zahlen darstellen. Ein Gewirre von Kabeln, Geräten und Energie. Es nutzt die schnellen Leitungswege wie etwa ISDN und die langsamen alten Telefonleitungen, es bedient sich der Satellitentechnik und des Funks, und so ist es ein riesenhafter Organismus aus elektronischen Transportwegen, der sich um den Erdball spannt.

Wegen der digital-virtuellen, immateriellen Natur des Internet und wegen des fast unsichtbaren Verkehrs im Netz ist der einzelne Nutzer schwer faßbar, der Datenverkehr zwischen Aussender und Empfänger nur mühsam zu überprüfen. Und doch ist das Netz nur scheinbar spurenlos und anonym. Jeder,

der sich darin tummelt, hinterläßt Abdrücke. Zunächst in seinem eigenen Rechner, der häufig protokolliert, was der Bediener anstellt. Auch die Empfänger von Nachrichten und Besuchen finden auf ihren Festplatten oft Spuren ihrer vorbeisurfenden Zeitgenossen. Viele dieser auf Empfang eingestellten Grafikseiten zählen sogar die Visiten, und manche verlangen Identifizierung, vor allem, wenn sie etwas leisten sollen. Aber die individuellen Fußstapfen im Internet sind nicht allgegenwärtig und auch nicht unbedingt von Dauer. Wie und wann diese Abdrücke entstehen, ist häufig dem Zufall überlassen. Die vielen Rechner, die Daten des Netzes nur weitervermitteln, sind eher spurenarm und deshalb nachforschungsfeindlich.

Neben der oft versteckähnlichen Digitalisierung und Elektronisierung behindern weltweite grenzenlose Verbreitung, Abgelegenheit und internationale Fluchtmöglichkeiten den Zugriff. Wer nicht weiß, wo er was suchen muß, dem hilft auch die vage Gewißheit, daß es irgendwo Spuren geben muß, nicht weiter. Er bleibt in der ungeheuren Vielfalt des Internet stecken.

Anders als in Büchern, Zeitungen und Fernsehen kann der Nutzer im Internet selbst tätig werden, und dies weltweit. Er bestimmt nicht nur wie bei Telefon und Fax, wen er angeht: im Internet ist *alles* kombinatorisch vorhanden: Zeitung, Fernsehen, Hörfunk, Fax und Telefon, sogar das Kino und der Selbstauslöser, dazu noch Computer und Mailbox. Das beste Stück des Internet ist der erwähnte Dienst der elektronischen Briefe. Da läßt sich blitzartig und weltweit an jeden Menschen mit einer E-Mail-Adresse eine fast beliebig lange Nachricht senden, an die man Bilder und Töne hängen kann. Die dreißig Millionen US-Internet-User haben 1995 etwa 94 Millionen E-Mails versandt.

Abgesehen davon, daß sich in den Empfangskörben immer mehr Reklamepost und Belästigungen finden, ist dieser Service fast ohne Nachteil. Er überholt jedes herkömmliche Blitztelegramm. Seltsamerweise bringt er auch das Schreiben wieder in Mode. Das Web selbst präsentiert alles weltweit und, im Ansatz, kulturvollständig und in allen Sprachen, und dies zunächst für einen erschwinglichen Preis, nämlich etwa 17 Pfennig pro Minute hierzulande, in den USA noch billiger. Das Internet ist im Augenblick für weite Strecken kostengünstiger als das Telefon. Es ist für jeden ökonomisch, und deshalb demokratisch. Internet-Fans schwärmen von der »ortlosen Gesellschaft der Netizens«, die nun komme.

Das alles entstand in Amerika, wo es ein Rückgrat von sehr schnellen Leitungen gibt, das einige besonders leistungsstarke Rechner über 290 lokale Hochschulrechner und regionale Netzwerke miteinander verbindet. An die Datenautobahn sind kleinere Netzwerke über herkömmliche Telefonleitungen angeschlossen – gewissermaßen Landstraßen und Feldwege. In den meisten Industrieländern findet sich heute Vergleichbares. Die nationalen Postnetze haben sich angeschlossen. Sogenannte Provider, Kommunikationsunternehmen, verkaufen die Möglichkeit, sich ins Internet einzuklinken; sie haben dafür Geräte und Leitungen aufgebaut.

Das erste Netz hatten die Militärs in den USA. Die Idee war, eine Kommunikationsmöglichkeit durch Dezentralisierung für den Feind des Kalten Krieges unzerstörbar zu machen. Dann kamen die Universitäten und Wissenschaftler, danach Computerfirmen. Durch ausgehandelte Standards (Protokolle) gab man dem Netz nach und nach gemeinsame Sprachen. 1969 waren in Amerika vier Rechner miteinander verbunden, 1972 waren es 37, 1981 immerhin 213. Sprunghaft wuchs die Zahl der vernetzten Computer. 1995 waren in 75 Ländern fast fünf Millionen Rechner angeschlossen. Im Augenblick nutzen rund 42 Millionen Menschen das Internet. Im Jahr 2000 sollen es weltweit 400 Millionen User sein.

Ein gewisser Tim Berners-Lee hatte um 1989 die Idee des World Wide Web als eines einfach zu nutzenden Mediums, damals für die Gemeinde der Kernphysiker in Europa. Verschiedenartigste Rechner an unterschiedlichen Orten Europas sollten sich verstehen. Der Einfall, das gedruckte Wissen der Menschheit als einzigen Riesentext zu betrachten und ihn gänzlich zugänglich zu machen, fiel wie ein reifer Apfel vom Baum der neuen Technik, denn Ende der achtziger Jahre waren schon viele Archive, Firmendateien und Bibliotheken für ihre eigenen Computer erfaßt - die Kataloge waren digitalisiert und leicht zugänglich. Mit sinnbezogenen Querverweisen - meistens *unterstrichenen* Worten - sollte sich jeder Nutzer durch die Computer und Texte in aller Welt arbeiten können. Hypertext nennt man den Text, der mittels Querverweisen zusammenhängt. Der Amerikaner Berners-Lee hat diese Vorstellung mit dem Web in die Tat umgesetzt. Die spezielle Sprache dafür nannte er HyperText Transmission Protocol - abgekürzt http. Der holprige Beginn einer jeden Web-Adresse - mit diesem Kürzel und zwei Schrägstrichen - ist Internet-Usern nur allzu geläufig. Wer sich durch Mausklicks einloggt ins Internet, auf den wartet eine ungeheure Fülle, er kann gleichermaßen die Bibliothek seines Heimatortes besuchen wie einen Auskunftsdienst in Hongkong oder ein Forum in Guatemala.

Drei Gebührenuhren laufen mit, wenn der Normalmensch mit seinem Rechner »auf der Datenautobahn surft«: die Telefonrechnung erhöht sich; der Türöffner des Internet, der Provider, läßt - neben einer Grundgebühr - eine Gebührenuhr laufen, denn er hat seinerseits Kosten davon. Dazu kommen die Abonnementgebühren für den Provider.

Wer das Internet regelmäßig nutzt, hat also trotz der preiswerten Verbindungen eine spürbar erhöhte Telefonrechnung. Die Kosten für den einzelnen User werden weiter steigen. Das Gedränge im Internet wird größer, viele Provider locken die User durch Pauschalen an, so daß es kein Motiv mehr gibt, das Internet zu verlassen, dazu wachsen die Leitungen langsamer als die Datenmengen, so daß sich die Wartezeiten am Bildschirm verlängern. In Amerika ist das vorläufig noch besser. Wer sich dort einen Nachmittag im Netz tummelt, zahlt den halben Preis einer Tageszeitung und hat noch durchgängig schnelle Verbindungen.

Bei unseren dünnen Leitungen wirkt es sich fatal aus, daß viele der Anbieter von Werbung leben, also Logos und Bildchen transportieren, und daß zahlreiche Anbieter rücksichtslos opulente Bilder vorzeigen. Zwar lassen sich die Grafiken abschalten, dann wird das Netz schneller. Aber wer will heute schon auf Bilder, eine der Attraktionen des Internet, verzichten? Die quälende (und zunehmende) Langsamkeit des Netzes in Europa wird von seinen Marktschreiern selten erwähnt. Aber sie bedroht die Existenz des Netzes an den Wurzeln.

Kostet jetzt die Lahmheit des Internet Geld, so werden eines Tages die originären Internet-Kosten auf die Nutzer zukommen. Denn das Internet ist in hohem Grad subventioniert. Staaten, Universitäten und viele Institutionen zahlen ihre Netzmaschinen und die Erfassung der Daten noch für ihren eigenen Kommunikationsvorteil. Privatfirmen investieren in die Zukunft. Alle locken die Nutzer noch. Überall zahlen diese User nur geringe Pauschalen und Netzkosten an die Vermittler. Aber wenn das Netz eines Tages anfängt, ökonomisch zu denken, wird es die Rücksichtslosen, die Vielnutzer abwehren. Und wenn seine zahlreichen Dienste Geld verdienen wollen, wird der internationale Spaß teuer. Die Zeit der Subventionierung läuft ab.

Was nützt aber nun das neue Medium Internet dem User? Was hat er davon außer dem Spaß an zahllosen Bildern, Texten und Tönen? Kann er das Internet guten Gewissens als Handwerkszeug für seinen Beruf werten? Können Industrie, Handel, Behörden, Verbände, politische Institutionen dieses Netz, seine raumgreifende Internationalität und seine Transportschnelligkeit sicher nutzen?

Vor kurzem hat die Bundesprüfstelle für jugendgefährdende Schriften zum erstenmal beschlossen, ein Angebot aus dem Internet auf den Index zu setzen. Wegen Volksverhetzung ist ein schwarzes Brett des in Kanada lebenden Neonazis Ernst Zündel in Deutschland indiziert worden. Also dürfen Zündels Internet-Seiten Jugendlichen hier nicht mehr zugänglich sein. Wie aber deren Verbreitung verhindert werden soll, ist gänzlich unklar.

Der Sachverhalt birgt typische Ingredienzien der Internet-Mängel in sich: Volksverhetzung elektronisch, dann noch von Kanada aus; jugendliche Nutzer, die das eifrig lesen. Und am Ende die Gewißheit, daß eine solche Straftat im Internet zur Zeit weder zu verhindern noch zu verfolgen ist. Die Aktivität der Bundesprüfstelle erscheint hier eher als rührend und ein wenig lächerlich. Denn der Straftäter sitzt in einem anderen Land, in dem sein Tun nicht kriminell ist – und im Zielland der Volksverhetzung ist er nicht zu fassen.

Deshalb stößt man im Internet auch relativ schnell auf visuelle Erotik, auf Pornographie. Ein Mitarbeiter der Universität Amsterdam hatte Pornobilder mit dem Internet-Absender seiner Chefin im Netz verbreitet. Die Frau erhielt aus aller Welt so viele schlüpfrige Anträge, daß das Netz der Universität blokkiert wurde. Dieser Vorfall ist charakteristisch fürs Internet: ein geiler Dummkopf, hinterlistige Zuordnung, ärgerliche Belästigung.

Damit sind wir bei einer strukturellen Schwäche des Internet: Es interessiert weit überwiegend Männer, und von ihnen besonders die Altersgruppen von 18 bis 45 Jahren. 69 Prozent der Internet-User sind Männer. Das Netz ist sexlastig. Eine Userin schrieb, wer sich im Netz als Frau zu erkennen gebe, könne genauso gut nur mit Stiefeln bekleidet in eine Kneipe marschieren. Wenn ein Mann im Netz Aufmerksamkeit erregen will, legt er sich einen Frauennamen zu. Frauen interessieren sich weniger für Computer und scheuen die unpersönliche Öde des Netzes. Im realen, nichtvirtuellen Leben sind Frauen aber die wichtigeren Käufer als Männer. Dem Internet fehlt daher eine maßgebende Käuferschicht. Deshalb stehen in Amerika den panischen Optimisten des Internet immer mehr Skeptiker gegenüber. Wie aus einem Jahresumsatz 1996 von rund 400 Millionen Dollar im Jahr 2000 rund 300 *Milliarden* Dollar werden sollen, was die Netzschmuser verkünden, ist deswegen nicht nachzuvollziehen.

Ein anderer struktureller Mangel ist die fehlende soziale und rechtliche Kontrolle des Internet. Es ist eben nicht einer einzigen staatlichen Autorität unterworfen, sondern keiner. Es ist über die ganze Welt verbreitet. Niemand kontrolliert Cyberspace (wie das Netz auch genannt wird), die Obrigkeit kann es nicht einfach abschalten. Selbst wenn man das Internet-Protokoll abschaffte und die Hochleistungsleitungen stillegte, würden weiterhin Millionen von Menschen E-Mail austauschen und die Neuigkeitsforen des Netzes besuchen. Es gibt zwar schon Filterprogramme, aber die sind nur begrenzt wirksam. Abschaltungen durch autoritäre Staaten wie China oder Iran haben angesichts der Technik problemloser Umwege eher einen Belustigungseffekt. Daß die Nachrichten über die schlächterische Unterdrückung des Studentenprotests auf dem Tienanmenplatz in Peking übers Internet an die Weltöffentlichkeit gerieten, charakterisiert durchaus eine der Stärken des Netzes.

Doch das in diesem Jahr geplante Mediengesetz der Bundesrepublik, von der Regierung schon gebilligt, wirkt so, als wolle man ein brennendes Haus mit einem Eimer Wasser löschen. Die weltweite Durchsetzung von Regeln, die nicht die Technik betreffen, von Recht überhaupt, ist extrem schwierig, so daß Juristen bereits die Frage stellen, ob das Internet ein rechtsfreier Raum sei. Die internationale Weite des Netzes, seine staatenüberspringende Grenzenlosigkeit, die flüchtige Digitaltechnik, seine chaotische Struktur mit Millionen von

KONZEPTE :: die nummern

14 DAS MEDIUM SCHLÄGT ZURÜCK Literatur und Politik Michael Wildenhain und Maxim Biller im Interview, Peter Böthig, Robert Brack, Husen Ciawi, Gundi Feyrer, Thomas Hettche, Ekkehart Krippendorff, Klaus Middendorf, Andreas Neumeister, Norbert Niemann, Lutz Schulenburg, Florian Felix Weyh, Jürgen Wertheimer, Roger Willemsen und Ulrich Woelk u.a. im Podium, Bernd Imgrund zu RAF und BRD u.v.a.m. 10 Mark

15 DREHBUCH Filmliteratur Friedrich Ani, Johannes Jansen, u.a. im Podium, Monika Treut und Alan Kaufmann im Interview, Konzepte-Tagung am Ende der Politik in der Friedrich-Ebert-Stiftung, Marcus Römer zu W.S. Burroughs 80., Norbert Niemann zu Antikapitalismus und Rechtsradikalismus, Lyrik von Ulf Stolterfoht u.n.a.m. 10 Mark

16 VORoRT DEUTSCHLAND Literatur oder Deutschland Klaus Modick, Martin Hielscher, Kerstin Jentzsch, Albert Ostermaier, Irina Liebmann, u.a. im Podium, Drama Heute - Wohin auf den Esslinger Dramatiker Tagen mit Alexe Tudor, Ulrich Woelk, Ronald Richter, Lothar Trolle, Heidemarie Rohweder, Wolfram Apprich u.a., Prosa von Marcel Beyer, Lyrik von Norbert Hummelt, Wolfgang Schlenker, Sabine Schiffner, u.m.m. 10 Mark

17 KÖRPER LUST & SPRACHE Kerstin Hensel, Fritz Vilmar, Yoko Tawada, Laura Meritt, Roland Koch, Jan Freitag u. Ralf Bönt im Podium, Thekla Ehling mit Fotokunst, Rita Mae Brown im Interview, Norbert Niemann u. Michail Schulmann im Essay, Albert Ostermaier im Theater, Neue Nuyoricana mit Bob Holman u.a., Prosa von Marcus Braun, Michaela Seul, Daniel Zahno u.a., Lyrik von Anita Riede, Ulf Stolterfoht, Lutz Hagestedt über Paul Wühr, sowie Kritik von Stefan Sprang etc. pp. 13 Mark

18 MYTHOLOGIE 2000 Christine Rohrbach, Norbert Niemann, Michael Wildenhain, Stefan Sprang, Patricia Görg, Roland Bleiker, Sven Stillich, Reinhard Jirgl, Karoline Graf, Christian Hoischen, Ralf Rothmann u.a. im Podium, Günter Grass und Thorsten Becker im Interview bei Norbert Kron, Literatur aus Südafrika von Ivan Vladislavic, Rian Malan, Lesego Rampolokeng und Thomas Brückner, Prosa von z.B. Heiner Link, Micz Flor, Katrin Dorn, Ralf Bönt, David Link. Doron Rabinovici zu Auschwitz in Europa, Katja Winkler und Werner Fritsch im Drama, Annett Gröschner lyrisch .. 13 Mark

plus 1,50 (Ausland 2,50) V-Scheck an den BVjA e.V. Postfach 200303 53133 Bonn. Redaktion:
Oppelner Str. 15 10997 Berlin ralf.boent@ifh.de

zwischengeschalteten Maschinen und seine Transportgeschwindigkeit sprechen jedem rechtlichen Zugriff Hohn. Dazu kommt der frivole Freiheitsbegriff der Millionen Internet-Nutzer, die sich geradezu in der Freiheit *von* Recht suhlen. Es gibt inzwischen einen Komment des Netzes, genannt »Netiquette«. Aber von Netz-Etiquette ist im Internet real wenig zu spüren. Es ist keineswegs wegen seiner Vakuen ein »Labor gesellschaftlicher Normenbildung«, wie Optimisten glauben, sondern eine Ansammlung von Rechtlosigkeiten, die eher zur Ausdehnung neigt als zur Schrumpfung.

Das Internet macht, wenn gerade mal nicht gelobhudelt wird, überwiegend durch unerfreuliche Publikationen auf sich aufmerksam: durch Bilder von zerstückelten Leichen, durch Fotos von Kinderpornographie. Auch durch strafrechtliche Ermittlungen gegen die linksextreme Zeitschrift *Radikal;* sie hatte im Netz zu Gewaltaktionen gegen namentlich genannte Personen aufgerufen und triumphierend einen versuchten Bombenanschlag auf eine Eisenbahnlinie geschildert.

Im Internet tummeln sich aber keineswegs nur Rechtsradikale und Linksextremisten. Auf allen Ebenen und in allen Winkeln herrscht Anarchie im weitesten Sinn. Die allfälligen Urheberrechtsverletzungen durch Publikationen von geschützten Texten sind zwar keine Besonderheit dieses Mediums – im Urheberrecht ist der Weltstandard noch niedrig. Aber wer haftet im Internet *international* für falsche Informationen, für den Mißbrauch von Daten? Ein zivilrechtlich oder gar strafrechtlich Verantwortlicher, der greifbar ist und den Schaden zu bezahlen hat, ist nicht zu finden. Es gibt keine Verträge wie etwa bei T-Online oder America Online AOL, die dem Netznutzer ein soziales Minimum abzwingen. Das Netz ist zu weit, im buchstäblichen und im übertragenen Sinn. Daß die EU jetzt eine Datenschutzrichtlinie erlassen hat, löst das Problem für das Internet nur regional. Rechtsverletzungen verlagern sich nach Übersee – technisch kein Problem.

Wer einen Computer an das Internet anschließt, muß sogar gewärtigen, daß sein Rechner als Tarnung für Angriffe auf andere Datenbestände benutzt wird. Jeder angeschlossene Rechner ist ein Angriffsziel für Internet-Piraten, egal wo sie sitzen. Deshalb schaltet zum Beispiel der Provider T-Online vor jedem Kontakt mit dem Internet eine Schrifttafel, auf der der Nutzer gewarnt wird. Solange der Austausch von Daten es möglich macht, daß Hacker, Betrüger und Absahner sich global in die Rechner und Dateien schleichen, solange sie Paßwörter und Geheimzahlen neben den persönlichen Daten von Usern herausfinden können, bleiben Betrugsmöglichkeiten beim Kreditkarteninkasso ebenso wie beim Abräumen von Konten. Vor kurzem warnten Internet-Fahnder alle Benutzer von Online-Diensten: Fünfmal in zwei Wochen waren nämlich Teilnehmer aufgefordert worden, ihre Codeworte samt Personalien oder gleich die Kreditkartennummer an die E-Mail-Adressen herauszugeben – angeblich, weil in den Zentralen deren Daten gelöscht worden seien. Mit so erschlichenen Codes können solche Täter wochenlang kostenlos durchs Internet surfen und mit der Kreditkartennummer buchstäblich mausen. Da wird evident, daß auch die Nutzer des Internet, wie alle anderen Bürger, vor weltweiter Kriminalität geschützt werden müssen.

In München gibt es eine Internet-Polizei, die jetzt mächtig gelobt wird. Doch wer die Berichte genau liest, sieht sofort, daß diese Beamten nur die unintelligenten Täter in Deutschland finden. Das Ausland erfordert Rechtshilfe und Demarchen, eine mühselige Sache. Die fleißige Münchener Medienpolizei ist jenseits der Grenzen ebenso machtlos, wie es das Mediengesetz sein wird. In den Berichten über das geplante Gesetz ist kaum ein Wort darüber zu lesen, daß alle diese Eingriffstätigkeiten insularen Charakter haben. Cyberspace ist, weltweit betrachtet, rechtlich unbeleckt, chaotisch, unseriös. Den rechtsstaatlichen Inseln läßt sich ausweichen. Jeder kann Daten anderer sammeln, speichern, verändern, auswerten, verknüpfen, gefälscht verbreiten. Mit globaler Verfolgung oder Strafe muß er nicht rechnen.

Die ergebnisarmen Mühen deutscher Behörden, dem Internet wenigstens ein bescheidenes rechtliches Rückgrat einzuziehen und jedenfalls in Deutschland Kriminalität zu verhindern und zu ahnden, nennt »das halbe Internet« (so die Internet-Zeitschrift *pl@net*) »german censorship«. Denn jene Provider, die im Zugriffsbereich einer Staatsanwaltschaft arbeiten, müssen deren Vorgaben oder Verbote beachten. Nichts charakterisiert besser als das Jammern der fernen Internet-User, daß die internationale Netzgemeinde ihre chaotische rechtliche Freiheit behalten will.

Gefährdet sind durch die Manipulationsmöglichkeiten des weltumfassenden Digitalverkehrs viele in jedem Einzelstaat gesicherten Rechte: das Recht auf Achtung und Schutz der privaten Sphäre, dabei besonders das Recht auf die Integrität der sexuellen Sphäre; das Eigentum, einschließlich der Kontodaten und Versicherungsnummern, der Paßwörter und Schlüsselzahlen; das Recht auf Dokumententreue, auf die Sicherheit, daß der genannte Urheber einer Urkunde auch der wirkliche Aussteller ist. Die geldwerten Rechte der Urheber und der Interpreten all der zahlreichen Texte und Kunstschöpfungen, die durchs Internet geistern, sind im Fall von Verletzungen nicht international zu schützen. Ohne Urheber jedoch leert sich eines Tages das schönste Internet. Die Internet-User sehen ein konsequentes Urheberrecht aber als Beschränkung ihrer Informationsfreiheit. Sie wollen nicht, daß jeder Klick Geld kostet.

Nach Presseberichten wurde 1995 in die Rechner des amerikanischen Verteidigungsministers 160000mal eingebrochen. Auch in die Rechner von Industrie, Banken und Versicherungen wird oft räuberisch eingedrungen. Wirtschaftsunternehmen versuchen, solche Vorfälle zu vertuschen, weil deren Bekanntwerden einen gewaltigen Vertrauensverlust verursachen kann. Wer bei solchen Sachverhalten seine Kreditkartennummer noch ins Internet eingibt, dem ist nicht zu helfen. Die großen Firmen haben inzwischen fast alle ihre Internet-Rechner von ihren inneren Computersystemen getrennt.

In dem juristischen Buch *Information Highway* wird die Breite der Problempalette deutlich: das 700 Seiten dicke Fachbuch pflegt in allen Sparten einen äußerst besorgten Ton, und offenbar zu Recht: Bundesjustizminister Schmidt-Jortzig sieht diesem Faktum so ins Auge, man müsse sich wohl oder übel von dem Gedanken verabschieden, im Internet deutsche Gesetze durchzusetzen.

Wer im Internet publizieren, Informationen austauschen, werben und verlautbaren will, ist verhältnismäßig gut bedient. Er kann das – mit gewissen Risiken, aber doch auch mit großer Wirksamkeit – tun. Er kann global vervielfältigen und kommunizieren. Marketing und Marktforschung haben durch das Internet gute Chancen – in den beschriebenen Grenzen. Multiplikation ist im Cyberspace hervorragend möglich. Doch wer individuell handeln will, wer ein Gewerbe treiben, einzelne Verträge abschließen, etwas verkaufen, Geld einzahlen oder einnehmen will, bleibt ebenso ohne weltweiten Rechtsschutz – ohne effektive rechtliche Fürsorge durch den Staat als traditionellen Schutzgeber – wie der Urheber oder wie der Inhaber einer Datenbank oder wie der zufällige Betrachter pornographischer oder verbrecherischer Botschaften. Der individuell Gewerbetreibende weiß nicht einmal, ob sein Gegenüber eine digitale Maske oder eine real identifizierbare Person ist.

Wer rasch und global Industriepläne, vertrauliche Schriften oder geheime Produktionsunterlagen transportieren will, kann die Weite und Schnelligkeit des Netzes nicht ausnützen, weil ihm die Konkurrenz oder Abkupferer auf die Finger schauen können. Weder die Form bestimmter Geschäfte, etwa die notarielle, ist im Netz zu wahren, noch sind Unterschriften individuell und einmalig zuzuordnen. Das Digitalisierte ist antiindividuell, formfeindlich, ja beliebig, jedenfalls alles andere als fälschungssicher. Doch wer eine Notarurkunde hinterherschicken muß, begibt sich der Vorteile des Netzes: Er kann das Geschäft gleich auf die herkömmliche Weise tätigen.

Für dieses Problem gäbe es eine Lösung: Verschlüsselung. Wären die Information, die Unterschrift unter einem Vorgang, die Zeichnung, der Vertrag verschlüsselt, könnte die Nachricht über das Internet durchaus die üblichen Dutzende von Verteilerstellen und Vermittlungsknoten passieren, ohne im geringsten geändert zu werden. Kein Systemverwalter, kein Hacker, kein Geheimdienst und kein Konkurrent könnte diese Informationen lesen oder verändern. Keine E-Mail könnte in betrügerischer Absicht mit einer falschen Absenderadresse weitergeleitet werden. Die Verschlüsselung stellte also eine wirksame Antwort auf die Frage der Datensicherheit im Internet dar. Kryptographie würde das Netz seriös machen.

Aber die Verschlüsselung wird durch Regierungen wichtiger Staaten verhindert. Die Amerikaner etwa halten Datenverschlüsselungsprogramme immer noch für Waffen des Kalten Krieges und verbieten den Export. Auch die Verschlüsselung von Daten selbst sehen sie als potentielles Werkzeug von Terroristen und durchaus als Kommunikationsmöglichkeit für internationale kriminelle Banden, die sie deshalb verbieten.

In Deutschland gibt es noch keine Beschränkungen, ebensowenig in der EU, aber auch in Europa wächst die Furcht vor mafiosen Organisationen, vor deren kriminellem Bedarf an verschlüsselter Kommunikation und Verbrechensplanung, dem nur durch ein absolutes Verbot der Kryptifizierung zu begegnen wäre. Keine Polizei und kein Geheimdienst kommt nämlich an verschlüsselte Internet-Botschaften heran – ein Alptraum für die staatliche Kontrolle und Strafverfolgung. Dies wiederum ist ein für das Internet ungünstiges Faktum. Denn allen Staaten fällt vermutlich die kommende Abwägung zwischen der Authentizität und Brauchbarkeit des Internet einerseits und der Möglichkeit staatlicher Kontrolle und Aufsicht über ihren Teil des Internet andererseits leicht: Sie werden zugunsten ihres staatlichen Interesses entscheiden. Damit wäre das Internet als seriöses Medium erledigt.

Es gibt ein monströses Beispiel für diese Perspektive – hier in unserem Land. Es ist das neue Telekommunikationsgesetz. Seit 1. August 1996 in Kraft, räumt das Gesetz nach und nach der Überwachung, der Zensur und der staatlichen Sammlung von Bürgerdaten Möglichkeiten ein, die jedem Datenschutz ins Gesicht schlagen und eine befremdliche Überreaktion auf die Probleme der Telekommunikation darstellen. Das Gesetz schafft so ganz nebenbei im Jahr 1997 eine Regulierungsbehörde, die *geheime* Zugriffsmöglichkeiten auf die User-Daten aller Telekommunikationsanbieter hat. Der Anbieter ist verpflichtet, diese Daten für die Geheimabfrage des Staates zu sammeln und bereitzuhalten. Ohne daß es dieser Provider merkt, holt sich die staatliche Kontrollbehörde auf Bitten der Polizei, der Staatsanwaltschaft oder eines Geheimdienstes die persönlichen Daten der Anrufer aus der Box.

Den Datenverkehr im Internet kann der Staat nicht einsehen. Einer Umformung des Netzes in ein seriöses Medium durch Kryptographie und Verschlüsselung widersetzt er sich. Die zahlreichen strafbaren Handlungen kann er nicht verhindern oder verfolgen. Aber die Kundendateien darf er bald heimlich abrufen – eine unglaubliche Verfehlung gegen das Datenschutzurteil des Bundesverfassungsgerichts und ein billiger Aktionismus auf Kosten der Bürgerrechte. Nur ein einziger Datenschutzbeauftragter hat gegen diese Monstrosität protestiert.

Wenn die zahlreichen skizzierten Probleme des Internet nicht gelöst werden – und es sieht nicht danach aus –, werden die Interessenten einer seriösen, gesetzmäßigen weltweiten Netzeinrichtung sich zusammentun, die positiven Erfahrungen des Internet beherzigen und ein Netz mit hohen Abwehrtechniken – digitalen Stacheldrahtzäunen – installieren, eine Abspaltung vom Internet. Sondernetze und unverbundene neue Bereiche werden den Zerfall des Internet beschleunigen. Das heutige Internet ist nur ein glitzernder Organismus ohne rechtliche Güte, ohne kulturelle Bonität.

Fairer Handel, kalter Kaffee?

Zur neuen Symbiose von Kommerz und Moral

Von Hans-Olaf Wiesemann

»Fair gehandelter Kaffee« ist inzwischen überall anzutreffen: auf Wohltätigkeitsbasaren der Kirchen, zwischen Indiomütze und selbstgebackenem Kuchen ebenso wie in den Regalen der Großverteiler. Selbst in manchem Café soll man bereits die Wahl zwischen fair und weniger fair gehandeltem Kaffee haben. Das Geschäft gedeiht: 1993 eingeführt, konnte man wenige Monate danach dem Bundespräsidenten Richard von Weizsäcker bereits das einmillionste Päckchen überreichen. Bis Ende 1996 hat man bereits 25 Millionen Pfund Kaffee verkauft, die Tendenz ist weiter steigend. Das Sortiment umfaßt inzwischen Tee,

Schokolade und Honig; weitere Kolonialwaren wie Bananen sollen hinzukommen. Ganz anders als beim Nicaragua-Kaffee, der den sozialrevolutionären Geruch nie los wurde (und auch qualitativ nicht befriedigte), greifen diesmal die bürgerlichen Käufer zu.

Was hat es mit dem fair gehandelten Kaffee, ökonomisch gesehen, auf sich? Ist es als Einbruch der Irrationalität zu werten, daß Konsumenten bewußt zu teurerem Kaffee greifen, anstatt zum Päckchen rechts daneben? Kann man dies als Anzeichen eines zunehmenden Gewichts der Ethik in der Wirtschaft deuten, als das Heraufziehen einer neuen Konsumentenmoral, die die Wirtschaft zu einem neuen, fairen Umgang mit Mensch und Umwelt veranlaßt?

Fairer Handel ist zweifellos eine »gute Sache«, wie die Organisatoren betonen, schon allein wegen der guten Absichten – und damit jeder Kritik entzogen?

Seit einigen Jahren verleihen die Organisationen Max Havelaar-Stiftung (unter anderem in Holland und der Schweiz) und TransFair e.V. (in Deutschland) Gütesiegel für fair gehandelte Kolonialwaren. Die aus dem kirchlichen und sozialdemokratisch-gewerkschaftlichen Umfeld gestützten Organisationen treten dabei nicht als eigentliche Verkäufer auf, sondern beschränken sich auf das Lizenzieren und Kontrollieren von Standards, die einen fairen Handel sicherstellen sollen. Wichtigstes Element dieser Standards ist dabei das Preisschema: Ist der Weltmarktpreis unterhalb eines existenzsichernden Mindestpreises, dann wird den Kleinbauern dieser Mindestpreis bezahlt. Liegt der Weltmarktpreis darüber, so wird er bezahlt (mit einem kleinen fixen »Entwicklungsaufschlag« von 5 Cent pro Pfund). Dieser Mindestpreis orientiert sich an Produktions- und Lebenshaltungskosten in den Drittweltländern und hat per definitionem nichts mit der aktuellen Marktsituation zu tun.

Welche ökonomischen Konsequenzen hat ein solches Preisschema? Sind die Kaffeeweltmarktpreise tiefer als der TransFair-Mindestpreis (und das war in den vergangenen Jahren meist der Fall), dann ergeben sich daraus folgende Anreize für die Kleinbauern: Wenn sie bereits Produzenten des fair gehandelten Kaffees sind, wollen sie mehr Kaffee produzieren und an den Abnehmer verkaufen, weil damit Umsatz und Gewinn steigen. Obwohl also bereits zuviel Kaffee produziert wird, soll noch mehr auf den Markt geworfen werden. Geht TransFair auf diesen Wunsch ein, so führt das bei konstanter Nachfrage nach fair gehandeltem Kaffee zu einer Senkung des Mindestpreises, wenn weiterhin der gesamte Kaffee abgesetzt werden soll.

Für Kaffeebauern besteht natürlich ein erheblicher Anreiz, TransFair-Produzent zu werden. Geht TransFair auf diesen Wunsch ein, so führt das bei konstanter Nachfrage in den Verbraucherländern ebenfalls zu einer Senkung des Mindestpreises. Gleichzeitig wird die – insgesamt marginale – Menge dieser Kleinbauern vom Weltmarkt genommen, so daß der Weltmarktpreis – ebenfalls marginal – steigen dürfte. Durch das vorteilhafte Preisschema werden schließlich auch noch Produzenten anderer Güter zum Kaffeeanbau animiert. Auch hier sind die beschriebenen preissenkenden Effekte auf den Mindestpreis zu erwarten, sobald sich TransFair für Beitrittswünsche der Kleinbauern offen zeigt.

Halten wir fest: Obwohl schon viel zuviel Kaffee angebaut wird und der Weltmarktpreis unter dem Existenzminimum liegt und Kaffee nicht kostendeckend produziert werden kann, führt das TransFair-Preisschema noch zur Stimulierung des Kaffeeanbaus. Die Marktkräfte erzwingen dann, daß TransFair den Mindestpreis für Kaffee senkt, um die größere Menge in den Industriestaaten unterzubringen. Damit trägt das Preisschema, das sich gegen die Marktkräfte stemmt, den Keim des Widerspruchs in sich.

Nun hat TransFair ein Mittel in der Hand, wie es diesen Preisverfall verhindern kann: Es kontingentiert die Absatzmengen und läßt nur dann neue Produzenten in den exklusiven Kreis der TransFair-Bauern eintreten, wenn dem eine größere Nachfrage für fair gehandelten Kaffee in den Industriestaaten gegenübersteht. TransFair muß also um des Mindestpreisschemas willen eine Privilegierung von einigen Produzenten vornehmen. Wie dieses Zuteilungsproblem gerecht gelöst werden soll, bleibt schleierhaft. Die vermeintliche Fairneß des Preises führt zur Unfairneß bei der Lizenzierung potentieller Produzenten; der Wunsch nach Gerechtigkeit gebiert neue Ungerechtigkeit. Die Zuteilungsmacht von TransFair in der Dritten Welt dürfte nicht unerheblich sein; das daraus folgende »divide et impera« durch TransFair gemahnt an längst überwunden geglaubte koloniale Zeiten. Auch damals wurde nicht so selten aus guten Absichten heraus Macht ausgeübt.

Man könnte das Zuteilungsproblem auch elegant umgehen, wenn man TransFair-Lizenzen an die meistbietenden Produzenten versteigerte, aber Marktlösungen sind TransFairs Sache nicht. Damit kommen wir zum Kernproblem, zum gestörten Verhältnis von TransFair und dem Marktmechanismus. Welche Ideen liegen dem Nicht-Marktpreis, dem existenzsichernden Preis zugrunde, den TransFair seinen Produzenten bietet?

Der Preis soll keineswegs Angebot und Nachfrage in Einklang bringen, sondern die Produktionskosten decken, das heißt die Kosten des Kapitals und der Arbeit. John Duns Scotus vertrat die Auffassung, daß der gerechte Preis den Kosten inklusive normalem Gewinn zu entsprechen habe. Dieser Auffassung entspricht das Konzept des fairen Preises für Kaffee, eine Idee, die gerade bei ökonomischen Laien Anklang findet.

(Allerdings waren die Ansichten von Duns Scotus selbst im Mittelalter eine Minderheitsmeinung; Thomas von Aquin und mit ihm die große Mehrheit der scholastischen Gelehrten setzte den gerechten Preis dem Marktpreis gleich. Übrigens taucht in der Ideengeschichte der Gedanke, daß die Produktionskosten den Wert eines Gutes bestimmen, an prominenter Stelle wieder auf: in der Arbeitswertlehre von Karl Marx.)

Das Preisverständnis der Moderne geht von einer ganz anderen Auffassung aus. Der Preis dient einzig und allein dem Ausgleich von Angebot und Nachfrage, er bringt die angebotenen und die nachgefragten Mengen in ein Gleichgewicht. Der Preis vermittelt den Produzenten die Information, ob es lohnend ist, ein bestimmtes Produkt vermehrt oder vermindert herzustellen. Der Preis dient der effizienten Verteilung knapper Ressourcen auf die Zwecke, die die Verbraucher wünschen. Diese moderne, rein positive Definition des Preises wird von TransFair negiert, wenn ein Preisschema auch dann noch die Produktion anregt, obwohl sowieso schon zuviel hergestellt wird, obwohl, ökonomisch gesprochen, Ressourcen vergeudet werden, indem eine nicht kostendeckende Produktion noch weiter angekurbelt wird – und den Preis dadurch noch mehr drückt.

Bisher wurde nur die Seite des Produzenten und Anbieters betrachtet. Wie steht es mit dem Konsumenten? Ist die Wahl eines teureren Produktes bei vollkommen gleicher Qualität ein Zeichen für Irrationalität beim Konsumenten? Es gibt Konsumenten, für die spielt es keine Rolle, ob der Kaffee aus fairer oder weniger fairer Produktion kommt. Lediglich Eigenschaften wie Frische, Geruch, Geschmack, Verarbeitungsqualität, Verpackung etc. sind für sie von Bedeutung. Für andere Konsumenten ist die Frage des fairen Handels dagegen eine wichtige Zusatzeigenschaft, für die sie auch mehr auszugeben bereit sind. Für sie hat dieser Kaffee »ethischen Mehrwert«, ein Zusatznutzen, der sich in Geld bewerten läßt. Für sie hat das Gut noch eine weitere Eigenschaftsdimension, die seinen Gesamtnutzen erhöht. Für die »ethische Qualität«, die »altruistische Aura« oder den »moralischen Wert« des Kaffees ist man bereit, mehr zu bezahlen. Der Zusatznutzen ist für diese Konsumenten so groß, daß sie den fair gehandelten Kaffee dem normalen vorziehen.

Daß sich die Konsumenten dabei völlig rational verhalten, veranschaulicht folgender Gedankengang: Angenommen, die Preisdifferenz vom fairen zum unfairen Kaffee, die Altruismusprämie, betrage nicht eine, sondern zehn Mark: Dann wird es immer noch einige Konsumenten geben, die diesen »superfairen« Kaffee kaufen. Aber es sind bedeutend weniger als zu heutigen Bedingungen, weil der altruistische Zusatznutzen für die meisten TransFair-Konsumenten zwar größer als eine, aber doch geringer als zehn Mark ist.

Dabei ist der Altruismus der Verbraucher keineswegs wahllos, sondern konzentriert sich auf ganz bestimmte Objekte der Wohltätigkeit. Die Verbraucher kaufen ihren fair gehandelten Kaffee beim Großverteiler und nicht etwa im teuren Tante-Emma-Laden. Demzufolge wollen die Konsumenten keine Altruismusprämie dafür zahlen, daß der Inhaber des Tante-Emma-Ladens ein existenzsicherndes Einkommen erzielt: In diesem Fall ist für den Verbraucher der altruistische Zusatznutzen offenbar allzuklein, wenn überhaupt erkennbar. Betroffenheit nimmt bekanntlich mit der Entfernung des Bedürftigen zu. Deshalb wird der fair gehandelte Kaffee den Bedürfnissen der Konsumenten nach Altruismus viel besser gerecht, und die Wachstumsraten des Geschäfts zeigen, daß es sich um eine Marktlücke handelt. Außerdem trägt der fair gehandelte Kaffee zu einer weiteren Rationalisierung des Spendens bei; Kommerz und Wohltätigkeit gehen eine bis dahin nicht gekannte Symbiose ein, die gerade durch ihre Vermengung zum Markterfolg wird. Kaufen und Spenden verschmelzen zu einem Akt.

Leider korrespondiert die Fortschrittlichkeit und Rationalität des Produkts für den Verbraucher nicht mit der des Lizenzgebers TransFair. Mit seinem Rückgriff auf mittelalterliche ökonomische Denktraditionen mag er zwar der gegenwärtigen Ablehnung der als kalt und abstrakt empfundenen Moderne durchaus entgegenkommen. Ob dieser Ansatz, wie er vorgibt, das Potential für die Beseitigung der Probleme hat, muß bezweifelt werden. Eher verschärft er die Probleme noch, die er lösen will. Da die Ideen von TransFair bisher nur in relativ kleinem Rahmen verwirklicht wurden, hat das Preisschema keinen spürbaren Einfluß auf den Weltmarkt. Aber schon heute diskriminiert TransFair Kleinbauern und trennt sie in solche, die zu privilegierten Preisen verkaufen, und solche, die nicht der überhöhten Preise teilhaftig werden.

Vielleicht ist der Verkauf von fair gehandeltem Kaffee auch eher als eine symbolische Reaktion zu verstehen gegen die anonymen und ambivalenten Kräfte des Weltmarktes, bei der ebensoviel Zusatznutzen durch Sinnstiftung in den Erstweltländern entsteht wie durch Existenzsicherung in der Dritten Welt. Die Kosten für diese Form des Altruismus und die Moralisierung der Wirtschaft halten sich durchaus in Grenzen. Ob die Konsumenten bereit sind, substantiell mehr für Produkte zu bezahlen, die auf Mensch und Umwelt mehr Rücksicht nehmen, darf bezweifelt werden. Die Nachfrage etwa nach dem Auto, einem ethisch prekären Gut, das die Umwelt schädigt und jedes Jahr Tausenden von Menschen das Leben kostet, ist ungebrochen. Dies zeigt, wie weit die ethische Verantwortung der meisten Verbraucher geht. Vielleicht erklärt den Erfolg von TransFair am ehesten, daß der Kauf von fair gehandeltem Kaffee eine kostengünstige Form der Katharsis jenes normalen Konsumverhaltens darstellt, das auf Mit-, Um- und Nachwelt kaum Rücksicht nimmt.

Schöner Scheitern

Notizen zur Berliner Ökonomie

Von Harry Nutt

Das Wort Pleite verweist unmittelbar auf den Kontext von Fortbewegung. Im Rotwelsch bezeichnete es Zahlungsunfähigkeit, Reinfall und Bankrott. Es geht zurück auf das hebräische *peleta* (jiddisch: *pleto*), das mit Flucht und Entrinnen zu übersetzen ist. Die Bedeutungsentwicklung von der Pleite zum Bankrott, heißt es im etymologischen Duden, hat ihren Grund darin, daß sich der zahlungsunfähige Schuldner vor seinen Gläubigern nur noch durch plötzlichen Entzug retten konnte. Tatsächlich folgt auf die mißglückten Großspekulationen in der Finanzwelt beinahe zwangsläufig die Flucht. Neben der Angst vor juristischer Verfolgung beherrscht sie die Scham über ihr Versagen, die Pleite geht einher mit dem sozialen Gesichtsverlust. Um der Verhaftung zu entgehen, tarnte sich der Bauunternehmer Schneider mit dem Habitus des Touristen. Statt des gepflegten und bestimmten Auftretens eines Geschäftsmanns, der sich überall und schnell zurechtfindet, Freizeitlook und die gewisse demonstrative Tapsigkeit des Fremdseins. Nick Leeson, der die britische Barings Bank in den Ruin getrieben hatte, kam auf dem Frankfurter Flughafen, wo er mit seiner Verhaftung rechnen mußte, in Shorts an. Am Ende gibt sich der Versager die Blöße. Zum Prozeßbeginn trug Jürgen Schneider zwar wieder einen maßgeschneiderten, hellbraunen Zweireiher, verzichtete aber auf sein lächerliches Toupet. Die Glatze war noch immer gut gebräunt. So erschien er vor Gericht wie bei seiner Festnahme als Freizeitler, kombiniert mit der Würde seines früheren Habitus.

Der Unternehmer N. ist nach seiner Geschäftspleite nicht geflohen, obwohl sich sein Bewegungsradius deutlich verkleinert hat: Ein staatsanwaltschaftliches Verfahren wegen Untreue wurde eingeleitet, und seinen roten Sportwagen trat er an einen Gläubiger ab. Nach einigen Jahren als angestellter Kaufmann hatte N. eine vergleichsweise sichere Existenz aufgegeben und seine Ersparnisse in einen eigenen Verlag investiert, in dem er unter anderem eine Zeitschrift über amerikanische Sportarten herausbrachte. Baseball und Football, wofür er sich begeisterte, würden irgendwann in Deutschland populär werden, und dann gälte es, bei den verschiedenen Vermarktungsmöglichkeiten die Finger im Spiel zu haben: die eigene Zeitung als Verbindung von Hobby und Beruf.

Das entwickelte sich zunächst nicht einmal schlecht. Football fand in den Medien immer stärker Beachtung. Großunternehmen wie der Büroartikelhersteller Herlitz sponserten Profimannschaften, und der Unternehmer N. pflegte internationale Kontakte. Er erwies sich als eloquenter Kommunikator und gewann Partner für sein Zeitungsprojekt. Einer war die Druckerei, die das Blatt herstellte und durch die Beteiligung einen langfristigen Druckauftrag sicherstellen wollte. Doch bald entstanden Liquiditätsprobleme, die nicht mehr zu kaschieren waren. Auch die Druckerei geriet in Schwierigkeiten und wurde von einem norddeutschen Zeitungsverlag übernommen. Der neue Geldgeber betrachtete die Auflagenentwicklung des kleinen Sportblatts kritisch: keine langfristige Perspektive, lautete das knappe Urteil, die weitere Investitionen rechtfertigen würde. Trotz der narzißtischen Kränkung, die die Beurteilung der Marktchancen seines Projekts bedeutete, gab N. nicht sofort auf. Er pumpte kurzfristig Geld aus anderen Gesellschaften, an denen er beteiligt war, in sein Lieblingsobjekt und handelte mit dem Großverlag Tilgungsmodalitäten für die angelaufenen Schulden aus. Insgeheim war er stolz darauf, mehr als eine Viertelmillion Mark ohne Sicherheit, Bürgschaft und Eigenkapital von der Druckerei bekommen zu haben. Das konnte den Konkurs seines Verlages schließlich aber nicht aufhalten. N. zahlte seinen acht Angestellten nach Kräften bis zuletzt die Gehälter und gab dann eine eidesstattliche Versicherung ab, die Forderungen nicht mehr begleichen zu können.

Mittlerweile hofft N. auf bessere Zeiten. Fehler gesteht er ein. Aber eine Zeitung über amerikanische Trendsportarten hält er noch immer für erfolgversprechend. N. hat bereits neue Ideen. Der Versuch mit dem Aufbau einer Horse-Sharing-Agentur, einer Art Rennpferde-Vermittlung, scheiterte vorerst am Fehlen entsprechender Investoren, die ungefähr 200000 Mark in das Projekt als Vorausleistung hätten einbringen müssen. Unternehmer N. ist vom Gelingen dieses Vorhabens restlos überzeugt.

Eine Geschichte wie diese ist für den Journalisten Helmut Höge ein klarer Fall von Berliner Ökonomie, und das nicht, weil der Konkurs mit Gerichtsstand Berlin-Charlottenburg abgewickelt wurde.[1] Die Idee allen Handels ist ja die Überschreitung von Grenzen zum vielfältigen Äquivalententausch – kein Geschäft, das nicht auf Globalisierung aus wäre. Die als episodische Erzählung und in Fallbeispielen skizzierte Berliner Ökonomie kann als Gegenzauber und Karikatur zum viel beschworenen Gespenst der Globalisierung gelesen werden. In ihr reihen sich Geschichten und Formen lokalen Wirtschaftens aneinander, die einer eigentümlichen Ökonomie des Scheiterns folgen. Wirtschaftliches Mißlingen dieser Art ist kein tragisches, das dem handelnden Subjekt fortan jegliche Bewegungsmöglichkeit rauben würde. Aus der erlittenen Pleite, die keineswegs nur geschäftlicher Art sein muß, erwachsen vielmehr neue Kräfte für das nächste Unternehmen. Unter Berliner Ökonomie verstehen ihre Entdecker ein Scheitern aus Prinzip, das neue Energie freisetzt, Mißlingen als Schmiedestätte für Kontingenz. Auf besondere Weise scheint diese skurrile Form wirtschaftlicher Aktivität an Berlin gebunden, die Hauptstadt gescheiterter Existenzen.

Aufgrund seiner geopolitischen Lage genoß der Wirtschaftsraum Berlin nicht erst seit Ende des Zweiten Weltkriegs eine Sonderstellung. Das ist, so Höge und Freunde, nicht ohne Folgen geblieben. Berlin habe schon immer in großer Zahl Versager und Verlierer angezogen. Aber die Abwanderung von Facharbeitern nach dem Mauerbau wurde vor allem durch den Zuzug junger Leute kompensiert, die kamen, um sich nicht zuletzt der Einberufung zur Bundeswehr zu entziehen. Ihre Verweigerung entzog ihnen Bewegungsfreiheit und beschränkte sie auf eine lokale Ökonomie: Sie immatrikulierten sich an der Freien Universität und versuchten, mit kleinen Geschäften über die Runden zu kommen.

Berlin ist seit jeher ein gutes Pflaster für Schattenmärkte aller Art. Das zeigte sich 1989 sofort nach der Wende, als vor dem Bahnhof Zoo ein illegaler Geld- und Warenumschlagsplatz florierte. Was die Sozialwissenschaften distanziert als Transformationsprozeß beschreiben, vollzog sich in Berlin unmittelbar durch permanente Austauschverhältnisse, vom Polenmarkt bis zum illegalen Zigarettenverkauf durch vietnamesische Händler. Auch wenn die offiziellen Prognosen anders lauteten, war von wirtschaftlicher Inaktivität keine Spur. »Für jeden Produktionsbetrieb«, schreibt Höge, »der geschlossen oder ins Umland verlagert wird, werden derzeit zwei neue Puffs in der Stadt eröffnet. Und in den *BZ*-Stellenanzeigen gibt es an manchen Tagen beinahe mehr offene Stellen in Nachtbars, Massagesalons, Sex-Bars, Sauna-

[1] Helmut Höge, *Berliner Ökonomie, Prols und Contras.* Berlin: Basisdruck 1997; siehe auch Kapielski und Freunde, *Der einzige und sein Offenbarungseid oder Verlust der Mittel.* Berlin: Karin Kramer 1994.

Clubs und in duften Teams (die auf Haus- und Hotelbesuche spezialisiert sind) als in anderen Rubriken für Frauenberufe.«

Kein Indiz also dafür, daß durch die Verzögerung des Hauptstadtumzugs von Bonn nach Berlin die Kapitalströme ins Stocken geraten sind. Sie haben sich nur andere Wege gesucht. Die Treuhand, so die verbreitete Lesart, inszenierte als Großbetrieb der Berliner Ökonomie zahlreiche Feste systematischen Versagens. »Man ist leicht geneigt«, schreibt Höge, »dies in der allgemeinen Siegeslaune des Westens für ein Manko Berlins bei seiner Metropolen-Werdung zu halten. Das Gegenteil ist der Fall.« Tatsächlich hat keine deutsche Stadt so ausgeprägte Formen des sich Durchwurschtelns hervorgebracht wie Berlin. Das subkulturelle Wirtschaften lokaler Szenen – Trödelmärkte, Bioprodukte und Zweite-Hand-Geschäfte – entsprach dabei insgesamt dem Profil des subventionierten Wirtschaftsstandorts. Durch ihre Insellage war die Stadt einerseits ein Biotop für das Entstehen geschlossener Märkte und alternativer Lebensformen, andererseits ein geeigneter Testmarkt für die Neueinführung von Produkten aller Art. Die Finanzwelt macht sich das bis heute nicht weniger zunutze als die verschiedenen Formationen der Subkultur.

Erst kürzlich wurde in Berlin mehr oder weniger unbemerkt die Akzeptanz des Euros als zukünftiges Zahlungsmittel getestet, während sich in Kreuzberg Versuche halten, das Zahlungsmittel des Knochens zu etablieren, ein Kunstprojekt, mit dem der Zinswucher der Banken symbolisch und eben auch ein bißchen praktisch bekämpft werden soll. Eine Prise Marx mit Keynes und Dada. Immer wieder entstehen darüber hinaus lokale Arbeitskrafttauschsysteme, in denen die Kunst des Fahrradflickens gegen Brotbacken und Wohnungsputz aufgeboten wird. Die Berliner Ökonomie unterhält eine mythische Verbindung zur Zirkellogik des Schwarzmarkts der Nachkriegszeit. Sie folgt, so führen die Autoren mit spürbarer Sympathie für alle Formen des Verlierens vor, einem psychischen Schema kalkulierten Verlusts, das Batailles Theorie der Verschwendung nicht unähnlich ist. Das Funktionieren der Stadt basiert auf dem Prinzip eines permanenten Energieverlusts; wahrscheinlich geht etwas schief, aber gerade das entfesselt neue Qualitäten.

Die Berliner Ökonomie ist ein investiver Potlatsch, ein umgedrehter Parasitismus. Und sie ist ein Kunstprodukt ihrer Erfinder sowie ein literarischer Beitrag zur Wirtschaftsforschung. Höge ist ein Romantiker der Großstadt. Wie in der utopischen marxschen Gesellschaft soll jeder alles können oder sich wenigstens an allem versuchen. Partielles Scheitern ist kein Grund, nicht trotzdem weiterzumachen. So versteht sich der Berliner Künstler und Autor Thomas Kapielski, der den Begriff der Berliner Ökonomie mitgeprägt hat, mit experimentell einigermaßen bewiesenen Formeln wie »Einfallspinsel = Ausfallspinsel« auch gern als Hobby-Mathematiker.

Die Berliner Ökonomie beschreibt lokales Wirtschaften nicht vom Geldfluß her, sondern als Akteursfiktion. Es geht um die hohe Kunst, zu Rande zu kommen. Eine zentrale Person in Höges Buch ist Hanns-Peter Hartmann, in dessen wechselvoller Biographie alle Eigenschaften des typischen Akteurs der Berliner Ökonomie enthalten sind: hohe Intelligenz und Ideenreichtum, Aufmüpfigkeit und Aktionismus, Starrköpfigkeit und eine unbändige Lust am alltäglichen Chaos. »Als Kind viermal die Schule gewechselt, dann Erziehungsanstalt und drei psychiatrische Heime: So ging das los.« Hartmann lernte Schweine- und Rinderzucht, arbeitete einige Zeit als Melker, begann ein Hochschulstudium und verdiente nach dem Wehrdienst bei der NVA sein Geld wieder als Melker. Bis zur Wende arbeitete er in der Berliner Batteriefabrik Belfa. Was den Stoff für eine proletarische Vorzeigebiographie des DDR-Sozialismus hätte abgeben können, führte bei Hartmann meist nur zu Reibereien mit dem Staatsapparat. Seine Unfähigkeit zur Anpassung machte ihn wiederholt zum Interessenvertreter seiner Kollegen. Dabei war Hartmann nie politischer Anführer oder konsequenter Dissident. Mit verausgabungsfreudiger Beharrlichkeit verstand es Hartmann, sich auf die Nichtigkeiten des Alltags zu konzentrieren, was sich in der DDR allerdings zu Staatsaffären auswachsen konnte.

Hartmanns Biographie, die nach landläufigen Karrieremustern als Verschwendung von Talenten angesehen werden kann, führte ihn schließlich in den Deutschen Bundestag, wo er für die PDS am 14. März 1996 seine Antrittsrede hielt, die ihm nach eigener Einschätzung aufgrund großer Nervosität aber mißlungen ist. Einer wie Hartmann gibt bei aller offensichtlichen Neigung zum privaten Chaos und zu oppositionellen Haltungen dennoch so etwas wie den idealen Repräsentanten der neuen Selbständigkeit ab, wie ihn Bundeskanzler und -präsident derzeit präferieren. Er ist überdurchschnittlich intelligent, sich zu nichts und keiner Arbeit zu schade und verfügt über ein hohes Maß an Wechselkompetenz, in der der risikobereite Wirtschaftsbürger der Zukunft unbedingt ausgebildet werden muß.

Der Typus, wie ihn die Autoren der Berliner Ökonomie vorfinden und mit weitschweifigem Projektwillen entwerfen, ist mit einer Figur verwandt, die im 18. Jahrhundert ein gesellschaftlich weitgehend verachtetes Gegenbild zum rational rechnenden Kaufmann abgab. »Projectenmacher«, heißt es in *Zedlers Universal Lexicon Aller Wissenschaften und Künste* von 1741, »heissen insgeheim diejenigen, welche den Leuten dieses oder jenes Project, davon sie sich vor die Erfinder ausgeben, entdecken, und sie zu deren Ausführung unter scheinbahren Vorstellungen eines daraus zu erwartenden grossen Gewinnstes anermuntern.« Der Projektmacher verfolgt nicht ein Projekt, er macht in Projekten und zieht damit immer wieder den bürgerlichen Zorn auf sich, auch wenn sein Unternehmen nicht umgehend als Betrugsversuch zu enttarnen ist. In Frankreich nannte man die Spezies des Projektmachers »donneurs d'avis«. »Unter ihnen findet man die verkannten Erfinder«, zitiert Werner Sombart, »die Romantiker der Tat, die unruhigen und feinorganisierten Gehirne, Bankrotteurs mit einem möglichst düsterm Hute auf dem Kopfe, Bohemiens, die aus der Bourgeoisie entwischt sind, und nun gern wieder hinein möchten, kühne und auskunftsreiche Leute, die ihr Brot im Rauch der Garküche verzehren, wenn der Gimpel, den man rupfen wollte, sich nicht eingestellt hat, schmutzige Abenteurer, die im Kot auf der Straße oder in der vergoldeten Haut eines großen Finanziers enden.«

In seinem Essay *Der Projektmacher* (*Ästhetik und Kommunikation,* Nr. 65, 1989) zeigt Georg Stanitzek, daß dies eine Figur der bürgerlichen Aufklärung ist, von dieser letztlich aber abgewehrt wird. Er verkörpert eine »unmögliche« moderne Kategorie. Die durchaus verheißungsvolle Option des Projektmachers, ganz auf den okkasionellen Augenblick abzustellen, ist vom Bürgertum der Frühaufklärung ausgeschlagen worden. »Es identifiziert im weiteren Verlauf der Aufklärung den politisch verfahrenden Menschen als den Inbegriff von Charakterlosigkeit. Er wird zur bevorzugten Zielscheibe einer moralischen Kritik alles Politischen, in der sich ... das Bürgertum der Aufklärung gefällt. Der Projektmacher erscheint vor diesem Hintergrund als der eigentliche - und damit verwerfliche - Erbe privatpolitischer Verhaltenstechniken. Gelegenheiten für Projekte zu suchen und Projekte auf Gelegenheiten zuzuschneiden, macht ja seine Ratio aus und verhilft ihm zu jener extremen Beweglichkeit, welche den - relativ dazu - konservativen Beobachtern seines Treibens zur Zumutung wird.«

Für den Projektmacher gehört das Scheitern seiner Unternehmung immer schon mit zur Versuchsanordnung, wie sein Wirtschaftshandeln einen subversiv experimentellen Charakter nicht verhehlen kann. Ebenso bei den Protagonisten der Berliner Ökonomie, die sich zumeist nicht aus den klassischen Eliten rekrutieren und nur selten an Wirtschaftsfachhochschulen ausgebildet werden. Man trifft sie bisweilen auf den harten Bänken des Sozialamts und in ABM-Projekten, bisweilen aber auch in gehobenen Leitungspositionen. Für ihre Aktivitäten gibt es strenggenommen kein oben und unten. Ihre Gerissenheit paart sich oft mit einer kunstvollen Fehleinschätzung ökonomischer Vernunft und Realität. Diese grundsätzlich zu bestreiten, ist eine Basisannahme der Berliner Ökonomie. Hans-Jürgen Schmolcke zum Beispiel, in den späten sechziger Jahren Bremer Politaktivist und Hausbesetzer, dann Schiffselektriker und Druckereibesitzer in Brasilien, kaufte von der Treuhand-Außenstelle Potsdam die Firma Rathenower Anlagenbau (RAB). Dort wurden seit der Wende von etwa 70 Mitarbeitern vor allem Flüssiggasbehälter hergestellt. Schmolcke steckte viel Liebe und Geld in die Entwicklung von Container-Brauereien, eine Art Biererzeugung für den Hausbedarf. Den späteren Konkurs des Unternehmens begründete Schmolcke mit Schwierigkeiten, die die Treuhand wegen einiger Privatisierungsmodalitäten gemacht hätte. Neue Projekte stehen aber schon an. Weil er sich nicht lange mit paranoiden Verschwörungstheorien aufhält, bleibt der Berliner Ökonom handlungsfähig.

Die Kehrseite des subkulturellen Wurschtelns der Berliner Ökonomie hat der Journalist Mathew D. Rose in einer umfangreichen Recherche zu Berliner Politik- und Wirtschaftsskandalen ausgeleuchtet.[2] Er beschreibt das verborgene Wurschteln der offiziellen Kreise, besser bekannt unter dem Vorwurf der Korruption. Die Berliner Politik, so Rose, funktioniert als gut geschmierte Cliquengemeinschaft, die ihrerseits intensiv mit dem Prinzip des Scheiterns beschäftigt ist: immer dann, wenn es um das Ausbaden von Bauskandalen geht oder die Bereinigung der peinlich verlaufenen Olympia-Bewerbung. Man trifft sich zur Geschäfts- und Lagebesprechung im durch mehr oder weniger unkontrolliert vergebene Lottogelder subventionierten Tennis-Club LTTC Rot Weiß oder im Verein der Freunde der Nationalgalerie. Als führende Vertreter dieser lokalen Elite trifft man in Rose' Materialsammlung immer wieder auf dasselbe Personal. Es sind die Mitglieder einer verschworenen Gemeinschaft, die bereits in den sechziger Jahren im Ring Christlich Demokratischer Studenten (RCDS) zusammengefunden und ihre wirtschaftspolitische Karriere beispielsweise über eine gemeinsame Anwaltskanzlei gestartet haben. Neben zahlreichen anderen gehören dazu Bürgermeister Eberhard Diepgen ebenso wie der in vielen Aufsichtsräten und Ämtern sitzende Klaus-Rüdiger Landowsky.

In diesen Kreisen dürfte die Wiedervereinigung als mittlere Katastrophe verstanden worden sein. Mit dem Umzug der Bundesregierung nach Berlin droht wirtschaftspolitische Hegemonie zerschlagen zu werden. Wenn Rose recht hat mit seiner These von Berlin als »Hauptstadt von Filz und Korruption«, dann stehen der Stadt in naher Zukunft noch einige Fälle grandiosen Scheiterns bevor. Es könnten auch Geschichten zu Tage befördert werden wie die des Bauunternehmers Dietrich Garski, der in den siebziger Jahren über 100 Millionen Mark von der stadteigenen Berliner Bank erhalten hatte und das Geld in dubiosen Projekten wieder verlor. Über Garski stürzte schließlich der Berliner Stobbe-Senat. Dem Steuerzahler bürdete er die Last von 93 Millionen Mark auf. Der heute 66jährige Garski ist nach einem Gefängnisaufenthalt wieder als Berater von Großbauprojekten in Potsdam tätig. Manchmal fährt ihn ein Chauffeur zu wichtigen Terminen. Über ein eigenes Konto verfügt er allerdings nicht. Das macht ihn nicht ganz uninteressant für das fortzuschreibende Projekt der Berliner Ökonomie.

---

[2] Mathew D. Rose, *Berlin, Hauptstadt von Korruption und Filz.* München: Droemer 1997.

Claus Koch, geb. 1929, Journalist. Zuletzt sind erschienen *Die Gier des Marktes* (1995) und *Das Ende des Selbstbetrugs. Europa braucht eine Verfassung* (1997).

Friedrich Dieckmann, geb. 1937, Schriftsteller. 1996 sind erschienen *Der Irrtum des Verschwindens* und *Franz Schubert. Eine Annäherung.*

Helmut Dubiel, geb. 1946, Professor für Soziologie an der Universität Gießen. 1994 ist erschienen *Ungewißheit und Politik.*

Hans-Peter Müller, geb. 1951, Professor für Allgemeine Soziologie an der Humboldt-Universität Berlin. 1995 sind erschienen *Sozialer Wandel* und *Soziale Ungleichheit und soziale Gerechtigkeit* (Mitautor).

Ralf Dahrendorf, geb. 1929, Warden des St. Antony's College, Oxford. 1995 ist erschienen *Europäisches Tagebuch.* – Der Beitrag basiert auf einem Vortrag, der auf einer Feier zum zwanzigjährigen Bestehen des Verlags Klett-Cotta im Mai 1997 in München gehalten wurde.

Franz Josef Radermacher, geb. 1950, Professor für Informatik, ist wissenschaftlicher Leiter des Forschungsinstituts für anwendungsorientierte Wissensverarbeitung an der Universität Ulm. Zuletzt ist erschienen *Wissensverarbeitung und Gesellschaft* (1996).

Meinhard Miegel, geb. 1939, ist Direktor des Instituts für Wirtschaft und Gesellschaft Bonn e.V. – Der Beitrag basiert auf dem zweiten Teil des Berichts der Kommission für Zukunftsfragen der Freistaaten Bayern und Sachsen.

Eberhard Moths, geb. 1941, Wirtschafts- und Sozialwissenschaftler. In der Schweizer Zeitschrift *Gaia* (1/2, 1997) ist gerade der Aufsatz *Politik – Prognose – Philosophie* erschienen.

Heinz Bude, geb. 1954, Mitglied des Hamburger Instituts für Sozialforschung. 1995 sind erschienen *Das Altern einer Generation* und *Deutschland spricht* (Herausgeber).

Jörg Lau, geb. 1964, ist Mitarbeiter der *Zeit.*

Niels Werber, geb. 1965, wissenschaftlicher Mitarbeiter am Institut für Germanistik der Universität Bochum. Mitherausgeber von *Kommunikation, Medien, Macht* (1997).

Georg Franck, geb. 1946, Professor für EDV-gestützte Methoden in Architektur und Raumplanung an der TU Wien. Im Frühjahr 1998 wird erscheinen *Ökonomie der Aufmerksamkeit.*

Michael Rutschky, geb. 1943, Autor, Herausgeber der Zeitschrift *Der Alltag.* 1997 ist erschienen *Die Meinungsfreude. Anthropologische Feuilletons.*

Wolfgang Fach, geb. 1944, ist Professor am Institut für Politikwissenschaft der Universität Leipzig. 1994 ist erschienen *Not der Tugend – Tugend der Not. Frauenalltag und feministische Theorie.*

Michael Jeismann, geb. 1958, Redakteur der *Frankfurter Allgemeinen Zeitung.* 1995 ist erschienen *Obsessionen. Beherrschende Gedanken im wissenschaftlichen Zeitalter.*

Alexander Schuller, geb. 1934, Professor für Soziologie an der FU Berlin. 1993 ist erschienen *Die Andere Kraft. Zur Renaissance des Bösen* (Mitherausgeber).

Herbert Dittgen, geb. 1956, Privatdozent an der Universität Göttingen und Senior Associate Member am St. Antony's College, Oxford. 1997 wird erscheinen *Amerikanische Demokratie und Weltpolitik.*

Markus C. Kerber, geb. 1956, Rechtsanwalt. 1997 ist erschienen *Wachstum & Konsolidierung.*

Robert Misik, geb. 1966, ist Deutschland-Korrespondent des österreichischen Magazins *profil.* 1997 ist erschienen *Mythos Weltmarkt. Vom Elend des Neoliberalismus.*

Hanno Kühnert, geb. 1934, ist freier Journalist. 1991 ist der Roman *Handbuch für Verstorbene* erschienen.

Hans-Olaf Wiesemann, geb. 1967, ist Unternehmensplaner.

Harry Nutt, geb. 1959, ist Kulturredakteur der *tageszeitung.* 1997 sind erschienen *Als der Ball noch rund war* (Mitautor) und *Bankautomat schluckt Eurocard.*

Der Merkur erscheint monatlich.
Die Zeitschrift kann durch jede Buchhandlung oder unmittelbar vom Verlag bezogen werden. Preis des Einzelheftes DM 18 / öS 131 / sFr 18, des Doppelheftes DM 24 / öS 175 / sFr 22,80, im Abonnement jährlich DM 180 / öS 1314 / sFr 160,20, für Studenten und Akademiker im Vorbereitungsdienst gegen Vorlage der Studienbescheinigung im Abonnement jährlich DM 135 / öS 986 / sFr 120,20. In Drittländern (außerhalb der EU) gelten die angegebenen Preise netto; alle Preise jeweils zuzüglich Versandspesen.
Das Abonnement verlängert sich automatisch, wenn die Kündigung nicht bis zum 1.12. erfolgt. Zuschriften, die den Vertrieb und die Anzeigen betreffen, an den Verlag erbeten. Für unverlangte und ohne Rückporto eingesandte Manuskripte kann keine Gewähr übernommen werden.

J. G. Cotta'sche Buchhandlung Nachfolger GmbH, Postfach 106016, 70049 Stuttgart, Telefon (0711) 6672-0.
Verantwortlich für den Anzeigenteil: Rainer Just. Abonnementsverwaltung: Thomas Kleffner, Telefon (0711) 6672-1648, Fax (0711) 6672-2032. Anzeigenverwaltung: Maria Stork, Telefon (0711) 6672-1348, Fax (0711) 6672-2030. Zur Zeit ist die Anzeigen-Preisliste Nr. 16 vom 1.1. 1997 gültig.

Fotosatz: TypoScript, Waldorf & Deiser, München. Druck und Einband: Ludwig Auer, Donauwörth.

Redaktionsschluß: 25.8.1997

ISSN 0026-0096 NC N NCA

Im nächsten Heft:

Hans Ulrich Gumbrecht
Kapitalisierung des akademischen Geistes?

Klaus Fischer
Die politische Konstruktion der Universitätskrise

Dieter Haselbach
Lehrjahre als wandernder Scholar. Beobachtungen zu Universitätskulturen